ものと人間の文化史 112

屋根

檜皮《ひわだ》葺《ぶき》と柿《こけら》葺《ぶき》

原田多加司

法政大学出版局

狩野永徳が描いた室町時代後期の京都の景観
檜皮葺や杮葺など，当時の様子がよくわかる．
（国宝「上杉本洛中洛外図屛風」部分，米沢市上杉博物館蔵）

現代の作業風景　重要文化財桑実寺本堂（滋賀県安土町，室町前期，桁行５間，梁間６間，一重，入母屋造，檜皮葺）

檜皮葺の大堂　国宝 園城寺（三井寺）金堂（滋賀県大津市，安土桃山，桁行７間，梁間７間，一重，入母屋造，向拝３間）

職人の本懐――まえがきにかえて

檜皮葺《ひわだぶき》や柿葺《こけらぶき》といった古典的な伝統建築技術は、どこから来て、今どこにいて、将来はどこに行こうとしているのだろうか。

構成された美しさ、精緻《せいち》を極めた技巧、時間を越えた存在感は、どのようにして生み出されたのか――われわれ檜皮葺師・柿葺師は、古代からその材料を近くの森林や社寺の境内林（社叢林）など身近な自然に求め、繰り返す季節の中でその輪廻《りんね》に寄り添い、再生産されたものを押し戴くことで、その仕事を成り立たせてきた。

これらの技術は古式の尊重と、修復した各時代の新しい意匠や使い勝手との間の綱引きで、若干の変動はあったと思われるが、基本的にはほとんどが職人の手仕事によって受け継がれてきた。現代において国宝や重要文化財の保存修復をもっぱらとする建築職人は、流行のなかに不易を、俗情のなかから普遍を掘り出す難儀な仕事を宿痾《しゅくあ》のように抱えている。

多くの伝統技能職において、親方衆が「もう、私が最後の職人だ」と嘆息するなか、この分野ではなんとか、親から子へ、親方から弟子へ、先輩から後輩へと、口伝によってその技が受け継がれてきた。個々の葺師の家系に僅かに古文書の類いが残されているのみといった状況で、一二〇〇年ともいわれる伝統が連綿と守り伝えられてきたことは、驚くとともにすばらしいことでもある。

このような経緯もあって、檜皮葺・柿葺ともその伝承には機械化、省力化できる部分が少なく、人間中心の徒弟制度が長く続いた分野でもあった。師のもとで技術を学び、叱られながらも自分の躰《からだ》を職人のそれに造り上げていく過程が「徒弟制」だったとすれば、それが失われたのは昭和三〇年代後半のころだったのではないか。

かつて建築職人などは、自分が手掛けた仕事に対して多くを語らなかったし、その必要もなかった。職人は芸術家や、その道の大家などではなく、まして趣味や道楽で何かをしているわけでもない。生きるために否応《いやおう》なく技を身に付け、家族を養うために生業《なりわい》としてきただけだからである。

また職人の世界では、個性的でちょっと偏屈でも優れた技能を身に付け、たとえ外から見えない部分であっても、丁寧な仕事をすることが職人の矜持《きょうじ》とされたものである。

しかし、明治以降の近代の歴史は、そのまま工業化、画一化の歴史であり、画一ならざるものは斥《しりぞ》けられてきた。これらのことは職人の世界にも変質を促し、名人気質の職人たちやその技術までが、時代に合わないものとして片隅に追いやられていった。

現代の建築界においては、伝統的な建築技術はほんの一隅を占める存在にしかすぎなくなってしまった。それだけ技術の断絶には深刻なものがあり、時流に乗れないものについては、その真意を問われることもなく、ぽつんと取り残されている。

ところが昨今は、職人自身は立ち尽くす棒杭《ぼうぐい》のように変わっていないのに、そのまわりを去来する時代という奔流が変わりすぎたため、かえって棒杭のように突っ立っていたわれわれ職人という立場が見直されているのは、なんとも皮肉な結果ではある。

たしかに、われわれのような特殊な分野に限らず、この国の伝統を支えてきた諸分野に対して、関心が寄せられるようになってきた。今や失われつつある職人の技を懐しみ、いとおしんでくれる人も確実に増えている。

今日のような大量生産、大量消費の波の中にあって、ふっと自分を取り巻くものとの距離感を感じている人は多いはずだ。「情報化社会」の捉えどころのなさも、そんな疎外感を一層強めているのではないだろうか。

「職人」とか「匠《たくみ》」といった言葉の響きの中に、忘れかけていた手作りのよさや、ものと人間の親和性を聴き取ろうと耳を澄ましてくれる人々がいる。この動きを梃子《てこ》に、願わくば単なる物珍しさやノスタルジーの対象としてだけでなく、根深いところで起きている技術と職人のシステム崩壊にまで目を向けてくれる人が、ひとりでも増えてくれることを願ってこの本を書くことにした。

職人という仕事は、自分の腕が一種の社会保険のようなもので、歳をとっても腕が上がればますます尊敬されるし、経験を積めば今日より明日がよくなるという単純かつ明解な「積み重ねの効用」が、まだ機能している社会でもある。

かといって、安易に職人の道を勧める気はない。その後に待ち受けている想像とまるで違う軌道に、迷い、苦しみ、怯懦《きょうだ》して、遅すぎる後悔に頭を抱えている例を、見聞きすることがあまりにも多いからである。

現在、国の重要文化財に指定されている建造物は約三八〇〇棟あり、日本全国では年間約一二〇棟の文化財修理が行なわれている。建物を保存するうえでは、必ず修理が発生するから、伝統技術を持った職人は必ずいる。逆に建物がなくなってしまえば、技術を生かす場がないのだから、建物と職人は永遠に一対のものである。

一二〇〇年ともいわれる檜皮葺・柿葺の歴史の中で収斂《しゅうれん》されてきた技術は、それ自体が芸術といっていいような高度な精神性すら備えたものになってきた。職人は寡黙《かもく》であり、その伝承は言葉や数式に頼らず、自分の勘や記憶をもとに伝統を受け継いできた。

職人は技術的な目的を完遂するために、いくつかのスタイルを持っている。それは人によってさまざまであり、おそらく職人の数だけスタイルもあるといえる。最初のうちは技術的に細かいことは無視か後回しとし、絶対に後ろを振り向かないこと。技術の未熟から自己嫌悪に陥ったり、細部にこだわるあまり全体を見失う可能性があるからだ。

伝統技術とはおもしろいもので、その時点でのおのれの持てるもののすべてを投入して取り組んでいると、おのずからその過程で次の展開が見えてくるものである。自信がなくとも中途半端と思われようとも逡巡しないで、眼前の仕事にすべてをぶっつけると、力尽き、抜け殻のようになっても、その中から得るものがきっとある。職人を続けていくうちに、そういった技術を血肉化していく機微といったものを少しずつ理解するようになってくるのである。

この本の執筆動機が、伝統技術に興味を持つすべての人々へのメッセージであるから、文化的背景も含め無味乾燥なマニュアル本にするつもりはサラサラない。

厳しいご批判を仰ぎたいと願うばかりである。

原田多加司

目次

第Ⅰ章

屋根の歴史

屋根の文化史序説――その造形、語源、表徴

日本の建築物の屋根について考えていくと、それが単なる建築の一部をなすだけのものではないことがわかる。屋根はその時代の建築水準を、屋根の納め方という誰にでも見える形で、的確に反映したものであった。その意味で屋根の造形は、その時代の建築についての考え方を集約的に表現していたともいえる。

「屋根」とは「建築の上方に位置し、外部に面して空間を覆うもの。雨・雪や直射日光から人間を守ることが主要な機能となる。この語は屋根葺き仕上面を指す場合もあるし、また屋根下地あるいは小屋組まで含めた全体の構造をいう場合もある」（『建築大辞典』彰国社、一九七四年）という定義をみつけた。

古来から屋根の最大の役目と目的は、建築空間とその上空を仕切り、雨露や寒暑を防ぐための覆いであった。また、温暖多湿なモンスーン地帯に位置するわが国にとって、雨対策が完全ではなかった時代から現代に至るまで、建物の永年にわたる悩みは雨漏りだった。

太古の時代には、竪穴住居を形作っていたのは屋根だけだったといっても過言ではない。それは寒さよけであり、外敵よけの役目も負っていただろう。また、夜の暗黒は昔の人にとって死にも繋《つな》がる恐怖そのものだったはずで、家族が肩を寄せあって見つめる明るい炉の火は、単に暖房や炊事に便利という以上にありがたかったに違いない。

下って仏教が中国から朝鮮半島へ伝わったのが、四世紀後半から五世紀中葉といわれているが、最初は

高句麗《こうくり》で、次いで百済《くだら》に伝わり、新羅《しらぎ》はやや遅れて七世紀に入ってから仏教隆盛の時代を迎えた。日本にも六世紀に伝来した仏教は、寺院や宮殿の建築に大陸の高度な技術を取り入れ、東アジアの大勢だった中央集権的律令国家建設に向けての大いなる原動力となった。

この時代の屋根の造形の特色は、きわめて合理的で組織的だったと考える。そもそも律令国家そのものがあらゆる面での全国規模の組織的統一をめざすものであったように、都城の条坊制や全国規模の条里制、宮殿内の区画の論理性や、理論仏教にふさわしい寺院の整備された伽藍《がらん》計画が立てられた。また左右対称を重視した荘重で均斉のとれた建築物など、この時代の造形は構造と意匠が分離しておらず、直截《ちょくせつ》にすべてが処理されていて、きわめて筋が通っていた。

この時代の進展のテンポはわれわれの想像以上に速く、七世紀前半には朝鮮半島経由での一時代前の技術吸収だったものが、七世紀後半には中国大陸からの直接輸入となった。中国は南北朝から隋《ずい》・唐《とう》時代に変わり、日本でも政権内の主導権争いや内乱に加えて、為政者たちの移り気も手伝って、建築そのものにも目まぐるしい推移がみられた時代だった。

また、日本の建築は木造であり、火事や戦乱で焼失したり、地震や台風で倒壊することも珍しくなかった。京都のような古くから開けたところでも、鎌倉時代以前の建物はほとんどない。だから今残っている建造物は偶然残ったともいえるのである。

とくに本稿で述べる飛鳥・白鳳時代以前の屋根の造形については、わからないことの方が多い。さまざまな資料を突き合わせることによって、屋根は歴史的にどのような変遷を遂げてきたのか、その過程を論理的に捉えることによって、太古の時代からの実態もあきらかになってくる。

たとえば中国や朝鮮半島との文物の交流について細心の注意を払う一方、屋根技術の発展とその普及を調べることで、わが国にはどのような屋根がありえたか、また地方への技術の伝播の仕組もわかってきた。

同じ時代に同じ技術を使っても、宮殿と寺院と住宅では、まったく違ったものになってくる。それでも造作《ぞうさく》、意匠と屋根を取り巻く多くの事象を丁寧に解きほぐしていくことによって、わが国の屋根造形の淵《えん》源《げん》がどのあたりにあったのかが、おのずと見えてくるように思われる。

次に「屋根」の語源について考えてみる。

「屋根」とは不思議な言葉である。古代の中国にこの字はみつからず、近代の中国でも「屋上屋《おくじょうおく》を重ねる」というように、「屋」の一字で屋根も家屋もひっくるめて表わしている。「屋根」という字は、わが国における宛字ではないか、という意見があるが、筆者も同感である。

というのも「屋根」という言葉はそれほど古くはない、という説が言語学者の間でも有力だからである。

板葺の黒木の屋根は山近し明日取りて持ち参り来む（『万葉集』巻四、七七九）

この歌は『万葉集』としては比較的新しい奈良時代中期のものだが、ここに詠まれている「屋根」を分解すると、「屋」は家屋全体を指して詠《よ》んでおり、「根」は口調を整えるための口語的表現にすぎず、全体としては現代の屋根の意味とは別であったようだ。

また、わが国では奈良時代から平安時代中期にかけては、一般的に「屋《や》」や「舎《や》」といった文字が、「根」の口調音律の助けを借りずとも、単独で建物自体を表わす例も増えてきている。

板屋草舎は中古の遺制なり……（『太政官符』神亀元＝七二四年）

誰《た》そ此《こ》の屋の戸押そぶる新嘗《にいなめ》に我が夫《せ》をやりて斉《いは》ぶ此の戸を（『万葉集』巻一四、東歌、七七〇年頃）

屋の上には糸を染めて色々葺かせて……（『竹取物語』九世紀末？）

などの表現がみられ、これらはいずれも「屋＝家屋」を指すものと思われる。

一方、「屋＝屋根」を表わしたものと考えられるのは、
住室のやの階《のき》に置きて時々に読む（景戒『日本国現報善悪霊異記』、八二二年）
いと新しからず、いたう古りぬ檜皮葺のやに、長き菖蒲《しょうぶ》をうるはしう葺き渡したる（清少納言『枕草子』、一〇〇〇年頃）
都にてはさしも気高かりし薄檜皮《うすひわだ》の屋形の三葉四葉に作り雙《なら》べて奇麗《きれい》なるに……（小島法師『太平記』、一三七一年）
などが見られる。このように時を経るほど屋根の意味合いが強くなるようだが、他方、「屋棟《やむね》」あるいは「屋胸《やむね》」から転じたとか、「屋《や》の上《うえ》」、「板並《いたなめ》」の省略だという話もある。
では、屋根の「根」の語源はどうだろう。
大森貝塚の発見者として有名なエドワード・モースも、その著書『日本の住宅とその環境』（明治一九＝一八八六年）の中で、「屋根は屋の上にあるのに、なぜ屋の根などというのか」と疑問を呈している。とはいっても、明解な答があるわけでもなく、すべては推測にすぎないのだが、一応わかった範囲で述べてみよう。
まず、「根」という文字を使った言葉をランダムに挙げてみると、たとえば「岩根《いわね》」（大地に根を張ったように広がっている岩の意。「大きな岩」の雅語的表現）、「羽根《はね》」（鳥のからだ一面に生えている毛〔まんなかに軸がある〕）、「垣根《かきね》」（自分の家と、それ以外の土地を隔てる囲いや仕切り・「垣」の口語的表現）、「眉根《まゆね》」（眉毛のうち、顔の中央に近い端、まゆじり）といったところがすぐに思い浮かぶ（『新明解国語辞典・第二版』三省堂）。
ちなみに明和八年（一七七一）創業のわが家の祖先は、長く「家根屋《やねや》」を名乗っており、そのルーツは

多分もっと古いはずである。「家根」についての解釈は、「家の根幹」から転じた言葉らしく、「家」は「宀」がやねを表わし、「豕」が豚の意だという。昔は豚が大きな財産だった、ということらしい（『新選漢和辞典・第六版』小学館に拠った）。いずれにしろ「根」という語には、基盤に密着し重要な役割を果たす部分を指していたようである。

ここから先は屋根職人としての私の独断であるが、「屋根」という言葉はその葺き方に由来するのだろう。屋根は草葺だろうと、板葺だろうと、樹皮葺、いや瓦葺であろうと、軒先から棟に向かって葺き上がる。中途からとか棟際からとはいかないのである。「根」は木の根にも通じるらしく、そういえば竪穴住居で斜めに流した垂木《たるき》も、しっかりと大地に喰い込んで、元になる部分を指していたようだ。

三番目は「表徴《ひょうちょう》としての屋根」の役割について考えてみよう。

建物でもっともめだつのは屋根であり、屋根はそれができた時から、単に雨風を凌《しの》ぐための役割だけでなく、権威性とか象徴性といった社会的意味ももたされ、権力や身分のシンボルとして擬されてきた面もあった。

だからこそ、屋根をめぐるトラブルは昔から数多く伝えられている。『古事記』には、五世紀に在位したといわれる雄略《ゆうりゃく》天皇（四一八―四七九年？）の条に、次のような話がある。

大和国長谷の朝倉宮《あさくらのみや》におられた天皇が、河内へ行幸された時、日下《くさか》の直越《ただごえ》の坂から国中を眺められると、志紀《しき》の大県主《おおあがたぬし》の屋敷の屋根に堅魚木《かつおぎ》が上がっているのを見られ、「なんと、天皇の御舎《みあらか》に似せて作ったものよ」と怒られ、臣下に命じてその家を焼き払わせようとしたとある。

当時の天皇は政治的・軍事的支配者であるとともに、神を祀る司祭者でもあった。屋根の飾りでもあった堅魚木は、その屋内に神霊を鎮座させていることの象徴であったため、大県主の行為は許せなかったのだろう。

次いで平安時代末期には、当時、非参議五位以上の貴族にしか許されていなかった檜皮葺の屋根を、正六位下の源 相高《みなもとのさねたか》が作ったため、咎めを受け、京の治安維持にあたる検非違使の手によって取り壊されたという話も伝わっている（『日本紀略』長元三＝一〇三〇年）。

また、『小右記《しょうゆうき》』は右大臣藤原実資《さねすけ》の九七七〜一〇四〇年の間の日記であるが、寛仁二年（一〇一八）藤原道長が土御門《つちみかど》邸を造立した際、諸国の国司に命じてみずからの寝殿も造らせたとある。この場合は当の本人が摂関家《せっかんけ》として、国司《こくし》たちの任命権や人事権を持った当代随一の権力者であったため、表立っての影響はなかったようだが、「私事に官吏を動員し、あまつさえその費用までも国司たちに負担させるとは、呆れ果てた所業よ」、と陰口をたたかれたようである。

『栄華物語』などによっても、この出来事は前代未聞だったようで、「その造作は過差《かさ》（身分に過ぎた贅沢さ）で、往跡は万倍す」と非難されたようだが、しばらくすると皮肉なもので、この土御門事件を境として、力のある臣下が天皇の御所と同じ高さの建物を造ることが流行ったようである。むしろ従来のような御所より一段低い建物は「古代造り」とか「昔造り」と称されるようになったとあるから、これも社会的地位の変動期の出来事だったのかも知れない。

下って江戸時代になると「卯建《うだつ》（梲）が上がる」とか「上がらない」という表現が、一種の俚諺となって屋根自体から離れ、一般化してしまった。もともと卯建は『和名抄』や『正倉院文書』天平宝字五年の条によれば「ウダチ」と読み、梁《はり》の上で棟木《むなぎ》を支える束《つか》とだけあるから、古代においては卯建が特に地位の象徴だったとは考えにくい。

卯建が風よけとして実用化したのが一六世紀頃で、江戸期に入ると「火除け、火返し」としての機能も持つようになったと思われる。「洛中洛外図屛風」は京都内外の名所や市民生活を描いたものだが、これにもよく見ると袖壁《そでかべ》や軒付壁《のきづけかべ》のようなものがあるし、江戸中期から後期の板葺屋根では、けらばの破風板《はふいた》や軒先の塞板《せきいた》がこの役目を果たしていたのだろう。江戸末期に桟瓦葺が町家でも使われるようになると、ほとんどシンボル化した卯建が大店《おおだな》に上がるようになる(口絵参照)。

卯建は造るのに、高度な技術と多額の費用がかかり、その後の維持管理が大変なこともあって、実際に卯建を上げられるのは有徳《うとく》の人(富者)に限られた。封建時代にあっては豊かであることは社会的地位の高いことと同義であり、こうしたなかで卯建が風よけ・火よけという実用性を越えて、社会的地位の象徴となっていったと思われる。

崇福寺跡から見えてくるもの

檜皮葺の誕生と崇福寺

檜皮葺の歴史は古く、史実としては比叡山延暦寺の寺僧であった皇円阿闍梨《こうえんあじゃり》が著した『扶桑略記《ふそうりゃっき》』第五巻による記述が最初である。

『扶桑略記』は平安時代に成立したといわれ、六国史以降の典籍および仏教関係の記述を中心に、神武天皇から堀河天皇（在位一〇八六〜一一〇七年）の間のさまざまな歴史を、漢文体で記した編年体史書である。

天智天皇六年（六六七）、都が飛鳥から大津に遷された時、天皇の勅願《ちょくがん》によって近江国志賀郡に崇福寺《すうふくじ》が建立（六六八年）されたとあり、寺の縁起を引用して諸伽藍が檜皮葺であったことを伝えている。

この記述によると、天智天皇の条には「同寺縁起云、金堂一基五間檜皮葺」、「講堂一基五間檜皮葺」、「小金堂一基三間檜皮葺」、「三重宝塔一基檜皮葺」。また「灯炉一基」、「鐘一口」、「十三間僧房一宇、七間僧房一宇、印蔵一宇、炊屋一宇、五間檜皮葺、湯屋一宇三間檜皮葺、竈屋一宇三間板葺、浄屋一宇五間檜皮葺」といった当時の伽藍の様子が窺える。

また、天延四年（九七六）の条にも「弥勒堂上岸崩落居二堂上一大石落折二損乾角一」との書き込みもあり、竈屋一宇が板葺であるのを除き、すべての堂宇が檜皮葺であったことを示している。

大津京は現在の滋賀県大津市の北郊に位置したが、天智天皇の崩御や、壬申《じんしん》の乱で朝廷が滅びるまで、僅か五年の存続という短命の都であった。しかし、当時としては画期的であった全国的戸籍台帳ともいえる『庚午年籍《こうごねんじゃく》』や、中臣（藤原）鎌足らを中心に編纂《へんさん》した「近江令《おうみりょう》」を制定したことでも知られている。

そして、その崇福寺跡は国指定の史跡（昭和一六年一月指定）として、その礎石などが大津市滋賀里町《しがのさとちょう》甲の山中に整備保存されているほか、寺趾の中尾根の塔心礎から出土した「舎利《しゃり》容器」（現・近江神宮蔵）は、当時のものとしては大変珍しい緑のガラス壺に黄金の蓋《ふた》が付いており、国宝に指定されている。

ちなみに、史跡という語には多くの概念やイメージがあるが、この場合は「遺跡」と同義語として使われており、城跡、集落跡、たたら跡、鍛冶工房跡、経塚跡などとともに、地下に隠れた埋蔵遺跡の一種として、文化財保護法第六九条によって文部科学大臣が指定したものをいう。

では、崇福寺はどのような蓋然性《がいぜんせい》をもった伽藍だったのか。文献を調べたり、頭の中ではわかったつもりであっても、現地を踏査してみると新たなものが見えてくる。

崇福寺跡に行くには、京阪電鉄・石山坂本線《いしやまさかもと》の滋賀里駅で下車して、北西側の山手方向をめざす。琵琶湖岸側に向かって緩やかな傾斜の道を、八幡神社の横を通って爪先上がりに登っていく。駅から一キロメートルも歩くと家並がとぎれ、谷川に沿ってさらに上がると、右手の山の斜面に「百穴古墳群」が見えてくる。

このあたりから徐々に傾斜が急になってくる。そして、地元の人が「大仏」と呼ぶ三メートル余の石造りの弥勒《みろく》菩薩坐像の前を通って、その先の道標に従い右の坂道を進むと史跡が現われる。

崇福寺は等高線を見ればわかるように地形が急峻で、さらにいくつかの谷によって分断された三つの尾根にわたって伽藍があった（図1）。近付くのは少々やっかいであるが、尾根の先端にあたる部分を平らにして諸堂を建てようとしていたのはなんとなくわかる。

その寺域は比叡山の南東側山裾に展開しており、別名を「志賀寺《しがでら》」とも「志賀山寺《しがさんじ》」とも呼ばれた。三島由紀夫の『志賀寺上人の恋』という作品にも出てくるこの寺は、礎石によって北側の尾根に弥勒堂、中の尾根に小金堂と塔、南側の尾根に金堂と講堂などがあったことが、昭和三年と、一五年から一六年にかけての発掘調査で明らかになっている。

崇福寺のことは『今昔物語集』や『拾芥抄《しゅうかいしょう》』、『寺門伝記補録』などにも登場するが、前述の『扶桑略記』によると、天智天皇六年二月、天皇の夢の中にひとりの法師が現われて「宮の乾《いぬい》（北西）の山に霊窟《れいくつ》がある。早く表に出て見るがよい」と告げた。驚いて目を醒した天皇が、教えられた乾の方角を見ると、青白い光がその付近を照らし出していた。翌日、その地に探しに行ってみると、小さな山寺があり一人の仙人がいた。ここはどこかという天皇の問いに答え、「古仙霊窟伏蔵地」であり、「佐々名実長良山《ささなみのながらやま》」であると告げ、忽然と姿を消したという。

そこが仙人の住む霊窟だと聞いた天皇がよく調べてみると、「林樹森々、谷深巌峻、流水清涼、寂莫閑空」といった、まさに仏教に帰依《きえ》する寺を建てるには恰好の地であった。こうして崇福寺建立を思い立った天皇によって、天智天皇七年正月の一七日にこの地に伽藍が完成したとある。

実際に弥勒堂跡のある北側の尾根に登ってみると、西寄りの谷筋の奥まった所には崇福寺建立にまつわる「霊窟」や、天智天皇が仙人と会見したとのいわれのある「金仙滝《きんせんのたき》」を見ることができる（図2）。ところで、これら三つの尾根のうち、南の尾根の伽藍が平安時代初期、中と北の尾根の伽藍が白鳳時代と、それぞれの建物の造営時期が異なっており、またおもしろいことに堂宇の主軸方位に五度の角度のずれが見られる。

南の尾根には、その西側に一段高く基壇が設けられており、そこに礎石の列もあることから、南向きの五間四面の建物が想定される。これが金堂だったのだろう。そのすぐ東側にも同じく五間四面の礎石が見つかっており、これが南面する講堂であった可能性が高い。さらに、この講堂と思われる建物の北側に三間二面の比較的小さな建物があったようである（図3・4）。

中の尾根には東西二つの基壇が見つかっているが、東側の建物跡がその礎石の配列や基壇の形状から三重塔と推察され、塔心礎で検出された舎利孔《しゃりこう》からは、前述の「舎利容器」が金銅製の外函、銀製の中函《ばこ》、金製の内函の三重の函に入って出土している。また西の基壇には三間三面の建物が想定され、これが寺の縁起にいうところの小金堂であろう（図5）。

もっとも北の尾根には弥勒堂があったとされるが、この地は尾根というより山の南斜面に建物が立って

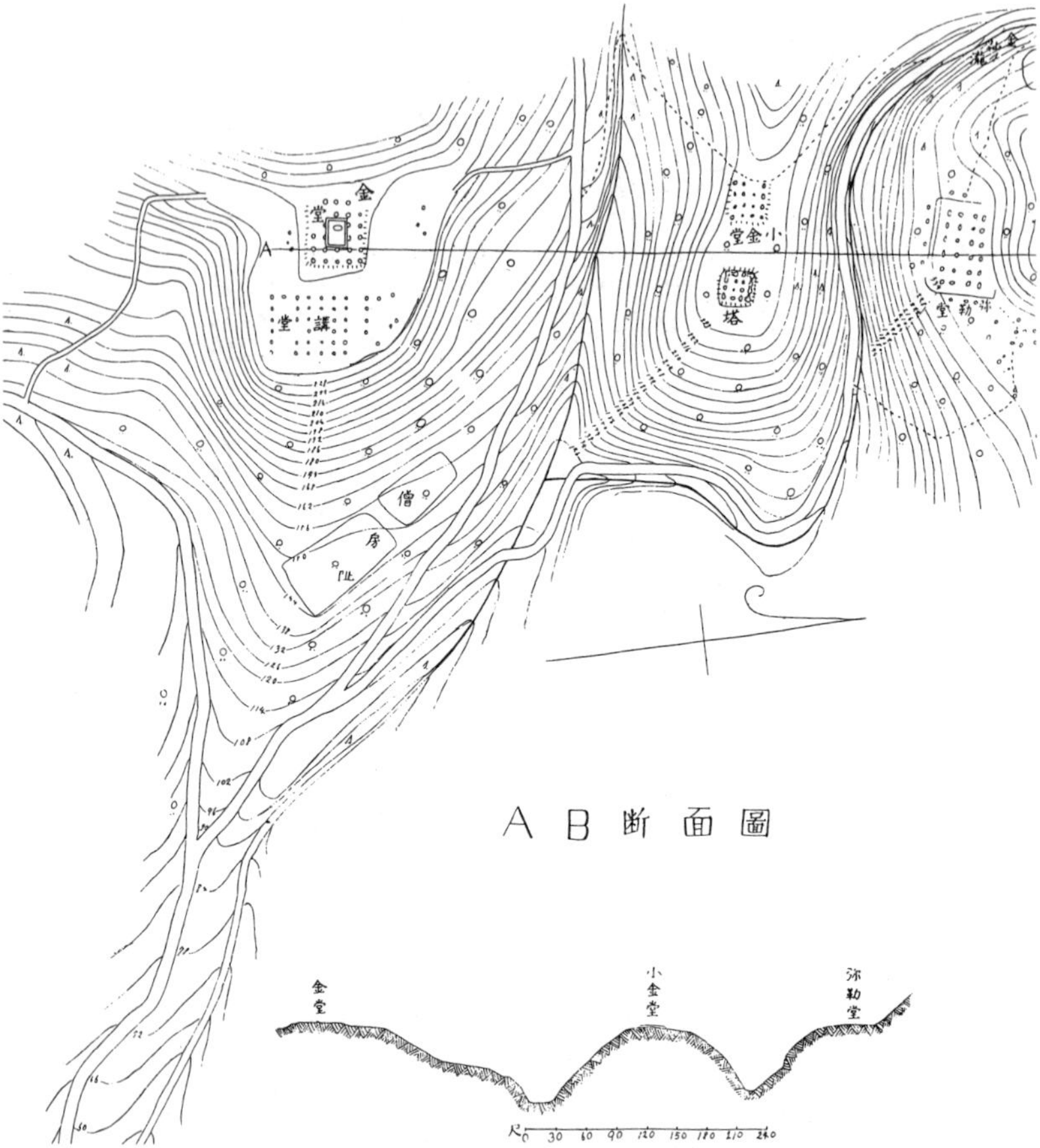

図１　崇福寺伽藍跡　比叡山山裾の大津市滋賀里町の急峻な斜面地に開かれた山岳寺院跡で，尾根の先端部分を削って平坦にし，各伽藍を建設したと思われる（肥後和男『滋賀県史蹟調査報告２』滋賀県保勝会，1933年より）

図3　金堂および講堂跡
現在は石碑が建つ

図2　北側尾根にある「霊窟」(中央)
と「金仙滝」

図6　弥勒堂跡

図5　小金堂跡（奥）と三重塔跡（手前）

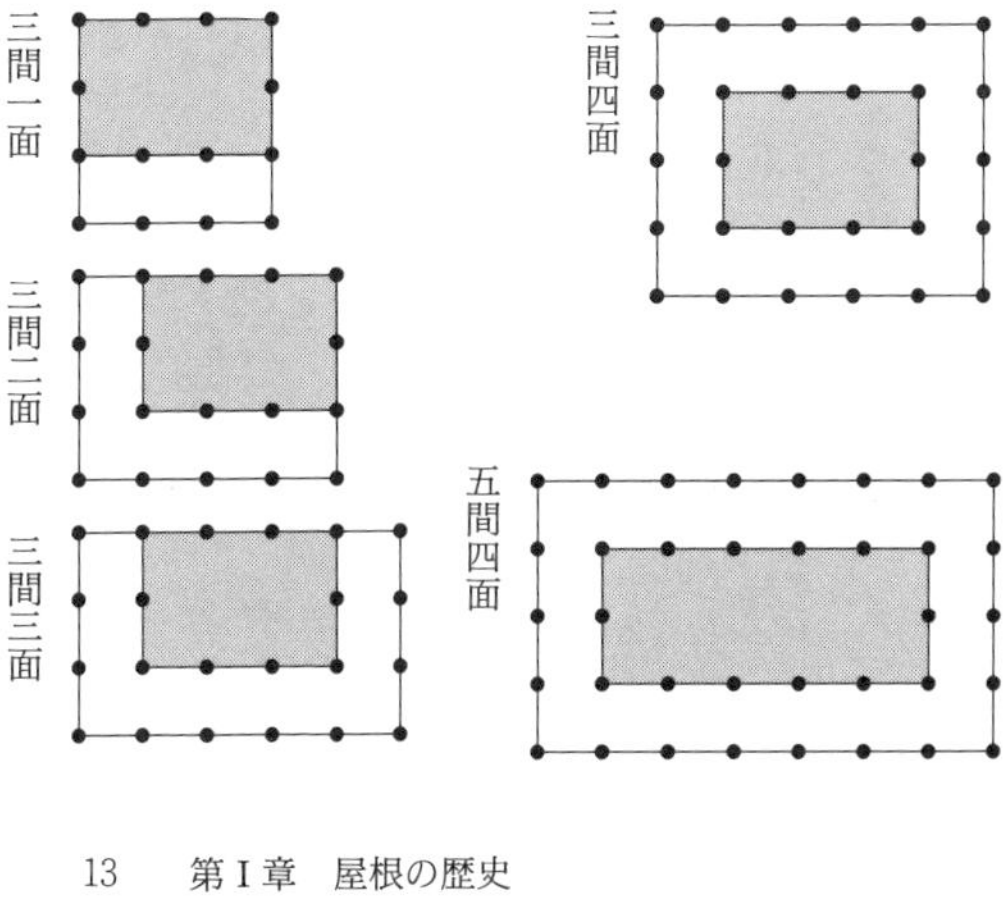

図4　間面記法　身舎(もや)の正面柱間数と庇(ひさし)のつく方向を数詞化したもの．アミの部分が身舎，そのまわりが庇である

いたという印象である。花崗岩の地覆石の上に平瓦を積んだ瓦積基壇が東西に伸びており、南に面した五間三面の弥勒堂だったようだ（図6）。その東側にも平瓦を合掌積《がっしょうづみ》にした基壇や礎石が散乱しているが、縁起にもはっきりした記述がなく、なんらかの建物があったとしかいいようがない。

これらの伽藍配置などについては、肥後和男氏は「崇福寺に関する延暦僧録」（『滋賀県史蹟調査報告5』滋賀県保勝会、一九三三年）において次のように述べている。

創立当初――少くとも延暦の時代には今の弥勒堂阯が金堂の位置であつたのである。今も弥勒堂阯の東北に接して自然石の礎石風のものが散乱してゐることは以前の実測図にも記入して置いたがそれが最初の講堂の位置であらう。かくすれば金堂の南に岩壁より成る谷間がありそこに橋廊二行を架したとする記事は現今の地形によつても実にそのまゝに理解し得ることであり、我々は発掘調査の当時常にこの間に橋でも架けたらなあと云ひ合つた位この弥勒堂阯と丸山との間は狭くして深い谷間をなして居るのである。

すなわち崇福寺創建当初は、北の尾根に金堂があり、その東に礎石などが散乱しているところに講堂があったとし、中の尾根は当初どおり三重塔と小金堂、それまで考えられていた南の尾根の金堂と講堂は、その後移建されたものらしい。北側の弥勒堂とされているものは以前は金堂であって、名を変えて残されたということのようである。

たしかに諸堂が檜皮葺であって、各堂宇の特徴が塔などの特殊なものを除けば未分化な時代にあっては、このような建物の「使い回し」も、若干の手直しをもって可能であったことは十分に考えられる。

特にこれが檜皮葺の建物であった場合は、間面記法による身舎《もや》と柱間数をもとに、庇のつく方向を比較的容易に改修できるというメリットが考えられる。また、寺跡の地形が過去に大勢変化がなかったとすれば、現在の平地スペースで礎石、葛石《かずらいし》、基壇などを移動させたり、これ以上の伽藍の増設は難しかったように思われる。

ただ、『扶桑略記』の成立が、崇福寺建立から数百年を経た平安時代末期ということから、当時の檜皮葺の使用に対して疑問を投げかける向きもある。しかし肥後和男氏はこの点においても「檜皮葺云々を以てこの縁起の真疑を疑ふに至つてはあまりにも捉はれ過ぎたものといはれよう。我国の如く木造建築を主とする国に於て木皮を以て屋根を葺くことは容易に思ひつかれた方法であらう。固より遺物もなく文献もなくその起源年代は知り得ないが今日神社に檜皮を用ふるものがすくなくないのを見ると草葺についで早くこの葺法が現はれたものではないかと思はれる」（『大津京阯の研究』文泉堂書店、一九四〇年）と結論づけられており、伝統技術からみてもまことに首肯できる論である。なるほどそう考えれば、伽藍の建立時期が違っていたり、堂宇の主軸方位に若干のずれがあるというのも納得できるのである。ここから先は筆者のまったくの推量で、建築史の専門家の方々からは顰蹙《ひんしゅく》を買うかも知れないが、中の尾根にある小金堂趾の実物を眺めていて、この礎石配りは小金堂というより、むしろ天台教学でいうところの常行堂《じょうぎょうどう》の性格に近いのではないかと考えた。

たしかに現存する延暦寺の常行堂のように対になる法華堂はないし、もちろんいわゆる担堂《にないどう》といえるものではない。法華堂は「法華三昧《ほっけざんまい》」あるいは「常座三昧」をするところであり、常行堂は「常行三昧」をするところである。これは天台独特の形式で、いずれも内部で長期にわたって座しているか、内部に本尊を置いて周囲を回るため、求心的な構造が必要となる。そう考えれば当然、屋根も檜皮葺の宝形《ほうぎょう》造か、それの原型といえるものであっただろう。

いずれにしても、これらのようにある意味で想像を逞しくし、あるいは掻き立てられるのも、再三の火災による建て替えや、その後の伽藍の大改造によって元の姿がよくわからないからであって、一層の興味をそそられる所以でもある。

大津京は短命の都であったと先に述べたが、壬申の乱などによって廃都されたあとも、崇福寺は生き延びている。

歌聖・柿本人麻呂も二十数年後の持統朝下にこの地を訪れているが、「近江の荒都を過ぐる時に詠める」と題して、次のように歌っている。

……石走《いわばし》る　淡海《あふみ》の国の　楽浪《さざなみ》の　大津の宮に　天の下　知らしめしけむ　天皇《すめろぎ》の　神のみことは
大宮は　ここと聞けども　大殿《おおとの》は　ここといえども　春草の繁《しげ》く生ひたる　霞立ち　春日の霧《き》れる
百磯城《ももしき》の　大宮どころ　見れば悲しも

このように大津京跡は、その時点ですらもはや尋ねうべくもないほどに、草に埋もれた廃墟と化していたらしい。そして時代が下るにしたがって、大津宮はすっかり忘れ去られてしまい、後世にはその所在すらはっきりしなくなってしまった。

一方、山中にあった崇福寺は、平安遷都後も大和の法隆寺、東大寺、興福寺、薬師寺、大安寺などと並んで、十大寺のひとつに数えられた（『太政官符』延暦一七年六月一四日）。

ところが、『日本紀略』延喜二一年（九二一）一一月四日の条によると、「暁、崇福寺堂塔雑舎等焼失、建立之後、二百五十三年」とあり、七堂伽藍のことごとくが灰燼《かいじん》に帰したという。これらはまもなく再建されたが康保二年（九六五）に再び全焼（『園城寺伝記』）することになる。

その後も火災や落雷が相次ぎ、さすがに栄華を誇った崇福寺も衰運の一途をたどりはじめた。鎌倉時代には園城寺《おんじょうじ》（三井寺《みいでら》）の管理下におかれた（『三井続灯記』）ことがわかっているが、そのあとの崇福寺の歴史は記録がない。

山岳宗教と伽藍の関係

たとえば比叡山は七八八年、高野山は八一六年に開かれたと伝えられているが、そもそもこの国における山岳宗教はいつごろ、どういうかたちで発生し、伽藍としての山岳寺院はどのようにして建てられたのかを考えてみる必要がある。

歴史の教科書などによると、平安時代に最澄（伝教大師・七六七－八二二年）が唐から伝えられた天台宗や、空海（弘法大師・七七四－八三五年）が伝えたといわれる真言宗が成立すると、僧侶が山に入って修行の場としての山岳寺院を開いた、とある。

それでは、それ以前はどうであったか。これらについては残念ながらほとんど語られていないといってもよい。ただ、飛鳥時代以降に古代国家が成立し、その法律である「律令」の中にも、僧が「寺の院にあらずして、別に道場を開き、衆を聚めて教化する」ことを『僧尼令《そうにりょう》』というかたちで禁じている例がある。

奈良時代の初頭にはすでに多くの僧が山中で修行をしていたことが、菅野真道《すがののまみち》らが編纂した『続日本紀』（七九七年成立）や、仏教説話を集めた景戒作の『日本国現報善悪霊異記』（八二二年成立）などからわかっている。

たとえば、大和の葛城《かつらぎ》山で修行し密教呪術者として有名な役小角《えんのおづぬ》（生没年不詳）は、空を飛んだり鬼を手下に使う〈超能力者〉のようであった。また、道鏡（？－七七二年）も一介の修験者であったが、孝謙上皇（七一八―七七〇年）という女帝の病を癒して、信任を得ることで台頭した。最終的には太政大臣禅師にまで登りつめたが、皇位を望んで失敗し追放されたという。

前者は修験道の開祖としても名を知られるが、まあ説話中の人物であろう。それに対し後者は最終的には失脚するものの、日本の歴史（正史）に名を残しているのだから実在の人物だったに違いない。このようにこの時代には、単独か、「自然智宗《じねんちしゅう》」と呼ばれる小人数の原初的山岳宗教の集団として活動していたようである。

孔雀《くじゃく》明王《みょうおう》の呪術や中国伝来の神仙思想の影響などを一方で受けながらも、山岳宗教は徐々に修験者を増やしていった。大和国高取では、僧の神叡《しんえい》を中心に比蘇《ひそ》山寺《さん》（現光寺）に弟子たちが集まり、廬《いおり》を結んでいる。

これらの様子は前述の『扶桑略記』天平二年（七三〇）一〇月一七日の条においても、「大僧都弁静法師が同日神叡法師を小僧都と為す」とあり、神叡が自然智宗の中心人物であったことを窺わせる。また『延暦僧録』においても「神叡は中国の学生《がくしょう》（仏教を学ぶ僧）なり」との記述があり、これらがのちの密教全盛時代の準備段階だったようである。

先にも述べたように、平安時代に入ると最澄や空海に代表されるような、中国に渡って当時の最先端の仏教を学んだ者が中心となって、新たな宗派を開いたことは広く知られているが、彼らも渡航以前は山に籠って修行をしていたことは案外知られていない。

最澄は中国に渡る前に比較的長期間、比叡山に草庵を結んでいるし、その後、一乗止観院《いちじょうしかんいん》を創建している。空海も「虚空蔵求聞持法《こくぞうぐもんじほう》」といわれる密教的な呪術を学んでいた。この呪術は儀式を修するとたちまち記憶がよくなり、見聞きしたことはすべて忘れないという大変便利なものであったようだ。

このあたりは司馬遼太郎の『空海の風景』に詳しいが、最澄や空海といった開祖もかつては山に籠ったり、密教的な呪術を学んでいるのはちょっと意外な感じがしないでもない。このように山岳宗教は仏教伝来以降、かなり早い段階で成立していたと思われ、奈良仏教の正統な体系以外にも、特別な修行のために山岳寺院が成立する素地があったようである。

次に伽藍の方に目を転じてみよう。

最近は中世を中心に山岳寺院の発掘が相次いでいる。奈良時代の山岳寺院は国分寺の成立と同時進行で建てられていったということが、考古資料や発掘調査によって徐々に明らかになってきた。

国分寺というのは天平一三年（七四一）に聖武天皇が国分寺建立の詔《みことのり》を発したことにはじまる。東大寺の建立や大仏の造営をする一方、各地に布教や国家護持の拠点として国分寺を建立した。この平地伽藍としての国分寺と並行する形で、山間部や丘陵地にも修行の場としての山岳寺院が次々と造られていったようだ。そしてわが国固有の建築技術である檜皮葺などは、その耐寒性などからむしろ、山岳寺院での普及を待って平地伽藍にも進出していったと考えるのが無理がないといえる。

平地の寺ではもっぱら学問を行ない、山の寺では修行をするといった古代の僧の修行形態というか、仏教の原初のあり方までが透けて見えてくる。当然、山に立地する寺院は地形的には不利な条件にあるわけで、やや平坦と思われる面をうまく利用したり、背面の山腹を削り取って手前を造成したりと、涙ぐましい努力が重ねられている。

崇福寺などはその中でも原始的な伽藍配置で、平坦な地がなんとか確保できたところにあわせて建物を建てるという手法をとっていた。しかし、その後改良が重ねられて、奈良県山添村の山中にある毛原廃寺《けはらはいじ》などは、急な斜面地にありながらも、興福寺や唐招提寺など平地の伽藍にみられるような整然とした配置

図7　国宝・三仏寺奥院（投入堂）

をつくろうと試みられている。

このように種々の制約のなかでも、当時の匠たちの創意工夫はいかんなく発揮され、多くの山岳寺院が今日に伝わっている。その中でも現存する檜皮葺の山岳寺院として有名な鳥取県東伯郡三朝《みささ》町の国宝三仏寺奥院《さんぶつじおくのいん》（投《なげ》入堂《いれどう》）を見てみたい（図7）。

三仏寺投入堂は平安時代の建立で、前述の役小角が開いたといわれている。懸《かけ》造と呼ばれる特殊な様式で、桁《けた》行《ゆき》一間、梁間《はりま》二間、屋根は流《ながれ》造の檜皮葺で、三仏寺の鎮守として蔵王権現を祀っている。

堂は険しい崖にできた岩窟内に建てられた規模の小さい建築であるが、床下はきわめて長い柱によって支えられている。投入堂という名も、このような奇抜な造り方に由来するものといえよう。

建物自体は横長方一間の内陣、および正面と左側面の縁からなる簡単なものだが、地形に沿って柱や床束を長く伸ばし、崖に寄せかけるような形で舞台のような「せり出し」を作り、その上に堂を建てている。

したがって檜皮葺の屋根の方も複雑で、流造の両側に庇屋根を設け、北西側にはさらに孫庇までがみえる。このような形式の屋根は軒足場も宙づり状態で組み立てが大変であるし、重層する檜皮屋根は身舎《もや》近くが狭く、昔から職人泣かせの屋根であったに違いない。

屋根勾配は大平・軒先部分でおおむね四寸二分（一尺先で四寸二分上がる勾配）と緩く、そのうえ、柱・桁・垂木などにも大きな面をとっているので、全体としては軽快な感じがする。このように本来、複雑で難しい建物を、逆に軽妙にさばく手法は平安時代の伽藍の特徴であり、同時に山岳寺院の基本的な構造でもあった。

崇福寺などは三仏寺投入堂よりは一〇〇年以上は古いと考えられるが、神仙思想の影響や水神の信仰などにともなって、このころから山間渓谷の霊地に寺を営むことが多くなってきたようである。この時期のものとしては他に、石山寺、香山堂（奈良春日奥山）、南法華寺（壺阪寺）、室生寺などが挙げられるが、これらの寺院には檜皮葺や掘立柱といった伝統的な技法も多用された。主として工期の短縮や経費の節減など簡略化の場合と、山間部で檜皮が手に入りやすく、かつ瓦のように冬期に爆《は》ぜることもないので、山岳寺院では檜皮葺や板葺の方が一般的な手法となっていった。

在来工法である掘立柱を使う方法も、付属的な堂舎では盛んに用いられたようで、そうすれば柱の足元がしっかり固定するので、上部の構架はごく簡単なものにできたからである。

このように山岳寺院にはいろいろな側面があって成立してきた。建物が建てられる時には当然、それに至る背景があるわけで、歴史的・宗教的・政治的・文化的・社会的と多くの要請があって、はじめて寺は建てられ、修理され、また造り替えられたり、移築されてきたのである。

このような歴史的な流れを理解せずに修復をしようと思うと、たとえば後世の修理を評価しないで安易に「復原」して元に戻してしまうと、その昔の修復自体が意味のないものとして消されてしまう恐れがある。

修理個所ひとつをとっても、それなりの歴史が詰まっており、さまざまな改造や痕跡の意味は歴史的・宗教的背景についての幅広い知識を援用すれば、解明されることも少なくないのである。

檜皮葺と杮葺の歴史

上古と古代

この国の建物の歴史が、一万年近く前の縄文時代の竪穴住居に始まるとしたら、その最初の形態を決定していたのは屋根だけだった、といっていいだろう。

屋根は建物の外観そのものであり、内部の居住空間を確保するための覆いでもあった。出入口や煙の排出口なども屋根に穴を開けて作られていた（図8）。

その前というと、後期旧石器時代ということになるが、このころの人々は洞穴や岩陰など自然の覆いを利用した住まいが主流であり、「住居」を示す遺構としては、丘の上などの比較的水はけのよい平坦な所に、環状に配した小ピットの例があるくらいで、生活跡には石器や焼石、ピット用の焼土などが見つかっているところから、住居址と認めてもいいのであろう（構造上、発見例は少ない）。

これらは小枝などを環状に配って浅く地面に突き刺し、上方でまとめて円錐形としたごく原始的なもので、葺材といっても草で覆って、その上を土で固めた程度のものだったようだ（図9）。

縄文時代中期ごろには、建物の床面を掘り下げて屋内空間を広げられるようになってきた。その後、それまでは不整形だった平面が円形あるいは楕円形に整い、屋根部分もより大きな空間を造るために、床の真ん中に柱を何本か設けるようになってくる。そこに桁を渡して構造の基礎とし、さらに合掌に組んだ棟木の上から地上に向けて円錐状に垂木を配した。

竪穴平面の長さなどから、当時の合掌（扠首《さす》）の勾配は六〇度前後と推察できる。同時に以前は野天にあったと思われる炉を屋内に取り込んで、以降の大型住居の祖型が可能となった。

弥生時代に入ると、竪穴住居の平面も、円形・楕円形から方形に変わってくるが、平面の変化は屋根形式や屋根葺材料、また屋根構造に改良が加えられた結果とみることができる。

当時の住居址から推測される垂木の配列状況によれば、弥生時代の中頃にはすでに放射状に密に配られていたことがわかっており、地上面の垂木尻間隔では三〇センチ以下である。つまり垂木を桁上で密に接するために、純粋に技術的に考えても、屋根葺材として草や藁の使用は難しいと思われる。この部分には樹皮や割板が、現在の屋根葺工法の原型のような形で使われていたと考えられ、それらの遺構も見つかっている。

弥生時代も後期になると、稲作の普及によって藁や縄が比較的簡単に手に入るようになって、植物性屋根材を使った屋根葺も一層盛んになったと思われる。屋根構造も垂木の間隔を疎にして屋根木舞《こまい》を配れるようになってくる。そして、この頃になると、人々の中に「建て替え」や「葺き替え」といった概念もでてくる。それまでは耐用期間を過ぎたり焼失した場合は、住居は廃棄されていたようだが、農耕社会に入ると、水田の開発や灌漑《かんがい》にも多数の人手を必要とするようになったことから、同一住居を拡張したり改築する必要にせまられたとも考えられる。

以上が上古および古代における住居形態の分類であるが、ではそれに対応する屋根の葺材やかたちはどのように変化していったのだろうか（図10）。

第一段階では垂木など斜めに用いる構造材のみで屋根が形作られており、垂木の先を竪穴の円周の内部に据えて、茅葺（草、薄《すすき》、葦《あし・よし》、藁葺《わら》などを含む）によって下地を整え、その上を土で覆う方法が用いられたようである。

六世紀にはすでにこの方式が試みられており、群馬県中部の中筋遺跡（渋川市）や黒井峯遺跡（子持村）などで、草屋根の上を土で覆った竪穴住居が見つかっている。古墳時代以前に考え出されたこの屋根葺工法は、中国などアジアでも見られるが、雨対策と防寒対策のために、草屋根の上に厚く土を盛ったものと考えられる。

第二段階になると、屋根の形はそのままだが、垂木の足元を竪穴の外に捉えるなど、雨対策の面で進歩がみられる。また、内部の構造材にも、新たに押立や本台持といった垂直や水平方向の材を入れている。

第三段階になると、Aのように二段型の伏屋根構造になるものと、Bのように屋根の形は以前のままで、その葺材の材質が草から茅や藁などに進化し、工法も緻密になったものがあったようだ。

前者は本台持あるいは桁を境に、屋根の頂部に渡した棟木から本台持までを茅葺などで細かく葺き、スカート状の下部のみは従来どおりの藁または草葺に土置きの構造をとっている。後者は、竪穴住居の復原例として各地で見られるものであり、はじめて塗り土をしない構造となった。

日本でも土置き式の屋根は、東北地方など寒冷地に多く見られた。当初は寒さや強風対策をはじめ、暖房用に火を使うため防火用として土置き屋根が考えられたようである。しかし、おおむね湿度の高いわが国では、この構造は風土に合わず徐々に衰退していったようだ（弥生時代中期の焼失住居遺跡から、この方式がよく見つかる）。

第四段階になると、第三段階のA・Bの長所を取り入れた屋根構造が出現したと思われる。Aの長所は雨対策に優れた棟仕舞いであり、Bは通気性が優れていた。一般的にいってこの時代の住居は地面を何十センチか掘り下げた面を床面として何本もの柱を組み合わせ、桁を渡して構造の基礎としている。さらに合掌に組んだ上の棟木から、地上へ円錐状に垂木を配している。これでは技術的にみても棟近くでは垂木が密集し、草葺を固定するための蔦《つた》や藁縄が使いにくいのではないかと考える。そこでこの部分には第三段階Aにおける茅葺の棟仕舞いの代わりに、樹皮や簡単な割板などが以後の屋根葺工法の原形として使われだしたのだろう。植物材などは手近にあっただろうし、それらしい遺構も見つかっている。

遺跡で発掘された住居跡から、その屋根構造がどうであったかという研究については、昭和一三年（一九三八）に建築史学者の関野克氏によって発表された説が有名である。

それは山陰地方で古くから行なわれていた砂鉄製錬用に建てられた高殿《たたら》と呼ばれる建物についてである。その平面が、発掘された住居の遺構に酷似していた（図11）。

この高殿のことは江戸時代の冶金書『鉄山秘書』に詳しく述べられているが、その屋根は屋根面の流れが現在の錣葺《しころぶき》（図12）のように二段階になっていることが注目される。屋根を地表に葺き降ろした「犬登造」と、床回りに低い壁のようなものを取り付けて、屋根を地表から離した「切上造」の二種類があったという。

発掘遺構から住居の屋根を復原しようとしても、草葺・藁葺といったものから檜皮葺・杮葺まで植物性屋根材は腐敗に弱く、古代の技法に推測の部分が多くなるのは仕方がない。ときたま火災にあった住居が炭化した状態で発掘されることはあるが、部分的にわかることはあっても全体の構造が判明するほど良い状態のものはない。

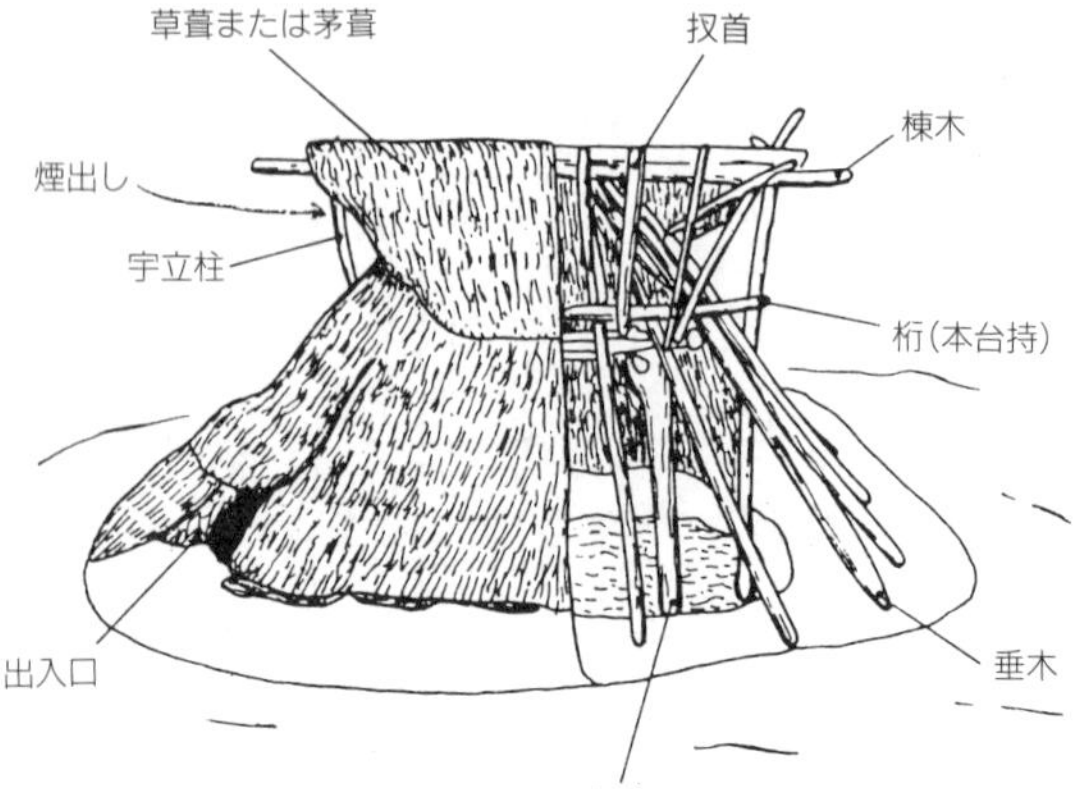

図8　竪穴住居

図9　古代住居の構造による分類

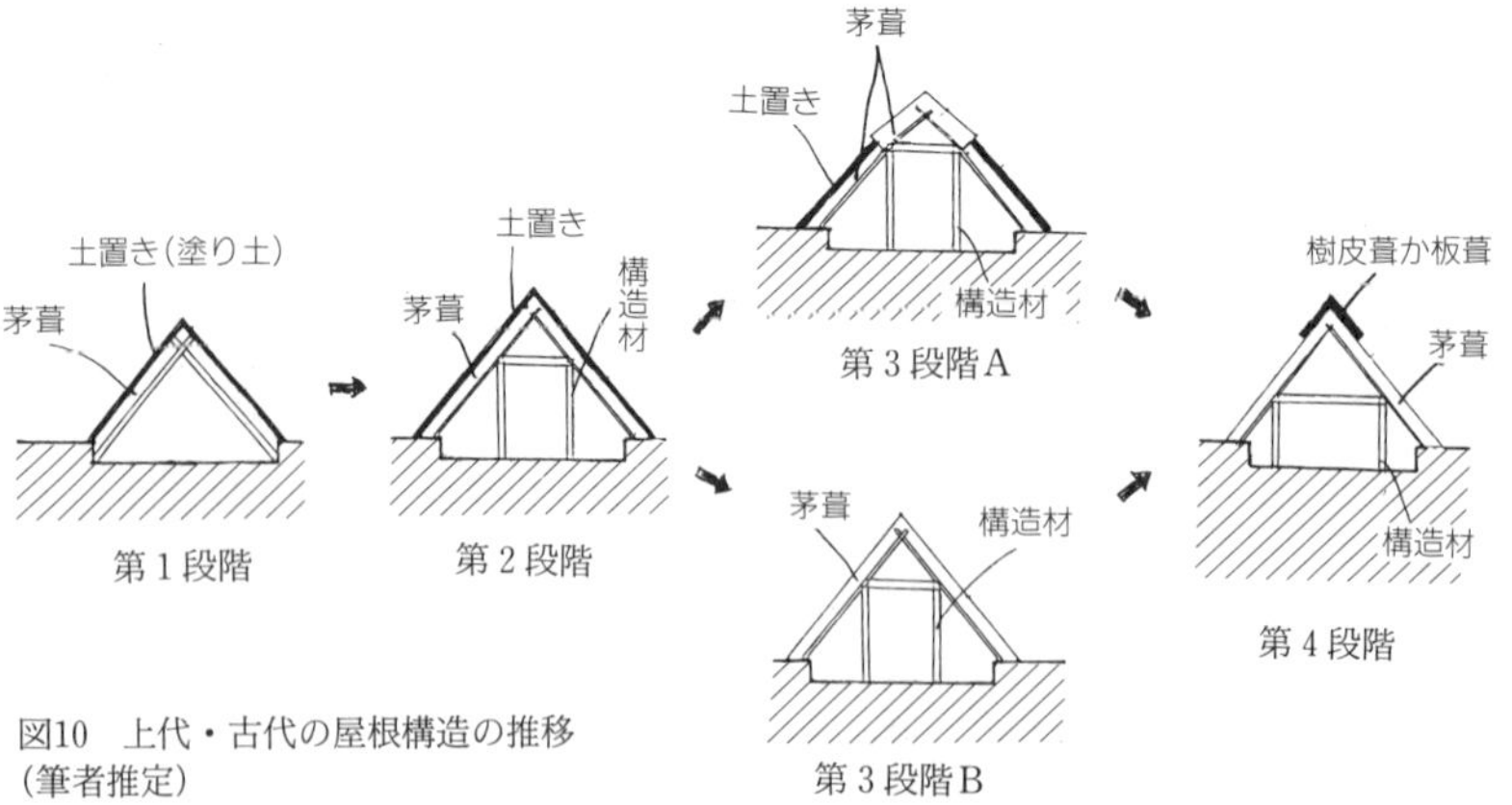

図10　上代・古代の屋根構造の推移
(筆者推定)

図11　高殿復原図（関野克「鉄山秘書高殿について」,『考古学雑誌』1938年7月）
1：押立，2：本台持，3：妻台持
4：長尾，5：通長尾，6：合上
7：向サス，8：宇立柱，9：棟
10：茅葺，11：仲押立，12：切上
13：切上桁，13：入口

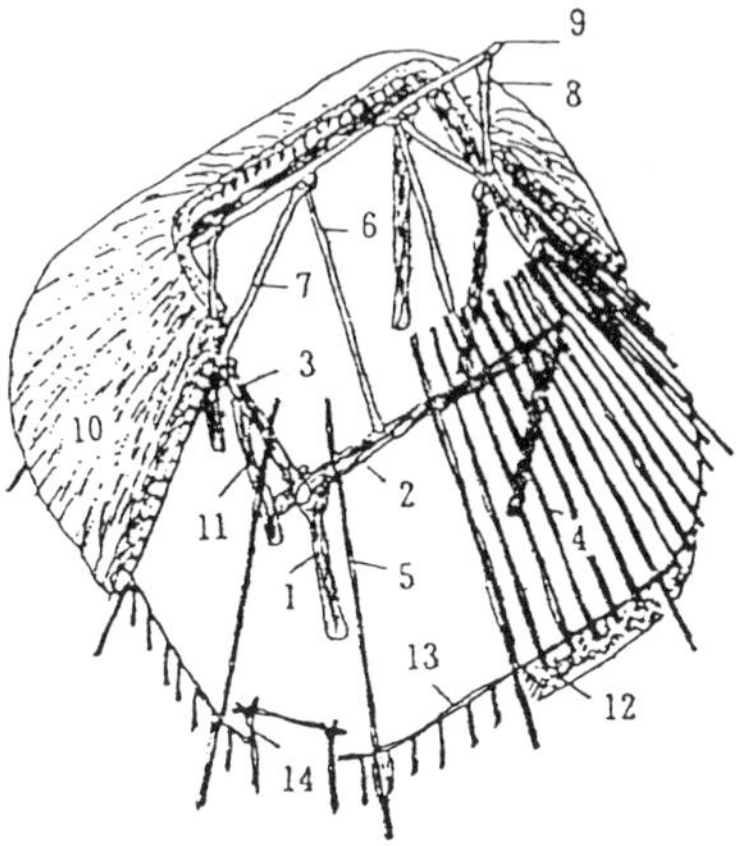

図12　現代の錣葺（京都御所紫宸殿の例）
流れのまん中あたりに段差が見える

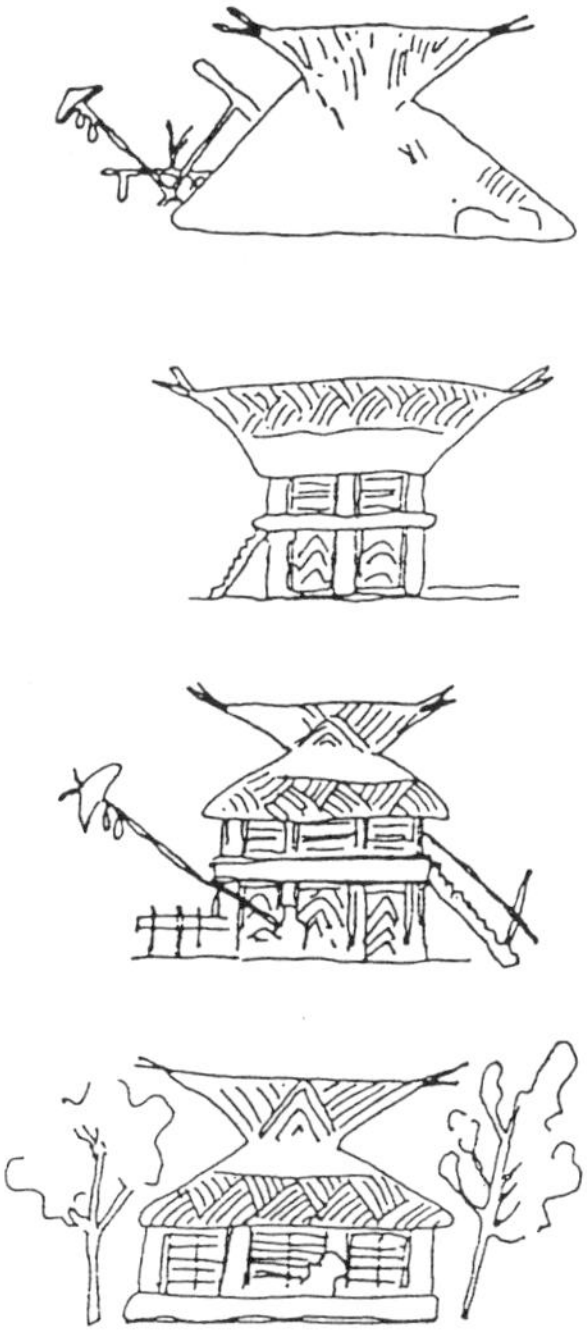

図13　家屋文鏡にみる
古代住居の装飾文様

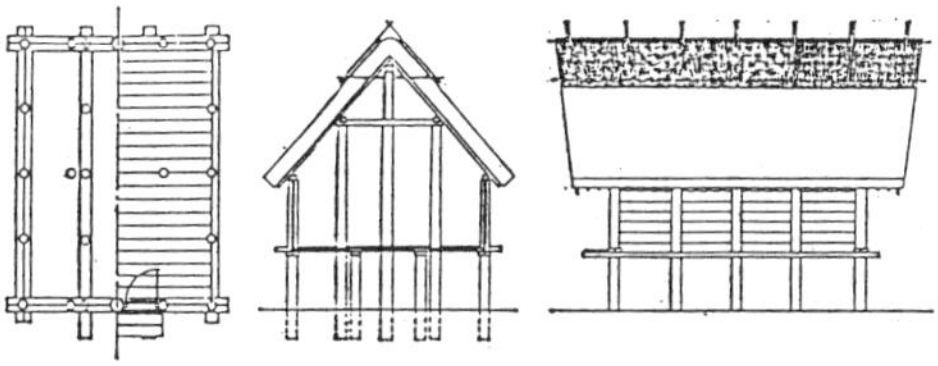

図14　和歌山県鳴滝遺跡・高床倉復原図

関野克博士は、それまでに発掘された遺跡から次の三つの屋根の形を推理している。

①小規模な竪穴住居で、合掌のみで屋根が形作られている場合——屋根の形は寄棟屋根となる。

②壁柱によって屋根が支えられた場合——一般の地上住居を半分竪穴に埋めたような形である。屋根の形としては切妻・寄棟とも可能である。

③竪穴の床に立てた数本の柱で屋根が支えられた場合——このタイプは平面形が隅丸になっているところが特徴で、比較的面積が大きい。この場合の屋根の形としては、寄棟屋根の上に切妻屋根を載せた「原始入母屋屋根」となる。

関野博士の原始入母屋屋根は、その後の屋根構造の発展や、われわれ現役の屋根職人から見てもまったく無理のない方法である。その後、多くの研究者によって古代住居の復原が試みられたなかにあっても、この推定に優ると思われる構法はないようである。

完全な古代住居の出土例がないなかでも、今日までの多くの発掘調査の成果は、いずれも関野説が正しかったことを裏付けている。

下って四世紀後半になると高床の建物が現われる。古墳から出土する家型の埴輪はその形をよく表わしているし、家屋文鏡や環頭（刀剣の把《つか》の頭部につけた環状の飾り）の装飾からも推測できる。この時代は古墳時代と呼ばれ、朝鮮半島を通じて大陸との往来が一層盛んになってきた。新しい文化や文物が次々と取り入れられると、大規模な倉が建設されて、生活様式なども大きく変貌してきた。

家屋文鏡の中で有名なのが、奈良県の佐味田宝塚古墳から出土したもので、祭祀用品や日用品などに描かれた古代住居の屋根の形としては最もわかりやすく、メッセージとしても優れたものである（図13）。

これらは銅鏡の裏面に丸くレリーフされた四棟の建物を写したものだが、①原始的な伏屋根形式の竪穴住居から、②階段らしきもののついた高床住居、③土盛りされた基壇を持つ住宅、④明らかに切妻屋根の高床式の穀倉と思われるものまで、バラエティに富んでいる。

和歌山県の鳴滝遺跡の高床倉（図14）は、その遺構から建物の復原が試みられているが、その高床構造は梁間四間のうち、側柱と桁行中央の母屋柱を通して柱として屋根を支え、梁間を三等分した形に束柱を別々に立てて床板を受けている。つまり、屋根用と床用に、別々に柱を使い分けて、梁間の広い大規模な建物の築造を可能にした。

地下遺構でも、倉としての掘立建物は各地で見つかっている。福岡県湯納遺跡、愛媛県古照遺跡、福井県糞置《くそおき》遺跡、三重県納所《のうそ》遺跡などが有名であるが、軸部固めの部材として長押《なげし》や貫《ぬき》の原型とでもいえるものが、この時期に導入された可能性がある。

というのも、竪穴建築の部材に比べて、高床建築の部材が多数出土するからである。丁寧に加工された部材は、再利用・再々利用されて大事に使われ、また穀物倉などは共同管理をしていたため、勝手に処分できなかったことも一括出土の理由といえよう。

特に鳴滝遺跡では、母屋桁支持の通し柱と束柱を併用している点が注目され、高床建築の妻側中央の柱を他の柱より太くして、一種の棟持柱としているところも興味深い。のちの伊勢神宮本殿などの独立した棟持柱が屋根構造を支えている例は、弥生時代以降から継承されていたようであるが、新たに妻側の壁面のまん中の柱を棟持柱風にしたものが現われたのである。

この形式は出雲大社本殿や同じく島根県の神魂《かもす》神社本殿などにも継承されており、現在でも見ることができる。そのルーツは古墳時代に朝鮮半島から導入された神殿建築に端を発していたと考えた方が、すべての上古や古代の建造物の屋根構造について、高い蓋然性をもっている。

仏教伝来の衝撃

飛鳥や白鳳時代のわが国は、圧倒的な大陸文化の影響下にあった。用明二年（五八七）、蘇我馬子《そがのうまこ》は物部守屋《もののべのもりや》を滅した後、すぐに日本最初ともいわれる本格的寺院である飛鳥寺《あすかでら》を発願している。この頃からはじまる寺院や宮殿の相次ぐ建設は、大陸の高度な技術を受け入れ、初期の中央集権的な律令国家を形作る上にも大きな役割を果たすことになる。

それ以前にも蘇我馬子は石川宅《いしかわのやけ》に仏殿を建立したり、大野丘に仏塔を建てているので、五三八年とも五五二年ともいわれる仏教伝来の直後にはすでに仏教建築の萌芽といえるものは存在していたが、原始的域を脱していなかった。やはり正式な寺院というと、飛鳥寺がはじめてである。この時は百済から仏舎利《ぶっしゃり》が献ぜられ、僧侶、寺工、瓦博士、露盤博士、画工といった人々も、同時に派遣されている。

檜皮葺は上古の時代から使われていたことはわかっているが、神亀元年（七二四）に出された「太政官符案」などによれば、日本の在来工法ともいえる板葺・草葺などの植物性の屋根は、「板屋草舎は中古の遺制なり……」と定められて、二流三流の扱いを受けていた。なんといっても、中国から伝わった瓦葺が当時のステイタスシンボルだったようだ。

このような檜皮葺の技法は、瓦葺のように外国から輸入されたものではなく、日本固有の工法として知られていたが、それが仏教寺院などの建築に屋根葺工法として使用され、市民権を得たのは、瓦葺などの輸入技術に影響されて、より洗練されたものになってきてからだった。

まず、この時代の檜皮葺や板葺を構造面から考えてみよう。

おそらく、この頃の屋根葺技術は、現代とはかなり様相が異なっていたと思われる。技術的な面は章を改めて詳述するとして、ここでは、大まかなアウトラインを述べてみる。

屋根の平葺部分にはおそらく竹釘は使われておらず、主に押縁《おしぶち》で檜皮を押え、それを木舞《こまい》に固定していたと考えられる。その際も貴重だった鉄釘より、檜皮を剝く際などに「甘肌《あまはだ》」と呼ばれる形成層を取っておいて、それをほぐして縄状にしたものを使用したのではないかと筆者は想像する。これは近代には槇皮《まいはだ》（槇縄《まきなわ》）と呼ばれ、木造船の船材間の隙間を埋めるために使われ、水を含めば膨張し浸水するのを防いだ。垂木と木舞も当然、藁縄や苧《からむし》縄を使った縄ぐくりである。平葺の厚みも薄く、檜皮の使用量も中世以降の三分の一程度と思われる。

軒付部分も現在の杉皮葺のように、軒先の厚みのない薄っぺらなものであったはずだ。とはいっても、実際に見たわけではないのだから、ひょっとして今まで考えてもみなかった特殊な構造ではなかったのか。私たちは現代の尺度で過去を見ようとするが、これはもしかして間違いではなかったのかと考えると、判断にも苦しむが、一方、想像もかきたてられる。

現代の檜皮葺の断面図を図（図15）に示したが、軒下から見える化粧屋根と、実際の屋根（野屋根）の間は空洞になっており、いわば二重構造である。このような高度な技術が上古の頃からあったとは考えにくく、おそらく九世紀頃から試みられたものと思われる。

仏教の伝来は屋根構造にも多大な影響を与えた。寺院の主要な建築は永遠の礼拝対象である仏像や舎利の安置場所であり、大陸からの進んだ建築工法によって堅固に作られた。屋根も実用的な要素だけでなく、組物など高度な建築技術や、懐の深い軒構造、美しい曲線などのきらびやかな外観から、仏教の格の高さを表現するにふさわしい工法とされた。

八世紀になると檜皮葺の建物はにわかに増えてくる。

その皮切りとして、天平宝字六年（七六二）の近江国石山寺造営においては「本堂、経蔵、鐘楼、僧房などが檜皮葺で葺かれ、その他は板葺とした」と造営の様子を綴った文書が『正倉院文書《しょうそういんもんじょ》』にある。

また、奈良の大寺においても檜皮葺は広く使われていた記録が残っている。

法隆寺では、現在の東院のうち、瓦葺は八角仏殿（夢殿）、講堂（伝法堂）、僧房だけであり、廻廊と二つの門、その他の付属建物は檜皮葺。大衆院屋《だいしゅいんや》一拾口《じゅっくち》のうち、碓屋《うすや》、稲屋《いなや》、木屋《きや》、客房《きゃくぼう》などが檜皮葺だったとしている（『法隆寺伽藍縁起幷流記資財帳』）。

大安寺でも、温室院《おんしついん》、禅院《ぜんいん》、政所院《まんどころいん》などの建物の多くが、檜皮葺になったとの記述がある（『大安寺伽藍縁起幷流記資財帳』）。

西大寺においては、金堂、塔を囲む中心部は瓦葺だが、四王院、十一面堂院、正倉院《しょうそういん》などの一〇〇棟にも及ぶ付属建物の大半が、檜皮葺であったことを伝えている（『西大寺資材流記帳』）。

このようにして寺院建設ラッシュが続き、奈良などを中心に百数十棟の寺院があったという。

一方、天皇や貴族の住まいは、檜皮などを使った在来工法が墨守されていた。たとえば飛鳥の地などには、多くの宮殿などがあったことがわかっているが、それらは天皇が即位するたびに新たに建て替えられるシステムであった。しかし、これらの姿は飛鳥寺のように大陸直輸入の建築様式でなく、それ以前からの伝統的な意匠を受け継いでいる。

宮殿建築においては、前期難波宮をはじめ礎石を使わず掘立柱を使用しており、屋根も樹皮や茅などの植物性材料で葺かれていた。宮殿が大陸風になるのは藤原宮からで、中国の都城制を模倣したのが最初といわれる。

宮殿の屋根について考えてみると、女帝の斉明《さいめい》天皇（五九四―六六一）は中大兄・大海人両皇子の母であり、自身の宮殿を瓦葺にしようとしたらしいが、果たせなかったようだ。大化改新（六四五年）の舞台ともなった皇居・飛鳥板蓋宮《あすかいたぶきのみや》は、屋根が当時としては珍しい板葺であったため、そう呼ばれたのであろう。当時の宮殿は、伝統的に檜皮葺か茅葺であり、壮大な規模の朝堂院も屋根はすべて木質系の材料で葺かれていた。

また住宅建築においても、奈良時代に入ると檜皮が使われた。唐招提寺古文書によれば、左京七条一坊に住む外従五位下のある官人の宅地には、檜皮葺で板敷の主屋と板屋四棟、草葺厨屋、板倉三棟など計九棟があり、他に二カ所の土地を持つとある。平城京内の住宅地は宮城を除くと町数は一二八八町あり、このうち寺院や市など公的施設を除くと、約一〇〇〇町の宅地に官人や民間の人々が居住していたことになる。檜皮葺はこのうち高位の貴族や官人の住宅を中心に普及していった。

法隆寺東院伝法堂（図16）は聖武天皇の夫人 橘 古那可智《たちばなのこなかち》により法隆寺に施入されたもので、現状は桁行七間、梁行四間、切妻造、本瓦葺であるが、移築前の状態に復原すると、桁行五間でうち三間は扉や壁で間仕切り、二間は吹き放ちである。注目されるのは屋根で、平葺・軒付とも檜皮葺で、勾配は三寸以下ときわめて緩かったらしい。軒付は一重軒で、組物は大斗肘木《だいとひじき》、二重虹梁蟇股《こうりょうかえるまた》などの大陸様式をもった第一級の住宅建築だったようだ。

九世紀になると、国風化の動きもあって、室生寺の五重塔（当初板葺）や法界寺阿弥陀堂などの寺院はもちろん、平安貴族の雅びな館も檜皮葺で葺かれるようになった。

古代最後の計画都市であった平安京にふさわしく、南北九条、東西八坊の市街地には、貴族、官僚、庶

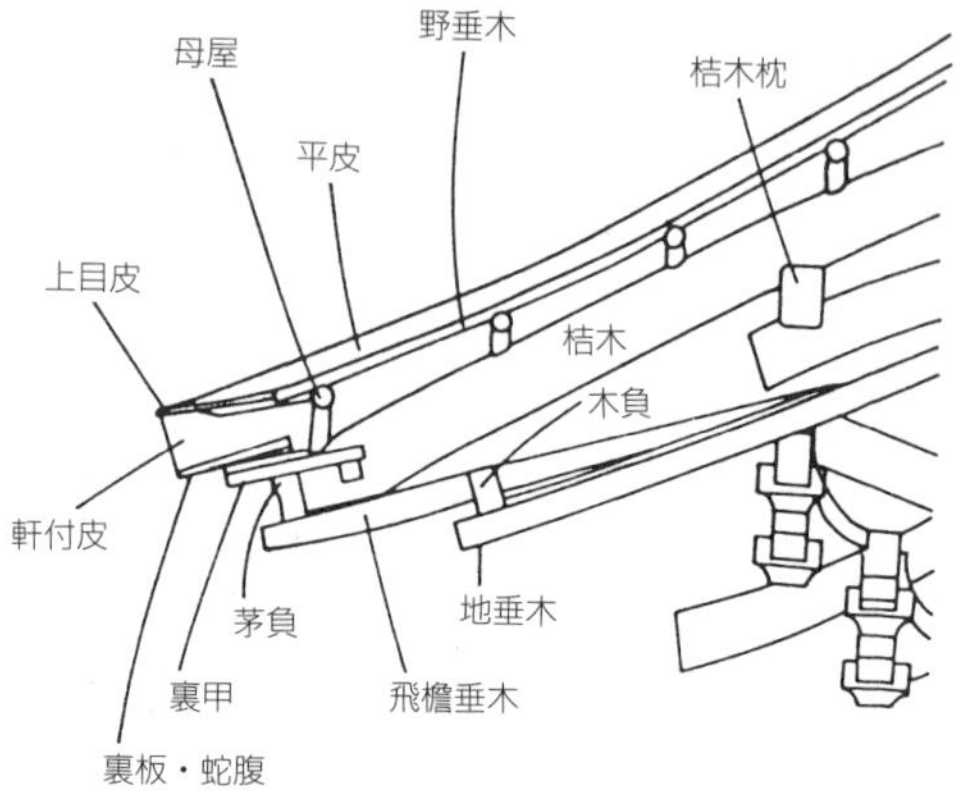

図15　現代の檜皮葺屋根の断面図

図17　寝殿造（東三条殿）

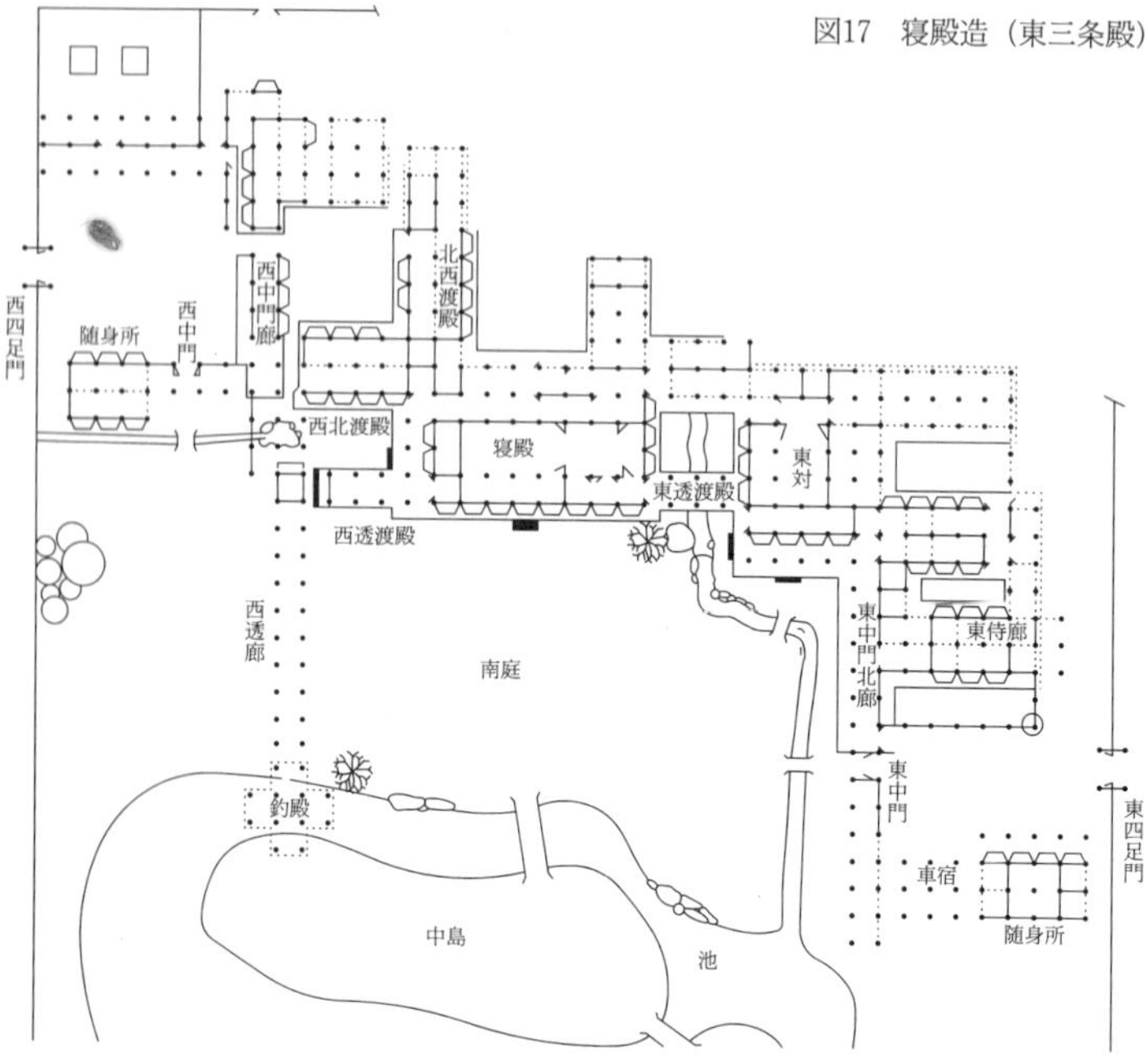

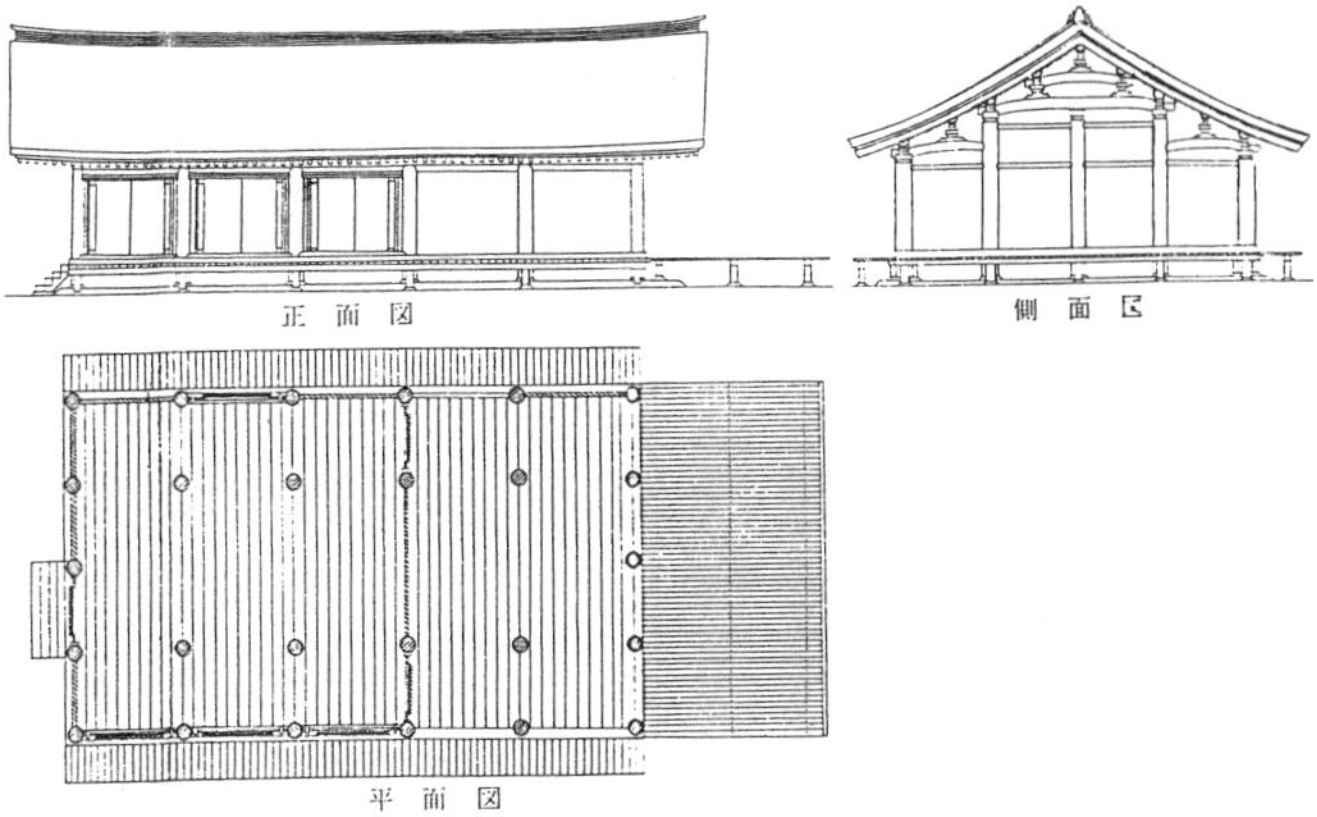

図16　法隆寺東院伝法堂および前身建物復原図

民の住宅が軒をつらね、小路で囲まれた四〇丈（一二〇メートル）四方の町が、区画の単位であった。

当時は一町が上級貴族の邸宅の基準であり、築地塀で囲まれた敷地に寝殿と呼ばれる建物を中心に、対《たい》屋《のや》と呼ばれる中規模の建物が東西対称形に並んでおり、それらは渡廊下で繋がっていた。これらは一般的に、中心となる建物の名前から「寝殿造《しんでんづくり》」（図17）と呼ばれた。

藤原氏の邸宅であった東三条殿や院御所であった法住寺殿なども、すべてが檜皮で葺かれていた。現在ではその実例が残っておらず、種々の絵巻物や公家の日記などから、その屋根構造を推し量るしかない。

平安時代の建物の構造は、寝殿造の建物を寺の御堂に転用した例もあったくらいで、屋根構造も含め、寺社と大規模な住宅は技術的に共通する部分が多かった。

居住空間を少しでも拡大しようとして、庇を身舎《もや》の周囲にめぐらせたため、屋根勾配は極端にゆるくなった。平安時代の屋根勾配はおおむね四寸五分くらいと考えられ、江戸時代の六寸前後と比べると、その勾配のゆるさがわかる。

平均四寸五分の勾配なら、さらに勾配の緩い軒先は、二寸〜二寸五分勾配程度と考えられ、檜皮葺の皮勾配が逆転して、雨水も逆流するはずである。ちなみに皮勾配とは屋根勾配とは違い、葺かれている檜皮一枚一枚の勾配のことである。屋根勾配の場合は、葺き上がった檜皮の木口を引き通した場合の湾曲線を基準としており、いくらゆるいといっても勾配そのものが逆転することはまずない。それに対し皮勾配は、軒先のようにただでさえ勾配のゆるいところでは、木口から二〜三尺までは水平に近い部分が出現することがある。この部分が毛細管現象も加わって、雨水を引き込む可能性が高いのである。

この構造で雨漏れがなかったとしたら、それは中世以降と比較して、軒付が薄かったか、やむなく庇部分を板葺などその他の葺材にしたかのいずれかと推察できる。

この時代の野地は、絵画資料を見る限り、長板を桟で止めたような形で、長さこそ違うものの現代でいうところの土居葺《どいぶき》（本瓦葺などの下地として、杉や椹《さわら》などの割り板で葺く工法）に近いと思われる。

一〇世紀に入ると、『延喜式巻三十四木工寮《もくりょう》・葺工』（延長五＝九二七年）のような、お抱え葺師に対する服務規定に近いものまでが出てくる。

これを一読すると当時の屋根構造、葺材の形や使用量、工事に必要な葺工の人数などがおぼろげにわかる。また、「釘縄《くぎなわ》」、「檜皮縄《ひわだなわ》」、「釘桙《くぎほこ》」、「於桟《うわえつり》」、「葛《かずら》（黒蔦）」などといった現在では聞き慣れない葺材や部材の名が登場している。前後の文脈からすると、「釘桙」は木舞《こまい》であり、「於桟」は押縁《おしぶち》のことを指しているようである。その他は、垂木や木舞、押縁と固定結束するための縄や紐の役目を果たしていたものと考えられる。

この頃から軒先の二重構造の採用が本格化し、さらに平安時代も後期になると、桔木《はねぎ》の考案によって、屋根の軒先の重みを支えることができるようになった。

軒先の厚みも、本来の重厚さを増す役目に加え、軒先部分における二重垂木の間に桔木が入って軒先を支えており、絵画資料を見る限りにおいては、この時点で軒先の厚みも現在とほぼ同じ厚さになったと思われる。

檜皮屋根自体も格の高い屋根となり、もっぱら社寺や宮殿、公家屋敷などに使われた。これも檜皮葺が社会構造とかかわる特別な葺材として、その地位を確立した証左であり、板葺や草葺などが風土と強くかかわっていることを考えれば、異色の葺材だった。

ただ、平安中期以降の檜皮葺や杮葺の技術的資料は思いのほか少なく、管見の範囲では、一〇〇〇年に書かれたといわれる『造東寺年終帳』あたりまでである。その後も一二世紀から一四世紀にかけて、「年中行事絵巻」、「松崎天神縁起」、「春日権現験記」などの絵巻物や、清少納言の『枕草子』(一〇〇一年)をはじめ、『今昔物語集』、『栄華物語』、『小右記』などに断片的に取り上げられているが、これだけで檜皮葺工法を推測するのは難しい。

このような推移を辿ってみると、建物の中でも特に屋根の部分については、かなり意識して意匠を使い分けてきたといえよう。現代においても、京都御所などは檜皮葺が踏襲されているが、宮殿と寺院のこのような意匠の違いは、昔の人々の眼にはどのように映っていたのだろうか。

古代の建物でも、建物の軸組とその上に載る屋根の調和が大切で、それぞれの時代の施主や匠の意思で建てられている。あるものは豪壮であったり、繊細であったり、また優美であったり、簡素であったりする。

檜皮葺の職人は建物の構造や特徴を十分に考慮したうえで、その建物に釣り合った手法を用いる必要がある。檜皮葺や柿葺は瓦や最近の新建材とは違って、一枚一枚の姿かたちが微妙に違う材料を順序よく、しかも丹念に葺き上げなくてはならない。

しかも、雨水が漏らない防水だけの目的でなく、屋根にまろやかな曲線を描き出すという芸術性も必要である。また、社会性という観点からみると、装飾性、あるいは権威性とか象徴性といった側面が大きな意味を持つ。その結果、檜皮葺には実用性、歴史性、社会性、芸術性、地域性といった属性が複合して、古代からの一二〇〇年を存在し続けてきた。

中世の屋根革命

屋根構造（小屋組）について

仏教建築を中心とした建築技術が、次に大きな発展をしたのは、一二世紀から一三世紀にかけての鎌倉時代に入ってからである。

中世の建築技術は、当時の宋からもたらされた「禅宗様《ぜんしゅうよう》」、「大仏様《だいぶつよう》」といった新しい建築様式を導入したことにはじまり、従来の「和様《わよう》」にも大きな影響を与えた（図18）。これは構造技術の進歩や、意匠の斬新化のみならず、工匠組織の変化や、技術そのものの伝播のスピードにも驚異的な革新をもたらした。

さらに中世後期になると、密教系の寺院にも和様と大陸様式の折衷型ともいうべき様式が育まれるようになってきた。一方、木工具の発達によって、仕口《しくち》や継手《つぎて》といった建築技術も向上し、より精緻な作業が可能となった。

現在、中世建築の遺構といわれるものは、全国に約一一〇〇棟余りといわれる。それだけに、これらの建築の流れを過去に辿れば、屋根部分なども後世の補修や改造によって、多少は建立当初の技法や意匠が変わっていたとしても、専門の職人が見れば当初材の痕跡や類例との比較などから、おおよそのことはわかるのである。

屋根は建築本体と自然環境との接点ともいえ、また外観意匠を考えるうえで最重要なファクターでもある。大陸からの進んだ様式を巧みに受け入れていったわが国の木造建築において、屋根をどのような材料によって、どのように葺くかは、建築の種類、規模、地域性と、それぞれの発達過程の位置付けにおいて大きく違うものになる。

では、建築の形式や様式がどのように屋根に影響を与え、その結果として屋根構造（小屋組）や、檜皮葺・柿葺にどのような技術の変化があったのかを概観していきたい。

まず、建築様式とその構造の変遷について考えてみる。

寺院建築は大陸からもたらされたものだが、構造的には二つの流れがある。第一は和様と呼ばれるもので、古代の大陸から伝わって、七世紀から八世紀にかけて遺構を残している。第二は鎌倉時代に宋から移入されたもので、禅宗の伝来にともなってもたらされた禅宗様（唐様《からよう》）と、東大寺伽藍の再興に採用された大仏様（天竺様《てんじくよう》）の二系統がある。これらはのちに和様の中にも積極的に取り入れられて「新和様《しんわよう》」、「折衷様《せっちゅうよう》」と発展していく。

和様といっても、元をただせば外来系統のものであるが、現在では禅宗様や大仏様が移入されるまでの建築様式を総称して使っている。支割《しわり》と呼ばれている垂木を平行等間隔に配置し、柱間寸法や軒回りの寸法までを決定するシステムや、組物と柱筋で軒の荷重を支える構造など、特に屋根回りに大きな発展をもたらした。その結果、屋根垂木の傾斜を緩くすることが可能となって、その上に野屋根と呼ばれる実際に雨水を受ける屋根を設けることで、空間や意匠に余裕がうまれた。

そこに禅宗様や大仏様が導入されると、柱に水平材である貫《ぬき》を通して建物を強固にすることができて、柱の位置も自由になってきた。また、梁《はり》の作用によって堂内も広くすることができるなど、多くの特色があった。

梁作用とは、支点と支点との間に梁を渡すことによって、支点間にある荷重を支持させることをいう。一方の支点を越えて梁を延ばしていけば、天秤の原理のように支点の外側の荷重も支えることができる。

これらはやがて伝統的な和様の変質をも促し、鎌倉時代以降の建物にはこぞって貫が使われた。これらは「新和様」と呼ばれ、建築構造におけるさまざまな折衷様式とともに、和様の建物にも大きな影響を与えた。

禅宗様は主として鎌倉時代の禅院に多く用いられ、細部に曲線的手法や大陸的意匠が見られる。円覚寺舎利殿（神奈川）や善福寺釈迦堂（和歌山）などが重要な遺構である。

また大仏様は、南宋の寺院建築を範としているといわれており、俊乗坊重源《しゅんじょうぼうちょうげん》が大勧進職を務めて再建させた東大寺南大門（奈良）と浄土寺浄土堂（兵庫）が代表的な建造物といわれている。

屋根構造はこのようにして変化をし、さらに地垂木《じだるき》の上に飛檐垂木《ひえんだるき》を重ねた二軒《ふたのき》や、軒先に斜めに入れる尾垂木《おだるき》を支持する組物《くみもの》など梁作用を利用したさまざまな工夫がなされてきた。中世以降にその有効性が広く知られるようになった桔木《はねぎ》も、この考えの延長線上の産物であった。

桔木は跳木とも書き、檜皮葺屋根の断面図（図15）を参照していただくとわかりやすいが、野垂木と化粧垂木（飛檐垂木、地垂木）との間の、懐《ふところ》と呼ばれる三角形の隙間に、桁行方向に長くて太い材が組み込んである。これが桔木である（図19）。

桔木の先端は軒先に達し、茅負《かやおい》と繋って軒先を支え、根元は棟と桁のまん中にまで至っている。すなわち桔木は天秤の理屈で、桁の位置を支点（ここに置かれる桁材を桔木枕《はねぎまくら》という）とし、軒先と棟の両側にまたがっている。

屋根の重量で押し下げられた桔木は、てこの原理で桔木枕から先を跳ね上げることによって、軒先に力に満ちた曲線を保ち、深い軒構造を可能にした。

桔木を使った工法は、平安時代末期から鎌倉時代初期にかけて考えられたと思われ、寛喜二年（一二三

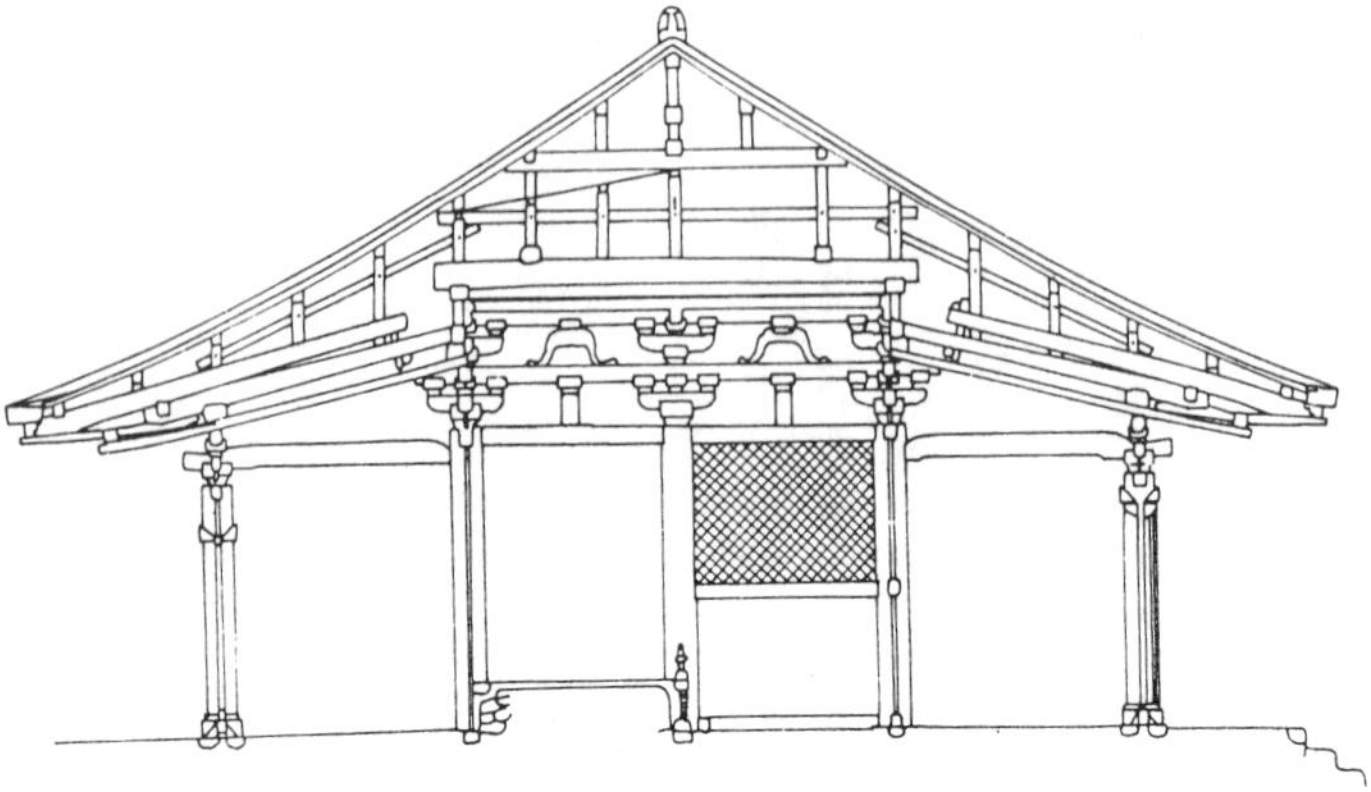

和様(醍醐寺薬師堂，京都)

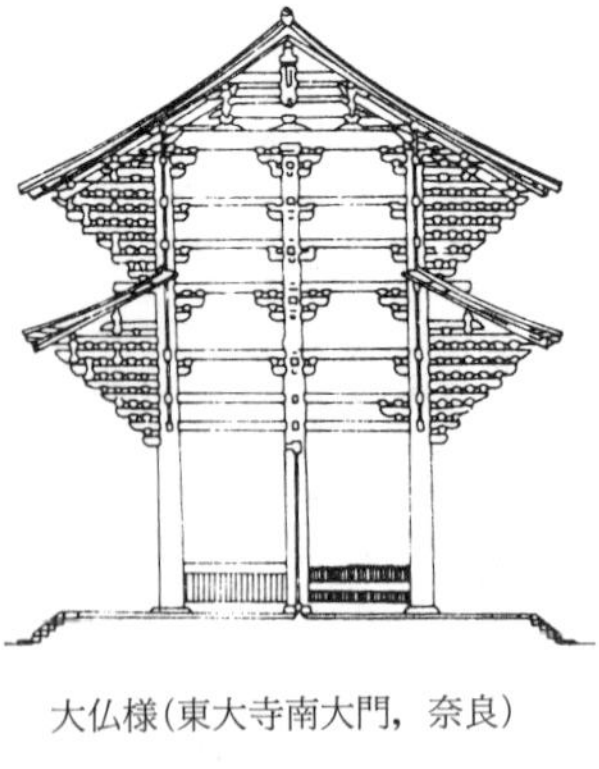

大仏様(東大寺南大門，奈良)

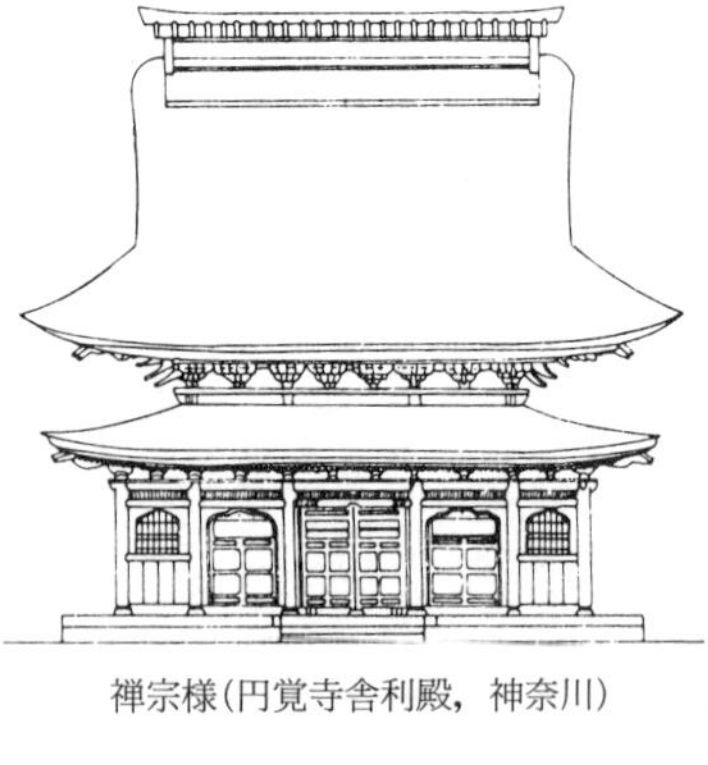

禅宗様(円覚寺舎利殿，神奈川)

図18　寺院建築の代表的様式

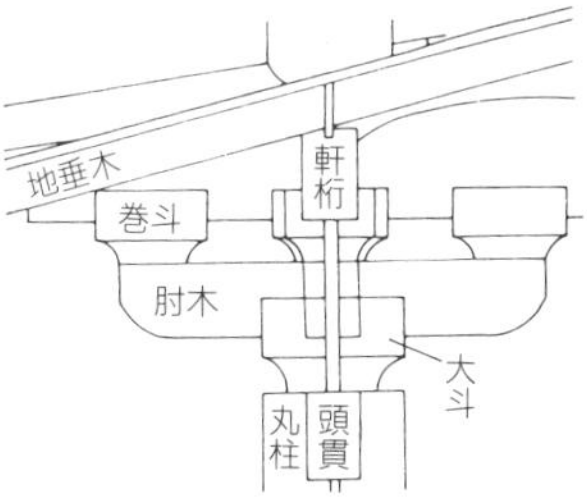

図20　斗の組み合わせと各部の名称（西明寺本堂，滋賀）

図19　桔木　棟側から軒先にかけて何本も流されている（桑実寺本堂，滋賀）

図21　組物と斗の様式変遷

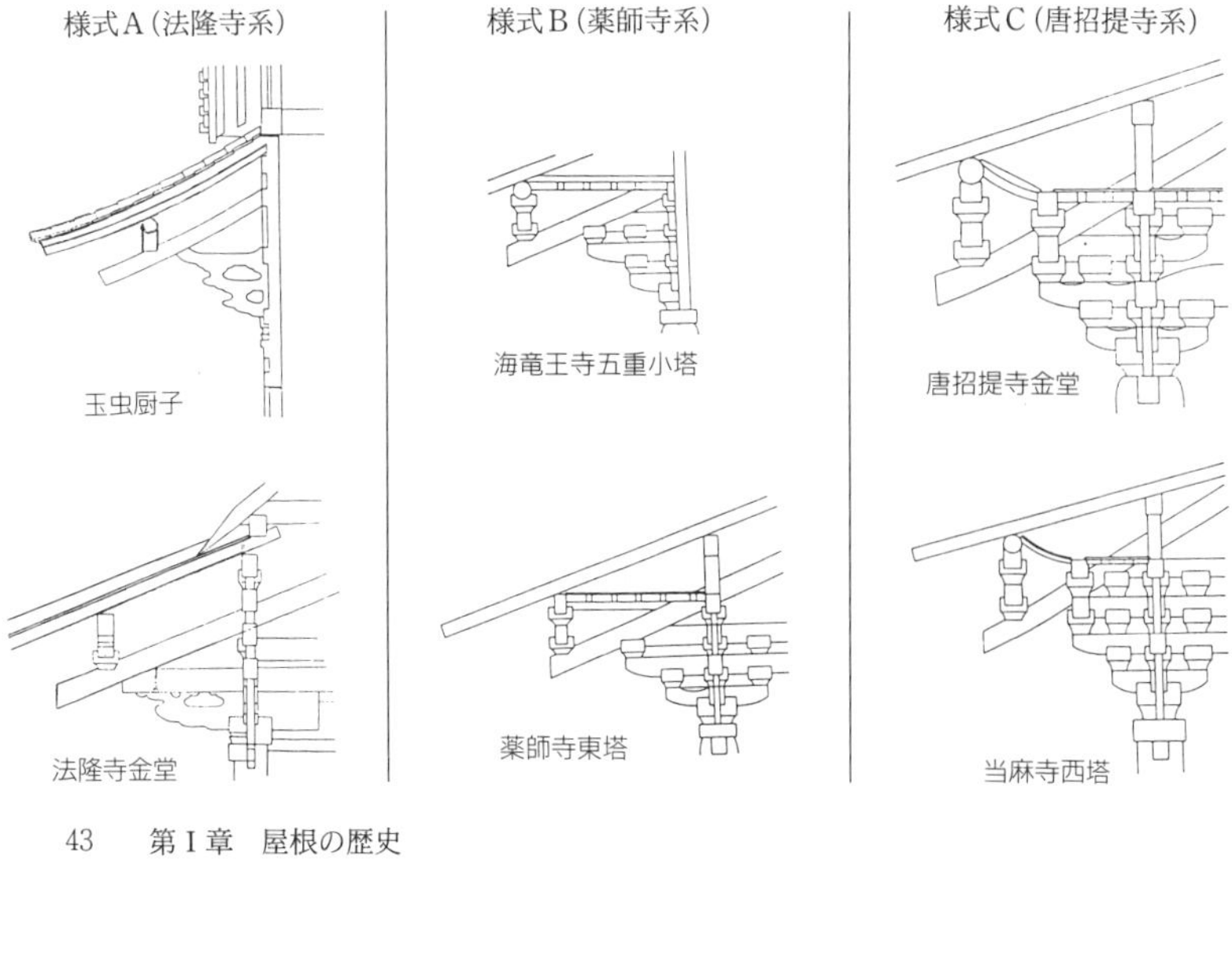

〇）の法隆寺夢殿（八角仏殿）の修復の際に用いられたといわれている。初期の頃の桔木の先は茅負の先までは伸びておらず、野垂木を跳ね上げる構造だったが、その後改良が加えられて、茅負と直接、枘《ほぞ》によって繋ぐことができるようになってきた。そのほかにも、「出《だ》し梁《ばり》」や「力垂木《ちからだるき》」、「丸桁桔《がぎょうばね》」といった桔木を補完するような手法も次々と開発されていく。

以上は屋根構造の中でも、野屋根と呼ばれる外からは見ることができない部分の話であり、その材料も野物材といわれるように、丸太を荒削りしただけのものが使われていた。

一方、これらの屋根構造の変化は、化粧材と呼ばれ、私たちが普通に外部から見ることのできる部分にも及んでいる。各柱や梁、桁などの接合点の上などには組物がおかれ、組物の積み上げによって前方に持ち出される複雑な部材は、軒の出を深くするのに役立ち、格式を示すことにもなる。

小屋組は頭貫《かしらぬき》という構架材で繋がれた柱によって軸組と結合されており、柱の上部には枘が造られ、大斗《だいと》、巻斗《まきと》、肘木《ひじき》などが載って、屋根構造全体を支えている（図20）。古代に遡ろうにも、残された遺構は限られていてすべての変動を知ることは難しいが、たとえば飛鳥建築を偲ばせる玉虫厨子（法隆寺蔵）や法隆寺西院の主要伽藍などを様式A、薬師寺東塔や海竜王寺《かいりゅうおうじ》五重小塔を様式B、さらに唐招提寺金堂、当麻寺《たいまでら》西塔を様式Cと分類してみる（図21）。

大局的にみれば、様式Aの法隆寺系統の建造物と、様式Bの薬師寺系統の建造物には明らかな差異がみられる。もちろん玉虫厨子と法隆寺金堂、また薬師寺東塔と海竜王寺五重小塔といった同系統のものにも、その組物の構成に日進月歩のあとを見ることができるが、様式AとBの隔絶したへだたりからすれば、「修正」の範囲を出ない。

法隆寺系の建物が、太く短い柱に何段も重なる軸部の井籠組《せいろぐみ》、曲率の激しい雲斗栱《くもときょう》、さらにまっすぐな角垂木、尾垂木などにシンプルな迫力があるのに対し、薬師寺系やそれに続く唐招提寺系は、外来からの影響もあって、おおむねやさしい表情を見せる。斗と肘木の組み合わせによってできるふくらみのある組物、木口が円形の地垂木と角形の飛檐垂木が勾配を変えて抑揚を見せる。その豊かな肉付けは法隆寺系の厳しさ、鋭さから離れ、温雅なものを後世に伝えた。

さらに中世に入ると宋様式が輸入され、貫を用いて軸部を固める方法が一般的になると、大きな梁と長い柱、複雑な組物が優美に組み合って、さながら仏壇の中を見るような装飾的要素が噴出する。さらに蟇股《かえるまた》や手挾《たばさみ》のような和様系の装飾が加わると、組物の本来的な役割は徐々に萎えていった。

このような結果、中世後期には、野屋根では宋から伝わった貫の技術を縦横に使って、楔《くさび》で固める方法がとられた。庇の化粧垂木の上には土台を作って束を立て、茅負《かやおい》の裏にも穴をあけた。

桔木の先にも枘を造って、それを挿し込むようになった。こうなると当然、化粧垂木をもつり上げることになるが、そうすると釘が打ちやすかったL字形の断面では、枘穴に十分な穴が掘れないので、桔木の当たるところだけ方形の断面に改良した。室町時代中期には、方形断面にして釘を打つのが当たり前になってきた。

一方、化粧屋根では柱の上部は頭貫《かしらぬき》と呼ばれる横架材で繫がれ、柱の先にはあらかじめ長枘が造られていた。これを台座にして、まず大斗が据えつけられ、さらに十字型に肘木を組んだ。この枠肘木に巻斗が載って、その上の軒桁を支えるのである。

もちろん、この部分には釘など金物は一切使わないし、小屋組とその下の本体（軸組）は枘だけで繫っていたのである。束に載る棟木や母屋桁《もやげた》の高さもあらかじめわかっており、野垂木なども撓《たわ》みやすいように背より幅を広くした。

このようにして中世末期にもなると、屋根面の曲線にあわせて、野垂木を取り付けられるようになった。檜皮葺や杮葺も屋根構造の変化にあわせた形で、直截的で無骨な葺き方から、だんだんと優美で機能的な屋根に変化するようになってきた。

檜皮葺の変遷

檜皮葺書出　江戸向入札帳面

一多武峯御本社檜皮下地仕様野榧松角五寸四ツ割削立五寸也、板持野木舞松巾ハ、二寸厚七分一間ニ九本打、同野裏板檜引詰メ六分裏表鉋削ニ而劓縦《ソキツキ》也、是ハ社頭故ニ裏板ヲ仕ルト見タリ、

一屋根檜皮葺様軒付ノ厚平ニテ九寸蛇腹椹白太ヲ去リ柾割ニ致三寸ノ鉄釘ニテ打也、

一惣屋根坪何程　有増ノ積

内 何程ハ平坪 何程ハ軒付段葺但一尺ニ一間ヲ一坪ノ積

一檜皮拵様長二尺五寸白皮甘皮ヲ去念ヲ入、私云皮ニ厚サ不レ出支無念也

一軒之付様厚二寸宛付候而縁《フチ》ヲ打可レ申支

一縁ハ椹木ニテ幅二寸厚六分ニ致シ六寸ノ鉄釘ニテ間タ八寸宛置打可申支

一破風登リ同惣軒ハ指萱ニ致シ可レ申事

一軒ノ扣ハ鉄ノ折釘ニテ一間ニ二本宛打但釘ノ大サの木ノ厚サニ随テ可レ仕ル支

一軒ノ釣木ハ椹木ニテ一間ニ二本宛釣可申支

一上目ハ二枚重子念ヲ入致可申支

一平ノ葺地ハ軒四尺迄ハ三分夫ヨリ上ハ四分足ニ可レ葺支

一葺地堅《カタメ》ノ押縁ハ二尺宛置キ一通檜六寸角十六割五寸ノ鉄釘一間ニ六本打
一葺様ハ足四ツ押ヘニ葺可申亊
一品《シナ》段葺右軒付ノ如ク押縁鉄釘ニテ打可レ申亊
　右檜皮鉄釘押釘竹釘榑木共ニ一式

右は奈良の多武峰《とうのみね》寺における檜皮葺の仕様の一部であるが、江戸時代中期頃の檜皮葺の事例として『愚子見記』に引用されたものである。

中世の話をしようというのに、江戸中期の資料を示さねばならないのは忸怩たるものがあるが、前述したように中世はなぜか檜皮葺の技術的資料が極端に少ない時代であり、筆者も手を尽くして渉猟してみたが思わしくなかった。中世と近世においては、絵画資料を見たり数少ない資料を検討した範囲では、技術的にみて特にめだった変遷があったとは考えにくいので、いいかえれば中世以降の技法は、現在知られている技法の範囲であるということができよう。

ところで、その『愚子見記』の文面を見ると、野木舞の上に野裏板を隙間なく張り、鉄釘で細かく留めるなど、特に葺下地の仕様が丁寧である。今日では葺下地は野木舞だけで野裏板までは張らないので、檜皮葺の技術が完成した姿をそこに見ることができる。

ここに至るまでの中世は、檜皮葺にとって試行錯誤の連続だったといえる。野地に関しては、中世まではもっと単純で、藁縄、苧《からむし》縄など縄括りが主流であり、野木舞を垂木にゆわえるために大量の縄類が使われた。

中世でも一三世紀に入ると葺きの技術も向上し、竹釘や鉄釘なども古代と比べ、比較的潤沢に使えるようになった。ただ檜皮自体の洗練度という点においては、いまだに古代の葺き方の影響を色濃く残しており、檜皮加工技術も粗末で、ぽってりと厚い仕上げ状態だったようだ。押縁の数や竹釘の使用量も近世と比べればまだまだ少なく、葺き斑《むら》もめだったが、檜皮葺に対する需要が少しずつ改良を促したようである。

文保元年（一三一七）の「称名寺《しょうみょうじ》仏殿修理料檜皮注文書」（金沢文庫蔵）は、中世では唯一、鎌倉後期にまで檜皮葺の仕様が遡れる文書として、関係者のあいだでは比較的知られているものである。

（材種）	（数量）	（価格）
檜皮	四五〇井	一八〇貫文
四五	一五〇丁	五〃
四三寸	一、三〇〇〇丁	一三〃
榑	四〇〇枚	四〃
七寸釘	一二〇連	三〃
蕨釘	大小四〇〇	三〃
六寸釘	――	五〃
五寸釘	二〇〇連	二〃
竹釘	二石	六〃
苧縄	二四〇ほう	八〃
藁縄	一、〇〇〇ほう	二〃
作料・間水		一一〇〃
計		三四一貫文

一見すると、苧縄・藁縄が多いようだが、これはなにも檜皮自体を取り付けるために使用したのではな

くて、野垂木に木舞を括り付けるためのものだったようである。材料の単位も、井・丁・枚・連とバラエティに富んでいるが、これらも含めて材料自体については次項で詳しく述べたい。

ただ、直観的に言えることとは、檜皮の規格が現在と同じとすれば、二石（〇・五四立方メートル）の竹釘というのはいささか少なすぎるのではなかろうか。いずれにしろ、現在の称名寺（神奈川）は再興であり、寺に伝わる「称名寺伽藍古図」（重文）によっても、今ひとつ当該の建物を特定できないので、屋根面積当たりの檜皮量が多かったのか、少なかったのかは軽率に断定できない。

一三七一年（南朝では建徳二年、北朝では応安四年）に小島法師によって著されたともいわれる『太平記』は、後醍醐天皇の討幕計画以後の南北朝内乱についての軍記物語であるが、その二十七に「都にては、さしも気高かりし薄檜皮の屋形の三葉四葉に作り雙べて奇麗なるに……」とあり、貴族や武家の高級住宅の屋根には、薄皮仕立ての檜皮葺が固く緻密に葺かれていたようである。

この時代の檜皮葺についてはこれ以外にも、『古事類苑』の「一五、居処部の屋根」の項や、『家屋雑考』などにも散見される。薄檜皮といっても、その内容から推量すると葺厚のことを指すのではなく、檜皮そのものが洗皮《あらいかわ》、綴皮《つづりかわ》といった皮拵えの工程を経て、薄くとも丈夫で見た目もよくなってきたことを意味するものと思われる。

『大乗院寺社雑事記』は、奈良興福寺の門跡寺院である大乗院の二七代目門跡尋尊《じんそん》の日記を元に、一四五〇年から一五二七年までの寺の出来事をまとめたものであるが、長享二年（一四八八）三月三日の条には、北院の檜皮葺に関して檜皮の葺足を六分に決めている。葺厚については葺足が問題になるが、現代の標準の葺足四分に対して、中世ではやや葺足も長かったようだ。檜皮の厚みが現在と同じであれば、葺足が長くなれば当然葺厚は薄くなるから、大乗院の檜皮葺が当時の標準仕様だったとすれば、室町時代の檜皮葺は今よりももっと薄かった可能性がある。

しかし、これらのことも同時期の地方の檜皮屋根をみると、東日本などでは相変わらず厚皮を用いており、衰えたとはいえ都を中心に「西高東低」の地方間格差と、畿内でも都を中心に同心円を描きながら広がっていったようだ（図22）。前述した『家屋雑考』には薄檜皮のほか厚檜皮（上目皮のことか）、熨斗《のし》葺、目隠し葺などが使われたとあるが、熨斗葺とは板葺の一種と思われ、伸葺《のしぶき》・舒葺《のしぶき》（『倭訓栞』、『嬉遊笑覧』）との呼び方もある。目隠し葺も薄板などを使った目板打ちの一種と思われる。

以上のことを考えつつ、わが国の檜皮葺の現存最古例を検証してみよう。

中世後半においてはすでに述べたように葺材・工法ともに古代葺の呪縛から解放され、現代の檜皮葺に近い形に洗練されてきた。これらの過渡期の工法を知るための手がかりとして、重要文化財白山神社本殿（長野県木曾郡大桑村大字殿、一三三四年建立）は大変重要な遺構である（図23）。

JR中央線大桑駅下車、木曽川に架かる橋を渡って北に一キロほど進むと、急な階段が見えてくる。それを登り切ったところが白山神社の境内である。

大桑村は昔からの木曾産の檜や椹《さわら》・杉などの柿板の生産地であり、業者仲間もいるが、「熊や猪が出るぞ」と冗談半分に脅かされ、案内はしても「階段の下まで」と言われてしまうような所である。

苔の生えた石段を登ると、羊歯の繁る山懐に抱かれ、檜や杉の大木に覆われるようにして、その神域が現われる。

社殿は向かって右から、境内社の蔵王神社本殿、白山神社本殿、境内社の伊豆神社本殿、熊野神社本殿へと続く。四社の一間社流造の社殿が仲よく一棟の覆屋に納まっている。主殿である白山神社本殿は他の三境内社よりやや大きいものの、桁行が一メートル、梁行・向拝とも一・五四メートルとかわいらしい小振りの神社だ（他の三社は桁行・梁行とも三センチずつ小さい）。

神社の創立は詳らかではないが、古代末から発生した権現信仰によって勧請されたようだ。早くから覆屋が設けられたらしく、軸部から軒回りまで部材の損耗がほとんどない。檜皮屋根自体も、中世中期頃の技法がそのまま保存されている。

構造は一間社流造で、土台建見世棚となっており、組物は舟肘木《ふなひじき》、向拝《ごはい》庇《ひさし》に繋虹梁《つなぎこうりょう》を用いている。妻

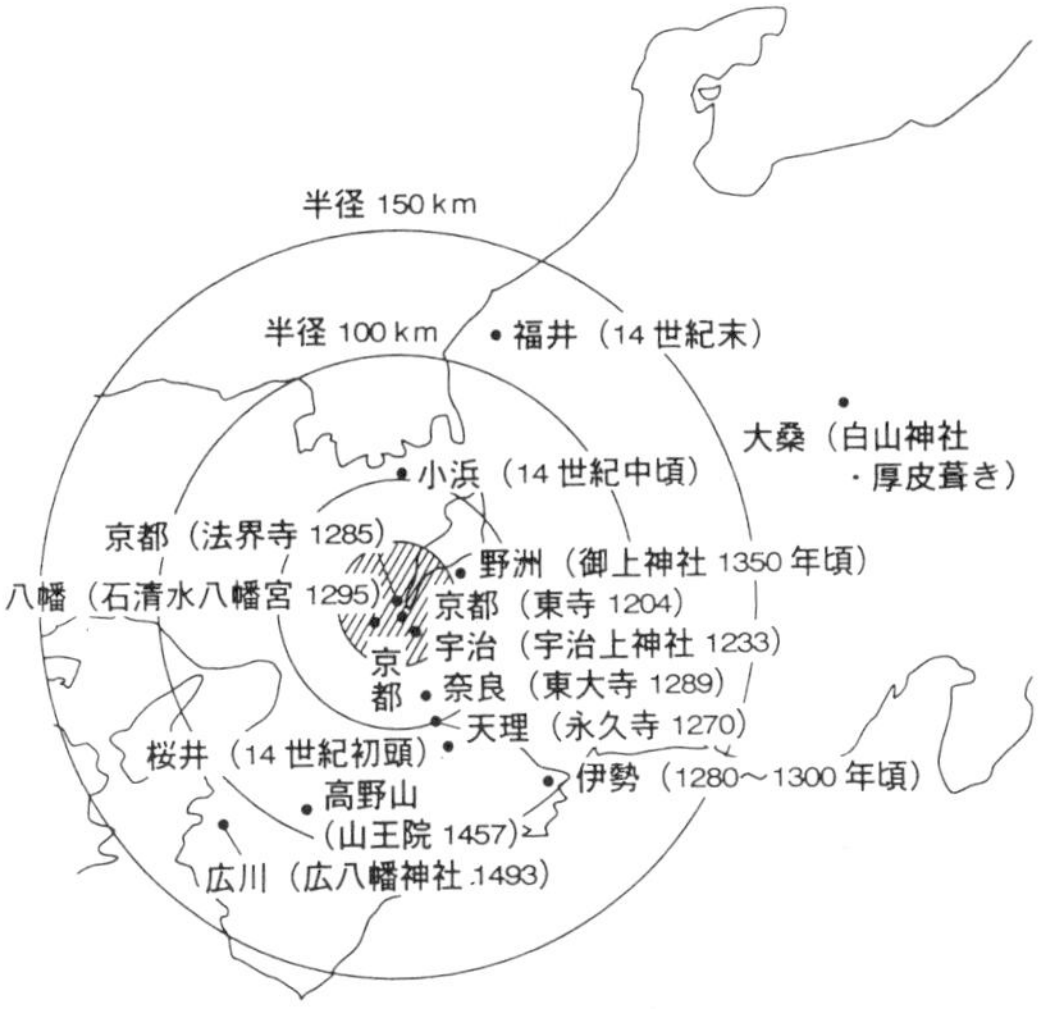

図22　中世における檜皮葺・薄皮葺伝播推定図
斜線は京都を中心として半径25km

図23　重文・白山神社本殿

は扠首組、軒は正面打越しの一間、背面も一間で、垂木は正面と螻羽《けらば》部分のみが繁《しげ》垂木で、他は疎《まば》らに配されている。

棟札などによると、造立時は元弘四年（一三三四）と文亀元年（一五〇一）の二枚が見つかっているが、建築様式の細部にわたる技法などから、鎌倉時代末の元弘四年の方がより正確とされている。

いずれにしろ早くから覆屋が設けられて保存状態がよく、風蝕の程度からして中世中期頃の遺構と考えられる。現在の檜皮葺は一五世紀半ばのものとされ、昭和一二年（一九三七）八月に四社殿とも重要文化財に指定されているが、本格的な修理は行なわれていない。

屋根の工法についてみると、現存の屋根材料は質が良く、境内に檜の大木の切り株が残っていることからも、職人や材料も豊富にあったようで、実証的に檜皮葺の技術変遷が遡れる稀有な例である。

軒付は一重軒付であり、平《ひら》、破風《はふ》とも裏甲を用いておらず、直接蛇腹板を積んでいる。蛇腹板は長一尺（三〇センチ）、幅一寸（三センチ）、厚二分（六ミリ）の檜材赤身の手割蛇腹である。中央での振り分け、半かさね、転《ころ》びつけとしており、隅は現代の蛇腹同様、尻をよく落として葺き回しており、留甲のかわりに同様に下部を刳り抜いた、幅広く厚めの蛇腹材を使用している。

軒皮は長八寸（二四センチ）、幅四〜五寸（一二〜一五センチ）程度の、裁ち違いをしていないブツ切りの「奴軒《やっこのき》」を使用し、隅は長い三角形の裁ち違い軒を三割増につけている。上目皮は長一尺二寸（三六センチ）、幅二〜三寸（六〜九センチ）程度の一分（三ミリ）の厚皮を三枚ないし四枚積んでいるように見える。

平葺は現代のように改めて皮拵えをしたものでなく、上目皮と兼用のものを使っている。逆に考えれば、上目皮として特別なものはなかったとも考えられ、平葺の葺始めは平皮兼上目皮を、三〜四枚軒付に重ねてからスタートをする形をとっていたと思われる。葺足は七〜八分（二・一〜二・四センチ）程度だったと推定されるが、平葺の部分は雨風には晒されていないものの、永年の風化によって檜皮がさながら毛皮のような感じになっており、正確な葺足数の確認は難しい。

平葺の葺き方も、檜皮の表裏が現代とは逆で、黒背の方を表にして葺いている。近世以降は葺き上がりの見栄えや色合いの統一を重視して、裏側の檜皮色の方を表にして葺いているが、構造上で考えてみれば確かに耐水性のある黒背側を表にして葺くのが理に適っているともいえる。

全体としては古代葺の名残りがあり、檜皮は厚皮で葺足は普通の倍はあると思われる。これを一枚通りごとに長めの竹釘で留めており、堅固なものである。

中世に用いられた檜皮量と葺工の工数の関係をみると、『浄瑠璃寺《じょうるりじ》本堂流記』（承元元＝一二〇七年）や『大乗院寺社雑事記』（延徳三＝一四九一年）などによると、単位当たり葺坪（丈間）につき檜皮二五〜五〇囲《い》（井《い》）を用い、葺工二〇〜五〇人の手間をかけるとある。白山神社の各社殿はいずれも小さいものであるが、かえって平葺面積に占める役所《やくどころ》（施工上の難所）の割合が多くなっており、材料・手間とも最大値の方であろう。

いずれにしろ本格的修理が行なわれれば、釘跡や小屋組についての知見が得られ、中世の檜皮葺の特徴が一層明らかになるだろう。

杮葺の登場

杮葺《こけら》のルーツである板葺は弥生時代に発生していたともいわれるが、より洗練した形の杮葺との対比で考えると、技術的にみても大きく二つに分けて考察した方が理解しやすいと思われる。ここでは一応、鎌倉時代前期までを「板葺の時代」、それ以降を「柿葺の時代」と呼ぶことにする。

名実ともに「柿葺」という呼称が登場したのは、一一九七年に編纂された『多武峰略記《とうのみね》』(奈良県、多武峰寺の事跡をまとめたもの)からである。それによると一一八〇年から約一〇年かけて別院にあった宝積堂、南院堂などの屋根をそれまでの檜皮葺から柿葺に屋根替えしている。

柿葺を含む板葺の歴史は茅葺(草葺、藁葺なども含む)に次いで古いと思われる。杉・椹・檜など、木の目がよく通って耐水性に優れたこれらの木を、断面が扇形になるように割って、さらに小割にしたものを材料とした。

では、それ以前の板葺の時代はどうであったかを、簡単に振り返ってみたい。

板葺は樹皮葺・草葺とともに、日本古来の植物性屋根材を使用した在来工法といえるものであった。板葺といっても古代の社寺などに用いられた葺き方は、六メートル近い長板を垂木に沿って棟から軒先にかけて流し、左右相互に重ね合わせることによって、棟と軒先に材木を載せるという簡単な工法で「大和葺」などと呼ばれていた。

奈良時代に紫香楽《しがらき》京にあったといわれる藤原豊成の板殿は、復原図(図24)からもわかるように、切妻造、板葺の掘立柱建物である。現物はもちろん今はないが、石山寺造営文書など当時の資材帳に克明に材料などが記録してあったので、再現が可能となった。

関野克東京大学名誉教授は、その論文「在信楽藤原豊成殿復原考」の中で、長板(五・八×〇・三メートル弱)を大和葺と同様に左右相互に重ね合わせた葺き方(図25)がとられたと指摘している。また『正倉院文書』によると、「造石山院所返抄」という部材の受取書には、桁行六〇尺に対し、蘇木板《そぎいた》三七〇枚(長一丈九尺)が必要との文言がある。このとおりだとすれば、十分な掛羽《かけば》もあって、雨仕舞もよかったも

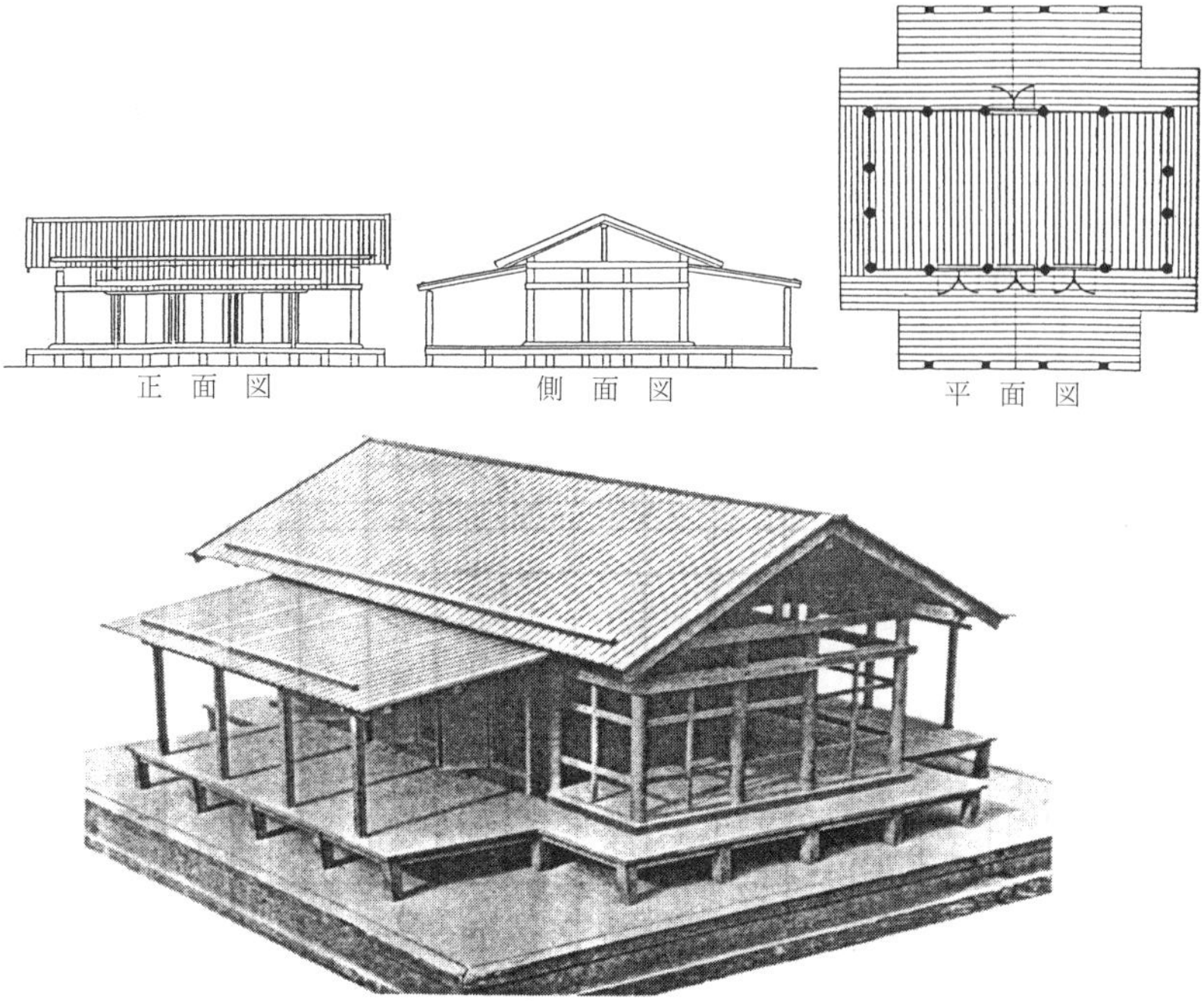

図24　藤原豊成殿復原模型（関野克氏復原，東京大学建築学教室）

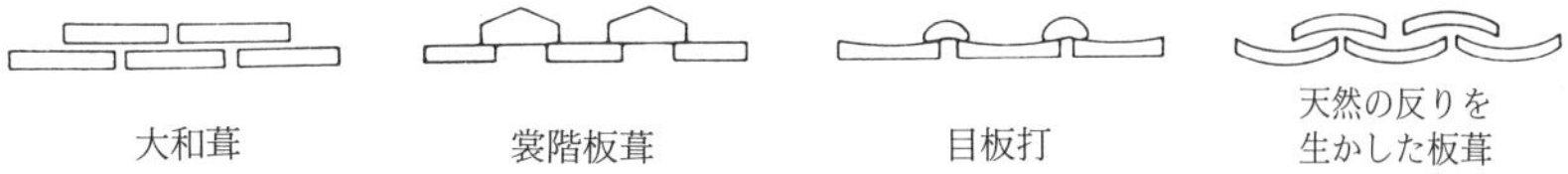

図25　板葺概念図

のと思われる。

ちなみに、「ソギイタ」とは「屋根を葺くための板」を意味するが、借字は「蘇木板」・「削板」（古代―中世）、「曾木板」（近世―近代）、「殺ぎ板」（江戸中期以降）、「枌板」（近世―現代）などが各時代の文献に見られる。その形としては、長さ六メートル近い古代の大型長尺物から、近世以降の柿板に近いような薄くてしなやかなものまで、軽量小型化していったことは考えられるものの、形も用途も微妙に違うので、宛字の方も変化していったものと思われる。

これらの長尺物の板葺の場合は、昔も今も変わらない原始的な方法で木の目に従って割られ、木の目が切れないことが耐久力の要件である。現代の挽材は機械仕立てなので、表面はなめらかで見た目もいい。ただ、割り板の場合は屋根に葺かれた時に、一枚一枚の間に空気の層ができて、挽材のように毛細管現象で雨を吸い上げることもなく、速やかに流れ落ちて乾燥もはやい。さらに木割りの際にできる天然の反《そ》りなども利用して、屋根は葺かれていたようである。

鎌倉時代中期に入ると、いよいよ柿葺の時代に入る。

橘成季《なりすえ》が建長六年（一二五四）に編纂した『古今著聞集《ここんちょもんじゅう》』は、市中から説話や和歌などを集録し、その末尾に教訓を加えたものだが、この中に「柿葺」という言葉が出てくる。大坂の寺の出来事らしく、「渡辺の薬師堂にして、大蛇釘付けられて六〇年余生きたる事」というたあいのない伝聞話なのだが、葺かれていたのが柿とあり、修理のためにはがしてみると、柿板と屋根裏板の間から釘付けされた生きた蛇が発見されたところがおもしろい。

柿板は大きな釘を打つと割れやすいので、おそらくは押縁か桟を屋根裏板に釘止めしたものであろう。それ以外のことははっきりしないが、少なくとも六〇年前（一一九四年？）の蛇が釘付けされた時点ではすでに柿葺があったと解され、不思議なことに前述した『多武峰略記』の記述（一一九七年）とも、ほぼ一致する。

なお、現存する柿葺の実例としては、法隆寺聖霊院内で、聖徳太子像を安置した厨子が最古のものと思われる。弘安七年（一二八四）に改造が行なわれ、出組《でくみ》斗栱《ときょう》の柿葺屋根で、軒回りも木軒付を用いて格をもたせている例である。

鎌倉時代は本来、板葺から柿葺への過渡期であり、柿葺の発生とともに板葺の方も徐々に変化を遂げていく。その代表的なものが裳階板葺《もこしいたぶき》であり、目板打《めいたうち》であった。

裳階板葺は法隆寺金堂や五重塔などにも見られる板葺工法で、垂木がなく桁に直接乗っている。ずらして葺く上方の板が山形になっており、幅は一尺ほどで雨水を左右に分けて水はけをよくするなど工夫の跡が見られる。

さらに目板打になると、幅広の板を並べ目板で押えるだけでなく、上方の板を半円形にして、雨水を受ける下方の板も丸く抉るなど改良が施され、一種の木瓦葺《こがわらぶき》といったものになった。

法隆寺の金堂、五重塔の裳階《もこし》は長禄年間（一四五七―一四六〇）の修復の際に、大和葺から目板打に改められたと考えられている。これらも板葺の進化を表わしているといえよう。

目板打の例としては、奈良の当麻寺曼陀羅堂《たいまでらまんだらどう》の閼伽棚《あかだな》（文永五＝一二六八年）は図25でも示したように、下板を抉っておいて、その上に断面が三日月型になった伏材を重ねるなど、一種の木瓦葺のような形をとることによって、雨水の侵入を防いだ。

また、大分の竜岩寺奥院礼堂《りゅうがんじおくのいんらいどう》（弘安九＝一二八六年）のような長さ二・五間（約四・五メートル）、幅一尺（約三〇センチ）、厚み一寸二分（約三・六センチ）の厚板を、側面を一寸（三センチ）あけて固定したあと、厚板のあわせ目に二寸×三寸角の長材を置いた。

さらに時代は下がるが、兵庫の若王子《にゃくおうじ》神社本殿（応永一五＝一四〇八年）のように、室町時代の三間社でありながら、建立後まもなく覆屋ができたことから、かつての施工法がわかる保存状態のいいものもある。

このころの野地は、社寺や公家の住宅といった当時としては比較的高級なものは、身舎に垂木を載せて木舞を打ち、その上に長板を葺いたものと思われる。葺材の下に木舞がくると思われる位置に押縁や押えの材を置き、両端は母屋桁に固定するか、破風板に細工をして留めていたのだろう。

一方、庶民の住宅では、絵巻物などを見ると、板の上には丸太や木の根、竹などが疎らに置かれており、重しに河原の石などが手当たり次第に載せてあるのもほほえましい。

その他の古例をみると、重要文化財大山祇《おおやまずみ》神社本殿（京都府園部町）や重要文化財泉福寺開山堂（大分県国東町）など鎌倉時代後期から室町時代中期にかけての実例があり、この頃から現代までの柿葺技法の確立の流れは実証的に確かめることが可能である。

その意味で、初期の柿葺は板葺の伝統を踏まえながら、檜皮葺とは双子の形で誕生したといってもいいだろう。

その例を大山祇神社本殿（図26）にとってみよう。

同本殿は一間社流造で、随神額の墨書などから、応永二六年（一四一九）の建立であることがわかっている。文化庁文化財部建造物課編集の『国宝・重要文化財指定建造物目録』によると、同本殿は柿葺の範疇に分類されているが、その屋根の形状は柿葺というには、あまりに特異な施工方法をとっている。

現在の屋根が葺かれたのは、江戸時代初期以前と考えられるが、早くから覆屋が懸けられていたようで損傷も少ない。昭和四〇年の修理の際、杮葺に改められる前の長板の段葺の跡が発見されている。長さ七尺程度の板を五枚重ねて葺き、押縁で押えていたようで、押縁にも水抜きの穴を開けるなど、雨仕舞にも工夫のあとがみられた。

使用材については、京都府教育庁の漆原茂氏の調査を元に表1に示したが、板材（折板《へぎいた》）はすべて杉の割板で、柾目板・板目板の両方があったが、やや板目の方が多く、材の損耗も少ないようだ。長さについては二尺二寸とその二つ切り、さらに一寸二分から一寸九分まで各種あるが、一寸五分仕様のものがもっとも多いと思われた。

軒付材の場合は、隅材が四方とも各四五枚重ねとなっており、妻軒付の腰は東方が四一枚と四二枚、西方が三九枚と四七枚と若干のバラツキがみえる。平軒は南側が四〇枚重ね、北側が四三枚重ねとなっていた。

軒付隅は厚板を重ねるが、一～二枚ごとに隅を跨ぐような形で折板を取り付ける。この板は山形または反りやすいようにまん中あたりで撓めてあった。

説明がやや専門的になったが、屋根形式、材料とも檜皮葺と杮葺の混在がみられ、さらに板葺から杮葺への移行を考えあわせると、杮葺発生時の様子をよく伝えている。

屋根の葺き替えに際しては、検討の結果、近世以降の杮葺の例に倣い、屋根構造は軒付板厚一分に、同じ厚みの共皮蛇腹《ともかわじゃばら》仕立てとした。平葺は長さ一尺五寸（四五センチ）、幅二寸～三寸五分（六～一〇・五センチ）、厚一分（三ミリ）の杉製の杮の枌板《そぎいた》を使用しており、葺き方は、葺足五分と檜皮様式をそのまま踏襲している。軒付板も厚み一分で、軒付隅で四～五枚重ねとしており、品軒積は鳥が嘴《くちばし》などで檜皮を引き抜くらしく、獣害が激しいので、旧態どおり檜皮軒積として復原した。

同右

破風部の駒額

箕甲部分

平葺状態

図26　大山祇神社本殿（谷上伊三郎『柿葺の技法』1982年より）

表1　大山祇神社本殿使用材一覧

板材

	厚	巾	長	備考
平	0.009強	0.20〜0.35	1.1〜2.2	葺足 南葺始5分　葺終5分 北 〃 4.5分 〃 5.5分
軒付	0.01	0.18〜0.30	1.1〜2.2	南40枚重、北43枚重
蛇腹	0.01	0.18	1.2	角度　約45度

竹釘

長	巾	平葺	軒付	尻打用
1.0寸		11本(3)		
1.1	1.2−1.4分	65　(16)	6本(21)	
1.2	〃	138 (34)	8　(28)	
1.3		99　(25)	8　(28)	
1.4		60　(15)	5　(17)	
1.5		27　(7)	2　(6)	
1.6		2　(0)		
1.8		2　(0)		
2.0	2.0分	2		1本
2.1	1.8	1.8		1
2.4	1.8	1.8		4
2.5	1.7	1.7		5
2.6	1.9	1.9		5
2.8	2.1	2.1		5
3.0	2.3	3.3		2
3.3	2.1	2.1		1
3.4	1.7	1.7		2
3.5	1.7	2.2		5
3.8	2.7			1
計	2.0分	404本	29本	34本

もう一つの例として、中世から現在の柿葺への過渡期に位置するものとして、重要文化財厳島神社摂社大元《おおもと》神社本殿（広島県宮島町、図27）について説明しよう。

この社殿も、前述の大山祇神社同様、柿の葺き替えの際に、その下から杉の長枌板が出てきたので問題となった。このケースでは、大山祇神社とは反対の結論が出て、従来の柿葺を覆して長板葺に戻すことになった。

大永三年（一五二三）の建立で三間社流造の本殿は、軒付や妻といった肝腎の部分がすでにこわされており、長板での復原は難工事だったよう

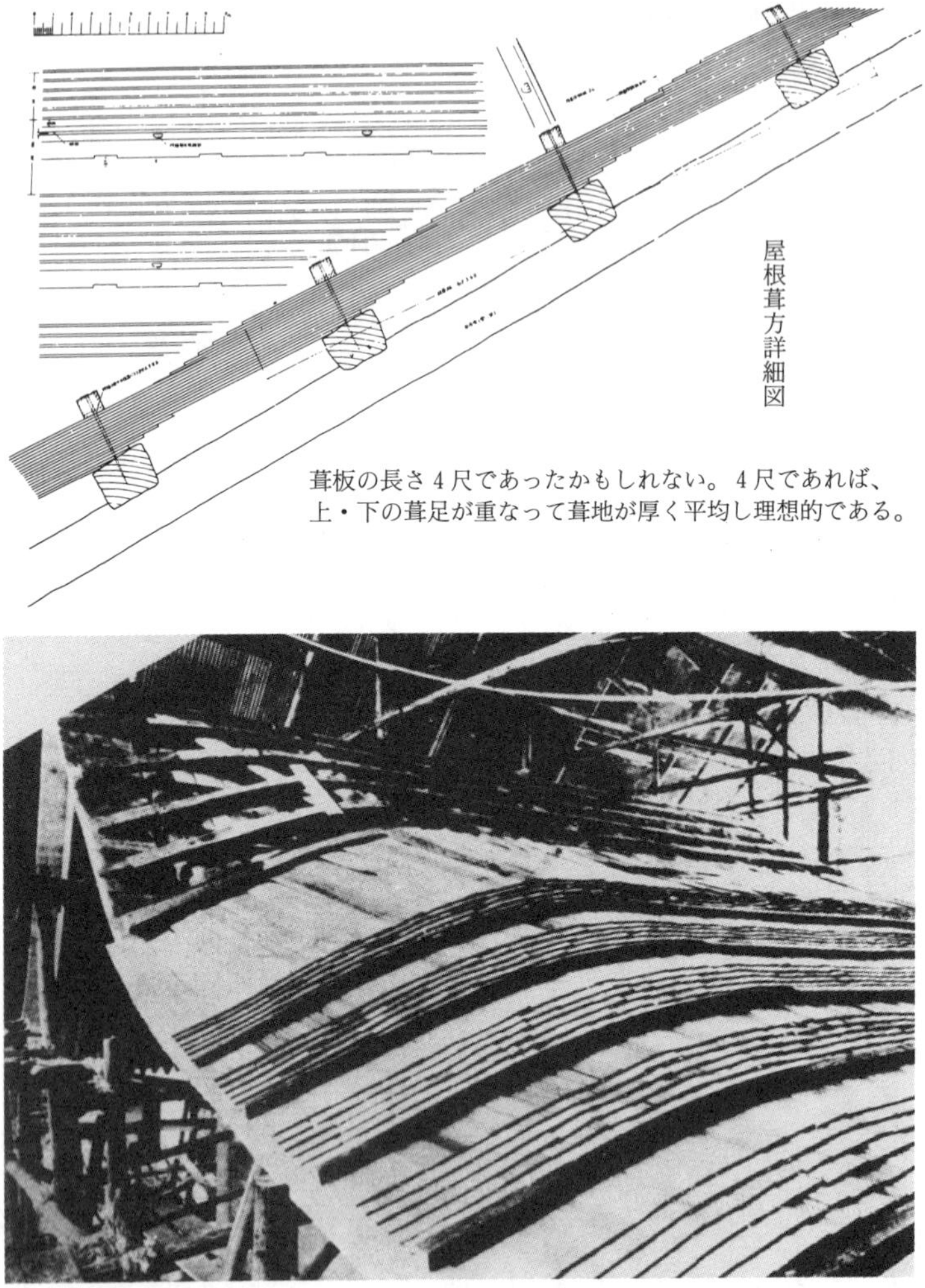
屋根葺方詳細図
葺板の長さ４尺であったかもしれない。４尺であれば、
上・下の葺足が重なって葺地が厚く平均し理想的である。
図27　厳島神社摂社・大元神社本殿と「屋根葺方詳細図」（谷上前掲書より）

である。

まず、在来の柿葺の下から出てきた長枌板葺に戻すためには、文化庁に現状変更を申請し、その許可を得なくてはならない。それに合わせ平葺軒付とも、杉赤身の板目材で長さ三尺六寸の長枌板が用意された。軒付は裏甲外から二寸五分出たところに、長さ二尺、厚み一分五厘の割板を取り付ける。軒付の投勾配は二寸勾配とし、二枚目は長一尺板で尻厚半分に拵えて打つ。竹釘は前釘、胴釘、尻釘の三通り打ちとし、合計二〇枚を積み上げて、厚み三寸に仕上げる。

平葺は通称「大元葺《おおもとぶき》」と呼ばれ、板長さ三尺六寸を軒先より葺足一寸で、六足葺くごとに葺足を八寸に延ばす。この幅広部分の中間に、厚み九分の押縁を五寸六分の和釘で、母屋まで貫通する工法がとられた。胴釘は使わずに、板尻に二、三本の竹釘を打つのみという古い工法を受け継いでいるのも、過渡期ならではの葺き方であろう。

柿葺については、これ以降三つの大きな流れに分かれていく。
①柿葺発生時から続いている宗教建築としての社寺の流れ。これは板葺の時代の武骨なイメージと違って、柿葺特有の上品さがあり、厚みも薄い。入母屋や寄棟といった屋根構造にも適する。
②数寄屋造や書院造など、殿舎や公家の別邸、茶室といった貴族趣味的な流れに使われたもので、柿葺の軽くてしなやかな特長を最大限に生かした手法である。
③一六〇〇年代に入ると庶民住宅にも柿葺が使われた。かつて町家では一メートル程度の曾木板《そぎいた》が使われていたが、これも少しずつ洗練されて杉の柿葺は一般化していった。

近世の屋根様式

これまでも述べてきたように、檜皮葺や柿葺の職人は生業《なりわい》の主力として、当初は貴族の館の屋根を葺き、中世においては武家の寄進による社寺の造営や武家屋敷に需要を求め、近世に入ると新興の町衆の要望に応える形で生き延びてきた。

いわゆる戦国時代が終わり、江戸時代に入ると世の中が安定してきた。城下町に囲まれた大規模な城郭の建設や、社寺の造営も時の権力者の意向で増えてきた。一方、住宅建築としては、大名の対面所にも使われ、寝殿造の流れを組むといわれる書院造の建物から、庶民の住宅である民家まで、檜皮葺師・柿葺師の出番はそれなりにあったようで、職人にとってはもっとも安定した時代だったといえよう。

先にも少し触れた『愚子見記』は、江戸時代前期に書かれた全九巻からなる建築百科であり、マニュアル書でもあった。法隆寺の工匠・今奥吉兵衛平政隆の著作といわれ、近世以後の大工職人に与えた影響は大きなものがあった。種々の建築仕様から、見積りの仕方、和算の方法、はては陰陽道といったところまで、広範な建築内外の諸知識にまで話が及んでいる。

『愚子見記』に引用された公儀御定によると、当時の檜皮葺の手間賃は「一坪につき、米五斗二升二合」とある。同様に板葺としては高級な部類に入る木賊葺《とくさ》が「同、一斗九升八合」、スタンダードな柿葺で「同、七升二合」、瓦の下地葺である土居葺《どい》だと「同、五升四合」とある。坪単価からみると、檜皮葺が当時としても最上級の屋根葺工法だったようである。

また、檜皮葺に使用すべき材料の質についても、「檜皮揃様　荒皮鬼皮朽皮甘皮椹皮何レモ是等ハ能々見分テ可レ除ク」とある。檜皮揃えにおいては、荒皮《あらかわ》（一度も剥いたことのない皮）、鬼皮（節《ふし》やヤニなどがついたままの皮）、朽皮《くちかわ》（枯れたり、腐った皮）、甘皮《あまかわ》（本来は使わない真皮の下の形成層部分）、椹皮《さわらがわ》（檜に酷似しているがまったく別種の椹の皮）などは、よくよく見分けてこれを除くべし、との意である。

　このように、檜皮葺に使用する皮の材質にまでわたって詳細に規定しているのは、現代の檜皮葺師にとっても参考になり、なんらの違和感もない。マニュアルとして読んでも、微に入り細にわたった周到な文章であるといえよう。

　ところで、中世までのわが国の建築には、なんらかの形で大陸を源流とする仏教建築の影響下にあったことは、誰もが認めるところであるが、これも戦国時代の動乱期を経て形成されてきた近世以降の社会においては、少し趣きが違ってくる。

　なんといっても中世末から近世初めにかけて、各地で相次いで建設された城郭が、この時代の代表的な建築物といえよう。最初は曲輪《くるわ》や柵《さく》、砦《とりで》、櫓《やぐら》など小規模な戦闘施設が点在していたものが、やがて山城となり、さらに平山城を経て平野部に降りてくる。城下町に囲まれた平城は、石垣と大壁に象徴され、もはや戦闘施設としての機能よりも、領国支配のための戦略拠点であり、城主の権威の象徴に変質していったようだ。

　城郭建築は広い意味で、大陸文化の影響を取り入れながらも、白亜の天守などに見られる外観意匠などによって、武家階級の考え方が反映された建築物といえた。

　もちろん城郭建築といっても、基本的には木造建築であるが、防御の必要などから木造の梁・桁・垂木・柱などは表に出ない形になっている。天守群などはいずれも白漆喰《しっくい》で塗り籠められ、屋根には千鳥破風、唐破風が設けられた壮麗な外観をみせる。

図28　国宝・彦根城天守　土居葺

そのためもあって、城郭建築に檜皮葺や杮葺職人の出番は少ない。図28は先年、私どもが手掛けた国宝彦根城天守の屋根工事であるが、本瓦葺の下地として椹《さわら》の杮板を用いた土居葺《どいぶき》を施工したものである。他には城内の日本庭園の茶室や馬屋などの付属建物に杮葺がある程度であり、城に本瓦葺が多いのは仕方がない。

次に社寺建築に目を転じると、実は神社や寺院が一般大衆にとって身近な存在になったのは、近世に入ってからだったことがよくわかる。

文化庁によって、一九七七年からはじめられた「近世社寺緊急調査」によると、近世になってからの社寺建築ブームは二回あったという。

一度目は一七世紀の後半、寛文から元禄にかけての時代である。近世村落の成立にともなって、各集落で競い合って社寺を建立したことがわかっている。当時の神社は小規模なものが中心だったが、氏神・鎮守・産土神《うぶすな》といった地元の農民・商人・職人など一般民衆と深く結びついた存在だった。

また寺院も多くの集落に建てられて、庶民の「願い寺」、

「檀那寺《だんなでら》」として大事にされ、宗派によって造作は多少違うものの、装飾なども素朴なものが多かった。類型化された社寺は、別に高い身分の者に限らず、氏子や檀家、信徒になれば誰でも宗教行事に参加できることから、社寺の大衆化が一層広まった時期だった。

寺院の場合は瓦葺が多かったが、神社は西日本を中心に圧倒的に檜皮葺であり、近現代においても近畿地方を中心に氏神様といえば檜皮屋根が定番である。

二度目の社寺ブームは近世も末期の一九世紀初頭にみられるもので、東国を中心に大規模なものや、装飾の派手なものが見られた。江戸の寛永寺、増上寺、護国寺や日光の東照宮といった徳川幕府ゆかりの寺院や、全国の各大名の菩提寺、さらに京都の各宗派の本山などがこれにあたる。

これらは彫刻などによって飾りたてられたものもあるが、おおむね一部のものを除き、どうしても古代や中世の社寺と比べて年代が新しいこともあって、あまり高い評価はされてこなかった憾《うら》みがある。また、長野の善光寺や東京の浅草寺のように古くからの由緒を持ち、必ずしも近世の権力と結びついていたわけではないが、庶民信仰に支えられて大規模な伽藍を維持してきた例もある。

ちなみに、神社と寺院が明確に分離したのは明治以降になってからで、これまではある意味で神と仏は寄り合い所帯のところがあった。仏教の影響を受けて神となった蔵王権現や牛頭天王、また菅原道真をはじめ実在した人物も神として祀られている。

そもそも六世紀の仏教伝来後ほどなく、神道と仏教の調和を図る必要から、神と仏を同一に祀る「神仏習合」が行なわれた。奈良時代から平安時代にかけて、すでに大きな神社の隣に「神宮寺」を建てたり、寺院の境内に「鎮守神」を祀ることも盛んに行なわれた。今でも神社に鐘撞き堂があったり、逆に寺域の中に鳥居があるのも珍しいことではない。

日本古来の神道と伝来の仏教が同居した時代は意外に長かったが、瓦と檜皮の葺き分けには一定のルールがあったようだ。瓦の伝来以前はいざ知らず、それ以降には神宮寺や密教系の山岳寺院以外の寺院への檜皮の使用は限られたものになっていく。

江戸時代にも神仏分離は何度か試みられたようだが、一部の地方でしか成功せず、結局、社寺がはっきりと分けられたのは、明治元年（一八六八）の「神仏分離（判然）令」によって、その純化のために神仏混淆を禁止されてからであった。

「城郭建築」、「社寺建築」と見てきたが、これらはどちらかというと特殊なものであろう。やはり数の上でも一番多かったのは、「住宅建築」であった。

近世の住宅は大きく二つの形で現わされる。ひとつは武士階級の住宅であった書院造であり、今ひとつは庶民の住宅であった町家・農家などの民家である。同じ住宅といっても、様式や規模およびその成立過程に大きな違いがあり、とても同一には論じることはできない。

書院造は先にも述べたように、その起源は九世紀の貴族住宅であった寝殿造といわれ、ほぼ一〇〇〇年にわたって檜皮葺や柿葺が主要な屋根葺材としての位置を占めてきた。古代から中世を通じて少しずつ変化をとげて、近世初めには書院造としての様式の完成をみた、というのが一応の定説であるが、その過程は必ずしも明らかではない。

禅院などの書斎の影響から、床《とこ》・棚・付書院《つけしょいん》などを持ち、明障子《あかりしょうじ》・襖《ふすま》を多く用いるのが特徴であり、元は僧の居室であった「方丈《ほうじょう》」（一丈四方の広さ）や、その「玄関《げんかん》」（玄妙なる門）といった言葉にも、その源を辿ることができる。

それにしても、これらのもって回ったような舞台装置は、信長・秀吉・家康の意向によるところが大きかった。天下を統一した信長は垂直方向に壮大な安土城を造ったが、後継者である秀吉は横長のファサードを好んだようだ。

天守から眺める景色より、広間に諸大名を集めて睥睨《へいげい》する方が好きだったのかも知れない。大広間で対面するという儀式は、武家社会における互いの身分を再確認することであり、出自に自信がなかった秀吉の時代には、書院造という様式は必要不可欠だったのだろう。このように考えれば、はじめてその様式と表現形式の意味が理解できるというものである。

家康の時代になっても、この豪華絢爛さは続き、慶長八年(一六〇三)に造営された二条城二の丸御殿(一六二六年改造)や、元和四年(一六一八年)に造営された西本願寺書院(一六三三年改造)などがよく知られている。

今は桟瓦葺となっている二条城二の丸御殿も、当初は建物全面に柿葺が使用されていたことがわかっており、将軍が使ったような非常に格の高い殿舎に、柿葺が使われるということは中世にはなかったことである。また醍醐寺《だいごじ》三宝院表書院などは、照《て》り屋根の檜造りで、外部は寝殿造の名残りが強いが、内部はまったくの書院造である。この建物も元は総檜皮葺だったが、江戸時代に屋根の形や勾配はそのままで、唐破風部分のみに檜皮葺を残して他は瓦葺に変えている。

このように、屋根を含め改造の跡はみられるものの、中世を通じて行なわれてきた住宅の変化を集大成したかにみえた書院造も、この段階にきてその質は大きく変化したようだ。

一方、庶民の住宅としての民家の場合は、どのような時代にも多数あったはずだが、現実問題として中世まで遡る民家はないし、逆に明治時代以後は住宅の建築方法も大きく変わるので、伝統的な庶民の住形態を建物に即して考えるには、この時代の民家が最もふさわしいのではないかと思われる。

民家の屋根を小屋組構造からみると、住宅系の建物には宮殿などの高級住居も含め、社寺建築のような斗や肘木で構成された組物といわれるものがまずない。社寺建築では梁上に垂直に立てた構造材が棟を支える。これがいわゆる「和小屋構造」である。これに対し、民家などでは梁か桁の上に二、三本の斜めの材を組み合わせた扠首《さす》組構造で棟木を支えている。社寺建築ではよほど簡素なもの以外、扠首は使わないが、民家では多くの場合この小屋組構造を採用していた。

これらの民家の屋根の架け方は、農家では棟下近くに柱列を設け、野梁《のばり》と呼ぶ皮を剥いただけの丸太をこの柱列上の桁を跨がせる形で架けた。両端は身舎《もや》前後端の桁で支えるようにして、この身舎の梁の上に急勾配に丸太の扠首を組んで三角形を作り、扠首の交叉した上に棟木を抱かせる。梁や桁行の梁は野梁であり、野屋根は用いられていなかった。だから天井を張らないところでは、下から構造材をすべて見ることができたのである。

一方、町屋では切妻造平入にして、低い二階建とするものもあった。表の店や土間には梁を見せた天井兼二階床を張るが、後方の台所土間では竈の煙を抜くために、屋根裏までを開け放ち煙を出す。天保期に建てられた拙宅などもそうだが、高い柱の間に幾通りも架かる梁や貫の木組はひとつの見所でもある。背後に設けられた座敷や中の間などには棹縁《さおぶち》天井が張られる。二階がある場合は野屋根のままに物置にしたり、居住空間にする場合は登り梁を入れ、登り天井を張る。

ところで、「洛中洛外図屛風」などを見ていると、比較的小規模な民家などには棟持柱が描かれており、ちょっと意外な感じがする。民家といえども小屋組と軸組の分離は早くからはじまっており、中世の京都といえども例外ではないはずである。市中の様子を見ると、桁などの構造材は見当たらず、切妻屋根のまん中に掘立の棟持柱があるようだ。建築中と思われる町家でも同様であり、礎石も置かないで棟持柱を建てようとしている。このとおりだとすると、二間×三間程度の庶民住宅では、いまだに小屋組と軸組の分化はみられず、一体化した構造の単純な建築様式が続いていたようだ。

江戸時代も後期になると、町家の板葺でも釘を使えるようになり、板厚も徐々に薄く軽量化していった。最終的には木端葺《こっぱ》と呼ばれるような柿葺の一種が使われた。これは長さが一尺半（四五センチ）、厚み二分（六ミリ）と現在の柿葺材に一層近くなり、小型化した葺材のお蔭で入母屋や寄棟の屋根も自在に葺けるようになった。

一方、農村部においては、江戸や京・大坂のように柿板や釘が商品としては、まだ十分に流通していなかったので、少しでも葺板を長持ちさせるために、相変わらず曾木板に丸太や石を載せて屋根を押える方法がとられた。釘留などをすると割れる板もあるし、裏返して使えなくなるからである。

江戸時代末期になると、町家でも桟瓦が使われるようになり、瓦葺が普及する。瓦屋根でも屋根下地は必要なため、瓦師の下職のような形になって、檜皮葺や柿葺の職人もしぶとく生き残っていったようである。

第II章

材料と職人の系譜

材料の歴史

私は常々「昔から瓦を焼く良質の土があり、かつ有能な瓦師や葺師がいた地方には瓦葺が栄え、檜皮《ひわだ》の入手しやすい檜山や、柿板《こけら》の材料となる杉や椹《さわら》の多い地方では、檜皮葺・柿葺が発展した」と述べてきた。

たとえば瓦の生産地では、現代でも愛知県の三州《さんしゅう》（三河）瓦、島根県の石州《せきしゅう》（石見）瓦、兵庫県の淡路瓦の三産地で、全国の粘土瓦の全生産量一六億枚のうち約七四％のシェアがあり、特に三州産は四八％を占めるという（一九九九年）。

瓦の生産地は、北は岩手県遠野市（陶器瓦）から、南は沖縄県与那原町《よなばる》（赤瓦）まで全国に分布しているが、いわゆる粘土瓦の産地は旧国名（美濃、越前、安芸など）を冠した瓦名が多く、これも古くから粘土の産地に瓦の生産地が形成されたことを現わしている。

檜皮の歴史

檜皮葺の方も、多くの社堂伽藍を有していた古い社寺は、昔から修復材料である檜皮の自給自足の態制が整っていた。これは現代のような運搬手段のない時代に、定期的に葺き替えをしようと思えば、社寺の檜山や境内林、また近郷近在の森から集めるしかなかったからだと思われる。

もちろん、平安時代以降に貴族の屋敷が立ち並んだ京都の町のように、政治の力やお金の力で材料や職人を自由に集められる土地柄は例外である。

一方、檜皮葺の建物は主に西日本に分布しているが、その北限は富山県立山町（Ⓐ雄山神社前立社壇本殿・一四九五年）、長野県長野市（Ⓑ善光寺本堂・一七〇七年）、群馬県富岡市（Ⓒ貫前《ぬきさし》神社本殿・一六三五年）、茨城県鹿嶋市（Ⓓ鹿島神宮社殿・一六一九年）を結ぶ北緯三六～三七度線がみつかる。たしかにそれ以北には、西日本方面から職人や材料を運んで特別に造立したもの以外に、檜皮葺の建物はほとんどみられない。

図29は天然檜の産地を示したものであるが、その北限と北緯三六～三七度線が不思議なくらいピタッと一致しているのは、なるほどと思わせる。

では、檜皮材料の歴史はどこまで遡れるのであろうか。

表2は天平宝字六年（七六二）に行なわれた古代石山寺の造営時の資料（『正倉院文書』）を元に、橿原考古学研究所の永井規男氏が整理されたものだが、この表などを参考に古代の檜皮葺材料の成り立ちを考えてみよう。

これを一覧すると、当時の屋根の構造や葺材の量、工事に必要な葺工の人数がおぼろげながら見えてくる。この年、石山寺で造営された諸堂の中で檜皮葺は六棟あり、そのうち仏堂と経蔵は改築、三間僧房（大徳御堂）は勢多（瀬田）庄からの移築、他の上中下の三僧房はいずれも新築だったことがわかっている。

ところで、古代の檜皮葺の特徴を筆者なりに列記してみると、

① 竹釘は使われておらず、榑板《くれいた》の押縁で檜皮を留めていた。

②檜皮の使用量は中世以降の半分ないし、三分の一程度である。

③檜皮葺材料の規格が、古代から中世へと微妙に変化していった。

といったところが、すぐに思い浮かぶ。では、これ

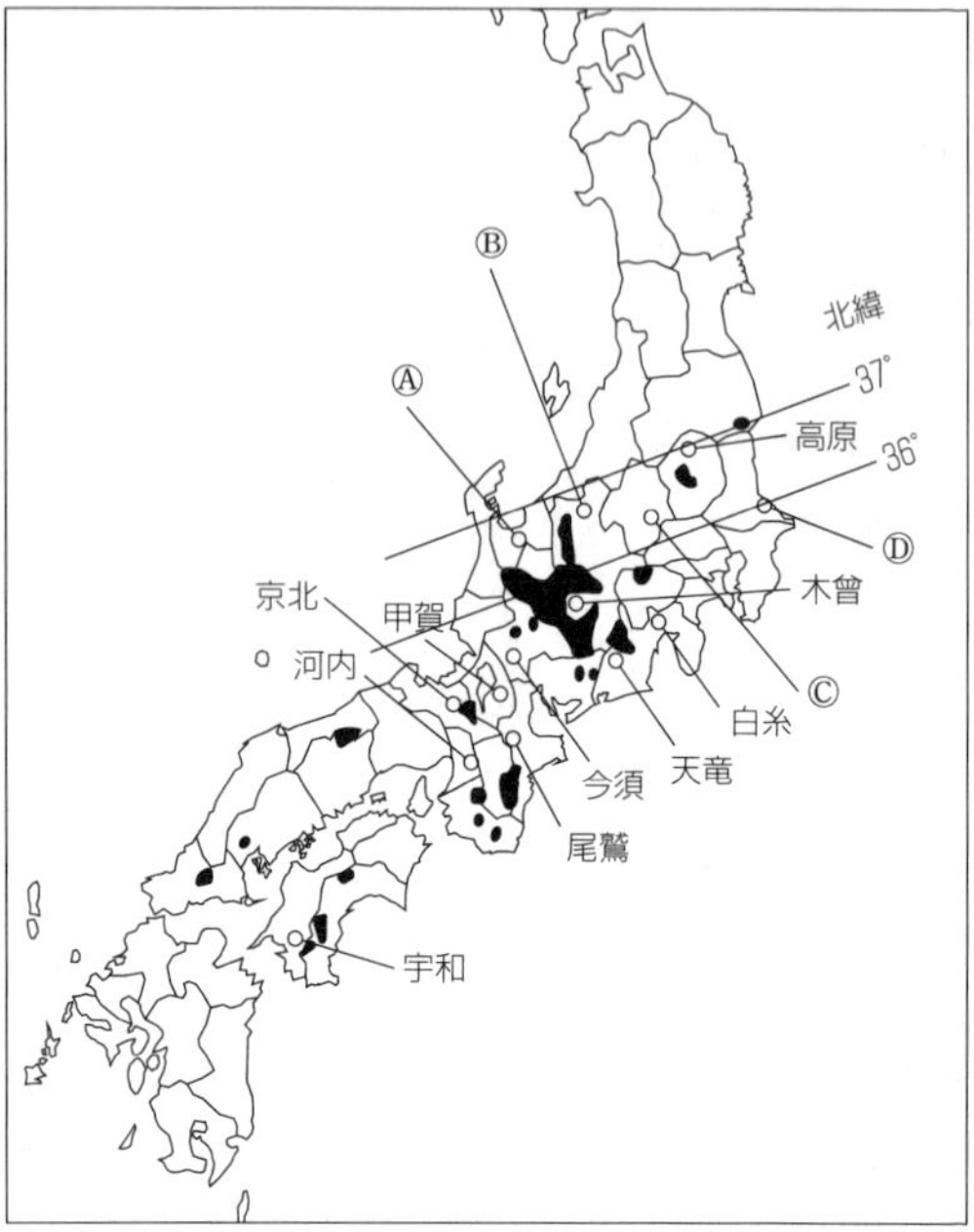

図29　檜の天然分布図と北緯36-37度線

上　僧　房	中　僧　房	下　僧　房	経　　　蔵
真　屋	真　屋	真　屋	真　屋
25　　16	18　　14	18　　14	31　　12
9	8	8	15
力部広万呂	力部広万呂	力部広万呂	倉古万呂 鳥部足鳥
30	36		27
195囲	175囲	175囲 〔秋季告朔ハ195囲〕	219囲 〔秋季告朔ハ191囲〕
4了葺檜皮料 3了　〃	5了針椊料 □了葺檜皮料	4了付力部広万呂 1了　　〃	5了木着幷針椊結固料付勾猪万呂 4了葺檜皮料付倉古万呂
	打越枚鉄（勾釘） 4枚，葺端檜皮固料	6寸切釘4隻 付力部広万呂	打合釘30隻 押椊端料
榑1材，押椊料 檜榑20材，於桟料			榲榑2材，葺檜皮押椊料

らの点を今少し詳しく検証してみよう。
まず、①のように檜皮を竹釘で留めていなかったとすれば、どのような形で固定されていたのかという問題である。

石山寺造営の文書によれば、針桙《はりほこ》、押桙《おしほこ》、於桟《うわえつり》、黒葛《くろつづら》などの珍しい言葉が見えるが、仏堂の工事では七寸の打合釘四隻が、「針桙打料」として檜皮葺工に下用され、また経蔵においては、大工に対して黒葛五了が「針桙結固料」として下用されている。檜皮葺工と大工の共通施工領域で、釘で打たれたり黒葛で結ばれたりする「針桙」とは、現代でいうところの木舞のことと考えてよいのではないか。

また、押桙と於桟は仏堂で檜皮用として榲榑《おっくれ》一七〇材、檜榑《ひぐれ》二六材が於桟向として下用されているし、経蔵や上僧房では桙とともに押桙料として下用されていた。葺下地を意味する「桟《さん》」の頭に「於《うえ》＝上」がついた「於桟《うわえつり》」なる言葉は、後世にいうところの押縁と考えられる。同様に使われた「押桙」も押縁を指すものと思われ、これらの「針桙」によって、古代の檜皮は固定されていたのであろう。

②は、実際の檜皮の使用量に関するものだが、その前に数字の基礎になる葺坪の積算方法について簡単

表2　古代石山寺造営資料

		仏　　堂	三間僧房
屋根形式		東　屋	真　屋
平面寸法(尺)		長70　広40	19　　12
軒　高(尺)		15	15
工	檜皮葺工	力部広万呂 羽栗大山	力部広万呂
	単　　功	160	16
材料	檜　　皮	571囲 〔秋季告朔ハ646囲〕	80囲（古檜皮） 85囲（新檜皮）
	黒　　葛	2了結針桙料 33了葺檜皮料	7斤　葺檜皮料
	釘	7寸打合釘4隻 釘桙打料 付羽栗大山	
	榑	榲榑 170材 檜榑　26材 於桟料	

に触れておこう。

現代では一平方メートル当たりの平葺単価を基準として、軒付は見付《みつけ》（軒付の厚み部分）一平方メートル当たりの単価を算定の基礎にしている。これを近代以前においては、平坪と軒坪に分けて算出していた。平坪は現代と同様、平葺面積として普通に測るが（ただし単位は坪）、軒付に関してはちょっとややこしく、軒長に軒厚を乗じたものを一〇倍にした数字で表わした。

これを平坪に換算する場合は、軒坪二坪に対して平葺一坪とした。軒坪と平坪の換算率が二対一〇であるから、実質上は同じ一坪といっても、平葺より軒付の方が五倍も手間がかかるというわけである。また、さらにややこしいのは、中世後期の畿内には平坪（六尺×六尺）が軒坪（軒長六尺×軒厚一尺）に対し六対一の比率で計算する流れもあり、これが古代以降の檜皮の使用量を推定するための、統一した基準作りの妨げになっていた面も否定できない（ちなみに筆者のところでは代々、後者を採用していた）。

檜皮の使用量に関していえば、軒付はその厚みによっても左右されるが、単位当たりの使用量はまず現代とそう大差はないだろう（軒付そのものがあったかどうかが、そもそも問題なのだが）。また平葺に関しては、現代の葺厚が約三寸（九センチ）であり、これは檜皮の長さ二尺五寸（七五センチ）を葺足の四分（一・二センチ）で割ると、平地の檜皮の重なりは六二・五枚となり、一枚一・五ミリとすると、この厚みとなる。古代の檜皮葺は厚皮が使用されていたと思われるので、単純な比較はできないが、仮に葺足六分としたら四二枚重ね、葺足八分としたら三一枚重ねと、葺厚は薄い。

ところで、この石山寺仏堂の場合の檜皮の使用量は、堂の大きさから考えても少なすぎる。たとえば上僧房のように平面寸法が長二五尺、広一六尺で建坪四平方丈の屋根でも、檜皮は一九五囲が用いられることになっているから、同比率でいくと長七〇尺、広四〇尺で建坪二八平方丈の仏堂なら、計算上一四〇〇囲程度の檜皮量になるはずである。しかし檜皮材料としては五七一囲（秋期告朔は六四一囲）とあるだけである。

このことから推定できるのは、仏堂の屋根は部分葺き替えではなかったのかということである。すなわちこれは現代においても施工法の一つとして確立しているもので、損傷の激しい部分のみを取り替えたと思われる。

ちなみに三間僧房で「八〇囲（古檜皮）、八五囲（新檜皮）」とあるのは、仏堂のケースとは違い、一端すべての檜皮屋根を解体したあと、再使用に耐える程度の檜皮をとっておいて、新檜皮と混ぜ葺きにしたのだろう。

これらのことを元に「石山寺造営資料」（『正倉院文書』）や『延喜式第三十四木工寮・葺工』、『東寺年終帳』などに出てくる檜皮の使用量や、単位当たりの葺工の数からして、当時の平葺の葺厚は一寸五分程度と考えられ、檜皮の使用量も現代の半分から三分の一程度と推察できる。

このように、以上の考察にはなお不十分なところもあるが、おおむね古代における単位葺面積当たりの檜皮の使用量は、現代に比べてかなり少なかったことは指摘しておいても問題はないだろう。したがって葺厚も薄く、檜皮も現代のように一様に葺いてはいなかった可能性が高い。数枚を重ねた段葺にして、一段ごとに「押桙」とか「於桟」と呼ばれた押縁によって押さえて葺き上げていったと考えられる。

また、部分的には「黒葛」などを用いて檜皮を縫いつけるようなことも行なわれたかも知れない。おそらくその外観は、前述した「大元葺」に似たような押縁の横に走る線が強調されたものであったはずであり、今日見受ける檜皮の屋根とはかなり異なった印象を与えるものだったに違いない。

③は檜皮材料の規格の変遷についてである。

『延喜式』（延長五＝九二七年）によると、長さ三尺の檜皮を周囲三尺三寸の囲いの中に納まる量を一囲《い》（井《い》）としている。古代においては一囲の周径は一定していたようで『平安遺文』（永承四＝一〇四九年）に見られる東大寺の屋根葺替にあたっても「三尺檜皮百囲」とあり、長さも周径も三尺であった。

その後、中世に入ると『紀伊国符案』（元久元＝一二〇四年）には「比皮卅　五尺井縄定　分米四石二斗」とあり、『東大寺文書』の中の「東大寺修理新造等注文案」（正応二＝一二八九年）にも「檜皮一千九百五十九井　五尺井縄定」との文言が見られ、他にも同様の例が散見されることから、皮周径の主流は五尺締めになったことが認められる。

一方、一囲の長さについては『延喜式』では三尺とあるが、『永久寺鎮守造営日記』（文永七＝一二七〇年）には「檜皮二百囲　十貫五十文　五尺加縄定長二尺五寸」とあり、下って高野山文書の中の『山王院二御殿幷惣社上葺勘録状』（康正三＝一四五七年）にも「檜皮葺下用分」として、「十八貫六百四十八文檜皮長二尺二寸長二尺五寸　二百五十四結長檜皮二十九結二御殿」という記述がある。また同時代の『大乗院寺社雑事記』（長享元＝一四八七年）の一二月二七日の条によっても「一、二階（堂）葺方注進　檜皮二尺五寸縄一皮」とある。

以上の文献などから考えてみると、古代では檜皮の長さを三尺とし、周径は三尺締めないしは三尺三寸締めとなる分量を一囲とする材料規格が一一世紀中頃までは続いていたと考えられる。その後、一二世紀に入ると、檜皮の長さは三尺から二尺五寸へと皮長が幾分短くなっているが、逆に周径は三尺から五尺締めへと太くなっており、総じて一囲当たりの重量は約二倍になったものと思われる。

檜皮の単位は古来から、囲《い》、圍《い》、井《い》、偽《い》、皮《い・ひ》、丸《まる》などが檜皮一本の単位として、駄《だ》、段《だん》、團《だん》などが五本や一〇本の一かたまりの単位として使われており、形も平積の矩形だったようだ。

現代でも檜皮丸皮の生産単位は、「丸」や「駄」であり、これらは昔からの尺貫法によって、一丸八貫（三〇キログラム）、一駄四〇貫（一五〇キログラム）が業者間の取引単位になっている。ちなみに、「駄」とは駄馬一頭が一度に運ぶことができる檜皮が四〇貫（一五〇キログラム）だったことから名づけられたと伝わっている（図30）。

杮の歴史

杮葺《こけら》はそのルーツである板葺も含め、屋根材料としては、おそらく草葺・藁葺といった茅葺系のものに次いで、古いはずである。

杉、椹、檜、栗など木の目がよく通っていて割裂性があり、なおかつ耐水性に優れた木が主として用いられた。天然材の分布から、東北地方では杉、信州や飛驒では椹、出雲では栗、北海道では檜葉《ひば》なども使われることが多かった（図31）。

図30　檜皮丸皮
重さ8貫（30kg）
長さ2尺5寸（75cm）

日本人は有史以前から、木の材質や割裂性といったことに相当に知識を持ち、使い分けていたことがわかっている。たとえば『古事記』と『日本書紀』に出てくる樹木だけでも五三種（二七科四〇属）あるといわれており、檜は太古以来、有用な建築用材として使われた。耐水性があり柔らかい杉は丸木舟に、防腐性があって変色しない高野槇《こうやまき》は木棺に、また復元力のあるイチイガシは弓に、材が緻密で加工しやすいツゲは櫛《くし》にと、文字どおり適材適所に使い分けてきたようである。

杉や槙はその割裂性に加えて耐水性が優れており、柿板以外にも酒樽や醤油樽にも使われた。

ちなみに、「柿《こけら》」という字は「柿《かき》」とは違う。つくりは「亠《ナベブタ》」に「巾《はば》」ではなく、上から下に一本に引き通す。本来は「杮」と書き、音では「はい」、訓では「こけら」と読む。語源は木っ端、すなわち鉋くずのことである。

柿に関してはいろいろな言い伝えがあるが、伊勢神宮の式年遷宮で御神木を伐採した時には、木くずを集めて参列者にお守りとして配ったという。このように一片の柿にも樹齢がこもっているという考え方は、この国には昔からあった。

樹木から新たなものに転生していくためには、柿にこもる神の霊《こだま》と決別しなければならないといわれ、巨樹を伐った場合は、その際の木っ端を焼く儀式も行なわれた。これは樹木を単に木材に解体するだけでなく、木も伐ることで豊饒を得て、開発を言祝《ことほ》ぐ意味があったのだろう。これは左義長《さぎちょう》などと同じように、火によって再生を期しつつ他界に送るというのにも、一脈通じるものがあったようである。

古代の板は丸太を割って作り出した。大鋸《おおが》はおろか、長尺物の刃物類すらまともになかった時代では、木は楔《くさび》を器用に使って、木理に従って打ち割るしかなかった。こうしてできたものは総称して榑板《くれいた》と呼ばれたが、元来、この板は年輪に沿って割ることのできる扇形の材を指していた。だから榑板は屋根板以外にも、幅のあるものは床板に使われ、太いものは柱材としても使われた。

七世紀などでは打ち割り法が広く使われており、たとえば法隆寺の軒回りを支える垂木なども、その多くが打ち割り法によって製材されたものである。垂木は四×五寸が多いが、四・五×五寸、四×四・八寸などもかなり混じっている。しかし、部材のひとつひとつは寸法が違っていても、全体としてはよくまとまっている。昔の仕事とはそういうものである。

飛鳥時代には楔だけでなく、槍鉋《やりがんな》や手斧《ちょうな》、鑿《のみ》なども使ったと思われるが、それまでの曲がりくねった自然木が並んでいるのと比べれば、形も構造上もはじめて整然としたものになった。

屋根板の場合は、丸太を大割りにしたものを、現在の柿板と同様に板状に小分けしたものだったようだ。これらは当然のことながら、木目が切れていないので耐水性にも優れていた。

板は大きな方から、およそ長さ二メートル以上のものを榑板《くれいた》、または単に曾《そ》（蘇）木板《ぎいた》と呼び、一メートル以上のものを長柾《ながまさ》あるいは大曾木《そぎ》、それ以下の小板を小曾木《こそぎ》、さらに小さなものを柿などといったが、これも地方色が豊かなもので、必ずしもサイズ、名称とも一定していなかった。

榑板を使った板葺では、原則として釘は使わなかったこともわかっている。釘止めが必要になったのは後年、現在のような形に近い柿葺が発生して以降のことである。もともと屋根板を止める鉄釘などない時代であったし、竹製の長釘（現在のウグイ釘）で釘止めしようという発想すらなかったようだ。

というのも、釘打ちをすれば木目に沿って作った榑板は割れやすいし、また釘穴からも毛細管現象で雨水を引き込むので、板そのものが腐りやすくなるからである。わが国のような気候では雨対策が建物の最大の懸案であり、こうした屋根の葺き方は自然に逆らわない工法だったようだ。

また、昔は手間をかけて割った板そのものが貴重品だったので、板が腐りはじめて具合が悪くなってくれば、まず表裏をひっくり返して、またしばらくもたせた。さらに板の天地を反転させれば、一枚の板で四回使えることになる。悪くなった部分のみを新しい板と差し替えるためにも、釘止め法はかえって邪魔だった。

図31　現代の柿葺（椹材）　手割したものを竹釘で留めていく

図32　柿板を作る

こうして榑板を軒先から棟に向けて何段かに並べたのちに、その上に丸太や竹を渡しかけて押さえとし、さらに押《お》せ石《いし》、屋《や》を石《いし》という山石や川石などの平たい石を据えて重しとした。

柿葺では中世以降、葺師と柿板生産者の分業が進んだようだ。これは柿葺そのものが建造物により、平葺をはじめ、軒付の長さ、厚みに至るまでさまざまであり、檜皮葺のように職人が時間のある時に通年をかけて出職《でじょく》と居職《いじょく》を振り分け、兼業で檜皮の下拵えをするような形をとりにくかったことによるものと思われる。

このように事前の材料拵えが難しかったことが、短期間に大量のオーダーメードの柿板を生産する体制作りを確立させた。その結果としての葺師と生産者の分業は、自然の成り行きだった。

柿板は、素性のよい杉や椹などの原木を三〇〜三六センチ程度に輪切りにしたものを、柾取りに厚み二・四〜三・〇ミリ程度に包丁を使って手で割ったものを使用する（図32）。

詳しくは後述するが、椹材の場合、輪切りにしたものを大割り包丁で白太《しらた》（辺材）を割り剝いだあと、心材の芯に大割包丁をかけて、原木の大きさにより六つ割りないし八つ割りの、いわゆる「ミカン割り」とする。次いで木取りを行なうが、これは寸法定規に四枚分掛け、八枚分掛けと公約数で分掛け取りを行なう。これを鏟《せん》（箭《せん》）包丁で木口などを矩折りに削る。さらにこれを右手に包丁、左手に木槌を持って分割していく。これが小割りである。最後の二分割は包丁で口開けして、両手で引き裂くような動作で、厚みが平均になるように断ち割る。そして、その両面が最終的に耐水性に優れた柿板の表側になるのである。

昔も今も変わらない原始的な方法で、木の目に従って割られる柿板は、木の目が切れないことが耐久力のうえでの要件であり、屋根に葺かれた場合、一枚一枚の間に空気の層ができ、雨水が速やかに流れて柿板に滲み込まず乾燥が早いのである。

原木となる木は枝が高く、素直に伸びていることが要求される。輪切りにしたものに節が入り込んだり、木の目が曲がっていては割ることができず、板葺材料としては不適格である。昔は木が豊富にあり、職人は注文を受けた社寺の持ち山から木を選びだして、伐採し加工して使ったのである。施主は木を提供し、手間賃を払うことで屋根の維持修理ができる仕組となっていた。

昔は製材の機械はなく、薄い板は鋸で挽くより割った方が手っとり早いという考え方から、板を割ることについてはよく熟練したものである。数寄屋の天井や庇の化粧裏板などにもよく割板が使われていて、割った木肌の美しさと仕事の簡略さを兼ねた一石二鳥の工法であった。

京都などの大きな町でも、以前は二メートルを越す榑板で三寸勾配程度の屋根を流し葺にしていたものが、徐々に一メートル以下の曾木板を使ったものに軽量小型化してきた。これが柿板になると一枚一枚が薄くて小さい板葺の究極の形である。そのために、かつての板屋根のように単純な切妻造だけではなく、寄棟造や入母屋造といった曲線が多く、複雑な屋根も葺けるようになってきた。

京・大坂といった畿内の大きな町で使われた屋根葺用の杉板などの大半は、原木の形で紀伊半島の吉野、熊野、十津川、北山、龍神といった地方から、熊野川や古座川の水運によって、新宮（和歌山）などの木材集散地に集められた。

このあたりは、大塔川、赤木川、前ノ川、安川といった支流半ばまでは川舟が入るので、付近の集落は木材の中継地として繁栄した。最初は伐採した丸太を一本ずつ水に浮かべて流す「管流《くだなが》し」と呼ばれる方法をとり、水量が多くなった時点で数十本を筏に組んで、さらに下流の集散場に流した。

「曾木屋《そぎや》」と呼ばれた割板専門業者も、江戸時代中期には紀州だけで数十軒を数え、西国の大消費地のみならず、関東方面へも海運の便を生かして進出したという。

江戸時代後期になると、町家の板葺でも釘を使えるようになり、板厚も徐々に薄く軽量化していった。最終的には木端葺きと呼ばれるような、柿葺の一種が使われた。これは長さが一尺半（四五センチ）、厚み二分（六ミリ）と現在の柿葺材に一層近くなった。

職人の系譜

古代の工人たち

縄文時代に発生したといわれる竪穴住居は、弥生時代になると、稲作の普及によって藁や縄が手に入りやすくなったこともあって、少しずつ改良がほどこされるようになってきた。そのため茅、葦、すすき、その他木の皮など植物性の材料を使った屋根葺も一層盛んになってきた。

最初は職業としての屋根葺はなく、材料を適当に集めてきて大雑把《おおざっぱ》な寸法に切ったものを、その住みかの住人が並べ、藁縄や蔦などで固定したのだろう。

弥生時代になっても、一部の豪族の住居や公的施設以外の普通の庶民は、相変わらずの竪穴住居であり、この形態は多少の進化をともないながらも、原則としては古代まで続く。他方、稲作文化や鉄器の使用(大陸から鉄鋳塊の形で輸入したものと思われる)によって、切妻型の高床庫などが試みられるようになってきた(図33)。

高床建築は、木から板を作ったり、棟際の雨仕舞の作業や、枘《ほぞ》を作ったり枘穴を掘る必要があったため、手斧《ちょうな》や包丁、鑿《のみ》のような切ったり削ったりする鉄製の道具は不可欠であった。構法も徐々に高度化しており、この頃にはすでに専門職の工人が生まれていたと思われる。

上古の時代に入っても、工人といった使役的労働力は品部《しなべ(ともべ)》、雑戸《ざっこ》などと呼ばれ、貧しい身分を強いられており、名前さえなかったという。仏教伝来以前の古墳時代などにも多数の建造物があったこともわかっており、多くの工人たちが立ち働いたものと思われるが、具体的な記録はなく、実態はほとんどわからない。文献の調査や数少ない遺跡をもとに、失われた古代職人の技に迫る努力は今後とも必要であろう。

ところで、檜皮葺・柿葺といった職種に限っていえば、瓦が輸入されるのは六世紀に仏教が伝わって以降のことだから、国内ではそれ以前の長い間、葺材として樹皮や板、茅などを使っていた時期がつづいたと思われる。当然、それなりの需要もあり、屋根職人の活躍の場も確保できていたものと考えられる。

このように上古の建築は、鉄器の導入など大陸からの影響を受けつつ形成されてきたと考えられるが、わが国の建築技術に大きな飛躍をもたらしたのは、五三八年といわれる仏教伝来とともに移入された仏教建築の技術によってであった。渡来人技術者は手厚く遇されて、日本人の木工や石工・金工・陶工なども、その下で再編され再教育されていったと思われる。

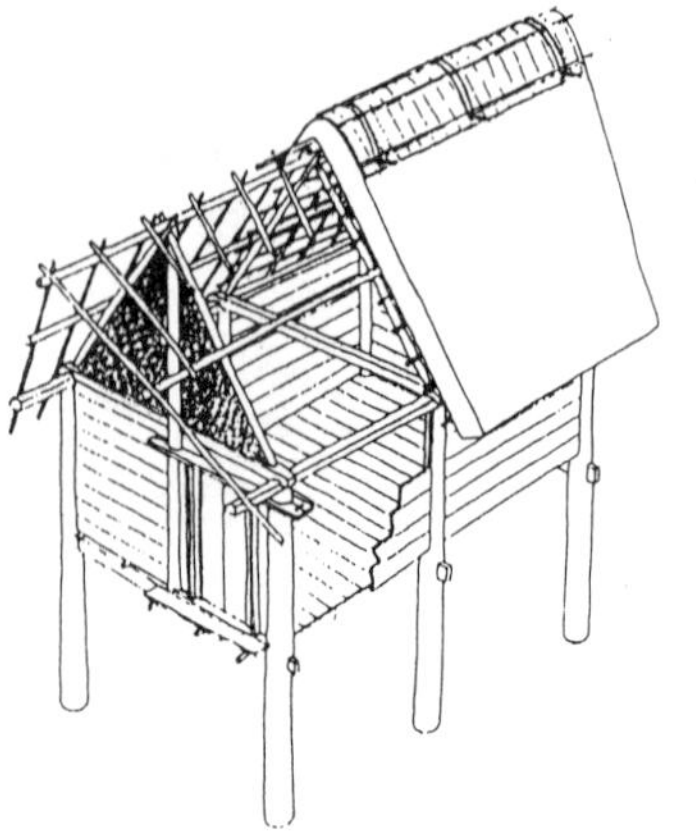
図33　高床式倉庫の復原　棟折れ(棟覆い)に樹皮葺の祖型がうかがわれる（宮本長二郎氏作図,『吉野ケ里遺跡展』目録より）

それまでのわが国の建築といえば、掘立柱の下部を土に埋めただけのものであったから、当然、根元が腐ったりして長持ちはしなかったのではないかと考える。それが大陸からの進んだ工法によって、基壇を築き、礎石を据えて柱を立てるといった技術を目にした日本人の工人たちは、さぞや驚いたことだろう。

　このような準備期間を経て、本格的な寺院の造営は、崇峻《すしゅん》天皇三年（五九〇）に材を伐りはじめた飛鳥《あすか》寺《でら》が最初であった。同元年には百済から寺工・太良未太《たらみた》、文賈古子《もんこけし》などが渡来して、多くの日本人工人たちと造営に携わった。同五年には仏殿と回廊が建ち、推古天皇元年（五九三）に塔の柱を立てて、同四年には寺の造営が完成している。それまでも渡来人の下で改善されてきたわが国の建築技術も飛鳥寺の壮麗な伽藍の建設によって新しい時代に入った。

　これを期に、聖徳太子が発願したとされる創建当時の斑鳩《いかるが》寺（若草伽藍）や、難波の四天王寺、飛鳥の川原寺や金剛寺などが、次々と造営されている。また、舒明天皇はその一一年（六三九）に書直県《ふみのあたえあがた》を大《おお》匠《だくみ》として、九重塔で有名な百済大寺《くだらのおおでら》を建てたと伝えられており、平成一四年（二〇〇二）、奈良県桜井市の吉備池廃寺からその遺構がみつかっている。百済大寺は日本初の国立寺院といわれ、飛鳥寺が高句麗の様式をそのまま伝えているのに対し、塔と金堂を横並びに配置するというこれまでにないスタイルであり、蘇我氏から指導権を奪おうとする舒明天皇の意志が、ここにも見えるようだ。百済大寺は後に移転や寺名の変更を重ね、現在の大安寺（奈良）につながる。

　これらの寺院は初期の寺院群より格段に大きい伽藍と伝えられており、建築技術の急速な進歩を察することができる。古代の寺院の造営はきわめて組織的であり合理的であった。

四天王寺の発掘では丸い材の垂木を用いて、それが屋根の隅では扇状に使われていたこともわかった。これは中国や朝鮮半島ではよく見られる形だが、法隆寺金堂などでは平行垂木の形をとっている。屋根の様子も当初は裳階《もこし》だった可能性もあるが、古代の工人たちの技術も徐々に発達しつつあった。

　古代の主要な建物は、官寺や国衙《こくが》（各国の役所）、国分寺のように、時の政権や諸国が造営したものと、貴族や地方の豪族などが建立したものがあった。とくに官寺など規模の大きなものは、律令時代以前の「将作監」を継承したといわれる「木工寮《もくりょう》」や「修理職《すりしき》」（宮内省《くないしょう》の中の建築関係の役所）が管理にあたっており、木工大工《もくだいこう》や修理大工《すりだいこう》という名の責任者がいたとされる。その差配下に葺工として、畿内を中心に檜皮葺、板葺、茅葺などの職人も仕事に従事していたようだ。

ところが、古代における寺院の造営は一種のブームであり、これら既存の組織だけでは対応が難しくなってきた。天武天皇二年（六七三）の高市大寺の造営時には、すでに造営に特化した官職として「造高市大寺司」が置かれていたことがわかっており、その後も東大寺や薬師寺、藤原京の大官大寺などの造営においては、独立した権限を持つ「造寺司」およびそれらを束ねる「造宮省《ぞうきゅうしょう》」といった組織が作られていった。

とくに東大寺の造営は、この時代の一大プロジェクトであり、当時としては他の八省庁と同格の正四位を持った官僚が「造東大寺司」の役職についており、技術系の次官クラスには大工《だいこう》（一名）と長上《ちょうじょう》（二名）を指名している。この造東大寺司は他に法華寺阿弥陀浄土院や古代の石山寺の造営にもあたっていた。

この石山寺の造営（天平宝字六＝七六二年）については、「檜皮の歴史」の項でも触れたが、古代における職人の役割や地位を知ることのできる数少ない例である。

福山敏男博士の著書『日本建築史の研究』（桑名文星堂、一九四三年）によると、力部広万呂、羽栗大山、倉部万呂、鳥部足鳥、勾猪万呂などの檜皮職が、下職を率いてこの工事に従事していた。

檜皮を下用される以外にも、当時としては大変貴重だった七寸打合釘四隻を釘栫打料として羽栗大山に、また折越枚鉄（勾釘）四枚と六寸切釘四隻を力部広万呂に下用したとある。さらに五了木着幷針栫結固料を勾猪万呂に、四了檜皮料を倉古万呂に下げ渡したとの記述がある。

この頃の檜皮職は様工《ためしこう》と呼ばれ、一種の請負形式をとっていたといわれている。この工事に関しては担当した造東大寺司のもとに設けられた造石山寺所が現場を取り仕切っており、その記録によれば工事に携わった職人には、司に直属する司工のほかに、仕事に応じて傭われる傭工があった。傭工はさらに請負形式の様工と、働いた日数に応じて報酬が与えられる日傭工の二種類があった。

石山寺の造営記録によると、檜皮職や桴工《いかだ》（運漕）、歩廊作《ぶろうさく》（渡り廊下など建築下回りの雑工）などにはこの様工形式が多く、檜皮葺職人も「様檜皮葺工」として配下の数人の葺工を従えて工事に参加している。これらの様工は、あらかじめ所要の工数や材料、賃金、食料などを計上した「手実《てじつ》」（見積書）を造寺所に提出し、役所はこれを査収したうえで、材料や食料を下用したようである。様檜皮葺工は配下の職人を指揮して工事にあたり、完成後、功銭（賃金）をもらう形になっていた。

これらについては、歴史学者・滝川政次郎氏の論文「奈良時代の雇傭制度と賃金の種々相」（『史学雑誌』五号、昭和二年）に次のような記述があり、興味深い。

奈良時代の労働法制は、之を自由労働制と半自由労働制と不自由労働制との三つに大別することができる。自由労働制と云うのは、労働を提供する人の自由なる意志に基づいて、労働の授受せられる法律制度であって、茲に述べんとしつつある雇傭の制度と請負の制度とは、実に其の代表的なものである。雇傭の事は、当時之をヤトフと称し、漢字にては之を雇役、傭作、和雇又は単に雇と書いた。請負は当時既に其の実質のあった事は、正倉院文書等によって知られるが、其の文を指示する特別の用語は、まだ存在してゐなかったやうである。尚又我が古代の農民及び漁民の間には田植又は収穫の時に当って、相互扶助的に労務を提供し合ふユヒなる組合の慣行が存在してゐたがそれも亦広い意味の自由労働制の中に包含せらるべき性質のものであらう。

古代にこのような請負形式があったのも不思議であるが、事実、石山寺造営に関する『正倉院文書』の中にもこれらの形式は散見できる。次の文書は天平宝字六年（七六二）の記録で、正倉院に保存されていたもの（『大日本古文書』巻五、二七一頁所収）の一節であるが、勢田（瀬田）川、宇治川を下って木材の運搬を請負った「様桴工」の様子をあらわしている。

土師石国等解（『正倉院文書』続修二十六）
土師石国解　申応進上材事
合比木伍枝　長一丈五尺　広八寸　厚三尺　薛板参拾枚
右件材等、以限来九月十日、必進上宇治津、若木期日、過罪重恰、加利進納、石国日佐真月鎰万呂四人等同心、仍注状謹解

六年八月廿六日
土師石国
民　鎰　磨
日佐真月
但波浄成

福山敏男氏の研究によれば、この文書は桴工四名の連署による一種のわび状であり、石山寺造営工事の残材を、近江勢田の椅《はし》から宇治の椅まで運ぶ途中に、誤って一部の材を散逸させてしまったので、長さ一丈五尺、幅八寸、厚三尺の材三〇枚を賠償として納める旨、申し出ているものであるという。

たしかに筏を使った川での回漕というのは、役所の監視も行き届かないから、このような請負形式の方が現実的であり、途中紛失した材の弁償も行なわれている点で、様工とするのがなにかと便利だったのだ

ろう。
「請負」という言葉を辞書で引くと、「（土木・建築工事などで）業者が一定期日までに全責任をもって引き受けて仕事を完成させるのに対し、注文主が一定の報酬を支払うことを約束する契約（でする仕事）」（『新明解国語辞典・第二版』三省堂）とある。

筆者のところのように、いまだに名刺に「請負」の二字を入れているのは時代錯誤なのかも知れないが、それはそれでいい面もあるのだ。請負というシステムは現代でも檜皮職には見られる形式であり、所定の仕事が完了したら報酬を払うというやり方は、日雇いのように一日いくらといった仕事よりは、自分たちで工夫して効率よく仕事を進めれば、早く終わることができたり、結果として余分に稼げることもある。仕事を頼む方も、職人たちが怠けないように監視する手間がはぶけ、あらかじめ取りかかる前に費用が決めてあるのだから安心していられる。要するに双方にとって都合がよく、いわば人間の本性に根差した知恵のようなものであった。

古代も末期になると、中央の律令的支配体制は弱体化し、それにつれて単なる使役的労働力の確保が難しくなったため、「和雇」すなわち契約にもとづく雇用形態の比重が増してきた。そうしたなかで古代の請負も部分的に試行されるようになったのだろう。

さらに時代が進むと、古代の工人から身分的に向上したものや、農民の家内仕事から専業化する者も出てきた。やがて身分は百姓であっても古典的で隷属的な所従・下人からは脱却しようという職人たちも台頭するようになってきた。

中世職人の誕生

「職人」——私たちが日頃なにげなく使っている言葉であるが、実のところその語源はよくわかっていない。

中世などにおいて広く用いられていた「職人」の語が、行政においては下司《げし》、田所《たどころ》、公文《くもん》、追捕使《ついぶし》といった下級役人を指し、寺院においては役僧クラスの者を指していたことはわりと知られている。おそらくは下司職（在庁官吏）とか田所職（荘園内の下級荘官）の「職」が転じて「職人」という呼び方になったものと思われる。

古代では、勤務として就いたはずの官庁の役職が、世襲化され既得権化してくると、勤務と営利が分かち難くなり、独占や請負の私物化もあって、「薬家」とか「暦家」のように特定の氏族の家業化に結びついていったことが、「職人」の成り立ちのひとつとしても深く関係していたようだ。

平安時代の末期にあたる一二世紀初め頃までの朝廷や有力社寺、貴族の館の工事などは、主に木工寮や修理職の工匠たちが担当していた。当然、主力は木工《こだくみ》であり、彼らはのちに番匠《ばんじょう》とも呼ばれ、人数も一番多かった。

古代の律令制においては、職人たちを指導する地位の者を大工《だいこう》と称していたが、それは「おおいたくみ」の音読であって、言葉の語源は古代前期にまで遡るといわれている。

当時の木工組織は、工匠の最高指導者・木工大工《もくだいこう》をトップに、補佐役として権大工《ごんのだいこう》、小工《しょうこう》たちがいたとされる。木工大工は工匠としては最高位の従五位を与えられており、民間の番匠や各種の職人たち、また大勢の労役の農民たちを指揮して仕事にあたっていた。

檜皮工の場合も、その指導者は檜皮大工《ひわだだいこう》と呼ばれ、木工よりちょっと格下の従五位下の官位が与えられていたという。組織も木工と似たようなものがあったと考えられるが、人数の多かった木工と比べると所帯が小さく、記録を見ても今ひとつ判然としない。

中世に入ると職人はさまざまな分野で創出され、檜皮職も番匠（大工）、瓦焼、壁塗（左官）、石切、大鋸切、材木売、畳刺などとともに主要な建築関係の八業種に数えられた。その中でも檜皮葺職人は早い段階で、番匠などとともに給免田（荘園領主への年貢や課役納入が免除される田地）を保証されている例も多かった。

一二世紀も中頃になると、鎌倉武士など武家勢力の台頭によって、旧体制の経済基盤が崩れてきた。諸国で造営がたえず行なわれるようになると、旧体制下の有力工匠の離反が相次ぎ、官のヒエラルキーも徐々に弱体化していった。

組織の締め付けが緩んでくると、各地の親方衆は血縁や弟子筋を中心とした新たな関係を構築しようと動き出した。職人としての家業相伝や、工事組織の成立も地縁・血縁を通じて盛んに行なわれ、これらの大家族的集団組織は中世を通じて主流となっていった。

このように旧体制のもとで、社寺などの造営に参画していた職人たちも、公の事業が衰退するに従って、次第に活動の場を失い、その仕事の場を荘園や寺社の直営工事に求めざるをえなくなった。そしてそれは、荘園領主に対する忠誠や貢献を代償として、「座」という一種の独占権を確保する動きにつながっていった。

「座」とは本来、現代で言うところの起工式や竣工式などの行事で参加を許され、席を与えられることから発生したようである。

座の統制には、旧体制下の「臈次《ろうじ》」(席の順)が受け継がれており、仕事はいまだに年功序列に従って配分されていたようである。このように階級制にもとづいた一種の集団自治が基本となって、領主の下に閉鎖的な支配体制が築かれていった。

臈次はもともとは、律令体制の中で、技量の上下を基準にして与えられたものであり、座においても当初はそのまま慣習として守られていた。しかしそれも時代を経るにしたがって、しばしばその地位をめぐる争いが起こったりして、業者としての自治という大義も次第にその実質を失っていった。領主の差配の下の世襲を前提とした既得権益に変質してしまったようである。

たとえば、座の発達が著しかった奈良などでは、中世初頭の活発な造営事業にともなって、東大寺や興福寺といった寺院、春日大社を中心にした神社などには、大工(番匠)工匠の座や、檜皮工匠の座が設けられている。

東大寺の番匠や檜皮匠の本座・新座ができたのが建仁三年(一二〇三)であり、興福寺とその門跡や末寺における寺工の座は、承元四年(一二一〇)にできている。一三世紀の春日大社の造営は興福寺座がひとり占めしており、本社内の一の御殿は興福寺座の惣大工、若宮社は同権大工、本社二の御殿は第三臈、というかたちで座の内部の権力構造に従って配分された。

寺社などから補任状(任命状)を与えられた座のリーダーは、その地域を独占的に支配した。これらは「大工職《だいくしき》」とも呼ばれ、強力な営業権であったが、これも後には売買される運命にあり、現代ならさしずめ大相撲の年寄株のような一種の財産権のようなものに変質していった。

とはいっても、番匠や檜皮匠の座があるような大きな社寺は限られており、一般の社寺は必要に応じて職人を集めて工事組織が作られた。これは大工を筆頭に引頭《いんどう》、長《ちょう》、連《れん》といったピラミッド型の組織として、待遇の基準ともなっていた。

これらの早い事例としては、久安五年（一一四九）の高野山会堂の工事がある。当時の大工職は学侶惣分が持っており、その差配のもとに仕事は進められた。座を構成する大工職人を座衆といったが、これは大工の為末《ためすえ》を筆頭に、引頭二名、長一二名、列（連）五九名が立ち働いている（『高野山文書』六）。これらは古代の官営組織ほど身分的に固定したものではなく、工事のつど違った工匠グループが集められた。

檜皮職については、壁塗や石工のように、組織として引頭も長も欠いた不完全な形ではなかったが、寛元四年（一二四六）の高野山奥院の修復時には、檜皮惣大工のもとに引頭二名、連一一名の名前が見られることから、番匠に次いで発達し整備された組織を持っていたようである。

これらの職人も上のクラスになると、官位を持った専業であり、国衙や寺院、公家に正式に所属していたので、給田畠を与えられ「新補率法」（貞応二＝一二二三年）によって、管理地一一町につき一町の免田、反別五升の加徴米の徴収、山や川からの収益の半分が認められていた。

反面、連クラスは中世の身分では甲乙人とか、凡下《ぼんげ》と呼ばれる雑人身分であり、普段は農業などにも携わりながらの兼業だったものと思われる。

ところで、この時代の檜皮葺の職人には三つの流れがあったといわれている。

一番目は名主や百姓といった農業生産者から分化独立して、手工業として職人になった層がある。一四世紀初め頃から荘園体制の崩壊にともない、多数の独立した小農民が生まれ、一部が職人となっていった。

二番目は領主の諸職として「座」など正式な従属関係を結んだ流れである。専業のために給田畠は人に任せて、そこから上がる収穫も収入になっていた。

働いており，左下には檜皮らしい材料も集積してある（「春日権現験記」）

三番目のグループは相変わらず領主の下部《しもべ》として雑役同様に扱われ、必要に応じて手工業的に技術や労働を提供していた。彼らは家族や下職とともに家内工業的な仕事をしていた。

いずれの人々にも共通して言えることは、番匠を中心とした大工職の影響力下にあったということである。地方の工事に大工職が出かける時は、檜皮匠たちも同道する例が多かったようだ。

正平一九年（一三六四）の『東大寺文書』によると、戒壇院の大工職を継承している者が、地方の仕事に関連職の者も含めて、すべて出かけてしまったので、戒壇院の修復がままならないと嘆いている記述がある。

その内容からすると、当時の屋根葺職人たちは、座による独占のほかに、小さな社寺では「お出入り」の形で、一家系から数家系の相伝の形をとって仕事をしていたようである。一四世紀から一五世紀になると地方の社寺にまで進出した檜皮匠たちが、その地に根を下ろして仕事をする例も増えていった。これらの動きは、地元の檜皮匠との摩擦があった反面、最新技術の伝播には役立った

図34　14世紀初めの工事場風景　多くの大工職人が立ち

図35　16世紀中頃の檜皮葺職人　手に木槌を持ち，前には檜皮２束，竹釘などが見える（「七十一番職人歌合絵」）

ようだ。

一五世紀に入ると、番匠の組織に変化がみられるようになってくる。従来型の大工、引頭、長、連の組織にかわって、「棟梁」なる新たな地位が生まれてきた。棟梁はもともと建築の主要な部材（棟《むね》の梁《はり》）に語源を発するといわれ、当初は大工の補佐にあたる役割を意味していたが、一六世紀ごろになるとにわかに力をつけてくる。

大工職の地位が売り買いされたり、凡庸な者が世襲というだけでその地位につくなど、現場では混乱がみられたところへ、地方との交流の中で優れた技能をもった工匠が台頭し、その地位が入れ替わることもあった。

滋賀県甲賀町の油日《あぶらひ》神社楼門（重文）は、私どもの施工によるものだが、この建物も永禄八年（一五六五）に建立された時は、地元の大工職を持つ本大工・権大工は名目だけで、実質は甲良庄（現・滋賀県甲良町）から招いた「棟梁大工御子息甲良五郎左衛門」に率いられた大工職人集団が、実際の工事に当たったことがわかっている。

「棟梁」という言葉には、親愛の情のほかにその技量に対する尊敬の意も含まれているのだが、単に建築様式や技術に通暁しているというだけでなく、種々の職人衆を引き連れて、戦国の世を渡れるような知恵や度胸のほかに、政治的手腕も持ち合わせていなければならなかった。

檜皮職人や他の工匠グループでも、この実力主義はこの頃から行き渡りはじめており、職人にとっては大きな変化の時代だったようだ。

棟梁の名は一六世紀後期（室町時代末期）のころから、技術面の責任者という意味に加えて、総合的なプロデューサーといった意味でも用いられはじめた。これによって長らく建築工匠の名として使われた。「大工《だいこう》」は「棟梁」に取って代わられることになった。また、現場の技能者たちの呼び名も「番匠」が消え、現在と同じ意味の「大工《だいく》」が用いられるようになる。

これ以降、棟梁の登場は、工事内容をあらかじめ諸職と打ち合わせて積算したり、檜皮職をはじめ左官、石工を効率よく動員して、短い工期で工事を進めることが可能になった。また、室町時代の末にははじめての木割書が著されていることからも、この改革は日本建築史にとっても画期的だったといえる。

檜皮葺や柿葺の職人も、当初は惣大工のもとで下請仕事をしていたが、実力本位の考え方は、力をつけた檜皮匠と大工棟梁との仕事の取り合いにまで発展するケースもあり、当時の記録も残っている。

『鹿苑日録』は室町後期の長享元年（一四八七）から、江戸初期の慶安四年（一六五一）にかけての京都の名刹相国寺鹿苑院の雑事日誌のようなものであるが、文祿三年（一五九四）一〇月九日の条によると、

……方丈東西ノツマ修造。棟梁大工可請取云々。以大工卅人可補之云々。ヒハダ大工云。以十員手間可請取云々。即ヒハダ大工修之事決定也。此由棟梁聞之。以十員可辨之云々。雖然ヒハダ大工申付也

……

との記述がある。

これは口語訳すれば「相国寺方丈の妻側の修復について木工大工にたずねたところ、大工三〇人の手間で請取ると答えた。同じことを檜皮大工に言うと一〇人分の手間で請取るという。そのため寺家はただちに檜皮大工に請負わすことに決定した。あとになって、このことを聞いた木工大工が、檜皮大工が一〇人手間というのなら当方も一〇人手間で請取りたいと申し出てきたが、寺家では取り上げなかった」ということらしい。

このケースでは、文面からするとそれほど大きい建物のことではないようだが、他にも財力のある石工が元締めとなり、大工や檜皮職人を下請として使っている例や、同じ檜皮職でも複数の工匠から見積りを取り寄せて請負者を決定している例もあった。もちろん、これらをもって現代風の「競争入札」のように解釈するのは早計であろうが、どの職種に限らずかなりの規模の工事を総合的に運営する能力を、工匠の側にも求められる時代になってきたことを示す事例ではなかろうか。

近世——徒弟制と仲間制

中世における職人の定義は、農業以外の生業に携わり、特異な技術を持つ人間の総称であった（表3）。現代においてわれわれが考えるより、はるかに広範な職種を対象にしており、医師・巫女《みこ》・海人《あま》・博打《ばくち》・聖《ひじり》・芸能者・白拍子なども含んでいた。

手工業者の意味に限定されてくるのは、中世末から近世初めであるとされる。反面、職域内の分化・多様化はさらに進み、中世の『倭名類聚抄《わみょうるいじゅうしょう》』、『新猿楽記《しんさるがくき》』、『普通唱導集《ふつうしょうどうしゅう》』、『梁塵秘抄《りょうじんひしょう》』、『庭訓往来《ていきんおうらい》』などに描かれた職業の分類におさまらない人々が増えてきた。

それは「職人歌合絵巻」、「洛中洛外図屏風」、「職人尽絵」などの図像を通観しただけでも、はっきり見えてくる。

近世城下の職人町へ、地子・諸役の免除といった特権で誘致された近世の職人は、最初、一定量の専門技能の労役を賦課されたが、時を経ると制度は形骸化し、労役が金納になるなど変質をみせるようになる。

伝統建築技術の世界では、昔から分業体制が整っていたことはすでに述べたが、屋根職は大工とともにその中核に位置していたことが「和国諸職絵尽」、「社寺参詣曼荼羅《しゃじさんけいまんだら》」などからもうかがわれる（図36・37）。

檜皮工匠の場合は、原皮師《もとかわし》（檜皮採取者）から原材料である檜皮原皮を購入し、それを種類別に裁断加工した上で、実際に屋根に葺き上げることで成り立っていた。

近世中期までは、拵《こしら》え（洗皮、綴皮）、葺き（軒付、平葺など）の工程が、主に家内分業的に行なわれていた。これらの工程に従事していたのが「手間取職人」と「徒弟」たちである。これらのことは、当時の仲間史料からもわかっている。

仲間史料のひとつ、「名前帳」は檜皮職全員の名前を公儀に届けるための帳簿である。一般的には手間職人から末端の徒弟までの名前が載っている。一人ごとに名前、居住町、奉公年月などを詳らかにした上で、個人印（爪印）を押したものもあった。

ちなみに、筆者のところにも寛文八年（一六六八）から明治年間にかけての「奉公人請状」が残っている。私は現在、檜皮葺師・柿葺師の一〇代目を名乗っているが、初代市右衛門がこの仕事をはじめたのは三三〇年余り前の寛文年間のようである。

現在の滋賀県野洲《やす》郡中主《ちゅうず》町六条にある兵主《ひょうず》神社蔵の『普請目録』寛文八年（一六六八）戊申四月一五日の条によると、同神社楼門屋根工事に際し、「はちまん家根屋市右衛門、銀八〇匁にて請負」との文言が見える。ただ、私の何代か前に、願い寺の記録や過去帳などのより確実な資料により、少し下って明和八年（一七七一）創業ということに統一したようである。

以下は明和六年（一七六九）に作られた人請状の一例である。

御奉公人請状之事

此ノ卯吉と申者　生国ハ近州神崎郡北五箇荘村小幡之住人源助と申者之倅ニ而先祖ヨリ能存候ニ付　我等請人ニ罷立申候　申ノ二月ヨリ来ル酉三月迄丸八年分限ニ御奉公ニ進申候所実正也

宗旨ノ向キハ代代浄土宗ニ而　則寺請状我方ニ速取置可申候

此ノ者ニ付　如何様之敷儀有仕候共　又取逃欠落申仕候ハ尋出急度埒明□□候　少シモ御難掛申間敷候事

扨年季相勤候ニ被召遣候ハ此ノ請状持我等請人罷立申候

仍而為後後日之奉公人請状如件

明和六年己丑二月

神崎郡北五箇荘村小幡
請人　惣兵衛（爪印）
親　源助
奉公人卯吉

八まんはま家根屋　市治郎様

現在でも、この奉公人卯吉の故郷である滋賀県神崎郡五個荘《ごかしょう》町小幡《おばた》には、遠縁で同業だった水野家（数代前に廃業）があり、今でも当主同士の交流があるので、明和年間にもその伝手《つて》で、近在の若者が徒弟奉公に来ていたのだろう。

また、別の人請状には「此ノ者　年寄之内理不尽之隙を貰ひ申義有之候ハ　而其方之御商致させ申間敷候」との文言が見られる例もある。すなわち、奉公させてもらった弟子が途中で修業を諦めたり、何か店にとって不都合なことがあって隙《ひま》を出されて辞めた場合は、当人にその方面の仕事をさせない旨、一札を入れてあったようだ。

年季にも五年から一〇年と幅があったようで、徒弟時代は「半人工《はんにんく》」と呼ばれた、年端のいかぬ者や、まったくの素人は一〇年、親が大工や職人といった一応の基礎を理解していると思われる者や、器用な者については、徒弟期間を少し短くしていたようである。

ただ、これらの若い見習い職人たちが、本当に徒弟奉公をまっとうできたのかは疑問も残る。たとえば、親方の許に奉公人請状が残っている若者についてみても、当時の戸籍ともいうべき「宗門人別改帳」や、先にも述べた各店の「名前帳」で追ってみても、案外早い段階で抹消されている例も散見されるからである。

ともあれ、徒弟としての年季奉公が明けると、親方から道具一式と半纏《はんてん》や紺股引《ももひき》を祝儀として与えられたようだ。このなかから自営の道に進む者もいれば、職方として親方の許で修業を続けるものもいた。

先の奉公人卯吉も、年季が明けると一人前の手間取り職人として、兄弟子たちと同列に扱われ、名も吉兵衛と改めて「家根組」への加入が認められている。

ところで、徒弟制度なるものがいつの時代からあるのかは、今ひとつはっきりしない。おそらく現在考えられているような形になってきたのは近世以降と思われる。封建制度による集住制から、城下町などに職人町が成立してからのことである。職人社会の一種の自主的ギルドでもあった仲間制の制立と、ほぼ時期を同じくして整備されてきた。

近世に入ると世の中が安定し、社寺造営などが盛んになる一方、町家でも杉柿葺の需要も増えてきた(図38)。

特に集住制によって職人町が発展した京都や滋賀・奈良をはじめ、原材料の檜皮の産地であった兵庫の丹波地区や、檜皮葺建物の多かった和歌山の高野山周辺などには職人が多くいた。彼らを束ねる立場の親方たちも「仲間」や「講」というかたちをとって、積極的に組織づくりをしていたようだ。

また、近世における「家」社会の形式の萌芽は一六世紀の文禄期ごろと思われるが(水林彪「封建制の再編と日本的社会の確立」)、「家」の維持と繁栄を願う意識から、工人としての先祖を祀り、子々孫々までの繁栄を願うようになったと思われる。

何代目という意識が高まり、家督の相続が重視された。屋号の継承や襲名が当然のこととして行なわれた。ちなみに私も原田真光《しんこう》の一〇代目として通名相続を行なっているが、これらの行為も家業意識が重んじられるようになり、いわゆる「暖簾《のれん》を守る」ことが常態化した近代になって大きく普及した。

わけても職人社会では親から子への技術の継承、職人衆を束ねて新体制へ移行する力量、家産としての工房、作業場倉庫および材料や道具類一式の受け渡し、「得意場《とくいば》」と呼ばれる特定の社寺や旦那衆のお宅との関係維持、檜皮や柿板を採取する山元への入山の権利の継承などが、当然のこととして求められてきた。

十一番					
	(左)	(右)		(左)	(右)
25	琵琶法師	女盲	49	放下	鉢たたき
26	仏師	経師	50	田楽	猿楽
27	蒔絵師	貝磨	51	縫物師	組師
28	絵師	冠師	52	摺師	畳紙売
29	鞠括	沓造	53	葛籠造	皮籠造
30	立君	辻君	54	矢細工	箙細工
31	銀細工	箔打	55	蟇目くり	むかばき造
32	針磨	念珠挽	56	金ほり	汞ほり
33	紅粉解	鏡磨	57	包丁師	調菜
34	医師	陰陽師	58	白布売	直垂売
35	米売	豆売	59	苧売	綿売
36	いたか	穢多	60	薫物売	薬売
37	豆腐売	そうめん売	61	山伏	持者
38	塩売	麴売	62	禰宜	巫女
39	玉磨	硯師	63	競馬組	相撲取
40	灯心売	葱売	64	禅宗	律家
41	すあい	蔵まわり	65	念仏宗	法華宗
42	筏師	櫛挽	66	連歌師	早歌うたい
43	枕売	畳刺	67	比丘尼	尼衆
44	瓦焼	笠縫	68	山法師	奈良法師
45	鞘巻売	鞍細工	69	華厳宗	倶舎宗
46	暮露	通事	70	楽人	舞人
47	文者	弓取	71	酢造	心太売
48	白拍子	曲舞々			

近世職人尽絵詞			
大工	桶屋	豆腐屋	魚屋
屋根屋	操芝居	蒲鉾屋	天麩羅屋
畳屋	豆蔵	居酒屋	浄瑠璃師匠
左官	揚弓	蒲焼屋	居合抜
地づき	楊枝店	鋳物師	白飴売
寺子屋	鍔師	煙管屋	天心売
呉服屋	宮師	金具師	飴売
魚市場	花火	大入戯場	醴売
鍛冶	木挽	書画会	紺屋
仏師	付木屋	煙草屋	砧打
縫取師	傘提灯屋	袋物屋	大山参
仕立師	油売	合羽屋	蠟燭職
表具師	角力の触	太神楽	卵売
搗屋	神楽	角兵衛獅子	歳の市
芸者	覗	町医者	貸餅
米屋	読売	万才	せきぞろ
歯磨売	焼鍋	蚊帳売	吉原
車屋	板木屋	枇杷葉湯	茶屋
銭湯	木彫師	鋳掛屋	
惣嫁	人形師	大道商人	
夜鷹蕎麦	印判師	鋸の目立	
炭団屋	琴師	錠前直	
車造	法師	床屋	
竹馬布売	籠屋	四文屋	

図37　17世紀の棟仕舞　寺院の造営が完成したのであろうか。直垂袴に帯刀姿の人物が親方らしい（『和国諸職絵尽』）

図36　17世紀の檜皮職人　武家屋敷の修復であろうか，軒先に筵を敷いて，師弟らしき二人が檜皮を葺いている（『和国諸職絵尽』）

表3　職人の分類

職人歌合											
東北院（流布本）			鶴岡放生会			三十二番			七		
	（左）	（右）		（左）	（右）		（左）	（右）		（左）	（右）
1	医師	陰陽師	1	楽人	舞人	1	千秋万才法師	絵解	1	番匠	鍛冶
2	仏師	経師	2	宿曜師	竿道	2	獅子舞	猿牽	2	壁塗	檜皮葺
3	鍛冶	番匠	3	持経者	念仏者	3	鵜飼	鳥さし	3	研師	塗師
4	刀磨	鋳物師	4	遊女	白拍子	4	大鋸ひき	石切	4	紺掻	機織
5	巫女	盲目	5	絵師	綾織	5	桂女	鬘捻	5	檜物師	車作
6	深草	壁塗	6	銅細工	蒔絵師	6	算をき	こも僧	6	鍋売	酒作
7	柑掻	莚打	7	畳差	御簾編	7	高野聖	巡礼	7	油売	餅売
8	塗師	檜物師	8	鏡磨	筆生	8	かねたたき	胸たたき	8	筆結	莚打
9	博打	船人	9	相撲	博労	9	表具師	はり殿	9	炭焼	大原女
10	針磨	数珠引	10	猿楽	田楽	10	渡守	輿舁	10	馬買	皮買
11	桂女	大原女	11	相人	持者	11	農人	庭掃	11	山人	浦人
12	商人	海人	12	樵夫	漁夫	12	材木売	竹売	12	樵夫	草刈
						13	結おけし	火鉢売	13	烏帽子折	扇売
						14	糖粽売	地黄煎売	14	帯売	白粉売
						15	箕作	しきみ売	15	蛤売	魚売
						16	薬売	鳥売	16	弓造	つる売
									17	挽入売	土器作
									18	饅頭売	ほうろみそ売
									19	紙漉	賽すり
									20	鎧細工	ろくろ師
									21	草履造	硫黄箒売
									22	傘張	足駄造
									23	翠簾屋	唐紙師
									24	一服一銭	煎じ物売

図39　18世紀の柿葺　江戸での柿葺職人の仕事ぶり（『今様職人尽百人一首』）

図38　大工と屋根職人が同じ工事現場で働く町家普請の様子（『署画職人尽』）

ただ、注文主との関係や山元の維持などは、個人の一存では難しい面もあるため、自然と親方同士が一種の協定のようなものを結び、互いの権益は尊重し、同時に新参者には共同して対抗しようといった一種のギルドのような形になってきた。この時点までは町奉行所なども、家業継承に必要な「内仲間」として黙認していたようである。

一八世紀になると、親方層と職人たちは次第に二極分化していった。というのも、既得権益を守るため親方衆が集まり、アウトサイダーの締め出しや価格協定・地域協定の設定、下請職人の管理強化を図る一方、冥加金の上納や、無償で幕府の使役をする御用役を引き受けることで、幕府の力を背景に「表仲間」化していった。

たとえば、京都などでは早くから仲間制ができており、ここに加入しなくては事実上仕事を行なうことは難しかった。現在でも烏丸《からすま》五条には「葺屋町《ふきやちょう》」の名称が残っているが、そこには京都所司代の許に、触頭《ふれがしら》豊次郎・檜皮屋佐兵衛以下六〇余名の親方がいたことが古文献などからわかっている。

さらに組織は城下組、六条組、河原町組など一〇組に分かれていた。各親方は配下の職人を多数抱えていて、仕事のない時は刃物打ちや刃物研ぎを副業としていた。

元禄一二年（一六九九）正月には、江戸でも諸職人に対して肝煎が定められているが、この時の屋根方肝煎の檜皮屋長四郎は近江の出身であり、この頃の関東の社寺造営に携わった大工職人の多くは、京・近江の出身者が中心だった（『近江惣鹿子名所大全』）。

正徳三年（一七一三）に京都町奉行所が作った「京都御役所向大概覚書《たいがいおぼえがき》」は今日でいう「白書」のようなものであるが、この覚書によれば当時の京都の人口は洛中だけでも三〇万人余にも達し、洛外も含めると政治都市や文化都市という表現もさることながら、一大商工業都市であったともいえる。

当然、職人の数も多かったが、仲間への加入は著しく制限されていた。「実子兄弟縁者」か「無難に年季滞りなく相勤め候弟子」以外の「無縁人」は認められてはいなかった。年季奉公人にもこれらの規則は厳しく遵守されており、年季が明けても独立自営の道を歩むのは難しかったようで、手間取り職人や下請として、かつての親方との従属関係がその後も続いた例もあったようだ。

これらは、長年にわたる技術の錬磨によって、一定の条件に達した弟子しか仲間に入れない、といった表向きの理由のほかに、仲間をこれ以上増やしてパイの奪い合いをしたくないとか、本家の影響力を弟子筋(分家・別家)に残したい、といった思惑もあったようだ。

江戸をはじめ京・大坂などの大都市では火事が多かったが、その復興の際も職人の手間賃が高騰している。大工・屋根葺・壁塗・石切など主要職人は一日銀三匁、木挽など単純労働者は銀二匁と、評定所で決めてもなかなか守られなかったようであり、町奉行所などはその原因を「仲間制」にあると考えた。

寛文四年(一六六四)には京都町奉行所から以下のような興味深い「町触れ」が出ているので口語訳をしてみよう。

町中の屋根屋どもに申す。大風が吹いて屋根葺が必要な時に、手間賃の高値を申し合わせている。今後は申し合わせによる高い手間を取れば処罰する。また屋根葺を請け負っておいて、途中で中止して他の屋根に取りかかり、その時、他の屋根職が残りの部分に手を掛けることを互いに禁止する申し合わせをしているという。今後このような事があれば入牢を申しつける。

同様の「町触れ」は江戸でも行なわれている。こちらは宝永七年(一七一〇)の例である。

御当地の町々の屋根屋ども。出入りの屋敷や町家の屋根葺をする際に、仕事に取りかかる前や半分ほど葺いた時に、なんらかの理由で施主が発注を取りやめた場合、もしくは屋根屋の方で半分ほど葺いた時点で仕事を続けなくなった場合など、施主が他の屋根屋に申し付けると、屋根屋仲間が介入して後から雇われた別の屋根屋を土手組などとかいって、仲間外れにするのは不届きである。よって今後このような事があれば、本人、仲間、家主五人組までに罪が及ぶものとする。

といった厳しいものであった。

このように、仲間制は排他的・特権的なギルドの性格も帯びながら、一方では内部に徒弟制度を確立し、雇用による後継者への技術伝承も普遍的に行なうなど、二面性を持ちながら怒濤の近代に突入していった。

近現代職人事情

明治維新にはじまる近現代は、合理化や高度化の歴史といってもいいほどで、手工業的な職人芸の衰退は著しいものがあった。もちろん檜皮葺や柿葺といった分野とて例外ではなく、職人の転廃業も相次いだ。もともと職人といっても、近世社会までは専門技術をもつ「同職集団型労働力」としての職人と、大工の下働きや屋根葺師の手元（下職）、左官の土練りなど「窮民型労働力」ともいえる日傭《ひよう》層とに分けられていた。

日傭層とは、現代でいう日雇い労働者の側面ももつが、もっぱら職人たちの補助的作業に従事しており、単純労働力販売者として位置づけられていた。日傭はこれら職方の補助労働者のほかにも、商家の台所賄い方や、武家における下働きの奉公人などにも見られ、常に出入りの激しい流動的な層だったようである。

職人集団は親方を核として、横には「仲間」組織、縦には手間取りの職方・徒弟・日傭といった重層構造になっており、近世の身分社会としての性格もよく現わしている労働編成だった（図40～42）。

ところが明治の近代になって、こうしたヒエラルキーにも大きな変化が出てくる。

明治元年（一八六八）、明治新政府ははやくも「商法大意」を発して、この「仲間」を解体する意図を明確にした。仲間の制度が特権的で、人数の増減も勝手に行なわれていることの不快感や、冥加金を廃止する旨などがその主な内容だった。たしかに仲間は職人社会の安定や技術の伝承には力を発揮したが、その反面においては封建的な弊害も助長していたのである。

それに加え、明治五年（一八七二）には、職人制度の根幹をなす「年季奉公」の制度にも手が入れられることになり、近代から続いてきた職人の社会的な位置づけは、この時点で制度的には大きく異質なものに変化せざるをえなかった。

これらの制度的な変質以外にも、それまで恒常的に職人が出入りしていたお得意先との関係の希薄化や、洋風建築の普及による社会的な要求の変化、さらには職人仕事の美徳として、目に見えない部分でも手を抜かず、手間をかけて仕事をするということが評価されにくくなってきたことが、職人の盛衰にも大きな影響を与えた。

一方、職人の側も、親方たちの仲間に対して、一部地域では職人相互の経済生活の扶助を目的とした講のような組織も作ったようだ。しかし、これは職人や徒弟だけの利害に立った組合的組織というにはほど遠いものであり、一部の親方も含め仲間といった組織を持たない職人たちの結合体として、自然発生的に生まれたものだった。

これらは太子《たいし》講・戎《えびす》講といった一般的なものから、御嶽《おんたけ》講・伊勢講・富士講など信仰的な親睦団体の形式をとるものもあったが、実際は同業者組合だったといえる。

図40　19世紀初頭の職人たち　右下の女房が箒をもって「虎狼(ここ) より洩る殿(こと) がこはく候」と書入れの詞の中で訴えている（『近世職人尽絵詞』）

図41　19世紀半ばの屋根葺　竹釘を口にふくんでいるので「あいみても物いふことのかたければ，口にふくみし釘もうらめし」と歌合にある（『江戸職人歌合』）

図43　安政二年と明治一四年銘の「檜皮戎講富文帳」（大野豊氏蔵）

図42　明治中期のトントン（薄板）葺（『新撰百工図絵』）

檜皮を採取する原皮師のグループにも、すでに安政二年（一八五五）には「檜皮戎講」が誕生しており、講員三九名を擁していたことが古文書からわかっている。その後、この講は、明治時代を経て大正一〇年まで続いた（図43）。近世、職人町に分散して暮らしていた末端の職人の実態は、必ずしも明らかでない部分もあるが、講中という単位を中心に一種の組織作りが進んでいたのはまちがいのないところである。

仲間制が廃止され合理化が進むと、親方もそれまでの特権や慣習だけには安住できなくなってきた。雇用する職人や徒弟も含め、新しい対策や近代的な組織を作らねば、共倒れになる恐れもあったからだ。

おおよそ、檜皮葺・柿葺の技術を習得するには、代々親譲りの修得者もいるが、大部分は徒弟制度によって五～一〇年の年季で職人として、檜皮や柿板の拵え方から葺き方までを、順々に修得していくのが普通であった。

この中から独立して、自営業の道に進む者もいれば、職人として親方のもとで修業を続ける者もいる。明治から昭和にかけての呼び方も親方・職人と判然とし、職人は地方出身者が多数を占めた。

すでに述べたように徒弟制は、当初は純粋に技術の伝承や後継者の育成を目的にしたものであったが、次第に既得権を守り、徒弟の安い労働力を確保する目的にも変質してきた。そのため、こうした動きは親方でも、単なる徒弟でもない中間層としての手間取り職人の増加を促進した。

親方と内弟子といった、二極分化し硬直化した関係の制約から解き放たれた職人たちは、新しい雇用労働力としての形を整えるに至ったのである。

大正時代から昭和初期にかけては、職人を数人から十数人かかえた比較的規模の大きな店も、京都・奈良・滋賀などに数店ずつと、東京・名古屋をはじめ各地方の中心都市に一、二店ずつあったようだ。当時は請負という意識よりも、昔から出入りを許されたお得意や出入場《でいりば》が何カ所かあるという形で、経営を維持していた。

親子・兄弟で経営するか、二〜三人の職人、徒弟をかかえる程度の店の規模では、大きな仕事は難しく、葺面積が数百坪という工事になると、フリーの職人が各地から集められた。彼らは檜皮葺・杮葺の仕事のほかに、普段は農業などに従事しており、条件次第で「助職人《すけしょくにん》」といった形で、全国の親方の元へ馳せ参じたものだった。

農業などを本業とし、檜皮葺・杮葺の職人を副業とする人々は、兵庫県の丹波地区や和歌山県の高野山周辺に多数いて、一年のうち何カ月かは大きな屋根工事の出た所に行って、本業の職人といっしょに働くといった生活形態をとっていた。

兵庫県の丹波地区は昔から良質の檜皮が採取できることで自然と職人が増え、和歌山県の高野山では地元に多くの檜皮葺・杮葺の建物があり、それなりに需要があったため、昔から職人が多くいた。これだけの専門技術を要する仕事でありながら、専業従事者より副業のための技術修得者が多かったことは、他の現場職にも例がなく、特筆されることといえよう。

これらの人々は農業が本業とはいえ、家族の飯米程度であり、現金収入にはならなかったため、こういった一種の出稼ぎのような生活の形ができたものと思われる。

親方の元に身を寄せれば食住の心配もなく、贅沢さえしなければ家族への送金もできた。副業の職人が多かったのも、こうしたかたちが楽だったからである。これは終戦直後の食糧不足の時代を経て昭和三〇年代初め頃まで続いた。

なぜ、こういう労働形態が長く続いたのかを考えると、これは屋根職人だけの問題ではなく、歴史的建造物の保存修理に対する問題にぶつかる。

これは明治以降の近代になって、木造建築の洋風化などが進んで、伝統的な建築職人の居場所がなくなってしまったことが、主たる原因と考えられる。

この傾向は、わが国においては特に顕著で、たとえばヨーロッパなどでは、茅葺や板葺などの植物性の屋根や、石造・レンガ造や漆喰塗りの建物が現代にもちゃんと残っていて、屋根屋も石屋も壁屋も一時は減ったが、その後復活して層も厚く、後継者の養成も順調に行なわれている。

わが国では木造建築から、いきなり鉄とコンクリートとガラスに変わったわけで、社寺など限られた建造物以外は出番が少なくなった。たとえば石屋なんぞも「城の石垣を修理するより、庭石を扱っている方が楽で儲かる」と言うくらいだ。このあたりが現代の伝統的な職人の層の薄さと、後継者の養成の難しさに繋がっているのではないだろうか。

また、近・現代の職人像を、その数の増減という視点から見てみると、興味深いことがわかってくる。

歴史的建造物修復の分野、なかんずく、檜皮葺や杮葺といった職種も、広義で捉えれば建設産業の一つといえる。現代でいえばＧＤＰ（国内総生産）の一二%を占めて六〇万社といわれる建設業者と、七〇〇万人ともいわれる建設産業関係者の中にあって、幸いにも（？）きわめて特殊な位置づけがなされていた。そもそも業界自体の規模が小さく、建設業界のヒエラルキーからは外れた存在だった。

われわれの仕事の分野は、このように世間からみれば吹けば飛ぶようなちっぽけな世界だが、業界全体からみれば、近代以降に大きな浮き沈みを五回ほど経験している。

①明治新政府の体制が少し安定し、幕末期などに荒れた社寺の修復に手をつけた明治一〇年代。

②全国から大工職人を大量動員した、大正初期の明治神宮造営の前後。

③大陸に侵出し、南京神社、台湾神社、京城護国神社などを、アジア各地に建てた大正末期から昭和

初期にかけて。
④終戦後、大量の職人が復員してきた昭和二〇年代前半。
⑤バブル後遺症の長期化で、人集めが比較的容易になった現在。
いずれも、それぞれの時代における業界のピークであり、職人の数も急増した。ところが「山高ければ、谷深し」というように、ピークのあとには職人の数も半分から三分の一に激減している。

特に私たちのような古社寺中心の仕事は、対象物がにわかに増えるはずもない。前述のような「特需」でもなければ、通常の数倍もの職人を養うのは難しかったのだろう。要するに仕事をこなすためにライバルが職人を増やせば、横並び意識も働いて、対抗上自分のところも必要以上の規模拡大に走る。あげくのはては飽和状態になってしまい、それに対応する手段としては職人減らしとなる。こうしたサイクルはまるで昔、学校で習った「コンドラチェフの波」など、景気循環の周期をも想起させる変動ぶりである。

恣意的に職人の数をコントロールしようとも、ちょっと長いスパンでみれば、一定の変動幅に収斂していくというのも、近現代の職人動向を如実に物語るものとして注目されよう。

——これまで見てきたように、さまざまな社会情勢や圧力の中でもみくちゃにされながらも、檜皮葺・柿葺といった屋根職人たちは、一二〇〇年以上の長きにわたって生き伸びてきた。

檜皮葺や柿葺は大工など他の現場職と比べても、機械化・省力化できる部分がほとんどなく、人間中心の徒弟制が長く続いてきた。これらの古い制度を先人の許で改め、働きやすい環境や労働条件に近づくように腐心してきた。

そういった努力の甲斐もあってか、現代においては職人志願者も少しずつではあるが増えてきている。これらの技術は、ほんの数年で陳腐化し、スクラップ化する「ハイテク技術」とは違う。自分の腕が一種の社会保険のようなもので、歳をとって腕が上がればますます尊敬される。職人の世界では個性的で優れた技術を身につけ、それらを思う存分発揮して仕事をすることが、古代の昔から長く美徳とされてきたからである。

第III章

生産の技術

檜皮採取

日本の森と檜皮採取の伝統

わが国は昔から緑豊かな「森の国」だった。暖流の黒潮（日本海流）と寒流の親潮（千島海流）に囲まれた南北に長いこの弧状列島は、その中央部を山岳地帯が占め、温暖なモンスーン気候は列島各地に豊かな植生を育んできた。

日本の森林面積は国土の六六・八％に達し、世界第七位ともいわれている。ちなみに一位はパプアニューギニアの八二％台であるが、主要国ではアマゾンのあるブラジルが五八％、カナダの三六％と続き、黒い森《シュヴァルツヴァルト》で有名なドイツやアメリカ、フランス、イタリアなどが二〇％台、イギリスや中国に至っては一〇％前後しかない（国連食糧農業機関、一九九三年）。

わが国の森林帯は、北は北海道の亜寒帯林（針葉樹林）から、温帯林・暖帯林（広葉・混交林）を経て、沖縄や南西諸島の亜熱帯林（落葉樹林）まで、水平方向のみならず、垂直方向にも多様な森を創成してきた。

このような多くの幸運な条件は、有史以来住居など建築物をはじめ、木工品などに優れた「木の文化」

を育んできた。創建一四〇〇年になる法隆寺では、柱などでも樹齢が一〇〇〇年以上、胸高直系二・五メートル以上の檜の巨木を、まん中から四つ割りの芯去りにして贅沢に使っている。しかもその年輪は、一尺くらいの間に二〇〇本以上の目が詰まった秀材である。

このようなことが可能となったのも、「森の国」の恩恵であろう。

ところで現在、日本の森林面積二六〇〇万ヘクタールの四一％が人工林であり、これほど多くの人工の森を作った民族は歴史上にも例がない。その大半は杉・檜・松である。人工林では一ヘクタールに約三〇〇〇〜四〇〇〇〇本の木の苗を植え、五〇年後の主伐までに何回かの下草刈り、除伐、間伐、枝打ちなどを経て、最終的に五〇〇〜一〇〇〇本が育つ。

ただ、今の人工林は三〇年以下の若齢林が多く、間伐を必要とする民有林だけでも一五〇万ヘクタールにのぼる。外材などの輸入増もあって、国内材の間伐面積は一九九〇年代後半には年間二〇万ヘクタール前後で推移し、このペースは必要とされる間伐材積約四〇〇万立方メートルの半分以下という有様である。すなわち半分以上の木は間伐されないか、伐っても採算割れのため森の中で放置されている。

わが国の人工林率（人工林面積／森林総面積）はこのような結果、一九五四年の二二％から一九九五年には四一％に増えてきた。もちろん人工造林自体は、一〇〇〇年前から行なわれていたことであり、必要な樹種を人為的に植栽し、私たちの生活に寄与してきたことは言うまでもない。問題はその運用にある。

高度成長期には、天然広葉樹林が大面積で過伐されたため、そのあと一斉単純人工造林が行なわれた。また、一方で木曾檜や秋田杉、青森ヒバ、ミズナラ、ブナといった高価格天然材の択伐・漸伐も行なわれた。ダム建設にともなって流域の天然林が水没したり、スーパー林道の開設によって森林が開削されたり排気ガスによる枯損もみられた。

一方、通称「天然林」と呼ばれる二次的広葉樹林にも問題が多い。森林面積の五五％を占める二次林は、保全林の指定を受けているものもあるが、皆伐によって森の再生も実生《みしょう》の幼木や、切株から生えた蘖《ひこばえ》が混在して、一種のブッシュのような状態になっている。

ここでは老木が倒れると壮年木がその役目を引き継ぎ、若木や幼木がそれに続くといった自然淘汰のサイクルが機能していない。一斉に皆伐されたため、いい意味での優劣がつきにくくなっているためだ。現在約一〇〇〇人といわれる林業後継者の数で、この国の林業がうまく回転するはずもなく、こちらもうすら寒い状況にある。

人工林施業の放棄や遅れは深刻なものがあるが、これはそもそも人工造林自体が大幅に減少している現状と関係がある。人工造林は一九六〇年初めには年間四〇万ヘクタールあったが、七〇年代半ばには二〇万ヘクタールになり、八〇年代後半には一〇万ヘクタールを割っている。九〇年代中葉には五万ヘクタール前後の為体《ていたらく》である。下刈りや除伐、間伐は思うにまかせず、枝打ちなどは一部の優良材生産地に限られているのが現状である。

外材に主役の座を明け渡した国内林業は、今や低価格、高齢化と後継者不足、不採算化の三重苦に喘いでいる。

ところで、檜の木は昔からわが国林業の核であった。

檜は世界に一五属で約一五〇種あり、主として北半球に分布する常緑高木である。成長した檜の高さは普通で二〇～三〇メートル、大きいものは五〇メートルにもなる。檜の葉は交互に対生《たいせい》するか、三～四個が輪生《りんせい》している。幼木の頃は針状であるが、成木になると鱗片状になる。枝は枝打ちがなされるために上部に固まることが多く、水平に広がって密な卵型の樹冠になっている。

「檜《ひのき》」――その名前の由来は、赤茶色の樹皮の色である「緋《ひ》の木《き》」からとも、神事用の火起こし道具として使われた「火《ひ》の木《き》」からともいわれているが、本当のところはよくわからない。

檜は独特の芳香をもつ心材（赤身《あかみ》）の部分が八〇％を占め、腐りやすい辺材（白太《しらた》）が二〇％しかない。曲げにも強く、材質は緻密、木理《もくり》は通直で狂いが少ない。また、肌理《きめ》が細かい割にはやわらかで彫りも容易である。さらに腐食にも強いといった良材であったため、重宝がられているうちに原始の天然木などはほとんど伐り尽くされてしまった。

檜は成長が遅く、現在残されているものの多くは、先人たちが大木の抜き取りをしながら、その下に若木を植えて育ててきた森である。檜が天然に分布している地域は、北は福島県から南は鹿児島県の屋久島までかなり広い。

地域別では中部地方、近畿地方、中四国地方が主産地である。そして早くも一一世紀には高野山（和歌山）で植林した記録が残っている。檜の本格的な植林がはじまったのは藩政時代に入ってからのことで、木曽（長野）や甲賀（滋賀）、宇和（高知）が有名である。

先年、高野山金剛峯寺の檜皮葺工事を施工した際に聞いた話によると、高野山では昔から植林に力を入れており、一九三六ヘクタールのうち天然の檜林は一三一ヘクタール、蓄積は三万七〇〇〇立方メートルあるという。

樹齢は平均三〇〇年で最高八〇〇年、胸高直径は平均一メートル、最大二・五メートルと大木揃いである。木曽檜に比べ脂分が多く強度も強い。祈親《きしん》上人が平安時代中期の一〇一六年に檜を植えたのを皮切りに、一〇八一年には京極師実《もろざね》が高野槇《こうやまき》を植えたと伝えられている。杉やアカマツで一一〇〇年代、ツガやモミは一二〇〇年代に入ってからという。金剛峯寺大主殿など国内最大級の檜皮葺寺院の修理をはじめ、

表4　檜の特質（日本工業規格試験による）

	最低	平均	最大	単位
木口面硬さ	3.0	3.7	5.0	kgf/㎠
柾目面硬さ	0.8	1.1	1.5	kgf/㎠
圧縮強さ	350	400	500	kgf/㎠
引張強さ	900	1,200	1,600	kgf/㎠
曲げ強さ	600	750	900	kgf/㎠
剪断強さ	55	75	100	kgf/㎠

図44　檜の断面

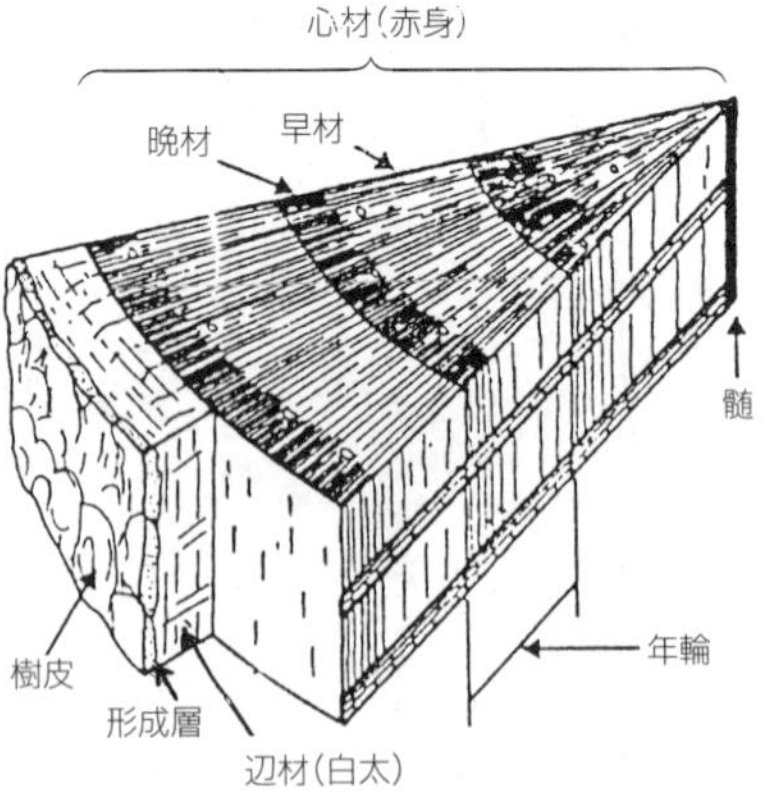

図45　檜内部の模式図

火災や風水害による諸伽藍の再建に檜などの針葉樹を伐採し、そのあとに植林をするというサイクルが繰り返されたのである。

ところで、屋根葺材として代表される木の皮は檜と杉に限られる。これらは同じ針葉樹であり、一見同類のように思われているが、実はかなり異質なものである。杉皮は燃やせば白い灰となってしまうが、檜皮は充分燃え尽きても消炭のような形で燃え殻が残る。材料として加工したあとの檜皮くずを焼却炉で燃やしても、内部や煙突部分の内側にコールタール状の粘着物がべっとりと付着するが、これも檜の皮の脂分の多さと繊維の強靭さを物語っている。

杉皮は表皮に繊維が少なく、立木から表皮だけを剝ぎ取ることはできない。そこで伐木してから甘肌《あまはだ》と呼ばれる木部に密着している形成層ぐるみ剝ぎ取る。これに対して檜の皮を剝ぐ場合は、甘肌と絹皮《きぬかわ》（甘肌と樹皮の中間にある桃色の絹のように薄い皮）を木に残し、カナメモチ（バラ科の常緑喬木）で作った手製のヘラを入れて、立木から剝ぎ取る。

生木に対して少し残酷なようだが、枝打ちなどと同様、木に対してはなんらの影響もない。しかし木ベラを入れる時は手先だけの勘によるものであって、詳しい檜皮剝きのプロセスは後述するが、絹皮や甘肌を傷めないためには熟練を要し、神経を使う工程である。

ほどよく表皮を剝がされた檜は、さすがに木の王様で、すばやく木を守るために精一杯の努力で新しい表皮を作り出す。こうして一〇年周期くらいで定期的に皮を剝いだ檜は、その際の枝打ちもあって、下枝の位置が高く、虫も入らないため肌も美しい（表4、図44・45）。

毎年四月中旬から七月末頃にかけては「おんだん」または「つわり」と呼ばれる檜皮剝きの端境期で、この時期は木部の維管束や導管に根元の皮層から上がってきた水分が充満しており、本来、甘肌に密着しているはずの絹皮が、逆に樹皮側にくっついてくるので、檜皮剝きは厳禁となる。

ちなみに春の初めに分裂してできる仮導管の細胞は、壁が薄くて空洞が大きい。つまり水を通しやすい形になっている。細胞の分裂は夏の終わり頃まで続くが、年の後半にできる細胞は壁が厚く空洞も小さい。

このように細胞の壁の薄い層と厚い層が一年に一組ずつ重なって木は太っていく。年輪をひとつ重ね、皮の厚さを増すこの時期を「つわり」などと言うのも、人間に例えてのことだろうが、うがった呼び方をしたものだ。

「おんだん（つわり）」は、その年の二月初めから四月中旬の気温によって、毎年多少のズレがある。春が早くやってきた年は早く、春寒の年は遅い。その期間は一〇〇日前後であり、この時期を読み違えたり、なんらかの理由で五月に入ってからヘラを入れたりすると、浅いめにと心がけていても甘肌部分に達してしまう恐れがあるので注意を要する。

このようにして毎年厚みを増した檜皮は、一〇年もたつと約二ミリ程度の厚さとなり、最適の葺材として再び採取可能となる。この頃の一級品を我々は「黒背皮《くろせがわ》」と呼んでいる。採取した直後は鮮やかな濃いピンクだが、一、二年で赤茶色の木肌となる。数年もすると濃褐色となり、だんだんと黒味を帯びてくる。黒背皮とはそのあたりから呼称されたのであろう。

一方、一度も檜皮を剝ぎ取られたことのない檜の表面は「荒皮《あらかわ》」と称して、ひび割れの大きい脂気も繊維質も少ないガサガサしたものであって、皮を作る習性に乏しく木の養分も表皮には伝わらない。何百年たった檜であってもひび割れはますます深くなり、遂には脱落してしまう。

しかし、一度でも皮を剝ぎ取られた檜は、その時点でかなりのショックを受け、習性の変化が起こるものと考えられる。爾後は檜皮作りに専念する状態が続き、なんらかの事情で途中に二〇年、三〇年と皮剝きが中断したとしても、荒皮とは明らかに違い、ひび割れもごく浅く一目でそれとわかるのである。

森の「仕事場」から

筆者の場合、一年のうち秋から冬を中心に二〜三カ月程度は、檜皮採取のために森の中で働いている。原皮師が檜皮剝きの仕事をする際の寄宿先は、少し前まではお世話になるところが決まっていた。

たとえば昭和三〇年頃までは元村長や前校長、寺の住職や神社の神主といった土地の有力者宅の離れなどに逗留させてもらうことも多かったと聞く。訪問初日は職人皆で神妙な顔をして「ご先祖様を拝ませていただきます」と言って、仏壇にお供え物をし、挨拶をしておみやげ物の牛肉などを渡したそうである。戦後しばらくは、地元の名士といわれるような素封家でも食事は質素であり、肉といってもせいぜい鶏肉であった。なけなしの金をはたいて持参した牛肉は、刀自《とじ》をして「原田さんのお肉は噛まなくても食べられる」と感激させたといい、滞在中の貰い湯やおかずの差し入れなどにも、何かと便宜を図ってもらえたという。

お寺に寄宿させてもらった時などは、もちろん毎朝の勤行は当然で、住職の木魚に合わせて読経をしていたから、父などは各宗派のお経に精通していた。

高度成長期に入ると、そのような逗留形式は無理になってきたので、檜皮剥きをさせてもらっている山主さんの家の離れとか、近くの農家の納屋、あるいはお寺の庫裡《くり》か神社の社務所などの一角を借りて自炊するのが一般的となってきた。

最近ではそれすら難しくなってきたので、民宿か商人宿のようなところ、あるいは公共の宿かビジネスホテルを利用することが多くなった。あるいは少し遠い森でも車で通うか、深山の場合は入下山に時間がかかるので、キャンプ形式をとることも増えてきた。

普段、深い森の中で仕事や生活をしていても、さすがにクマに出くわしたことはないが、サルやタヌキ、キツネ、イノシシ、シカなどの野生動物に遭遇するのは日常茶飯時である。しかし、昨今は民宿などに寝泊まりをしていても、残飯置き場や近くの農家の畑が、動物に荒らされたという話を聞くことが多くなった。

このような人家近くまで野生動物が出現するというのは、一九八〇年代に入ってからのことだ。少し離れた所には車がひきもきらずに通る道路もあるし、なぜ危険を冒してまで動物たちが人里周辺に現われるのかを、よく考えてみる必要があろう。

檜を中心とした深い森は、昼間でも暗くてひんやりしている。特に私たちが森に入る晩秋から初冬にかけては、山に食べ物が少なくなるために、尾根伝いに野猿の群れが里山の方まで降りてくる。数十頭くらいの手負いの群や、子猿の多い群れはとくに怖い。山での猿同士の権力闘争に敗れた場合や、子供を守るために気が立っていることが多いからである。

食べ物を盗られたことも一度や二度ではない。山での仕事に一所懸命で、気がついたらまわりを猿の大群にすっかり取り囲まれていたこともある。携帯ラジオのボリュームを一杯に上げて威嚇しても、まったく動じる気配をみせないのだから始末が悪い。

一般にイタチやテンなどのイタチ科の動物は、こちらが仕事をしていてもわりと平気で近くをウロウロするが、タヌキやキツネなどイヌ科の動物は賢くて記憶力もよく、一度驚いたら二度と近づこうとはしない。ちなみに「狸《たぬき》」とはよく言ったもので、文字どおり里近くに住むケモノであり、深山ではあまり見かけない。

植物に依存度の高いサルや野ウサギなどの小型獣は、植物の芽ぶきと結実に連動して動いているようだし、キツネやイタチなど肉食ないしは雑食性の動物も一定のエリアで捕食生活をしている。それに対しシカやクマなどの大型獣は比較的大きい移動をしながら、嗜好性の強い食料を確保する。

近頃は足跡や糞からも、その主のおおよそのことはわかるようになってきた。たとえば蹄形《ていけい》の足跡が残るのはイノシシかシカである。ことにイノシシの場合は、蹄の後方に副蹄《ふくてい》という小さな蹄の跡が付くのでよくわかる。

何年か前に突然変異で白化（アルビノ）したキツネを見て驚いたことがあったが、初冬の頃、雪の上にキツネ特有の一直線の足跡や野ウサギのジャンプしたあとを見つけても、その歩き方や歩幅から、キツネが野ウサギの後をそっとつけていったのか、あるいは全力疾走で襲おうとしていたのかが、おぼろげながらわかるようになってきた。

ところで、動物はまだいい。時として怖い目に遭うこともあるが、それは当方が本来なら動物たちの領分に侵入したために惹起したことであって、動物たちから見ればいい迷惑ということだろう。本当に困るのは森に入る最低限のルールすら守れない人間の方である。

「一年のうち何カ月かは、森で仕事をしています」。こういうと大抵の人は「いいですねえ」と羨望にも似た眼差しを向けてくる。「ヒーリング（癒やし）」とか「気持ちいい」といった森林礼賛が流行りの時代では、「森とともに働き、暮らす」というのは、当の私たちが感じている以上に「値打ち」のあることらしい。

たしかに都会的生活とでもいえようか、刹那的な快楽と利便さに慣れる一方で、合理性や効率性に追われるような生活を送っている人は多い。このあわただしい生活とは対極的に、ゆったりと時の流れる森の中で、おいしい空気を吸いながら仕事をするのは、隣家の庭よろしく映るのであろう。

近年では、アニマルトレッキングとかグリーンツーリズムといった「いいとこ取り」のネーチャーゲームも盛んなようで、とんでもない山奥を重装備で闊歩するグループに会うこともある。

「すわっ、クマかイノシシか！」。と最初は驚くようだが、こちらの仕事の事情を話すと、大方の人は興味深く聞いてくれる。

困るのは松茸泥棒などである。もう少し里山近くに降りてくると、こういった輩が出没する。人相風体から「ご同業」と思われたこともあるが、山主や森林組合などから「見つけたらきついお灸を据えてやってくれ」と頼まれているので、一喝するとけもの道を転がるように一目散に逃げていく。なかにはしぶとい者もいて「山主さんから頼まれた」とか、しどろもどろの返答でとぼけるが、携帯電話に手を掛けて「そういうことなら山主か駐在に問い合わせてみないと……」と独り言をいうが早いか、件《くだん》の泥棒は弾かれたように逃げ出す。山や森で働いていると、時にはこういった煩雑なことにも付き合わねばならない。

このような山や森に入るには、もちろんそれなりの準備が必要で、特に地形図とコンパスは必携である。昨今は地図も持たずにアウトドアを楽しむ人も増えてきたが、一歩まちがえば取り返しがつかない事態を招く。

私自身、若い頃に鈴鹿山中で道に迷って、せっかく剝いだ檜皮をすべて放棄して下山したことがある。檜や杉の大木に囲まれて太陽の方向すらわからない状況で、とにかく斜面を下っていけば林道か谷沢に出られると考えた。そうして一時間ほど歩き回ったが、けもの道にでも迷い込んだのか、方向感覚を失って万事窮してしまった。

この時はしばらく考えた末、思い直して記憶を頼りに支稜から主稜へと尾根沿いに戻ることにした。幸いにも山に分け入る際に目印として枝に結んでおいたナイロンテープを発見。それを頼りに下山してなんとか事無きを得たが、あのまま迷いながらすすんでいたらと思うと今でもゾッとする。この時の教訓から、地形図とコンパスは「お守り」のつもりで、常に携帯するようになった。

地形図は国土交通省国土地理院発行の二万五〇〇〇分の一のもの、コンパスはオリエンテーリングなどでもよく使われる「シルバタイプ」のものがいいだろう。地形図は主に青・黒・茶の三色で表現されており、青色は海や湖沼・川などの水関係、黒色は建物など人工物、茶色は等高線を表わしている。

二万五〇〇〇分の一の縮尺だから、地図中の一センチが実際の二五〇メートルとなり、一キロ歩くと地図の上では四センチ移動したことになる。等高線なども五万分の一の地形図に比べ、二倍細かく表わされている。基本となる三色刷の柾判が一枚二七〇円、六色刷のA1判の折図でも五〇〇円と安い。

コンパスは使い慣れるまではシンプルで見やすく、頑丈なものがいい。「シルバタイプ」という種類は台座が透明なので、直接、地形図の上に置いて使える。方位角の目盛りも見やすく、回転盤の中には寒冷地でも磁針がスムーズに動くように不凍オイルが入れてある。

地形図とコンパスが使えれば、日常の作業に不便はないが、最近はハイテク技術によって自分の位置を確認することもできるようになった。衛星からの信号で機能するもので、GPS（全地球測位システム）と呼ばれているが、要するにカーナビゲーション・システムの人間版といったところである。

こんな森の仕事では昔からなんといっても休日の渓流釣りが楽しみだ。とくに爽やかな夏の早起きは気持ちがいい。前夜から用意しておいた釣り道具一式を抱えて、足早に谷川の方に降りて行く。夏の陽光が降り注ぐなかで座り心地のいい岩を探し、腰を落ちつけて釣りの準備をはじめる。聞こえるのは岩を嚙む渓流の音と、かすかな蟬の声ばかりだ。

ポイントとする谷川は深い淵と浅瀬が適当な間隔で見られ、イワナやアマゴたち渓流魚にとっては、餌を得るところや隠れ場所には事欠かない。谷川に沿って生えている林は河畔林《かはんりん》とも呼ばれ、ケヤマハンノキやヤナギ類など経済価値が低いとされた落葉樹が中心となっている。

檜が中心の森といってもさまざまな植生が見られ、少し高い山にはスギ、ブナ、ミズナラなどの高木、オオカメノキ、オオバクロモジ、マルバマンサクなどの中低木も見られる。檜皮剝きのヘラに必要なカナメモチの木も時々見られるので、山主さんに話しておいて、もらってくる。

夏はこれらの樹冠により河面に木陰ができて、魚たちにとって絶好の隠れ家となる。冬は冬で、流速の遅いこれらの植生下に潜んでエネルギーの消耗を避け、春の到来をじっと待つのである。

私たちが入山する村の多くは山あいの過疎地であり、六五歳以上の人口が四割に達する所も珍しくない。その多くは清流に寄り添い、細々とした土地を耕して暮らしている。八〇歳代の老人も腰に鉈《なた》をぶらさげた勇ましい格好で森に入る。下草などを刈って堆肥などにするためだ。これも秋になると、もっぱら山菜採りに変わる。

一旦、森に入ると朝は早く、時には顔見知りになった早起きのお年寄りたちといっしょに山林に向かう。世間話をしながら、朝霧が漂う谷川に沿って登ると淡彩色の風景が広がる。

夕方、太陽が稜線に落ち、雲が茜色に染まる頃、谷沿いを薄墨色の森を背に職人たちと下ってくると、下の谷川の方から「オーイ」と声がする。見ると朝の老人たちだ。手に手に缶ビールや、近くの畑で捥《も》いだトマトを片手にオイデオイデをしている。夏場は冷涼な渓流沿いは天然の別天地である。皆で彼らに合流したのは言うまでもない。

檜皮採取の技術

準　備

①観察をする

毎年、森に入るようになって二〇年余り。特にここ数年は出かけるたびに、里山の荒廃や深山の乱伐を目にすることも多く、昔から木を伐採することなく森の恵みを受けてきた立場からすれば、心が痛む光景である。

檜は一度剝くと、再び剝けるようになるには八～一〇年の年月がかかる。次回、行ってみると里山から人が去り、木も切り倒されている。今日、森といえば皮相的な「森林礼賛」か、「行政が悪い」式のステレオタイプばかりであり、少々寂しい思いがする。

ところで、檜皮採取を長く続けていると、かなり遠くから檜の木を見ただけで、檜皮の質の善し悪しがわかるようになる。

第一に森の広さや深さ。具体的に言うと、森自体の粗密度や檜の太さ、枝葉の様子といったところや、檜の自生地が尾根伝いか、谷沿いかという客観的条件によって、檜の生育は左右される場合が多い。

次にポイントとなるのは、林床を含めた陽当たりと風通しの良さである。一般的にいって、檜皮は陽当たりがいいほど厚くなる。これも日向《ひなた》と日陰《ひかげ》の生育の差ということだろう。しかし、陽が当たりすぎると、檜皮は白っぽく変色することが多く、縦方向のひびも入りやすい。理想的には陽光が一旦、林冠によって遮断されて、樹皮に当たる時は木洩れ日程度の日射しになることが望ましい。このような環境のもとでは、檜皮もカブトムシの背のような赤黒色あるいは飴色の一等品になりやすい。反対に陽当たりが悪いと、檜全体に精がなく、檜皮も黄緑色にうっすらと苔むして張りが悪くなる。

また、風通しも必要であるが、風当たりがあまりにきつ過ぎる尾根筋の檜などは、幼木のころから揺れ続けるため、「風折れ《かざお》」といって横方向に無数のスジが入って、これまた使い物にならない。

檜の木を下から見上げて、本来なら低いところにある下枝（一の枝）の位置が高く、枝葉が茂っていれば檜皮も厚いことが経験からもいえる。反対に葉がほとんどなく、枯れた枝ばかりがめだつ場合はあまり期待はもてない。葉は光合成を行なう所であり、樹木が生育するための重要な器官であるが、最近は環境の変化や土壌の病害などによって、赤茶けた葉に変色しているものも見られる。

また、近年ではサルノコシカケ科の病原菌によって、幹の中心部が腐る材質腐朽病や、老檜が檜漏脂病で内部が「ウロ」(空洞)になったり、倒れている例もよく見かけるようになってきた。

②地形を読む

まず、これから入ろうとする森や山の大きさや、東西南北の位置関係、林道のコースや幹線道路との接続点、森への出入口や集落の有無、谷や傾斜地のある場所を特定する。

これは、剝いた檜皮を一定の形に裁断整形するための平坦地の確保と、整形した一丸三〇キログラムの丸皮を一本ずつ結束し、自動車の入る林道まで担いで搬出する作業と、密接な関係があるからだ。

地図は先にも使い方を説明した国土地理院発行の二万五〇〇〇分の一の地形図を用いる。青色は水関係、黒色は建物、道路など人工物、そして茶色が等高線も含めた自然条件を表わしている。等高線は一〇メートル間隔の「主曲線」と、それより少し太い五〇メートル間隔の「計曲線」で描かれている。周囲より一段と高く盛り上がった部分をピーク(峰)といい、そこから標高が低くなる方向に突き出しているのが尾根で、反対にへこんでいる所が谷である。この尾根や谷に沿って、地形図上に線を書き入れると、それがいわゆる尾根線や谷線になる。

尾根はそのあたり一帯の分水嶺ということになり、尾根線で囲まれた一帯が沢もしくは谷ということになる。このように尾根あり、谷ありの採取地にあっては、起伏のチェックは重要である。檜から剝いたばかりの何メートルもある檜皮を束ねて、裁断整形する集積地にまで引っぱっていかねばならない。時としてそれは五〇キログラム近くにもなることがある。ちょうど大蛇のように重くて長いものを、アップダウンの激しい道なき道を通って、できるだけエネルギーを消耗しないように、最短コースで運ぶためには慎重なルートの選択が必要である。

ところで、原皮師の立場としては、あまりの巨木はいただけない。ロープ一本で一〇数メートルの高さにまで登って作業をするには、俗に言う「ひとかかえ（直径六〇センチくらい）」、「ふたかかえ（直径一二〇センチくらい）」までがありがたい。胸高直径が二メートルもある大木になると、岩盤にとりついているようで手が回り切らず、万が一の時も檜にしがみつくこともできない。それにそのような大木は樹齢も三〇〇～四〇〇年は経ており、木材としての価値は高いが、木の成長の勢いは衰えており、あまり良質の檜皮を採取するのは難しい。

一方、森の中の樹木同士の粗密度の関係でいうと、檜以外の樹種も含め、あまり間隔が密であると、互いが土壌中の養分を取り合ったり、根がらみが起きているケースも多い。また、樹木が密植していると、太陽光を求めて少しでも上に伸びようとするため、そちらに成長エネルギーの大半がとられ、何年たっても幹廻りが太くならない。したがって一般に檜皮の厚みも薄い。

これらのことは、森に入る前に「森林簿」を見ればある程度チェックすることはできる。森林簿はいわば森の戸籍のようなもので、その森が天然林なのか人工林なのか、面積、樹種、年生、平均的な胸高直径（地上から一・二メートルの所を測定）といったことから、たとえば、立地が南東向き傾斜二五度の斜面にあり、土壌はBC型（弱乾性褐色森林土）といったことまでわかるので参考になる。

採　取

①道具について

●鉈または腰包丁　まず、実際の檜皮剝きの作業に先立ち、鉈や包丁を使って、周囲の雑木や蔦、雑草を切り払う必要がある。森の中では倒木や枯枝も散乱しており、できるだけ片付けて作業に必要な足場となる部分を確保する（図48）。

また、この鉈などは檜の木に登って作業をする際も、常に腰のベルトに携行し、剝いた檜皮（原皮）を適当な長さに切ったり、下枝を払うのに使うほか、時には「護身用」ともなる。

●木ベラ　長さは四〇〜五〇センチくらいのものが多く、バラ科の常緑喬木であるカナメモチを伐って数年間乾燥させる。そのあと用途別に芯去りで割って、自分の使い勝手がいいように、すべてオリジナルの手作りとする。ヘラには地方性もみられ、ドラムのスティック（打棒）状のものの先のみを平たくしたようなものから、全体に平たく幅のあるものまでさまざまである。筆者などは、いつでも試し剝きに対応できるように、海外も含めて常時、小型で手に馴染んだヘラを持ち歩くようにしている。

●振《ぶ》り縄《なわ》　長さ二〇メートル内外、太さ二・〇〜二・五センチ程度の麻主体のロープの両端に長さ五〇センチ、太さ三センチ程度の檜、樫などの振《ぶ》り棒《ぼう》（手木《てぎ》）を結びつけたもので、振り棒の両端はまん中よりやや太目とし、ロープが抜けないようにしてある（図49）。

ロープはよく使い込んで柔らかく、よく手に馴染んだものがよい。なんといってもビルの四階に匹敵するような高所での作業であるから、絶えず手入れを怠らず、小さな綻びも見逃さないように気を配るべきである。

②ヘラ入れを試みる

さて、いよいよ檜皮を剝く作業工程に入る。この過程は人々の目を見張らせるものがある。

檜皮採取の対象として理想の檜は「実生《みしょう》（天然木）で樹齢一〇〇年以上、既存の檜皮採取の伝統を持つ山林の中で、八～一〇年周期くらいでコンスタントに黒背皮を採取してきた檜」ということになろうか。しかし、これだけの好条件を備えた大径木・中径木は本当に少なくなってしまった。

樹齢五〇～六〇年くらいの、比較的若い檜も檜皮採取の対象としなければならないし、減る一方の天然林の代替として人工林での作業もしなければならない。一九九〇年代末から着手している国有林における檜皮採取も、その多くが、過去に一度も檜皮を剝いたことのない人工林である。今後は既存の檜の森に頼るだけでなく、八～一〇年後の二番皮（荒皮剝きのあとの初めての黒皮）を期待しての荒皮山の開発にも積極的に打って出なければならない。

図50・51は檜の根元近くにヘラを入れているところだが、まず檜の表皮の縦の筋に沿って、ヘラを差し込む部分に見当をつける。位置が決まったら、縦方向の筋やひび割れに沿って、軽く檜皮を起こしながら幹から浮かせるようにする。

この時、一番気をつけなくてはならないのは、檜皮内部の白い甘肌（形成層）や、濃いピンク色の絹皮を傷つけないように注意を払うことである。この第一歩をまちがうと檜は台無しになってしまう。

ヘラの先が檜皮の内側に約一五～一八センチほど入ったところで、今度はヘラ先を差し込んだ時とは逆にヘラの元の方を強く押して、ヘラ先を檜皮の反対側に押し出す。こうすればヘラは檜皮の下に入ったまま、ヘラの両端をしっかりと握ることができる。

あとはヘラを手元に引っぱり上げるようにして、檜皮と木部を完全に分離させる。次いで片手で剝いた

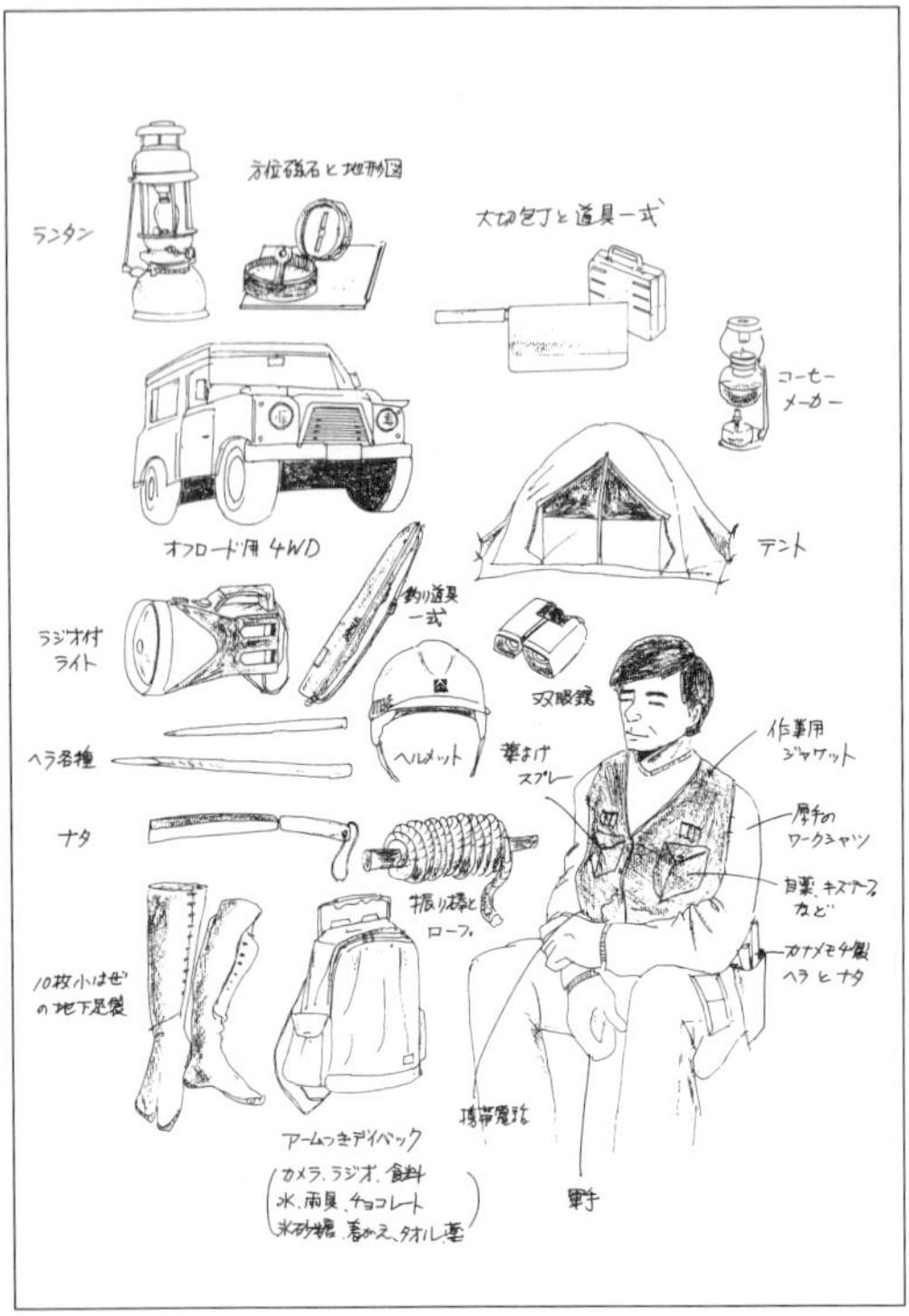

図46　原皮師の「森の生活」必需品

図47　檜皮採取の様子

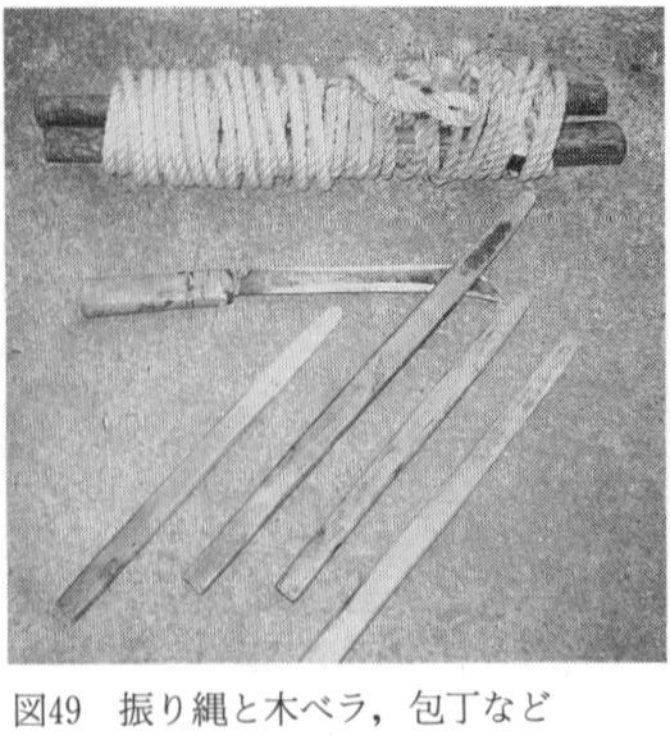

図49　振り縄と木ベラ，包丁など

図48　雑木や下草を払い足場を確保する

51

53

図50　檜の根元近くに慎重にヘラを入れる
図51　木ベラを使いながら檜皮を幹から離すとピンク色の絹皮が見えてくる
図52　一定の高さにまで全周を剝がし，幹のまわりに垂らしておく
図53　素性のよい檜なら7-8m剝いても上端はきれいに切れる
図54　振り縄を使って一段目の足掛りを作る

檜皮をもち、もう一方の手でヘラを使いながら、檜皮と幹を離していく。

檜皮は縦筋に沿って背の届く範囲まで剥き上げ、以後は浮かした檜を両手で持って数メートル程度剥き上げる（図52）。この時は檜の根元から離れないように、心持ち下方に引きながら檜皮の幅をほぼ平均に保つようにすることが肝要である（離れ過ぎると、剝きやすいが切れてしまう）。

③元剝きの工程

ヘラを入れてから、檜皮に割れ目ができたり、途中で切れて脱落したりしないように、細心の注意を払いながら檜の全周を剝き上げるのが最初の工程だとすれば、ここから先は第二段階ということになる。一番多く用いられるのは「道具」の項でも説明した振り縄を使う方法だ。詳しくは次項で述べるが、この場合は数メートルまでは剝いた檜皮を纏《まとい》の馬簾《ばれん》のように、檜のまわりに垂らしておく。

第二の方法は、三〜四メートルまで剝き上げた檜皮をさらに七〜八メートルほどにまで剝いて、頃合いを見計らったうえで、斜め下に反動をつけて引くと上端はきれいに切れる（図53）。ただ、この方法は檜皮の質が良いことと、作業をする者の力量が問われ、近頃はあまり用いられなくなった。木の上方に残った檜皮は、振り縄を使って何段も上がって剝き取ってくる必要がある。

第三の方法は、通称「手繰《たぐ》り剝《む》き」と呼ばれるもので、檜の木に登らず地上からの操作で檜皮を剝き取ってしまおうというムシのいいものだ。この方法はともすれば手っ取り早いということで、未熟練の者が使う恐れがある。この方法を安易に用いると、木を傷めるばかりでなく、樹冠近くの檜皮が剝けないまま残ってしまい、最後には荒皮に逆戻りしてしまうから注意が肝要である。

ちなみに、この手法が使えるのは、よほど素性の良い檜で、何メートル剝き上がってもピンク色の絹皮が見えているような一等品の檜皮の場合にのみ有効な手段である。この種の上質な檜には「飛び付き」といって、部分的に絹皮が表皮の方に付いてくることがあり、剝いた檜の方にも白い斑点がつくことがある。これは上質な檜皮の証明であり、斑点もすぐに消えてしまうが、これを気にする山主さんもあり、きっちり説明する必要がある。

④振り縄式採取法

振り縄は手の届かない高さの檜皮を剝くための手段である。

まず振り棒を背丈よりやや高い位置で、檜の前に水平にくるように持って、ロープを檜の幹に一周させる。次にロープの端を持って振り棒に8の字形に絡めたうえで、端の部分を振り棒の手前方向にもう一度巻きつけて、振り棒を檜の幹にしっかりと締めつけて固定する。さらに余ったロープでUの字型の足受けを吊って、第一段目の足掛りが完成したことになる（図54）。

次には、振り棒の両端を持って足受けに足をのせ、足受け、振り棒の順に登っていく。足で体全体のバランスをとりながら、振り棒の上に立って、余ったロープを腰に回して身体を留める（図55）。

体を安定させた上で、全周を剝き上げることができたら、さらに一段上をめざす。振り縄には両端に二本の振り棒がついているので、そちらを引き上げて、二段目の足掛りとする。あとは一段目と同様、全周の檜皮を剝くのである。

次は三段目になるのだが、これがちょっと難しい。現在、振り棒は二本とも使用中だから、下の棒を解いて上にもってくるしかない。慣れればわりと簡単なことだが、体を二段目で安定させながら、器用に上からロープを振り回して一段目の振り棒を解いてしまう。もともと結び目などないのだから、遠隔操作で下の棒ははずれてしまう。これを手繰り上げて、三段目の足がかりとする。

このように二本の振り棒を交互に固定したりはずしたりしながら、さながらシャクトリムシのように檜の木を登っていくのである。そして、なるべく長く引きのばしておいた檜皮を、適当なところで鉈などを使って切り落とす。その際も周囲の状況に気を配り、加速がついて地上に衝突しないように、林床の雑木や傾斜地をうまく利用して、ふわりと軟着陸させる（図56）。

そうしておいて、さらに樹冠の方に向かって再び切り口にヘラを入れて剝き出す。そして一番下の枝（一の枝）に達すると、それらが枯枝でない限り、一応の足掛りになるわけで、剝ける範囲で作業を続ける。最終的に木の末近くに達し、小枝が多く節間《ふしま》などで製品にならないところまで至って、残った檜皮を切り落とす。

これで一本の檜皮剝きの全工程は終わったわけで、あとは地上に降りなければならない。そして、最後に足掛りとしていた振り棒を残して、片方の棒は解いて地上に降ろす。

檜皮を採取する際は、ついでに枝打ちをたのまれることも多いが、これには慎重を要する。枯枝ならいいが、生枝の場合は「つわり」の時期の前後も厳禁である。樹液が檜の内部で流動している時に生枝を落とすと、その部分から「染み」が入り、材に模様（通称「ボタン」）が残る恐れがあるからだ。

枝を払ったあとは、全長二〇メートルもあるロープを使って、檜の幹を両脚で挟むような格好で地上まで一気に下る。まるでサーカスのようで、何度経験しても緊張する一瞬である（図57）。降りたあとは、はるか頭上に残した振り棒を回収する必要がある。ちょうどカウボーイが投げ縄をほうるように、地上からロープを波打たせるように回して、樹上の振り棒を緩めて落とす（図58）。

ヘラを入れてから、最後の振り棒の回収まで、一本の檜皮剝きに要する時間は、およそ一～二時間といったところか。もちろん、地形が急峻な所は時間もかかるし、檜の太さや檜皮の質によっても多少の個体差はある。危険と背中合わせの激務なので、適当な休憩も含めて中径木クラスで一日五本〜一〇本も採取できれば上々というところか。

裁　断

①道具について

●大切包丁《おおぎり》　刃渡り三〇〜四〇センチ内外、幅一五〜二五センチ程度。重さは五〇〇グラム程度のものから、一・五キロのものまで千差万別。主に炭素工具鋼（白鋼）を用い、鋼を軟鉄で挟む三層構造になっている。

これを使って束ねた檜皮を裁断するわけであるから、刃先は特にカミソリのようによく切れることが要求される。おおむね特注品であり、大切に使えば何年でも使用できる（図59）。

●尺棒各種　要するに檜皮を裁断する際のスケールである。二尺五寸（七五センチ）のものが標準であるが、時によっては三尺とか四尺、また一尺五寸長など短いものも必要である。これを檜皮を切る際に当てがいながら、決まったサイズに切り揃える。

●木枠　剝いた檜皮を、幅や長さを調整しながら裁断するとき、その大きさを一定にするため使用する枠。凹型の底辺は六寸（一八センチ）程度であり、この上に檜皮を馴染みよく積み重ねて、二尺五寸の位置のやや内側に当たる部分をナイロン紐で結束していく。

●台木　枕木《まくらぎ》あるいは単に枕《まくら》ともいい、結束した檜皮の下に敷いて、大切包丁の刃を受ける。杉やホオなど、比較的軟らかい材質の木を用い、一組に数台は必要とする。

55

56

57

58

図55　一段目に上がったら腰縄を巻いて体を安定させる
図56　根元に落とした檜皮
図57　木にしがみつくようにしてロープ一本を頼りに降りはじめる
図58　地上からロープを波打たせて，最後の棒を回収する
図59　大切包丁
図60　幅のあるものとないもの，長いものと短いものなど，うまく組み合わせて元と末が同じ厚みになるように積み重ねる
図61　元口の方から使い物にならない株太を切り落とす
図62　１本の檜から剥いた檜皮の切り口．通常はこれの５倍は一度に切る
図63　同じ切り口をめがけて大切包丁を振りおろす
図64　１本の檜から産出できる原皮(約20kg)

60

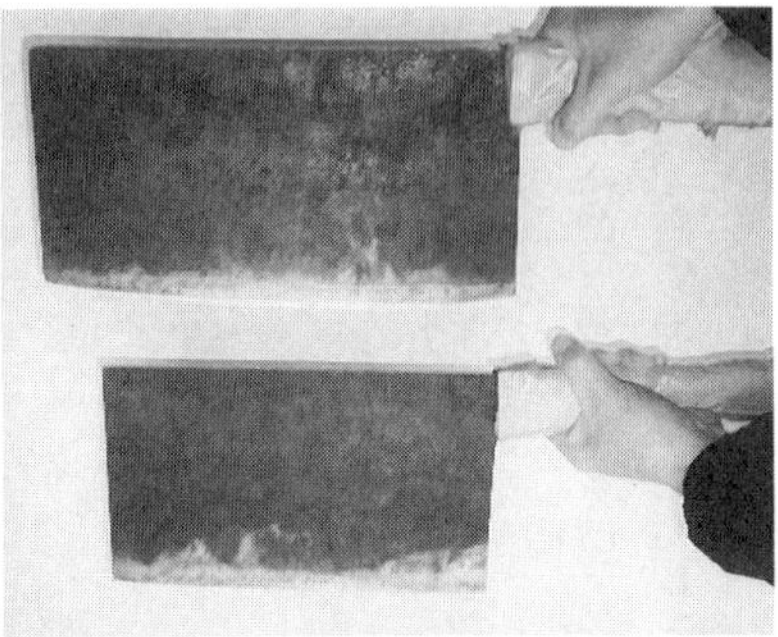

5

62

6

64

②大切《おおぎり》の作業について

檜皮採取の工程を経て、各所から大切作業が可能な平坦地に集められた檜皮（原皮）は、大まかな種類別にわけられる。一定の幅や厚みのあるもの、あるいは樹冠近くで剝かれた末剝《すえむ》きと呼ばれる幅が狭く薄手のものなどをうまくとりあわせて、裁断時の大括りの束とするためである。

この際も、一旦剝かれた檜皮は乾燥に弱く、ちょうど焼いたスルメのように内側に丸まってしまうので、剝いた面を下側に置いたり、シートを被せて直射日光を避けるなどの配慮が必要なのは言うまでもない。変形がひどい場合は如雨露《じょうろ》などで少し水を打ったり、適当な重しなどを置いてプレスすることもある。

また、檜皮を集積地にまで運ぶ際に、石や小砂利、砂などを檜皮に巻き込んでいないかを点検することが肝要である。これを怠ると裁断の際の大切包丁の刃毀《こぼ》れに直結するからである。

手順は、周辺で剝いた檜皮を前述した方法で馴染みよく並べていくが、裁断位置は尺棒を用いてあらかじめ決めておき、その前後を紐でしっかりと結束する。包丁を振り下ろす下方に養生用の台木を置いて準備完了（図60）。

まず、使い物にならない株太《かぶた》の部分を切り落とす（図61）。新人職人の頃には、本番の大切をさせてもらう前に、「株太切り」と称して根元の半分は廃棄するこの部分しか切らせてもらえなかったものである。大切包丁を振り下ろす位置が左右にふらつくと、切り口に檜皮の細かい切りくずばかりが貯って、大切包丁の切れ味も格段に落ちる。切り口もガタガタになって見栄えも悪くなるので、株太切りで十分に練習してから本番にチャレンジする（図62）。

株太をおとせたら、今度は裁断する檜皮の上端と同じくらいの高さの椅子か台に腰を掛けて、両足で次の目標位置の両側を軽く踏み押える。そして大切包丁の刃の手元側で軽く切れ目を入れる。こうして位置が決まったら、深呼吸でもして精神を統一してから、第一撃を繰り出す（図63）。

裁断においては、思い切りのよさも必要で、ここぞと思ったら切り口を変えずに、同じ所に渾身の力を振り絞って大切包丁を下ろす。切り口が開いてくれば、両足でさらに切り口がV字型に開くように押さえる。包丁を振り下ろすにもリズムが必要で、淡々と同じ調子で包丁が使えるようになればしめたものだ。

このような作業を繰り返すと、おおよそ一本の檜で図64程度の収穫がある。

③結束の仕方

結束の仕方は、中央に比較的大きい束を二、三束積み重ね、まわりに半月形の束を供えてやると直径一尺四寸（四三センチ）程度の切り口の丸い皮ができ上がる。この際も厳密にいえば、昔の丸皮は「八貫丸《はちかんまる》」といったように、一貫を四キログラムとして八貫で三二キロくらいで結束した方が、樹皮内の水分が蒸発したあと、ちょうど三〇キロの標準型になるので、本来なら少し多めの目方にするべきであろう。

ちなみに、昔は一坪（三・三平方メートル）の檜皮屋根を葺くのに丸皮五本（一駄）といわれたものだが、最近は檜皮の質の低下や、最終的に製品化する際の歩止まりも悪くなっているので、丸皮六～七本は必要になっている。

その他の檜皮の生産

これまでに述べてきた立木から採取する檜皮の他に、製材用などに伐採した国産檜材から生み出される檜皮もある。木曾皮や桜井皮と呼ばれているものが代表的なものであり、立木剝きの補足材として一部では使用されている。

①木曾皮

木曾皮の歴史は古く、関ケ原の戦い以降、尾張藩の所領となった木曾の山林は、材木奉行によって厳しく管理され、「留山《とめ》」、「巣山《す》」、「明山《あけ》」といった禁伐を主体とした山林保護政策によって、明治維新までほとんど伐採されることがなかった。明治二二年（一八八九）には、木曾谷の官林のほとんどが御料林に編入されており、管理も御料局木曾支庁に移された。その後、明治四一年には宮内省帝室林野管理局木曾支局に移されている。この頃の林野行政は、北海道など対外的な戦略拠点は内務省北海道庁の直轄だったが、それ以外は農商務省山林局が統括していた。

木曾地方では戦前から帝室林野局が管理にあたっており、立木からの檜皮採取も年度内に伐採予定の檜についてのみは採取が許可されていたようだ。戦後になって昭和二二年（一九四七）四月にＧＨＱの命令によって、それまで山林局、帝室林野局、内務省の三本立てだった林野行政は、農林省林野庁のもとに一本化される。

戦後になっても個別の営林署管内では細々と立木からの檜皮剝きも続けられていたが、住宅などの復興需要が本格化すると、檜材の価値も高騰したため、木材そのものを守るためには檜皮どころではなくなってしまった。

このため檜は檜皮つきのまま、大事に民間に払い下げられることになった。昔は製材の直前に剝いた檜皮などは焼却していたが、その後檜皮葺用の補足材として活用できることに着目した結果、木曾での伐採木から檜皮の採取が一般化するようになった。

ただ、木材業者は檜を製材するギリギリまで檜皮を剝くことはせず、直前になってから鉄ベラなどを使って剝いているようだ。他の地方では現在でも、製材の前には高圧放水銃で樹皮を粉々に破砕して、処分している例が多い。

②桜井皮

桜井皮は奈良県桜井市を中心に生産されている。かつて木造船が主流だった時代に、船材同士の隙間を埋めるために、檜の甘肌が「槇皮《まいはだ》（槇縄《まきなわ》）」の名称で多く使われる時代があった。甘肌は耐水性に勝れており、しかも水を含むと膨張する性質があったため、水漏れ防止用として重宝された。

桜井皮はこの槇皮を採取した際の副産物として登場した。伐採木から採れる檜皮は鉄ベラによって甘肌ごと檜本体から分離されたあと、槇皮として白い甘肌部分が離され、最終的には残った樹皮部分から外側の鬼皮がはずされて、内側の真皮のみが桜井皮として流通した。

桜井皮は近畿各地の比較的若い五〇～六〇年生程度の伐採木より生産されたため、そのほとんどが荒皮だった。桜井市には木材業者も多く、木造船全盛時代には檜の伐採木も多く搬入されて槇皮が採取されたが、木造船自体に需要のない現在、外皮のみを採取するにはコスト的に苦しい面もあり、桜井皮も自然に減少している。

檜皮採取の取り組みと現状

近年、檜皮の生産が低迷し、その不足が深刻な状況に至ったのはすでに述べたが、その原因は大きくわけて二つに集約できる。

ひとつは原皮師（檜皮採取者）の高齢化と後継者不足であり、いまひとつは檜山の確保をどうするかという問題にあった。

前者については、もともと兵庫県の丹波地区に原皮師や檜皮葺師が多くいて、江戸時代後期にははやくも講会を作って、一種の「仲間」組織を運営していた。大正から昭和の初めにかけては、この地区だけで檜皮葺師八〇名、原皮師七〇余名を数えた時期もあったという。「檜皮戎講《ひわだえびすこう》」の講員（親方）も三九名を抱え、この人数を背景に大正一〇年には出資者を募って、兵庫県氷上郡山南町下滝に当時としては先進的な「丹波檜皮株式会社」を設立している。

この組織も数年は隆盛を極めたが、まもなく種々の事情により解散。戦時体制下に入ると応召される職人も増えて、離職者も急増した。戦後は復員者が相次いだ一時期、原皮師が六〇名近くいた時もあったが、あとは漸減が続き今日に至っている。現在では檜皮葺の専門業者が内部で養成し、活動している一〇～二〇歳代の若者がでてきたが、その多くは檜皮葺・柿葺の職人との兼業組であり、本来なら六〇～七〇歳代のベテランとの橋渡し役になるべき、働き盛りの四〇～五〇代がほとんどいない、いびつな瓢箪形の人員構成になっている。

このようなことは早くから指摘されていたが、有効で根本的な解決策が見つからなかったようである。この件については、原皮師の実態を適確に報告したものとして、去る昭和五三年一二月に文化庁が調べた『文化財建造物修理用資材需給等実態調査報告書』のレポートが出ているので紹介したい。

檜皮が採取され、葺かれるまでには多くの人手を経由するが、皮剝人は檜から檜皮をとる役割を持ち、檜皮生産の出発点に立つ生産者である。この皮剝人は現在約二〇名しか居ない。このうち兵庫県山南町に住む一二名が丹波檜皮生産組合を結成しているが、その名簿によると最高年齢者が七二歳、最低は四一歳で平均五六歳と高齢化が目立っている。檜皮の生産は総てこの皮剝人の労働に負っているということができる。彼等の生活の実態が、今後の檜皮の需給問題を解く鍵であると考えられる。

現在、檜皮採取可能な地域は、京都・大阪・兵庫・岡山・奈良・滋賀の府県のほか、東海地方に若干あるが、こうした採取可能な山を求めて皮剝人達は郷里を離れて下宿或は自炊し乍ら移動する。皮剝の期間はおよそ七月二〇日頃から（翌年の）四月一〇日までの間で、この期間の一人当たりの生産量は五〇駄という。一駄当たりの販売価格が約四万円として平均収入は年額二〇〇万円である。

皮剝のできない期間は郷里で農業を営むか他の仕事を求めて出稼ぎしなくては生計を維持できない。また都会での出稼ぎのほうが高賃金ということもあって、今までに多くの皮剝人が転業している。今でも仕事を続けている皮剝人の一人は、この仕事が安定して持続できる保証があれば、離職者の復帰も後継者の養成も不可能ではないと断言している。しかし技能の熟練と、作業の危険と、重労働であるこの仕事が、今後継承されて行く為には、単に仕事場の確保だけで片着くとは思われない。（「第四節・生産組織」より）

これはもう四半世紀も前のレポートである。昭和三〇〜五〇年頃の時代は、檜皮葺・柿葺の屋根工事業者の経営にも苦しいものがあり、廃業や離職が相次いだと仄聞している。廃業に追い込まれないまでも、後継者の育成や原皮師の養成までは手が回らなかったことは想像に難くない。

重労働で熟練を要し、旅仕事も多く仕事柄常に危険がつきまとう。また天候や「つわり」の時期によって、労働時間が不規則で、サラリーマン的な雇用体系には馴染まない分野でもある。四〜八月は「つわり」で時期的にも仕事ができないし、それ以外でもお天気仕事であるからロスも多く、雨が続けば平日であっても仕事はできない。雨上がりの翌日でも檜が濡れていれば、木登りどころではないし、旅先なら何もしなくても、手持ちの金が宿泊費や食費に容赦なく消えていくケースであった。情けない話ではあるが、条件の揃った晴れ間頼みの仕事とはそういうものである。

一方、後者の檜皮山の確保の問題であるが、これについては、まず図65の檜皮採取地方分布図を見てもらいたい。

これは先年、技術者団体が近畿地方を中心に檜皮の生産地について調べたものだが、京都府の中部を最大の産地に、五府県の檜皮山の相対生産量を円の大きさによって表わしている。私見では奈良や三重、和歌山などにも檜山はあるはずだが、この図では省略されているようだ。特殊な仕事柄もあって、なかなかまとまったデータがないので、資料としては少し古く、不確実な面もあるが、これらの資料をもとに檜皮山の現状にアプローチしてみよう。

データによると、京都、兵庫、滋賀、岡山、大阪を中心に、過去五年で七二三六丸（約二一七トン）が生産されていることになる。なお、前述したように「丸」は原皮を取引する際の単位であり、剥いた檜皮を定尺（二尺五寸＝七五センチ）に切り揃え、それらを三〇キログラムまとめたものを「一丸《ひとまる》」という。通常は五丸が一駄（一五〇キロ）であり、一駄いくらという形で売買されている。

檜皮の生産地でもっとも大きいのが、京都府北桑田郡京北《けいほく》町であり、約一二〇〇丸の檜皮がとれる。次が京都市北区の約一〇〇〇丸と続き、この二カ所で全国生産量の三分の一近くを占めていることがわかる。昔から檜皮の質では丹波産（京都、兵庫の中北部）といわれてきたが、現代でもそれは当てはまるようだ。

一方、檜皮葺の国宝・重要文化財の指定建造物は、茨城県以西から九州にまであるが、総数の七二八棟（二〇〇〇年二月現在）のうち、五一八棟と過半数が近畿地方に集中している。特に京都、滋賀、奈良の三府県は歴史的にみても数が多く、関東・中部は約一四〇棟、中四国以西は七〇棟にすぎない。

全国の檜皮葺指定建造物の総屋根面積については、調査時点（毎年、昇格や新指定がある）や、調査方法、実測の仕方によって若干の差があるが、おおむね一二万平方メートル（三万六〇〇〇坪）といったところで間違いはなかろう。

また、表5の統計などから一棟の平均屋根面積は約一六六平方メートル（73,040m²÷439棟）程度であることがわかっているが、これも本山寺院の集中する京都と、小さな神社建築の多い大阪・兵庫などとは、かなり違うことを念頭に置く必要があろう。

次にこれらの数字を元に、全国で年間何棟くらいの檜皮屋根の葺き替えができるのかを考えると、檜皮葺の耐用年数を平均三五年として算出すると

120,000m²÷166m²÷35年＝20.65≒20棟

ということになる。すなわち、一年に最低でも二〇棟以上の葺き替えが必要ということであるが、これはどうも実感とかけ離れた数字であり、実際はこの数倍は必要であろう。

以上のことは国宝・重要文化財のみの話であり、実際にはこれらに加えて都道府県や市町村クラスの地方文化財、あるいは未指定の檜皮葺建物もあるから、これらを数値化すると、年間の檜皮葺修復に必要な面積は九〇〇〇平方メートル（指定建造物五八一〇平方メートルを含む）は下るまい。

では、これらの檜皮葺替工事を維持していこうとすれば、どれくらいの檜山の確保が必要なのだろう。こちらも平均値ばかりの計算で、現実との齟齬はあろうけれども、その点は寛恕していただくとして試算してみると、仮に年間の檜皮葺替必要面積を九〇〇〇平方メートルとすれば、単純計算で原皮必要量は一万八五四四丸（三七〇八駄）ということになる。

和歌山	近 畿 計
11	123
196.54	3,087.07
709.54	9,673.15
3.610	3.133
15	62
122.72	459.98
1,091.11	2,660.42
8.891	5.784
1	57
4.16	2,544.45
21.78	6,347.77
5.236	2.495
6	121
957.64	15,813.88
2,001.92	38,222.87
2.090	2.417
0	5
—	884.66
—	1,656.60
—	1.873
4	25
120.72	1,059.83
462.08	4,526.09
3.828	4.271
1	46
37.09	4,440.16
51.41	9,953.51
1.386	2.242
38	439
1,438.87	28,290.03
4,337.84	73,040.41
3.014	2.582

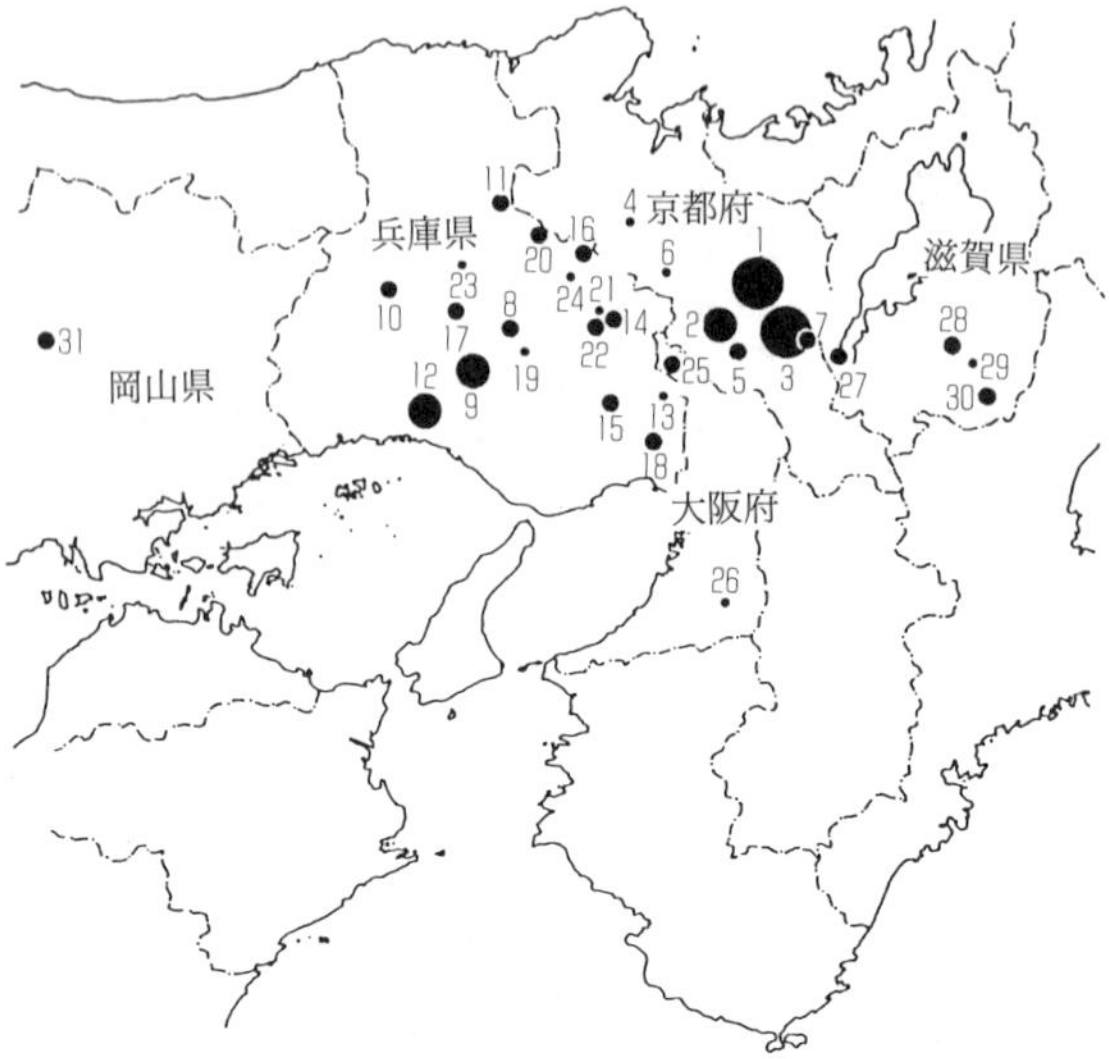

1 京北町
2 八木町
3 京都市北区
4 綾部市
5 亀岡市
6 瑞穂町
7 京都市左京区
8 中町
9 加西市
10 一宮町
11 山東町
12 姫路市
13 猪名川町
14 篠山町
15 三田市
16 市島町
17 神崎町
18 宝塚市
19 西脇市
20 青垣町
21 西紀町
22 丹南町
23 生野町
24 春日町
25 能勢町
26 河内長野市
27 大津市
28 蒲生町
29 日野市
30 土山町
31 北房町

黒丸の大きさは過去５年間の採取総量に対する各地域の採取量に対応

- ０％～１％未満
- １％～５％未満
- ５％～10％未満
- 10％以上

図65　檜皮採取地方分布図（全文協近畿ブロック編「伝統文化財（建造物）の保存技術者の確保と養成並びに保存修理のための資材確保について」1995年）

表5　平面積と屋根面積の割合

		滋　賀	京　都	大　阪	兵　庫	奈　良
流造	棟数	39	28	17	14	14
	延べ平面積	722.50	827.39	256.73	240.80	798.11
	延べ屋根面積	2,641.61	2,593.62	1,060.99	878.79	1,788.60
	比率	3.656	2.973	4.133	3.649	2.241
春日造	棟数	2	1	11	4	29
	延べ平面積	29.86	4.07	53.62	32.19	217.52
	延べ屋根面積	121.81	22.28	284.80	166.13	974.29
	比率	4.079	5.474	5.311	5.161	4.479
切妻造	棟数	11	24	5	1	15
	延べ平面積	367.41	1,274.93	189.81	21.88	686.26
	延べ屋根面積	849.37	2,929.17	767.84	39.31	1,740.30
	比率	2.312	2.298	4.045	1.797	2.536
入母屋造	棟数	41	47	4	4	19
	延べ平面積	4,518.81	7,593.65	135.65	321.77	2,286.36
	延べ屋根面積	11,596.96	16,666.43	543.53	822.81	6,591.22
	比率	2.566	2.195	4.007	2.557	2.833
寄棟造	棟数	3	1	0	0	1
	延べ平面積	603.79	147.52	—	—	133.35
	延べ屋根面積	1,221.00	205.60	—	—	230.00
	比率	2.022	1.394	—	—	1.725
宝形造	棟数	7	6	2	2	4
	延べ平面積	279.51	455.68	98.65	70.69	34.58
	延べ屋根面積	1,329.74	1,330.80	332.15	339.87	731.45
	比率	4.757	2.920	3.367	4.808	21.152
その他	棟数	9	30	0	3	3
	延べ平面積	990.74	2,628.70	—	65.04	718.59
	延べ屋根面積	2,390.90	6,135.10	—	147.21	1,228.89
	比率	2.413	2.334	—	2.263	1.710
計	棟数	112	137	39	28	85
	延べ平面積	7,512.62	12,976.94	734.46	752.37	4,874.77
	延べ屋根面積	20,151.39	29,883.00	2,989.31	2,394.12	13,284.75
	比率	2.682	2.302	4.070	3.182	2.725

〔出典〕全文協近畿ブロック・前掲書（屋根面積の判明しているものについてのみ）

これらの数字の基礎を考えると、普通一丸の檜皮を生産するには樹齢八〇～一〇〇年の檜で、径三〇センチ内外の木ならば、七～八本は必要とする。檜一本が間伐・除伐・枝打ち・下草刈りを経て一人前の檜として成長するためには、一本当たりに必要な林床の占有面積は二五平方メートル程度といわれているので、

18,544丸×7.5本/丸×25m²/本＝3,477,000m²≒347ha

となる。

檜皮の場合は、コメのように毎年はとれないので、檜皮剝きのサイクルを八年とすれば延べ二七七六ヘクタール、一〇年とすれば三四七〇ヘクタールの檜の森が必要ということになる。

ところで、原皮師の苦労は森の中だけにとどまらない。檜皮山を探したり、確保し続けるためにも絶えまない努力が続けられている。これについても、先の文化庁の調査報告から少し引用し、問題点を明らかにしていきたい。

檜皮を剝ぐことの出来る山の確保は、戦前からの出入慣行に依存している。山主と皮剝人との関係は商業上の契約に基くのではなく、慣習と山主の好意によってはじめて成り立つ保護、被保護の関係である。皮剝の拒否に遇うことが多い最近では、皮剝人は山主の好意ある回答を求めて頭を下げて依頼して回る。そしてこのことに多くの労力と時間と精魂を搯り減らしている。……檜皮の採取がきわめて不安定な基盤の上で行われていることの問題の根源は、古代以来の伝統的な採取技術と慣行が、急速に近代化し、商品化して行く山林のなかで、もはや続けられなくなったことにある。

このレポートは問題の本質を鋭く捉えている。檜皮採取の慣行が、商業上の契約という形に馴染まないのは事実であるとしても、永年にわたって慈しむように枝打ちなどをしながら剝いてきた檜が、相続など

の発生によって突然出入りが差し止められることがある。

当主が替われば、檜皮山に対する考え方も変わるし、相続税のために檜や山自体の切り売りも横行する。この問題は税制とも絡む話なので、軽々には言えないが、なんとか文化財保護行政の一環として、長らく貢献してきた山林に対して、相続税の減免措置など、なんらかの救済策や補償のようなものができないであろうか。

また、かつて檜皮採取の問題点としては次のようなことが考えられていた。
①檜皮を剝く時に、ヘラが甘肌にまで当たったりすると、その部分がヤニツボとして残る可能性がある。
②用材として市場に出す際に、檜皮を剝いた木は年輪に変色が出ている二流品だと、材木業者に買い叩かれる恐れがある。
③檜皮の取引単位が丸・駄などと一般にはわかりにくく、山代《やまだい》（採取代金）も昔は臨時収入と呼ばれたが、木材不況の昨今では山の管理費の一部として消えてしまう。
④檜皮を剝いたあとは、一時的に木が赤く見え、見た目が悪い。
などと言われたものである。
①は原皮師の研修やランク付けによって、技能は向上してきたし、②については、東京大学農学部附属演習林に科学的調査を委託しており、遠からず結果が判明するはずである。③は、永年の慣習もあるので一朝一夕にはいかないかも知れないが、これらの取引を近代化・透明化するための原皮師の自助努力が求められているといえよう。
④もかつては一部の参拝客の多い社寺などでは、「檜皮を剝くとまっ赤になって参拝客も驚くし、荘厳

な参道や庭の雰囲気を壊すから」といった話もあった。しかし、これはむしろ逆であって、古来、檜皮の自給体制が整っていたことを考えれば、赤くなった檜のインパクトを逆手にとって、参拝の人々に文化財保護をアピールしたり、修復工事への浄財を募るくらいの逆転の発想があってもいいのではないか。

現在では文化庁が指導する形で、森林所有者との話し合いの場も頻繁にもたれており、一時期、関係者が共通に感じていた「どうしようもない閉塞感」に、わずかではあるが風穴が開けられ、薄日が差しこんできつつあるような気がする。

海外に檜皮を求めて①——北米大陸

檜皮の不足が深刻になったのは、ここ十数年あまり前からだった。これまでもその隘路と、対策については少し述べてきたが、別の選択肢として海外の檜皮調達が視野に入ってくるのは、当然の成り行きだった。

ところで、国内における檜の分布地は広いが、海外となると私が知る限り、北米の一部と台湾、あとはあまり期待できないのだが、中国南部の限られた地域とラオスということになろう。

北米大陸については、一九九五年のことだが、幸いにも日本の木材会社の現地法人に知人がいたので、その関係で西海岸のアメリカのワシントン州とカナダのブリティッシュ・コロンビア州を一〇日余りかけて回ってみた。

北米大陸は南北にも長いが、東西にも国内の時差が四〜五時間も違うほどの距離がある。アメリカでいえば、東・西両海岸をそれぞれを起点として一時間余りの時間帯までが森林地帯であり、中央の内陸部が乾燥地帯ということになる。アメリカの太平洋岸は北からワシントン州、オレゴン州、カリフォルニア州と続くが、森林が多いのはこのあたりまでで、サンフランシスコより南は大半が乾燥地や砂漠地帯である。

太平洋岸寄りの山脈を見てみると、海に近い方からコースト（海岸）山脈、カスケード山脈、そして主脈のロッキー山脈が三列に走っている。このうちロッキー山脈やカスケード山脈は、米松（ダグラスファー）や米栂《べいつが》（ヘムロック）が多い。檜類はもっとも海岸寄りのコースト山脈に自生している（図66）。

ヒノキ科の仲間もこの地に多く、和名はバラバラであるが、欧名ではその多くの末尾にCeder（シーダー＝セイヨウスギ）がつくのでわかる。オニヒバ（Incence Ceder）、アメリカネズコ（Western Red Ceder）、ローソンイトスギ（Port Orford Ceder）、ニシビャクシン（Western Juniper）といったところで、これらはマツ、スギ、モミ、ツガなどとともに針葉樹の一角をなす。

針葉樹は、被子植物が登場するはるか以前、約三億年前から出現した非常に古い植物群である。一般に球果の中に種を持ち、鱗片状か針状の葉をしている。図67では日本と北米を代表するヒノキ科の植物の葉を示したが、たしかにこれらの葉の形状や樹皮の様子はよく似ている。

オニヒバはコースト山脈からカスケード山脈にかけて多く自生し、葉列枝は偏平で四枚の鱗片葉が取り囲んでいる。アメリカネズコはオニヒバに比べて個体数が少なく、渡米中は見ることができなかった。ビャクシン類は紫色の液果（球果の一種）を持つので、他種との見分けはつく。

この時、一番期待していたのがローソン檜（学名 *Chamae cyparis lawsoniana*）ことローソンイトスギである。ローソン檜は水平に垂れる枝に、扇状に広がる葉列枝をもつ高木であるが、アメリカ大陸ではアメリカ・カナダ国境の霧のかかる沿岸北部を中心に、内陸でもかんらん岩質の土壌など荒れた土地にも、マ

図66　アメリカ・カナダ西部

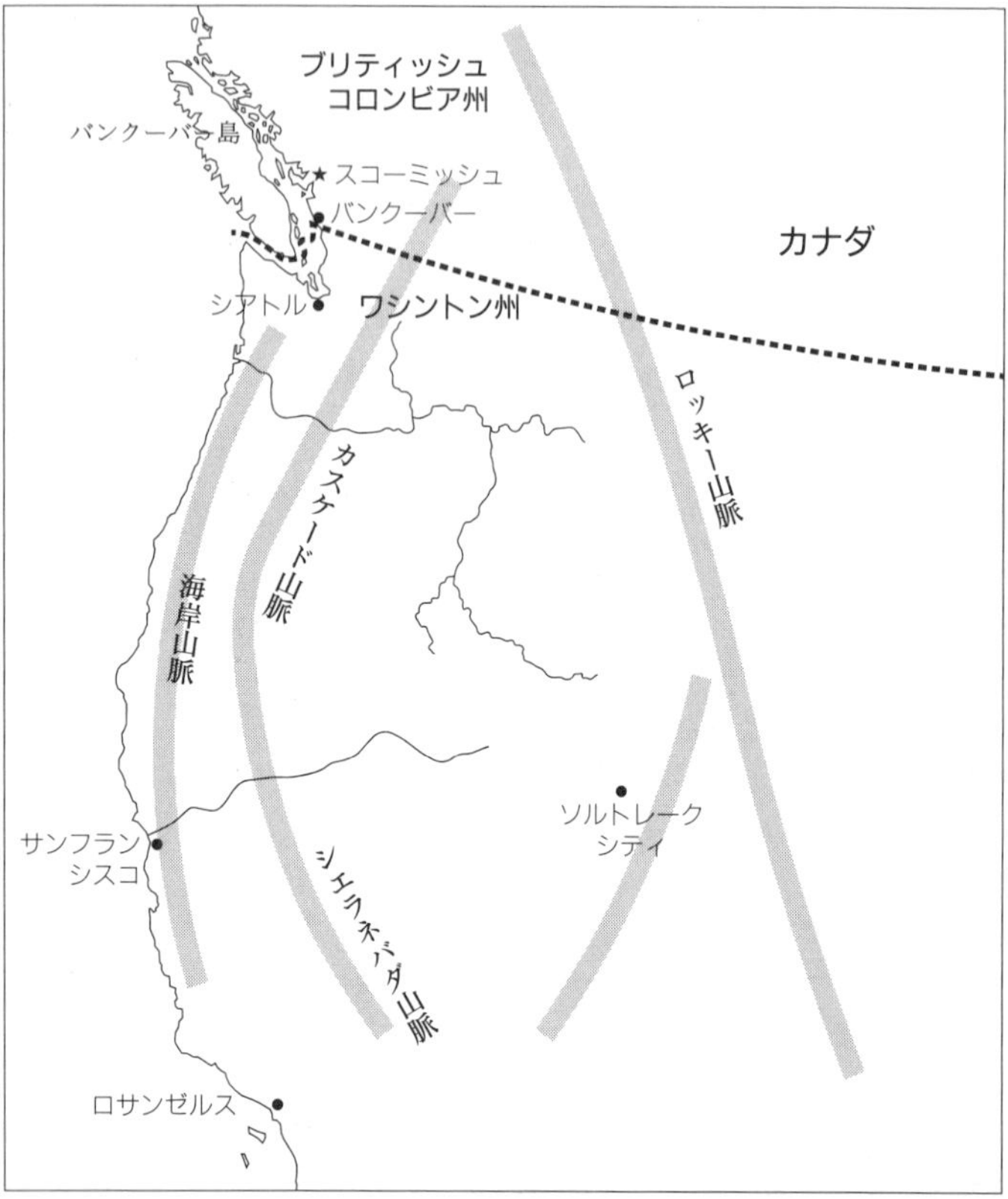

図68　カナダ・スコーミッシュにて

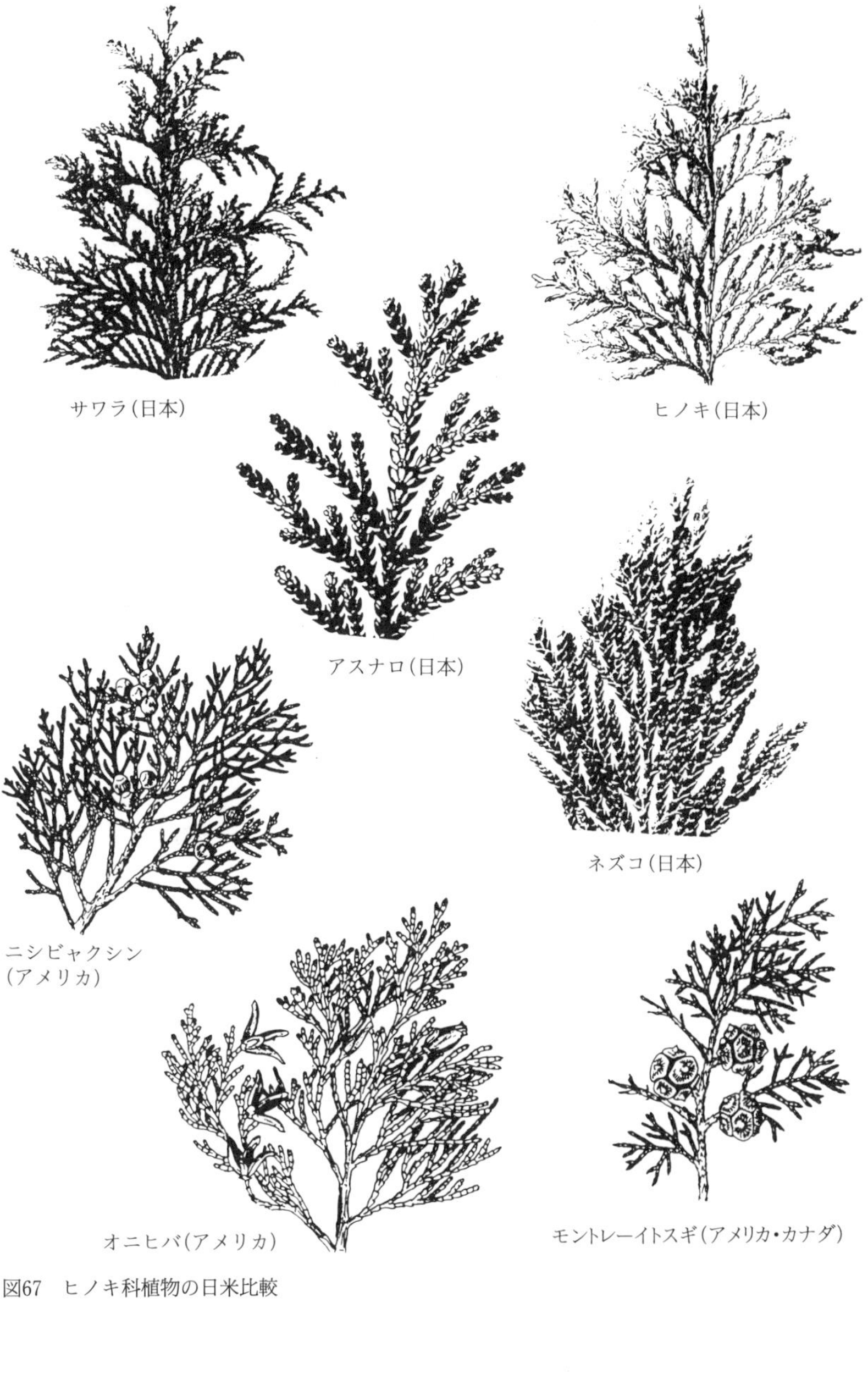

図67　ヒノキ科植物の日米比較

ツの疎林とともに生える強固な性質をもつ。

成長は緩慢ながら、樹高は一八五フィート（五五メートル）に達するものもあり、樹齢六〇〇年の古木もあった。日本の檜と同様に耐陰性に優れ、材は淡い色で弾力性があり、生姜《しょうが》のようなやや刺激的な臭いがする。樹皮は赤褐色で一見したところ国産の檜と似ているが、実際にヘラを入れてみると材質はやや脆く、粘り気にも欠けるような気がした。

葉はやや光沢のある暗緑色で、葉裏に白地の模様があるが、同種のジーンプール（遺伝子集団）は多いそうで、似たような樹種は何十種類にも及ぶらしい。

耐久性が重宝され、家屋、水車、舟、棺などに好んで使われているうちに、自生地が激減してしまったのは、なにやら日本の檜とも似ている。さらに近年は根腐れ菌が蔓延し、ローソン檜にさらに追い撃ちをかける。なんでもチェンソーなど伐採機具が菌の運搬者のようで、今では防除のために消毒が義務づけられているようだが、どうも遅きに失した感がなきにしもあらずではある。

そもそも、北米の檜は厳密にいえば日本の檜とは少し種類が違う。現地のシッパー（輸出業者）が、米檜あるいはローソン檜と命名したともいわれ、現在では年間二〇万立方メートル程度輸入されている。近年、マツ、スギ、ツガなどの米材の輸入量は一五〇〇万立方メートル前後で推移しているが、米檜が占める比率は微々たるものである。

一方、カナダはロシアに次ぐ森林大国である。北中部は不毛のツンドラ地帯であるが、西海岸のブリティッシュ・コロンビア州南部の沿岸近くには森林も多い。

沿岸部は米栂《べいつが》が主体であるが、少し北上すると内陸部には檜があるという。そこで、バンクーバーの北の入江の奥にあるスコーミッシュという所まで足を運ぶことにした。

この地方はフレーザー川の河口にあたるスティーブストンを中心に、戦前は三〇〇〇人を越える日系移民がいたとされ、彼らの多くは水産業や木造船主体の造船業・製材業に従事していたという。今少し北上すれば北米有数のスキー場といわれるウィスラーの近くである（図68）。

だが、大半はホワイトプルースというエゾマツの一種であった。他にトウヒ（スプルース）、ロッジポールパイン、ラーチ（カラマツ）、アスペンポプラなども混ざっている。もう少し山側に入ると、トウヒの純林が広がる。樹齢二〇〇年クラスが中心で、胸高直径は四〇〜五〇センチが多いが、なかには七〇センチを越えるものもある。

驚いたのは立ち枯れが進行している木が散見できたことである。トウヒは葉を黄変させ、葉を落として裸になっている木もある。もともとこのあたりは岩盤の上に土壌が薄く張りついているような格好で、表土の下には数十センチ程度までしか腐植が染みこまず、土壌は全体に白っぽいのが特徴である。これも酸性雨かなにかの影響なのか。

アメリカ北西部と同様のヒノキ類も点在するが、亜高山帯においては強く乾いた風、長く続く寒さ、養分の少ない土壌、短い生育期と、悪条件のため矯小化した樹木も多く、とても採算に合うものではない。

また北米においては、一九八八年にアメリカ政府が天然記念物であるマダラフクロウの保護を目的として、天然檜類の伐採制限を発表した。以降、自然環境保全の議論が高まり、一九九〇年には「森林資源の保護および不足緩和法」が施行された。これにより西経一一〇度以西の連邦有林や州有林の伐採などに規制が加えられた。

カナダにおいても似たような動きがあり、ブリティッシュ・コロンビア州は一九八七年から、低グレードの余剰材以外は原則的に輸出に制限を加えており、隣のアルバータ州においても、日本の製紙会社が先住民のルビコン・インディアン（ネイティブ・アメリカン）の居住地で、原生林を伐採していたと州議会で問題となっているとかで、こちらもはかばかしくない。

それではということで、数少ない輸入檜材からの採取を試みるが、こちらにも厚い壁が立ちはだかる。まず、問題になるのは輸入材の樹皮の劣化である。木材輸入の目的は当然、木部の確保であり、樹皮は本体を保護する役目しか持たない。木場《きば》で雨晒しにされたり、貯木場で海水にたっぷり浸されたものは、使い物にはならない。

さらに近年は、商社が長期の手形（商社金融）で販売し、木材不況といわれるなかで、木材問屋や製材工場が次々と流通再編（系列化）されていることから、現実問題として難しいと言わざるをえない。

考えてみれば、一九六五年におけるわが国の木材自給率は七三％あった。それが三五年後の二〇〇〇年には二〇％を大きく割り込んでいる。かつては外材といえば丸太の輸入が中心だったが、今ではその七割が現地で加工した製品輸入に変わってきた。その分、日本での加工作業が減っているというわけだ。外材に押されているうえ、建築向けの需要が減っているため、立木価格は下落、わが国の林業家も伐採意欲をなくしている。

素材生産量が減ることは、製材工場における生産性向上の取り組みを阻害し、収益を悪化させる。それが輸入木材の価格形成に影響し、立木価格のさらなる下落を招くという悪循環が続いている。

北米に関しては、良質の檜皮が生産できる森というのは、コスト的に無理なことも含めて、とうとう見つからずじまいで、尻尾を巻いて引き上げざるをえなかった。

海外に檜皮を求めて②——台湾

台湾は九州よりやや小さい島だが、標高三〇〇〇メートル以上の山が一三〇座以上もある。この島は檜の宝庫でもある（図69）。

北から太平山《タイピンシャン》・大覇尖山《タアーパーチエンシャン》・大雪山《タアーシュエシャン》・能高山《ノンカオシャン》・千卓万山《チエンツォーマンシャン》・阿里山《アーリーシャン》へと続く。阿里山は山系一八連山の総称だが、その一角には台湾の最高峰で日本人にもよく知られた玉山《ユイシャン》がそびえているが、この標高三九五二メートルを誇る旧名「新高山《にいたかやま》」に、檜の森はあまりないようだ。

台湾は仕事搦みで何度か訪れているが、十数年前に訪れた時は、台北《タイペイ》から車で五時間余をかけ台湾東部の梨山《リーシャン》まで足を運んでいる。台湾の文化財問題にも詳しい台北県議の林志仁氏の案内で出発し、大安渓《タアーアンアン》と小安渓《シャアオアンアン》という二つの大河を渡る。河幅は一キロはあろうか。ところが水量は驚くほど少ない。というのも台湾は山が急峻であり、雨が少しまとまって降ると一気に奔流となって流れ下り、後はからっぽになるからである。

天冷《ティエンリー》を越えて谷関《グーファン》に近づくころから、東西横貫公路《トンシーホンコアンコンルー》はV字型の谷底を這うように登っていく。谷関では明治四〇年（一九〇七）に温泉がみつかり、日本統治時代は「明治温泉」などといわれていた所である。蛇行する渓流や切り立った断崖と松は、まるで水墨画を見るような趣きがある。

東西横貫公路は西海岸の台中《タイチョン》県東勢《トンシー》から、東海岸の花蓮《ホワリエン》県太魯閣《タールーコー》渓谷の間を結び、中央山脈の北側をすり抜けるように走る全長一九二・八キロの山岳道路である。梨山はこのほぼ中間点にあり、こじんまりした標高二〇〇〇メートルの町だった。

梨山からは雪山山脈《シュエシャンシャンメイ》・中央山脈《チャンヤンシャンメイ》など三〇〇〇メートル級の山々が一望できる。ここを基点として合歓山《ホーホアンシャン》付近にある台檜の様子をうかがうべく計画していたが、あいにくの雨降りで合歓山の中腹地点で足踏み状態を余儀なくされた。小雨混じりの霧に覆われたこの一帯は「鉄杉」と呼ばれる台湾ツガや、「冷杉」といわれる台湾モミが中心である。あとはトウヒ（唐檜）が疎らに生育しているだけで、大物の檜はもっと登らねば見ることができない。

とりあえず前述の谷関温泉まで撤退し、宿舎で恨めしげに雨天を見上げる日が続いて、この時はついに思い半ばで帰国せざるをえなくなった。林氏によると、このあたりのPHは四・五前後だそうで、オレンジジュース並みの酸性の雨や霧である。双眼鏡を覗くと、尾根線や稜線沿いに立ち枯れた樹が散見され、これはただごとではないぞと驚いた記憶がある。

このようなことになるのも、硫黄酸化物や窒素酸化物の放出によってできた酸性の雨に、空気汚染も加わるからのようだ。PHの低い酸性の雨が土壌に染み込むと、カルシウム、マグネシウムなどの栄養分が流出し、同時にアルミニウムなども流れ出す。

溶け出したアルミニウムは、まず細い根を通して徐々に樹木に吸収されていく。アルミニウムは根と共生している菌根菌をも殺し、そのため根からの水分や栄養分の吸収が阻害され、枝葉はついに枯死してしまう。もちろん幹も根もこの時点で相当なダメージを受けている。

そういえば以前、中国の重慶《チョンチン》でも似たような経験をしている。重慶は中国西南部の四川《スチオアン》省の中心工業都市で、人口約一五〇〇万人の大都市である。市内から南東に二〇キロの郊外の町、南山は標高五〇〇メートルにあり、針葉樹の人口林が盛んな地区である。案内をしてくれた重慶市林業局科学技術処長の杜士才氏によると、降水量は年間一二〇〇ミリ余り、PHは四前後だという。それまで硫黄分を多量に含む石炭など化石燃料を使用していた中国では、粉炭と石灰を混ぜ、高圧で固めるブリエットという方法で脱硫率八〇%を達成したというが、現状を見る限りまだまだ道遠しである。

隣の貴州省でも中国杉（広葉杉）や馬尾松に混じって檜も育っており三〇～四〇年生を中心に樹高二〇メートル、材積も一ヘクタール当たり三〇〇立方メートルという有用林が育っているという。ただ残念ながら中国における檜の絶対材積量が僅少なため、今少し長期的な展望が必要であろう。

ところで、台湾の方は捲土重来というわけでもないが、二〇〇〇年に再訪することにした。今回は前回の

図69　台湾全図

図71　台湾豊饒の森

図70　阿里山腹より中央山脈方面を望む

轍を踏まないように、時期も雨期を避け、訪問地も絞り込んだ。台檜のふるさとともいえる中央山脈の西側で、さらに北回帰線（北緯二三度二七分）の北側を重点的にまわることにした。台檜の主な自生地が中央山脈沿いの南北約一〇〇キロの範囲に限られているからである。

今回の訪台は台檜が確実に自生している所が特定できていたので気分的にはずいぶんと楽である。例によって何度かの訪台で懇意にしてもらっている林氏の迎えを受け、久闊を叙する間もそこそこに目的地である阿里山方面に向かう。

まず、現地に入る前に、台檜の生育状況や檜皮の商品価値を確かめるため、阿里山の北麓に位置する南投《ナントウ》県渓頭《シートウ》の国立台湾大学附属実験林を先に見学することにした。

台中から西部幹線の特急で約一時間。二水駅で支線の集集《チーチー》線に乗り換えて南投に入ると、いまだ一九九九年九月の台湾大地震（「九二一地震」）の爪跡があちこちに残っている。集集線は震源地の南の山間部の路線なので、駅舎が壊れたり、軌道が持ち上げられて線路も飴のように曲がったという。道路なども含め復旧中で、まだ不通個所もいくつかあった。

台湾大地震以後、台湾では全国の建築家や行政関係者、学者などを中心に「文化資産搶救小組」（略称九二一ＣＨＲＴ）が結成され、全国的な文化財の復興調査が行なわれている。

また、日本からも阪神大震災時の経験を生かす形で、神戸大学の足立裕司教授や、旧知の兵庫県教育委員会の文化財担当の村上裕道氏らが、台湾側の依頼を受けて、地震から二カ月後の一一月には調査のために現地に入っている。

台湾側も行政院政務委員で経済建設主任委員の江丙坤氏や、国立台湾科技大学建築系研究室副教授の王恵君氏らが同席する中で、台中弁事所において、台湾の歴史的建造物や、地震で被害を受けた台中駅や集集駅の修復も含めて、広範囲な意見交換がなされた。

もともと台湾の文化財建造物は、一種、二種、三種に分かれており、地方自治体独自に歴史的建造物を保護するシステムにはなっていないので、戸惑うことも多かったようだ。

実験林は標高一一〇〇メートルの所にあり、台檜とともに杉・桐・唐檜《トウヒ》・インド杉などが生育している。その中でも樹齢二〇〇〇年ともいわれる紅檜《べにひ》は、根元が五・五メートルで樹高四六メートル、その周りを台檜の若木が取り巻いている。実験林の担当官によると、このあたりは一面が檜の森だったが第二次大戦中に伐り尽くされ、その後に植林されたものも多いという。

了解を得て試験的に、いつも肌身離さず持ち歩いているカナメモチ製のヘラで採取してみると、国内産と比べて若干ねばりが少ないようであるが、まずまずである。加工時の歩止《ぶど》まり（有効利用率）という点では劣ることが懸念されたが、材質や生成状況が確認できたことは大きな収穫であり、これで状況のわからなかった檜山の検分にも、少し光明が見えてきた。

めざす阿里山系には、嘉義《ジャーイー》から登山鉄道を利用するコースと、台北、高雄《カオシュン》、台中、嘉義などから直接、長距離バスや客運（公営）バスなどで行く方法がある。事前に林氏らとも相談した結果、今回は嘉義から約七二キロの道程を「阿里山森林鉄道」で揺られながら山系に入ることにする。

嘉義は木材業が盛んな都市で、日本式の瓦屋根の木造家屋も多く、往時の日本との関わりが深かったことを感じさせる町である。嘉義北門車站（駅）を出発した「阿里山号《アーリーシャンゴウ》」は田園地帯を走り、檳榔樹やバナナ、マンゴーといった果樹園群の中を抜けていくと、独立山《ドウーリーシャン》では三重のループ線をらせん状に回り、一気に二〇〇〇メートル以上を駆け上がる。周囲は亜熱帯林が広がり、眼下には嘉義平野が一望できる。

平均一〇〇〇分の五〇という勾配を、登山鉄道はスイッチバックを繰り返しながら阿里山頂をめざす。

まわりの風景も、徐々に檜や杉などの美しい温帯林の林相に変わってきている。標高が二〇〇〇メートルを越えた時点で、高さ五〇メートルは優にあろうかと思われる「神木《ジンムー》」と呼ばれる檜の古木が姿をあらわす。先に台湾大学の実験林で見た檜よりも一まわりは大きく、今後に期待を懐かせる。

阿里山站に着くと九〇台湾ドルの「風景区入山料」を支払って、一般の登山客や観光客とは反対の方向に一時間ほど歩く。高地のために霧に覆われていることも多く、奥の方は鬱蒼として見通しも利かない。それでも、山腹の南斜面から尾根筋にかけて檜が生育しているのを遠望できる（図70）。

さらに進むといよいよ巨木の森に入る。台檜にとっては最適の生育環境の中で、五〇メートルを越える高さに育ち、直径も四メートルは優にあろう。普通で数百年生、ちょっと大きければ千年という台檜の世界は、檜皮そのものも銀灰色に輝いて神々しい。

雲、雨、霧で覆われることの多い気候と、一年を通して中庸な気温によって、湿った陰の濃い森がつくり出されている。そこでは老大木が空に向かって伸び、林冠を形成している。林冠は南国の陽光をもやわらかく濾過して、はるか下の林床にまで届ける役目を果たしている。林床の大部分は下層植生が発達している。苔や菌類、地衣《ちい》などが表土や石礫をおおい、樹木にカーテンのように衣をかける。倒木の上ではシダ植物が檜の蘖《ひこばえ》や稚樹と場所とり競争を演じている（図71）。

もちろん檜の森といっても、いわゆる純林ではなく、台湾ツガ（「鉄杉」）や唐檜《とうひ》も混交している。ツガは枝先が垂れること、針葉は短くて先が丸く、枝によって葉の付き方が一定ではない。唐檜の針葉は硬く尖っており、裏面に白帯があるので、よく見ればわかる。

ツガも唐檜も黄褐色の球果をつける。ツガのそれは二センチほどだが、唐檜の方は五〜一〇センチと大きく、鱗片には浅い縦溝がある。樹皮はもっとはっきりした違いをみせ、ツガの樹皮は縦長の溝があるのに対し、唐檜は赤褐色の鱗皮があり剝がれやすい。台湾モミ（「冷杉」）も多少混じるが、こちらは扁平で光沢のある濃緑の葉をもつのですぐ見分けがつく。

何カ所かヘラを試してみると、一〇〇～二〇〇年生くらいの「若木」ならば、それほどの苦労もなくなんとかものになりそうである。台檜は日本産に比べて、年輪が細かいうえに秋材部がめだたない。また、木部は全体に黄色味がかって見えて、年輪などもややぼやけた印象である。ただ国産の檜と比べ、大径木の長大材が手に入りやすいことのみがメリットのようにいわれてきた。

思い返せば日本統治下にあった一九一一年（明治四四）、旧日本陸軍工兵隊の手によって、嘉義―阿里山間に森林鉄道が敷設された。さらに、一九五〇年代末から六〇年代にかけて台湾の道路網が整備されることによって、台檜は一躍脚光を浴びるようになった。

その頃、日本国内においては文化財建造物の修復が相次いだが、ここでもこぞって台檜が使われることになる。国有林におけるさまざまな制約から木曾檜などが使えなかったこともあって、いきおい台檜に対する需要が高まったわけである。明治神宮の鳥居の用材をはじめ、薬師寺・法輪寺・東大寺などの伽藍には、樹齢二〇〇〇年以上の大木が伐り出された。

もちろん、こうした日本の古社寺修復用の用材が、台湾の木材伐採全体に占める量は微々たるものであったが、台湾全体の商業ベースでは、木材搬出のルートが一本開削されるたびに急激に増えていったという。一九七〇年代後半になると、集中豪雨のたびに河川が氾濫する原因は過度の森林伐採にあるとみなされた。また台湾経済が著しく発展して、森林の切り売りをする必要もなくなったので、台湾当局は国有林の伐採を大幅に制限することになった。

そう考えて台檜の林床を見ると、たしかに地肌が剝き出しになっているところや、細根が露出している所があるのに気がつく。どのような巨木であっても、森に降る雨は樹冠によって受け止められて、枝先から地表へ滴り落ちる時に、雨粒はずっと大きくなっている。もともと檜の葉は鱗状をした何ミリかの小葉が数珠つなぎになることで形作られており、水を弾きやすい性質をもっている。

これらが落葉になると、ほどなく小葉に分解される。比較的低木の少ない台檜の自生地では、先の大粒の雨滴が地面を叩き、小葉や下草などは雨に流れて地表は剝き出しになっている所もある。注意深く観察を続けると、檜の球果や小石などを頭に載せた小さな土柱が至るところに見える。周囲の土や腐葉などが、雨で弾き飛ばされて球果や小石の下に集まり、核になるものを持ち上げたようである。

林床植生や落葉などの被覆物を失った酸性の表層土壌は、雨によるさらなる土壌浸食によって流されるというメカニズムが繰り返される。過度な檜の伐採と土壌浸食によって、森の保水率が低下し、豪雨のたびに鉄砲水が起きたというのも無理からぬことであろう。

たしかに現状は厳しいものがあるが、時間をかければ、檜皮は葺材として十分に使える檜がないわけではない。たとえば、日本の気候風土と共通点の多い台湾東部の花蓮から奥に入った能高山東麓や、南国台湾では数少ない温帯に属して、蝶の産地として有名な埔里《プーリー》、「霧社《むしゃ》事件（一九三〇〜三一年に起きた高山族の抗日行動）」の舞台として「抗日紀念碑」が立つ霧社《ウーショー》、あるいは日本人観光客でも賑わう日月潭《ズーユエタン》の奥にある北丹大山《ペイタンタアーシャン》にも日本の檜と酷似した台檜があることがわかっている。

ただ、これらの地区はいずれも搬出条件がよくない。幹線道路から離れていたり、輸出港からも遠い。さらに山も急峻なことがわかっている（だからこそ手つかずで残ったともいえるのだが）。台湾産の檜皮調査については、可能性の高い一、二カ所に絞って、地元関係者によって努力が重ねられている。事業化の可能性も含めての調査だが、台湾大地震の余波もあって思うように進んでいないのが現状である。

台湾においても、現在林業はもはや産業とはいえない厳しい状況に追い込まれつつある。その要因としては、国土の脊稜部が急峻な山地で占められているにもかかわらず、長期にわたって木を切り続けたことにある。小手先の構造改善などを中心とした施策の延長では限界がある。

「森林の保護」というのは木を伐らないことではない。伐る部分と伐らない部分、伐った後は植えて育てて有効な利用を図る部分とを、しっかりと見極めなければならない。

今回の訪台にあたっても、大地震の崩落痕や台風による倒木、頻発する山火事の跡などの自然災害の爪跡を各地で見かけた。そこへ、人間が新しい道路の開発や過伐採で追い討ちをかける。それでも倒れた木の株から蘖が生え、地震や山火事ですっかり萎えた森の林床からも芽生えてくる樹林。

森の恩恵を受けて生活しているわれわれに今できることは何なのか。森は与えられた条件をすべて受け入れ、その下で精一杯、森であろうとしている——こんなとりとめもないことを考えながら、台湾の豊饒の森を後にした。

柿板を作る

原木採取と運材法

柿板は昔も今も変わらない方法で、木の目に従って割られる。木の目が切れないことが、耐久力の要件だからである。現代の挽材は機械で切るので、表面的にはなめらかで見た目もいい。しかし、これでは木理に関係なく切っているので、屋根材として使用しても長持ちするとはとうてい思えない。

割り板の場合は、屋根に葺かれた時に一枚一枚の板の間に空気の層ができ、挽材のように屋根材同士がくっついて、毛細管現象で雨水を吸い上げることもなく、速やかに流れ落ちて乾燥も早い。

江戸時代から明治時代にかけて、柿葺の職人と柿板の製作者とは、ほぼ分業の形になっていた。そのため柿板製作はほぼ専業であり、生産地の多くは原木の集散地とほぼ一致していた。近世の柿葺は杉板が主流であったが、現代は椹《さわら》板が多くなっている。

今でも最大の産地は長野県の木曾地方であり、木曾路では昔は民家の屋根までが柿で葺かれていたという。昭和二五年（一九五〇）五月一三日に長野県上松《あげまつ》町において起きた大火によって、地元の柿葺民家なども多大の損害を受けた。その後、木曾では消防法や建築基準法による制限もあって、特定の歴史的建造物以外は、柿葺は著しく減少している。

明治初期においては、長野から岐阜にかけての山間部には、一〇数軒の板割り業者が存在していた。各業者は柿板製作専門の職人を数人ずつかかえ、一人親方といわれる零細業者も、地元の住宅や工場の板屋根用の需要があったという。これらは地元だけでなく、遠く関東や関西方面にも出荷していた。

このあたりの事情を、職人の先達である谷上伊三郎氏の考察によりつつ、少し詳しくみてみたい。かつて木曾の木材伐採についても厳しい掟があったという。杣人《そまびと》（キコリ）が入山するときも、まずその「看板」が決められ、自分の伐採造材した木にそのマークを刻みつけたのだという。

表6はその一例であるが、「順位」は杣人としての経験や実績を元にして決められており、「看板」は杣人個人の印、「看板名」はその読み方・呼称を意味した。

当然、出し（搬出）のいい場所や、立派な大径木はベテランに当てがわれ、新人は不便な所から始めなければならなかったようだ。

伐採の現場では、伐木の整理や小運搬、運び出しなどで錯綜しているので、この杣人の「看板」をもって伐採人を特定し、杣頭《そまがしら》による検尺あるいは清算の際も、これを目印とした。また、その木についての最後までの伐採上の責任を明らかにするためにも、必要なものとされた。

山元検尺は、総頭（旦那衆）をはじめ、杣頭や杣人相方にとっても、重要なしきたりであった。

総領らは手代や検尺人夫を引き連れ、頭《かしら》（庄屋）杣夫をはじめ大勢の杣頭、杣人たちを立ち合わせたうえで、伐採木一本一本を検尺したという。手代みずからが挾み曲尺を執って、その径や長さを測り、大声でその看板名と寸法を呼び上げていった。

この数字を帳面に控えることを、「ウグイスに取る」といい、「ウグイス」とは検尺する者と記帳する者との、言い違い、聞き違いを防ぐための一種の符丁であり、表7のように丸太の径を一寸刻みで独得の呼称をつけたものである。なお、長さの方は一間（六尺）を「ケンタ」、二間（一二尺）を「ニマル」などと呼んだ。

このような杣仕事は、林業の中でも最も危険な仕事である。現代においても労災保険率は、ダムやトンネル工事従事者と同レベルの最高保険率（一〇〇〇分の一三三）となっているように、過去には事故が多発した時期もあった。

伐木といっても、木を思った方向に倒すのには技術がいる（図72）。かつて木曾では、斧を使って根元に三つの大きな孔をあけ、三点立脚によって伐倒の直前まで立木を安定させる「三紐切り《みつひもぎ》」と呼ばれる伐採法が用いられたという。この技術には熟練した斧さばきが求められた。

江戸時代には斧のみが伐木への使用を許された時期もあった。往時としては盗伐を防ぐ手段として鋸の使用を禁じたのも、伐採にあたって音がしないためであった。その点、斧で伐れば振り下ろすたびに音響がするため、発見しやすかったからである。

また、山側に向けて倒せば最短距離であり理想的ではあるが、樹形や枝張りの状態、また倒した場合の重心の偏在や他の樹木への影響、伐木後の搬出経路なども考える必要があった。

山深い木曾谷で安全に木を伐り、効率よく運び出すために、木曾川の支流・本流の流送による独特の伐採・運材法が編み出されていった。

伐木を尾根筋から谷川まで運ぶ方法は「山落とし」といわれ、材木を使って桟手《さで》や修羅《しゅら》と呼ばれる樋《とい》状の流路を作り、その上を滑走させる形で谷川付近まで下ろしたものである。険阻な岩場では、釣木《つりぎ》と呼ばれる麻綱を用いて、釣り下げて降ろす方法がとられた。

表6　杣人の看板

順位	看板	看板名	順位	看板	看板名	順位	看板	看板名	順位	看板	看板名
1	へ	ヤマガタ	8	ニ	チョボイチ	15	勿	ボウヤ	22	又	チキリ
2	ろ	トリアシ	9	キ	キノジトンボ	16	↑	モリ	23	㇆	カネ
3	メ	シメ	10	奴	オイラン	17	井	イゲタ	24	ㄨ	キリコシ
4	タ	サイタリ又はサイタ	11	个	カラカサ	18	イ	イノジ	25	M	イリヤマ
5	フ	フタツミダレ(クともしるす)	12	大	ダイノジ	19	十	ジュウノジ	26	)	テコ
6	ク	ダンダラ	13	米	クルマ	20	ヘ	ヒキソエ	27	A	マツバ
7	ク	ミツミダレ	14	米	ホウキ	21	丁	チョウノジ	28	个	トリノオ

表7　ウグイスとその呼称

三寸	三ペイ	尺一	チンコロ	尺九	シャク九
四寸	四ツヤ	尺二	サトイヌ・ジイヌ	二尺	二シャウ
五寸	五ヘイ	尺三	オオカミ・クヒツキ	二尺一	二シャウ一
六寸	リク	尺四	メシモリ・オタフク	二尺二	二シャウ二
七寸	ヤオヤ	尺五	シャク五・キンゴ	二尺三	二シャウ三
八寸	ヤゾー	尺六	ホクロク	二尺四	二シャウ四ツ
九寸	キューベー・キワスン	尺七	ヤオヤノムスメ	二尺五	二シャウゴンベイ
尺	ハライタ・一シヤ	尺八	コモソー	二尺六	二シャウリクゾウ

図73　椹材の大径木

図72　檜の伐採の様子

山落としによって谷川付近に集められた木材は、木曾川本流にまで流れにのせて運び出す。流水量が少ない時は、木や石を使って床堰《とこぜき》といわれた小さなダムを作り、水を貯めておいて木材を浮かべ、堰を切って一気に木材を流した。

そこそこの水流がある支流まで出すと、管流《くだ》し、ばら流しといって、一本一本を川の水流にのせて運んだ。梅雨や台風などの雨で増水する春から秋までの時期を避け、水量が減る冬に行なわれた。流れに沿って木材を上手に誘導するのは難しく、場所によっては筏師《いかだし》が、丸太に乗って急流を下るなど、危険がともなうこともあった。これらは大川狩と呼ばれて、本流に出た丸太は筏に組まれて、さらに名古屋の熱田など下流にまで流された。

しかし、木曾川に発電用のダムが作られる計画が持ち上がると、川流しが不可能となるため、木曾谷では水利権補償の一環として、木曾川沿岸の森林鉄道の建設が行なわれた。この森林鉄道も林道などの整備にともないトラック輸送が主流となると、次々と廃線になる。昭和五一年（一九七六）に上松町の王滝森林鉄道が廃止されたため、現在残っているのは同じ上松町内の赤沢自然休養林の中を走っている旧支線の一部が「観光列車」化して生き残っているだけである。

現代では搬出の厄介な深山の大径木に限っては、名古屋方面から大型ヘリが飛来し、ワイヤーで吊り下げて運んでいる現状である。

「木曾路はすべて山の中である」――小説『夜明け前』の冒頭であるが、作者の島崎藤村はさらに「一筋の街道はこの深い森林地帯を貫いていた」と筆を続けている。明治以前の主要五街道の中でも、最も山間を通過する行程が長く、難所が続く中山道を端的に表現している。

この表現どおり、木曾谷の街道にへばりつくように生きてきた人々は、その暮らしの大半を森に依存してきた。そもそも木曾の樹は近世初期の乱伐で一度は失われ、それを徳川幕府の時代に「樹一本、首一つ」といわれる徹底した保護によって取り戻したものである。

木曾五木（檜《ひのき》、椹《さわら》、鼠子《ねずこ》、明日檜《あすなろ》、高野槇《こうやまき》）の中でも、椹の樹形は幹が直立した円錐形で、樹皮は赤褐色である。また椹の純林というのは見たことがなく、その多くは檜の森の中に点々と散在している場合が多い。

樹皮も檜のそれと似ているが、縦に長く裂けて狭い薄片に剝がれる。鱗片状の小さな葉は鋭頭で、十字対生して茎を包み、葉裏の白い気孔群はX状に見える。耐陰性が強く、沢筋や窪地にも生育して、檜よりも一般的に成長力が旺盛といわれる。材質は檜と比べてもやや黄色味を帯び、木理はやや粗く軽くて柔らかい。耐湿性にも富み、酸などの腐食にも強いことから、柿板の原材料として杉などとともに珍重された（図73）。

今は柿板の素材は椹が主流となっているが、昭和三〇年代までは杉と椹を半々に用いた時代があり、近年は手割りに必要な条件を満たす杉は高級品となって、順次、椹に移行していったのである。

椹は柔らかく割りやすく、しかも脂分が多いので耐久力に富み木目も美しい。余談になるが、魚の鰆《さわら》も白身で肉質が柔らかいところから、なにやらおもしろい共通点も見えてくる。

ただ柿も、ここにきて御多分に漏れず、いくつかの問題が起きつつある。柿材の腕のいい手割り技術者の不足と、原材料となる椹や杉の良質な大径木の不足がそれである。ともすれば檜皮の問題に隠れて見過ごされがちであるが、将来は第二の檜皮と言われかねない危うさがある。

椹は立木を見ていると檜と区別がつきにくいほど似通っている。檜とともに私たち葺師にとってはまことにありがたい素材であるが、近年は伐採されたあとの植樹はほとんど檜苗だそうで、何年、何十年か先には椹も柿板材料としては、手の届かないものになると予想される。

柿板生産の技術

①概要

柿板の製作については、専門の業者の占めるウエイトが高いことはすでに述べた。ただ従来、京都・滋賀など近畿の一部、岡山・島根など中国地方では、原木を土場《どば》(木材市場)などで購入して、自家材料拵えをしている地域があった。とくに京都や滋賀は、京都という柿の一大消費地をひかえていたことから、職人みずからが原材料を調達して加工していた。これは現代でも続いており、柿板加工での地方性豊かな一流派を形成している。

ただ、かつては長さ八寸、厚み七分の木取りを一六枚割りにできるような練達者もいたと聞くが、彼らも良質材とともに消えてしまった。

柿板の生産方法については、主流といわれる関西三州流(中部、近畿、九州)をはじめ、出雲流(島根県)、遠州流(静岡・愛知県)、土佐流(高知県)など四流一派があるといわれ、地方性も豊かである。

したがって椹・杉などの原木を整形加工する際の工程につけられている名称や工具の名前から、実際の生産工程までが微妙に異なる。たとえば出雲流においては、栗など堅い材を割ることが多いため、板状に木取りした柿材を固定するための「割台」も、大小二つの切り込みをもつ大振りなもので、他流のように足を使った固定法とは違う。

工具についても小割りの際に使う折板《へぎ》包丁は、関西三州流より細く、鏟《せん》包丁も反《そ》り身のものを使う。また遠州流においては、分取りの際にも木槌を使わず、包丁の背や自分の拳で打ち込むほか、包丁の形も取っ手の部分が軽く「へ」の字形に折れ曲がった特異な形をしている。

工程や道具類に複数の呼び方があり、少々まぎらわしいかも知れないが、これも地方色が豊かに残っていることの証左である。

②道具について

●柿包丁　柿板作りに使う包丁は種類が多いのが特徴である。

まず、丸太を元口から末口に向かって荒割りするのが大割包丁。それをさらに小割りにしたり、脇取りなどにも使うのが普通の板割包丁、最終的には柿板の厚みを平均化するように捌《こ》じ割るための木折板《こへぎいた》包丁がある。また鏟《せん》（箭）包丁は、柿板のクセや捩れをとるために使うほか、木口の鏡がけなどにも使う。

また、栩《とち》葺など同じ板葺でも大型のサイズの板を使う場合は、削り台に板を立てかけて、両手に鏟《せん》包丁をもって表面を全面的に削って整えることにも使われる。図74は上から鏟包丁各種と大小の板割り包丁、一番下は包丁で割り込みをかける際に、包丁の大峰を叩くための木槌（中型）である。また包丁のサイズは関西で使われている代表的な物を示す（表8）。

●寸法定規　原木から大きく六つないし八つのミカン割りとしたものを、五分〜二寸程度の板状に小分けするために使う定規（図75）。

●掘込台　柿板作り専用の作業台で、板の上に角材をのせただけのシンプルなものから、用途別にいくつもの掘込《ほりこみ》をいれたもの、また先に紹介した削り台と一体化したものなどがある。また出雲流などでは栗

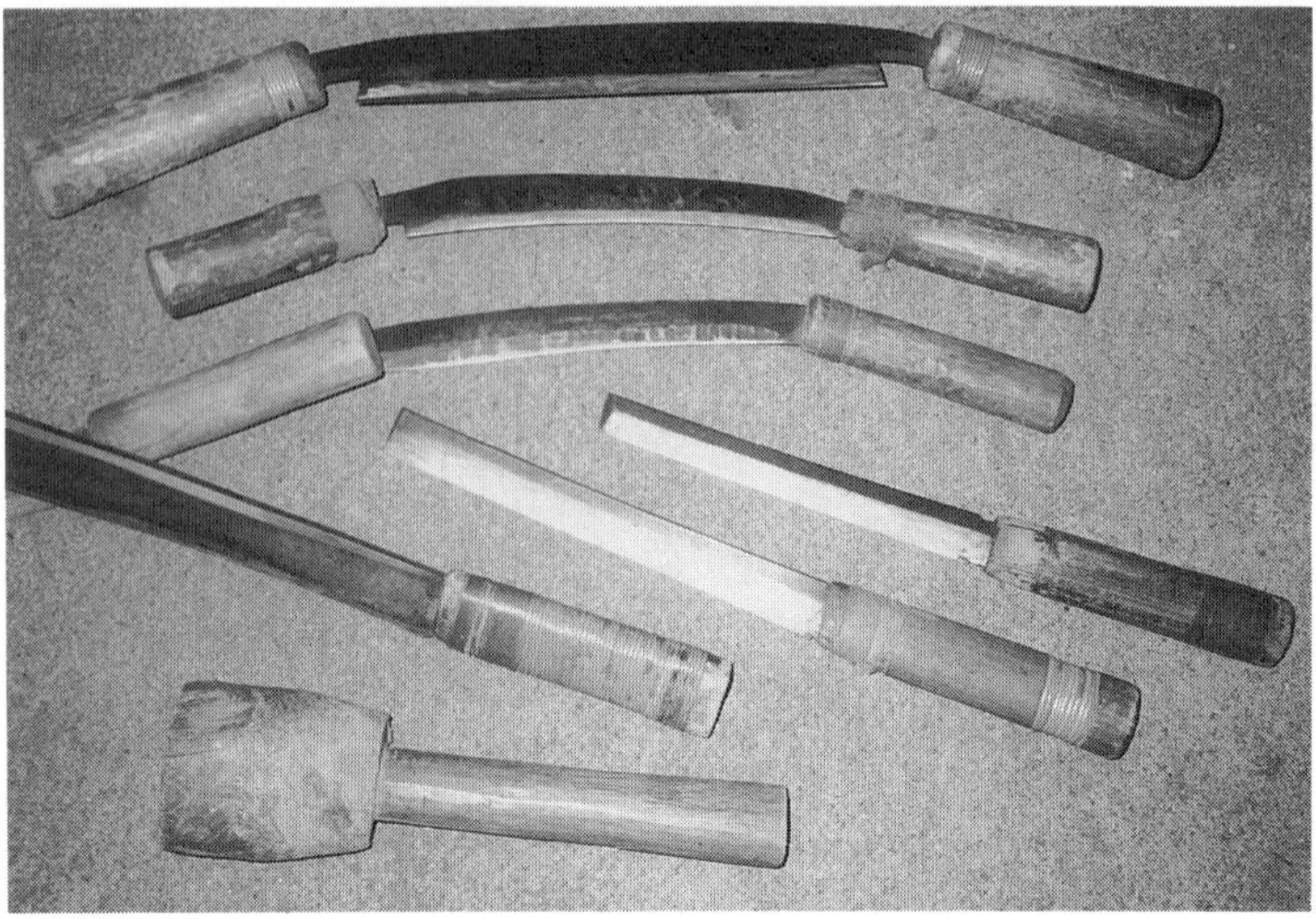

図74　鏟包丁各種と大小の板割り包丁　下は木槌

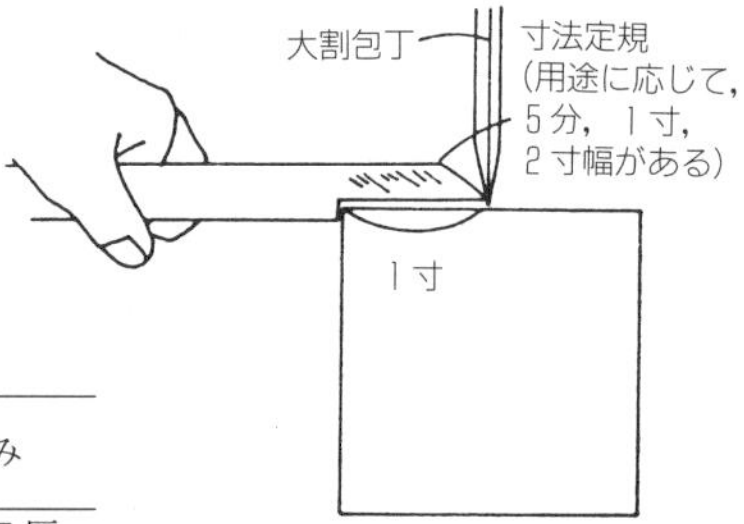

図75　寸法定規の使い方

表8　柿板生産用包丁の各種サイズ

摘要／名称	刃渡	幅	厚み
大割包丁	1尺	2寸2分	3分5厘
	9寸	2寸1分	3分5厘
同請刃	8寸	2寸	3分5厘
鏟(箭)包丁	9寸	2寸4分	2分5厘
	8寸5分	2寸3分	2分5厘
	8寸	2寸2分	2分
板割包丁	9寸	先幅1.75寸 元幅1.35寸	2分5厘
	7寸5分	先幅1.45寸 元幅1.35寸	2分
木折板包丁	6寸5分	先幅 1.4寸 元幅 1.3寸	2分

図76　椹原木の搬入

図79　ミカン割り

図77　玉伐り
図78　白太(辺材)はずし

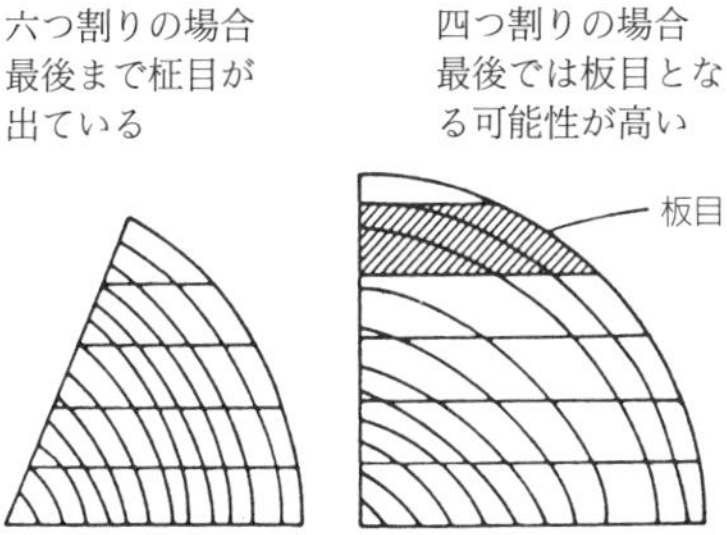
六つ割りの場合
最後まで柾目が
出ている
四つ割りの場合
最後では板目とな
る可能性が高い
板目

図80　六つ割りと四つ割りの違い

などの堅い木を割るため凹型の深い掘込がいくつもある台を使うという。

●箭《や》　前掲の鏟（箭）包丁と同様、板を割るための道具であるが、こちらは大径木を割るための楔形のもので、鉄製や樫などの木製もある。割れ目が少し開いた所へV字型の箭を打ち込むと丸太は縦方向に割れる。

それでは関西を中心に一番多く用いられている関西三州流の柿板生産の手順について述べたい。

③玉伐りからミカン割りまで（図76〜79）

椹の大径木が搬入されると、まず用途別に応じて玉伐《たまど》りと呼ばれる輪切りにする。昔は一メートル以上もある土佐鋸が使われ、その後、両手挽き鋸に変わったが、いずれも木挽《こびき》職が挽いた。現在はチェンソーなどの大型動力鋸を使用している。

今回は一尺幅の柿板を作るので、それに合わせて三〇センチ幅の背の低い円柱状に切り落とす。柿板は椹の赤身材（心材）のみを使用するので、大割包丁を使って周囲の白太《しらた》（辺材）を割り剝いでしまう。この段階の材を「切り玉」という。

次に、この切り玉を六ないし八個の赤身に「ミカン割り」とする。ミカン割りとはよく言ったもので、色といい形といい、まるで皮を剝いたミカンとそっくりである。ミカン割りはまず、元口から末口の方に向かって切り玉の中央部に大割包丁をかける。次いで大振りの木槌を使って、肩の高さあたりから力強く包丁の峰をめがけて振り下ろす。

二つ割りしたあとの原木は、その大きさによって六つ割りか八つ割りのいずれかを選択する。なお、四つ割りがないのは図80のように、次の工程で板の木取りをする際、最後の方の木の目が切れ、板目となるからである。また、節《ふし》がある場合は、どちらかに寄せるように割って、極力、節の影響を少なくする。

④木取りと小割り（図81〜84）

ミカン割りした椹の原木を、さらに板状に小分けする作業。前述の寸法定規を当てて包丁で割り剝く位置を決める。これを分取りともいう。包丁は大割から板割用に持ちかえ、木槌で叩いて割る。木取りした板厚は必ずしも一定でなくともよく、それをさらに一〇枚に割ったり、五枚に割ったりするのは、現物のクセを見たうえでの、永年の勘による。

次に厚板状に小分けした椹材の木口を鏟包丁で削って整える。この工程は「鏡がけ」と呼ばれ、脚を胡坐《あぐら》に組んで座り、両手で鏟包丁の二つの柄を握る。一方の柄を支点、もう一方の柄を力点、刃が椹材に触れる点を作用点とする一種の梃子《てこ》構造によって、材の木口を鏡面のように整えていく。

小割りの工程になると、胡坐の前に一五センチほどの割台を置く。この台の高さは平板の長さの半分くらいがいいとされ、掘込台に固定して使用する場合もある。左足で、木取りをした板状の椹材を割台に押しつけるようにしておいて、包丁をあてて木槌で打ち込む。

⑤仕上げ（図85〜89）

小割りによってできた板は、あらかじめ厚みを整えるとともに、「脇取り」といって板包丁で丁寧に側面を削って調節する。終盤の工程は拗《こ》じ割り、または折板《へぎいた》割りと呼ばれ、木折板包丁を使って拗じるようにして割る。

ここまでくると、板の厚みが当初のもくろみどおり平均化しているかどうかが課題となる。木折板包丁

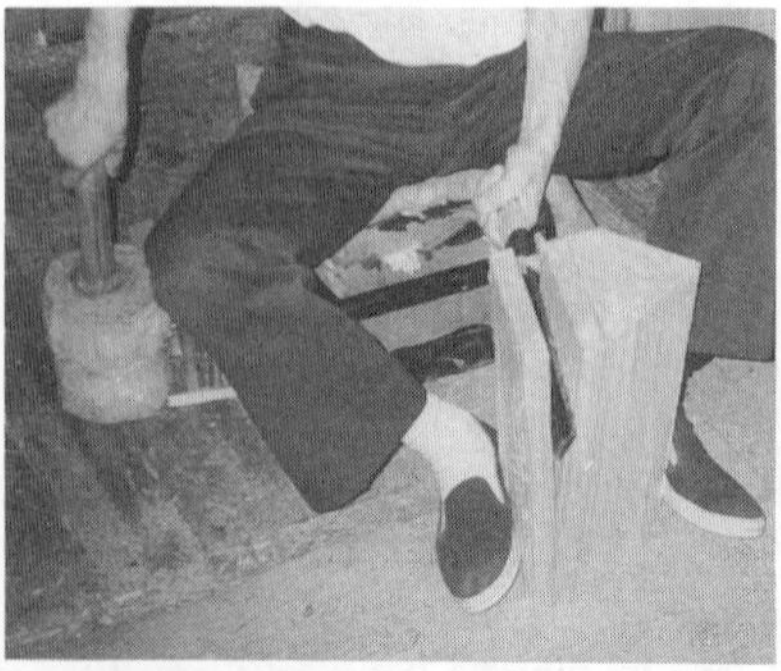

2

81

4

83

図81　寸法定規を当てて木取りの位置を決める
図82　木取り
図83　鏡がけ
図84　小割りを終えた柿材
図85　板割包丁を使ってさらに薄く割っていく

85

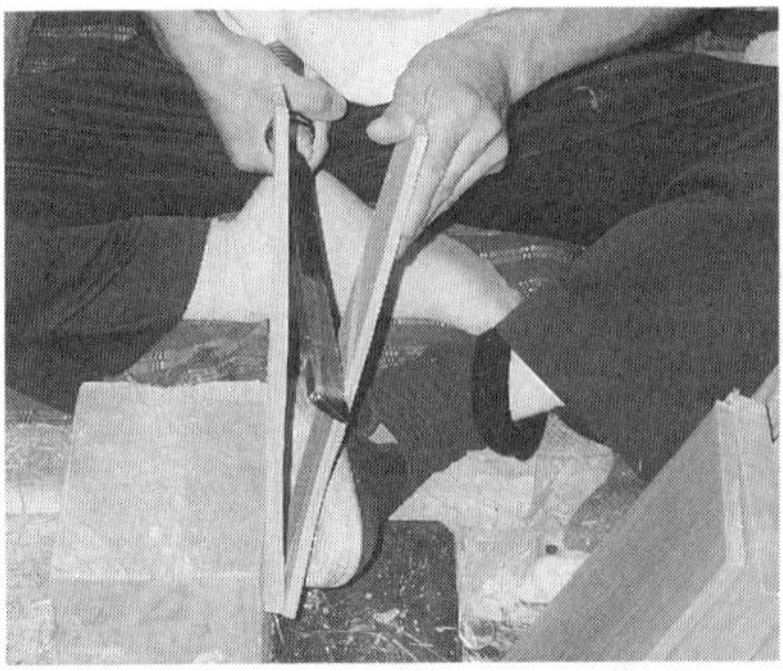

87

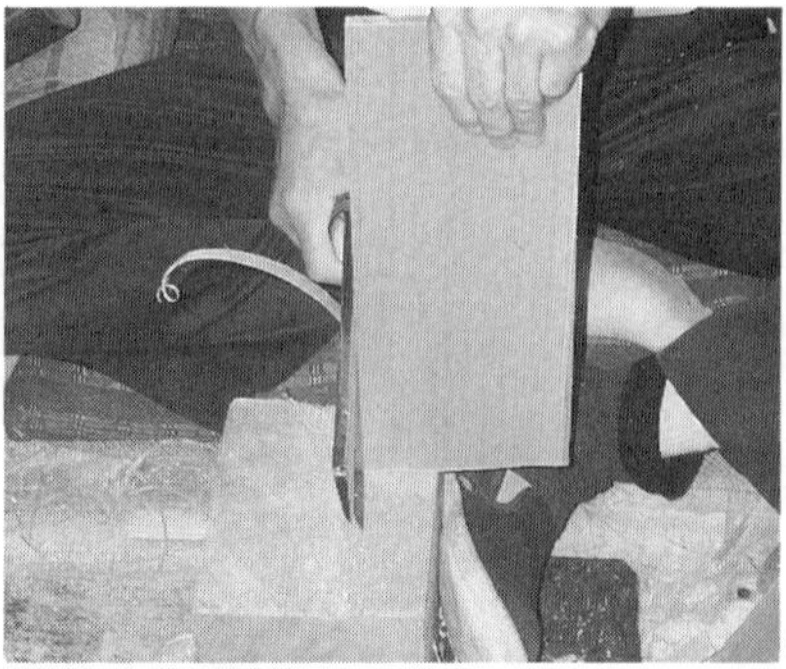

8

89

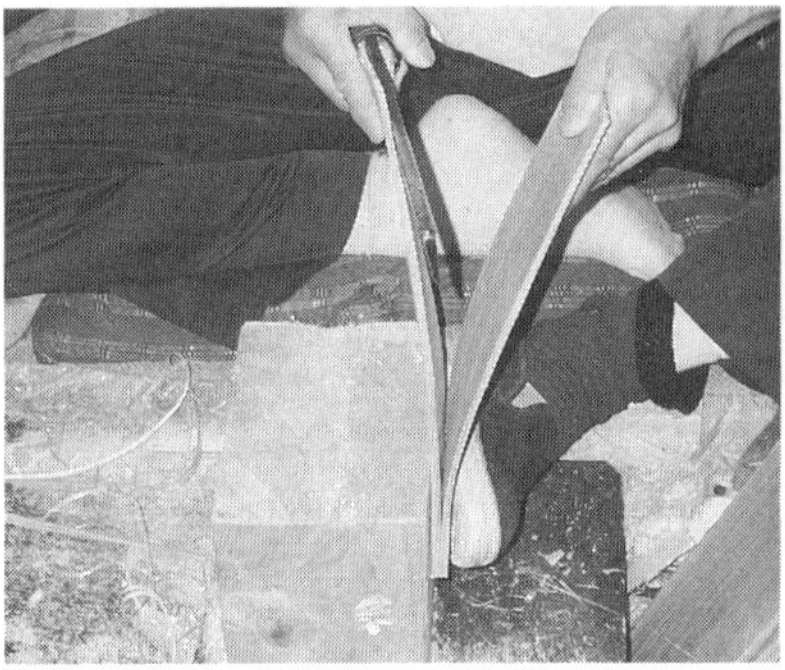

90

図86　脇取り
図87　拗じ割り
図88　最後の二分割　木口が開けば，両手で引き裂くように割る
図89　1束15kgを二つ合わせて30kgというのは檜皮の丸皮と同じ
図90　数寄屋造の庇に使われる長めの割板

を木槌で打ち込む時も必ず厚みが同等になるとは限らないので、割れた大きい方を包丁で抉《こじ》て加減をし、双方の厚さが平均化するように調整する。

最後の二分割は包丁で口開けして、親指で包丁の背を押さえるようにしたい。両手で引き裂くような動作で、厚みが平均になるように断ち割ると、その両面が耐水性に優れた柿板の表側になる。昔も今も変わらない原始的とさえいえる方法で、木の目に従って割られる柿板は、木の目が切れないことが耐久力のうえでの要件である。屋根に葺かれた場合、一枚一枚の間に空気の層ができ、雨水が速やかに流れて柿板に染み込まず、乾燥も早いといえよう。

完成した柿板は一束一五キロであり、二つ合わせて結束する。

⑥今後の課題について

柿板を作る原木となる木は、枝の位置が高く素直に伸びていることが要求される。輪切りにしたものに筋が入り込んでいたり、木目が曲がっていては割ることができず、柿板材料としては不適格である。また、原木からの板の取り方にも注意を要する。前述のように原木を四つ割りにすると端材に板目割りが現われる。板目割りはほぼ例外なく反る。板目の木口を見ると、年輪の外側が木表で、内側（芯側）が木裏である。「木表側に縮む」のも、年輪の形からして、新しくできた軟らかい方が円周も長く、その分多く縮むからである。「木偏」に「反る」と書いて「板」と読むのも、あながち根拠がないことではない。

このようなことをわざわざ書くのも、昨今は椹の秀材が減少したため、従来なら初期の検品で撥《は》ねていたような二等材が混入する恐れが出てきたからである。

昔は製材の機械はなく、薄い板は鋸で挽くより割った方が手っとり早いということから板を割る技術についてはよく熟練したものだった。数寄屋造の天井や庇の化粧裏板などにもよく割り板が使われた（図90）。

そして、一番安易な方法として割られた柿板も、社寺や書院建築において次第に高級化して現在のような工法となってきた。それだけに、日本建築の粋ともいえる柿葺の伝統を守るためにも、安易な妥協は許されるものではない。

竹釘を作る

なぜ竹釘なのか

竹——種子植物の仲間である竹は、わが国の豊かな森林地帯のまわりに多くみられ、ヒトがこの島弧群に住み着くはるか以前から、自生していたと思われる。

農耕用具をはじめ、貯蔵用や狩猟用、運搬用にも、丈夫で軽い竹は重宝されただろう。竹筒や樋などの単純なものから、先史時代の祭りには竹笛が太鼓など打楽器とともに使われていたのは容易に想像できる。後世の笙《しょう》や尺八も竹製品である。

また、そのほか弓矢などの武器や、簗《やな》・魚籠《びく》・筌《うけ》などの漁具に使われ、葉は生薬、竹の皮は防腐力のある包み、筍は食用に用いられた。

ただ「風土記」などによると、八世紀頃の日本国内では、竹は珍しい植物であったようだ。和銅六年（七一三）の風土記撰進の官命に応じて、諸国の地誌や物産、民俗などの記録が丹念に集められているが、ここにも竹に関する記述は驚くほど少ない。参考までにいうと、現代でも日本の森林面積約二六〇〇万ヘクタールのうち、竹林は一〇万ヘクタール（〇・三八％）と意外に少ない。竹は人里近くのめだつ所に多いため、実数より多いように思われるが、山中ではほとんど見かけないことからも、竹の絶対数が少なかった可能性が高いと思われる。

建築関係の材料としても竹は有用であり、軽く弾力性があって、縦方向に細く割り裂くことができることから、屋根、壁、床などあらゆる所に、使い勝手のいい材料であった。

そして、竹釘も私たち檜皮葺師や柿葺師にとっては、欠かすことのできない竹製品のひとつである。現場で仕事をしていて、見学に来た人々が興味深げな表情になるのが、奇妙な形をした屋根金槌で、竹釘を一本一本、葺材に留めていく瞬間である（図91）。

まず、長さ一寸二分（三・六センチ）、径一分（三ミリ）の竹釘を数十本、適当に摑んで口の中に放り込む。これを頰と歯茎の間に納めて、次に舌の先で転がしながら先の尖った竹釘の先端と根元の方を一本ずつ選り出す。さらに尖った方を内側にして、舌先で押すように唇に送り出す。慣れないうちは口腔が荒れたり、稀には口の中に竹の棘が刺さることもある（図92）。

利き手で持つ屋根金槌の頭は立方体状をしており、柄の内側には伏金《ふせがね》と呼ばれる長さ一寸五分（四・一センチ）、厚み二分（六ミリ）程度の、竹釘を受ける溝を切った金具が取り付けてある。

竹釘を打つ際は、この金槌を持ち、もう一方の手で葺材がずれないように軽く押さえる。次に金槌を持

図91　口から竹釘を出して檜皮を葺く筆者

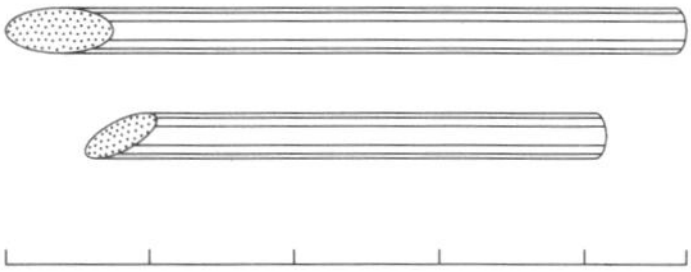

図92　竹釘　長い方が軒釘（長1寸6分＝4.7cm），短い方が地釘（長1寸2分＝3.6cm）

図93　年月を経て檜皮が磨り減ったあとも，腐らずに残る竹釘

った方の手をみずからの口の前に構えて、写真のように親指と人差し指で竹釘の元の方をつまむように持つ。この時には竹釘の元の方が伏金の溝にはまっている必要がある。

次に、葺材上に仮留めをするため、屋根金槌の柄で押しつけるように檜皮や杮板に強く捩じ込む。そうすると竹釘は葺材上に軽く突き刺さった状態になる。そこで屋根金槌の頭の部分で三〜四回叩いて打ち込むのである。

書けばこのように長くなるが、竹釘を一本打つのは二〜三秒もかからない。見ている人々は、まるで機関銃のように口から竹釘を揃えて出し、機械のように正確で緻密な屋根を葺いていく技術には感心されるようだ。

竹釘は檜皮葺や杮葺のような植物性屋根材を葺く以外にも、建具や家具の製作などにも広く使われてきた。ただ現在屋根用以外はすべて機械化生産されているようだ。竹釘は鉄釘が一本一本手作りで貴重品だった頃にも、素材は身のまわりにあり、加工技術さえ修得すれば作ることができた。

筆者の所なども、戦前までは見習いの若い職人の仕事だったそうで、夜なべ仕事に作っていたと聞いている。現在では自家生産しているような所はなく、兵庫県氷上《ひかみ》郡山南《さんなん》町に専門業者さんが一店あるだけである。

竹釘の材料はかつては真竹《まだけ》（苦竹）と決まっていたようだが、現在ではほとんど孟宗竹《もうそうちく》を使用している。日本の竹類は中国を原産とする孟宗竹が全体の五〇％を占め、真竹の三〇％がそれに続く。他に淡竹《あわたけ》・根《ね》曲《まがり》竹《たけ》などがある。

竹には六〇年ごとに厄年があるといわれているが、実際は一二〇年周期である。花が咲くと一斉に枯れてしまうので、この影響もあるが、そもそもいい真竹が少なくなったことが孟宗竹の使用が主流になった原因のようだ。

竹は植物学上の分類では、イネ科の六つある亜科の中でタケ亜科に分類されている。竹は花が咲き、実がなる種子植物だが、地下茎で繁殖する。イネ科のほとんどは草だが、竹は一見すると木に近い。このように竹は昔から「木」でも「草」でもない特異な植物と考えられていた。

竹は地上に筍として頭を出してから約三カ月で一人前の成竹となる。『竹取物語』のかぐや姫が三カ月で一人前の美しい娘に成長する話も、このあたりから来ているのであろう。春先のやわらかで小さな筍が、夏前には青々と茂った成竹になるのも、凡草衆木の成しえる業ではなく、「節や空洞（かぐや姫を宿した子宮?）」や「強靭な生命力と地震にもびくともしない地下茎による地盤形成」、「神秘的な一斉開花と枯死」など、竹には何か特別な霊力が宿っていると、昔の人が考えたとしても不思議ではない。

ところで、竹釘は鉄釘と違って腐食しない。鉄釘は一見強そうだが、錆が回れば案外脆く、平頭の部分がすぐ取れてしまう。竹釘の場合は屋根金槌で打ち込む時に、頭の部分がほどよく潰れて、ちょうど鉄釘の頭部のような平らな形になり、葺材がそれ以上に浮くこともなく、しっかりと留めることができる。

古い屋根の修理を頼まれて屋根に登ると、屋根一面に苔むした状態で、葺材も摩耗して薄くなっているのに、竹釘だけはサボテンの針のような形で、しかも何列にも列をなして腐らずに残っていることをよく見かける（図93）。また、覆屋に被われた建物や厨子などは、竹釘の位置や釘穴の有無によっても、屋根の葺かれた年代がわかり、編年の際にも役に立つ。これらのことも、竹釘の強靭さや耐久性を物語っている。

一方、竹釘の弱点を指摘する研究者・技術者の声も聞かれる。「竹釘は寒冷地に弱い」との意見である。これらの説は、関係者の間では比較的知られている説で、確かに首肯する部分もあるのだが、檜皮葺・杮葺の職人の立場から、二、三の疑問も残るので、その点を少し述べてみよう。

たとえば檜皮葺の建造物の歴史的に見た北限の地は富山、長野、群馬、茨城を結ぶ北緯三七度前後にある。柿葺についても信州地方については「江戸時代には檜皮葺が試みられたが、使用する竹釘が積雪寒冷地に弱いため、結局は柿葺に戻ってしまい、以降は檜皮葺が現存するのは善光寺本堂だけになってしまった」との話も知られている。

しかし、これらのことが本当に竹釘の寒冷地における脆さに起因しているのだろうか。どうも筆者にはそうでないような気がしている。もともと竹釘は、真竹・淡竹・孟宗竹などの稈《かん》を主原料として、所定の形にしたものを昔ながらの大鍋で焙煎している（次項参照）。焙煎中には竹に含まれた油脂分（竹瀝《ちくれき》）や酢酸、メタノールなどが溶け出し、弾力性があって耐水性も強い。

また、高野山などの山頂の伽藍には瓦葺の建物は少ない。というのも冬期、零下一〇度にもなる真言系や天台系の山岳寺院では瓦は含水率の関係で、凍ると割れたり爆《は》ぜたりするからである。これは山頂での多くの寺院の屋根が、檜皮葺ないし柿葺や栩《くぬぎ》葺、さもなくば銅板葺や銅瓦葺など金属性の屋根が多いことでわかる。檜皮葺や柿葺などの植物性屋根材では、大量の竹釘を使うので、もし竹釘が寒冷地に弱いのなら、高野山頂などにあれだけ多くの檜皮葺・柿葺の建造物が集まっていることの説明がつかない。

また江戸時代に長野県で、一度柿葺から檜皮葺に葺き替えた屋根が、「竹釘が積雪寒冷地に弱い」ため再び柿葺に戻ってしまったという話も不可解である。これも本当の原因は竹釘ではないような気がする。前述したように柿葺も檜皮葺と同様、昔から竹釘を使用しており、江戸時代の信州においても然りなのである。この場合、まったく別種の屋根材に替えたのならわかるが、双方とも竹釘を多く用いる檜皮葺と柿葺で交互に葺き替えてみても、竹釘が原因なら結果は同じであったはずだ。

たしかに同じ竹釘を使うのなら、冬場に氷点下になる所より温暖な地方が条件がいいのは当然である。ただ、このことが檜皮葺や杮葺の建物の全国的な分布に影響を与えるほどの相関関係はないのではないか、ということである。

詳しい統計をとったわけではないので、明言することはできないが、檜皮葺や杮葺の建造物の全国的な分布状況と、その葺材の原料となる檜・杉・椹などの天然材の分布状況が不思議と一致している。近世以前のように、運搬手段が十分でなかった時代には、杉や椹などの自生地の北限や分布状況に、檜皮葺や杮葺の分布も左右されていたのではなかったのか、と考える。

ちなみに、先の長野県のケースでも、檜の天然林の分布は長野県西部に大きく偏っており、信州ならどこにでも豊富な檜山があるとは限らなかったようである。『木曽式材木運材回絵』（嘉永六＝一八五三年）などによると、信州の用材は地形上からも南北には運びやすく、東西方向には険岨な山脈が幾列も走っており、これに阻まれて難しかった。

とすれば、一時、善光寺などに倣って屋根を檜皮葺に替えたものの、手近にある杉や椹の杮葺に戻した、といった単純な理由であった可能性もあろう。

いずれにしても、寒冷地に竹釘を使った屋根が少ないことの原因はひとつではなかろう。このことは『修理工事報告書』やさまざまな文献を丹念に読んでも、今ひとつはっきりしたことはわからない。江戸時代の信州における「杮葺」の厚みが予想外に厚く、竹釘が貫通しなかったことが一因である可能性もある。読むべき文献、着目すべき事柄も看過しているかも知れないので、このテーマは引き続き調べてみたいと思っている。

竹釘生産の技術

①荒取りと割り（図94・95）

そもそも竹釘は表9で示す通り、檜皮用と杮用があり、それらはさらに長さ一寸五分（四・五センチ）の軒釘用と、一寸二分（三・六センチ）の地釘（平葺）用に分けることができる。地釘はサイズが違うが、軒付用の竹釘は檜皮葺も杮葺も兼用のものを使うことが多い。

檜皮葺や杮葺の屋根を葺くのに、一坪当たり軒付で二五〇〇本、平葺だと四〇〇〇本近い竹釘を使う計算になる。

まず、荒取りであるが、この作業の原材料となる真竹や孟宗竹は、周径が七〜八寸（約二〇〜二五センチ）程度のものがいいとされ、節の間隔が比較的広く、素性のいいものを用意する。節の位置などにもよるが、おおむね二尺五寸（七五センチ）から三尺（九〇センチ）程度の長さの竹が扱いやすい。丸鋸を使ってこのサイズに切断した竹の節の部分を、小振りの反り台鉋を使って削り取る。

次に用意した竹の端に節がくるように、竹の位置を決めて、包丁を使って縦方向にまず二分割する。さらに四分割、八分割、一六分割と割っていくと、最終的には五分（一・五センチ）幅くらいになるはずである。この工程を割りという。

さらに竹の外側の緑色の皮の部分と、内側の白い肉質の部分を包丁で分離させる。竹釘に使用するのは堅いこの皮の部分である。

機械を使う場合は、竹の中間に一〜二カ所ある節をあらかじめ鉋で削っておく。所定の分割をしたあとは、機械によって皮と肉とを荒剝ぎして整える。これらは五分程度に小割りしたあと、しばらく天日干しにしておく。

②小割りの作業（図96～98）

この工程には一部を機械作りとした場合と、すべてを手作りとした場合があり、若干工程が違う。かつて屋根葺業者が竹釘を内製していたころは、夜鍋仕事としてすべてを手作りしていた時期もあったが、竹釘の製造業者が一軒となり、そこで全国の需要を賄うとなると機械の導入は不可避であった。

機械を使う場合は、皮と肉質を分離しておいて天日乾燥したものを、機械で小割りにして、さらに面取り作業も機械でこなすことができる。

一方、手作業の方は五分幅くらいに小割りした竹を、端の方に節を残して櫛の歯のように、小刀で五分割する。分割する幅は、生産する竹釘の径により若干違う。

次に、節が繋っている方を元に持って少し捩じるようにすると、角張った部分が上を向くので、これを小刀で削って角を丸く落とす。これを面取りという。表裏ともこうした面取りを繰り返すと、五分割している長く細い割り竹は、竹籤《たけひご》のように細長い棒状になる。

③裁断と焙煎（図99～101）。

裁断の工程も今は半自動化され、面取り竹を数本単位で馴染みよく並べ切断することができるようになったが、ここでは古来の手作業について少し述べる。

まず、図99のような竹釘を裁断するための専用の切り台を用意する。そして皮の方を残して、肉質の方

表9　竹釘の仕様

種別	長さ（cm）	周径（mm）	用途など
檜皮用	1寸5分(4.5) 1寸2分(3.6) 1寸1分(3.3)	1分5厘(4.5) 1分2厘(3.6) 1分　(3.0)	主に軒付用だが，平葺の奥釘としても用いる 平葺用．一番大量に使うサイズ 通常はあまり使用しない．他に特注品もある
柿用	1寸　(3.0)	8厘　(2.4)	柿葺専用．長さ，径とも小ぶり

96

94

97

95

図94　荒取り　素性のいい真竹や孟宗竹を70-90cm程度に切り，鉋で節を削り取る
図95　包丁を作って竹を分割していく
図96　分割した竹を選別する
図97　手仕事による小割りと面取り

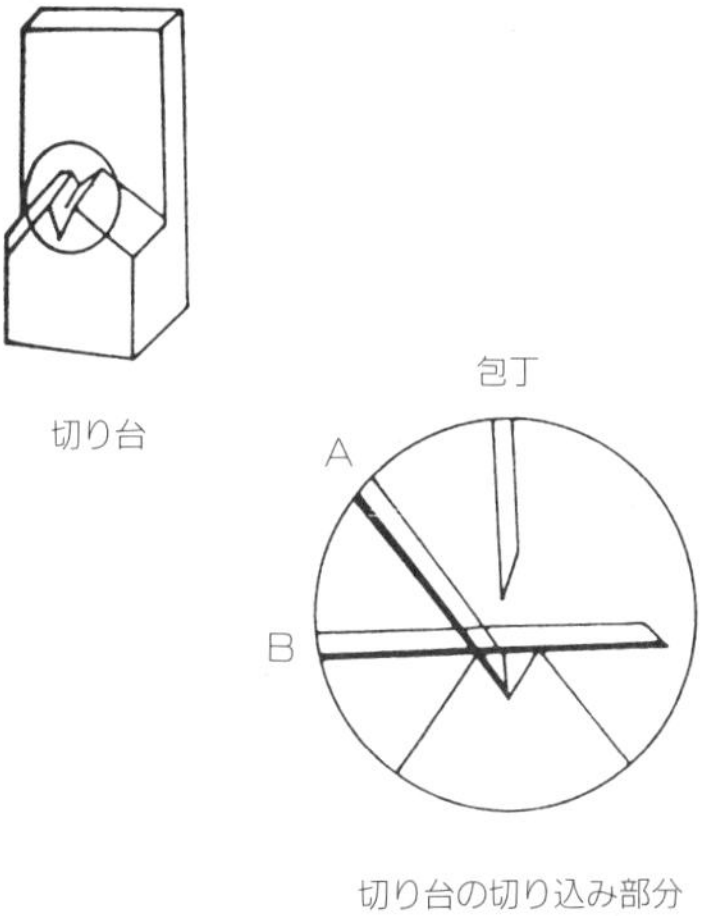

99

98

101

100

図98　手仕事による面取作業　小刃を使って竹籤状に削る
図99　手作りによる竹釘作り
図100　竹釘の天日乾燥
図101　大鍋による焙煎と攪拌（手前の筵の上が完成品）

を斜めに削り取る（A）。これを先削りという。竹釘の先端を斜めに切り台の切り込みに立てて、先端の角度を決めて包丁で切断し、先を尖らせる。

次に竹を水平に持ちかえて、一寸二分や一寸五分などの所定の長さに、元を直角に切り落とす（B）。先と元の順にこの作業を繰り返して、一度に五本ずつ裁断していく。機械作りと比べ、個々の竹釘に多少のバラツキがあるが、古来の竹釘生産の技法として守り伝えていかねばならない技術であろう。

最後に焙煎の工程に移る。裁断した竹釘は一定期間、天日乾燥したあと、大鍋で攪拌《かくはん》しながら焙煎する。焙煎によって竹に含まれた油脂分が自然に溶け出して、飴色のつややかな肌になって竹釘自体も強くなる。同時に竹釘から出ている細いヒゲ（繊維）もとれてしまう。竹釘は口に入れるので、清潔であるとともに、表面がなめらかで棘のようなものが出ていないことが肝要である。

保管に関しては、カビなどの原因となる湿気には十分な注意が必要であり、通気性のいい冷所での保管が望まれる。

檜皮を拵える

洗皮と綴皮

立木から剝かれた檜皮は「洗皮」や「綴皮」と呼ばれる加工工程を経て、形状・厚みとも一定に揃えられる。

洗皮とは檜の立木から採取した檜皮（原皮）を、檜皮包丁を使って一・五〜二ミリ程度の厚みに整える工程であり、通称「洗《あら》い出《だ》し」とか「洗濯《せんたく》」とか呼ばれている。一方、綴皮は洗い出した皮を平皮用や道具皮用などの定形に加工する工程をいう。

瓦や最近の新建材と違って、幅も厚みも一枚一枚微妙に違う天然の檜皮を檜皮包丁一丁で筋違いに切り落としたり、少しずらして包丁の切っ先で重なった部分を小突いて綴り合わせていく。

たしかに美しい曲線を作る葺きの工程は、綿密な技術が求められており、珍しくて見応えのある作業ではある。ただ檜皮葺工事全体からすれば、「葺き」の工程は一部であり、前述した「剝き」の工程や、これから述べようとする「拵え」の工程など、多くの施工工程と、それぞれに携わる人々に支えられているのである。

たとえば檜皮葺の平葺工事の場合、標準的な工事仕様の三割落平皮《さんわりおちひらかわ》（皮長さ七五センチ、口幅一五センチ、尻幅一〇・五センチ、葺足一・二二センチ）を用いたとして、一平方メートルの屋根を葺くのに一日八時間労働とみて、職人が二・四二人必要になる。その内訳は葺きの工程が〇・六一人に対し、洗皮や綴皮といった拵えの工程は一・八一人かかることになる。

すなわち、拵えの工程はめだたない地味な作業であるが、葺きの工程の約三倍の手間暇がかかっている。もちろん剝きの工程は別にしての話であり、それまで加えれば、一平方メートルの屋根を葺くのに職人四〜五人はかかる心積りをしておかねばならない。

洗皮と綴皮の工程は、通常は檜皮拵えの過程では交互にくるものであり、原皮を潰して洗皮が適量貯まれば、次の綴皮の工程に移り、檜皮製品が完成すればまた洗皮に戻るのである。このような工程を繰り返しながら、平皮、道具皮（生皮《なまかわ》、隅皮《すみかわ》、谷皮《たにかわ》、面皮《つらかわ》、鏡皮《かがみかわ》など）、上目皮《うわめかわ》、軒皮《のきかわ》など大小数十種類にも及ぶ檜皮製品を作り出すのである。

では、すべての基本となる檜皮生産の手順を平皮と生皮に分けて述べてみたい。

①平皮（図102～108）

まず、檜皮の生産にあたっては、すべてに共通することであるが、檜皮の原皮はおおむね四～五ミリ程度あり、これを二、三枚にはがすことからはじまる。檜皮包丁の峰の方を使って、少し斜めに持った原皮の木口を数回叩くと、木口は何枚かに開いてくる。

口開けが終わった原皮を両手で持って、厚みが一・五～一・八ミリ程度に平均になるように見当をつけて、一尺程度まではがす。

原皮がはがれた所に檜皮包丁の刃の方を入れて、檜皮の繊維に沿って多少拗じるように一気に尻先の方まではがす。はいだ檜皮は檜皮包丁でさらに凹凸を整えたり、ヤニや一部に残った鬼皮などを除去する。洗い出しをした檜皮は種類別に積んでおく。

次に、こうして厚みや幅を揃え終わった洗皮が、一〇間束（一束で直線に並べて一〇間＝一八メートルを葺ける檜皮の分量）換算で、二、三束分貯まったところで、綴皮の工程に移行する。

綴皮にあたっては、洗皮のうち割れ気の少ない檜皮を選び、斜めに檜皮包丁で裁ち違えたうえで、それぞれの幅の広い方を元に使うようにする。この裁ち加減で尻幅の広さはどうにでも調整が可能である。

綴皮は利き手の方に檜皮包丁の刃が上を向いた形で、手の甲が下になるように握る。あらかじめ洗い出してあった檜皮から、長皮（長さ七五センチ、口幅一五センチ、尻幅七・五センチ＝半落平皮の場合）の形になりそうなものを選んで組み合わせ、相方の重なり合った部分を押さえつつ、檜皮包丁の切っ先で檜皮どうしを綴り合わせていく。

口の方の重ねはごく僅かにして、尻手の方を六〜七ミリ程度ずらして重ね、この重ねた部分を綴っていく。包丁の先でリズミカルにこの部分を数回程度小突くと、上の檜皮が下の檜皮に入り込み、はずれなくなる。ちょうど針なしホチキスの原理である。

綴り上がりの一枚の口幅が五寸（一五センチ）になるように、足りなければ細い檜皮を添えてやるなど、二、三枚の檜皮を綴って形を整え、檜皮を横方向に持ちかえて、木口の部分を檜皮包丁で一直線に切り揃える。

口幅を揃えた皮は、少しずつずらした五枚一組の段に積み上げ、ある程度檜皮が貯まった段階で、一五枚ずつ背中合わせにもつ、さらにその外側に綴目のない宛皮《あてかわ》を各一枚ずつ当てる。宛皮は普通は黒背皮で、綴皮の分離を防ぐ役目ももつ。

最後に平皮の中ほどと尻先近くの二カ所を紐で結束する。これを縦横二束ずつ、計四束で大括りすると、一〇間束の平皮一束となる。また、長さ一尺五寸（四五センチ）以下の平皮の場合は、六〇枚を小束とし四束括りで二尺五寸（七五センチ）と、平皮の倍の二〇間束を原則にしている。

②生皮（図109〜113）

生皮《なまかわ》は道具皮の代表的なもので、平皮がスタンダードな平葺に使用するのと比べ、箕甲《みのこう》部分をはじめ、特殊な仕様に供する檜皮である。

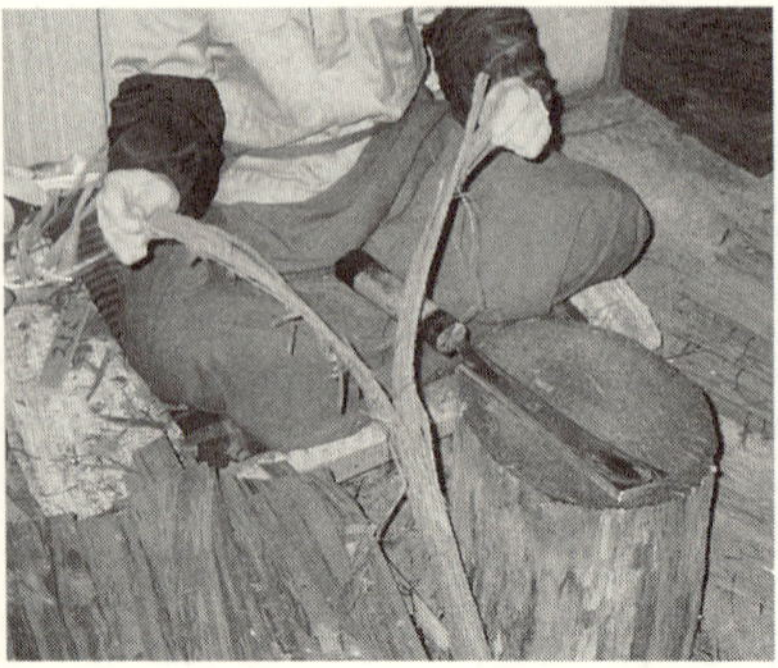

102

檜皮包丁で斜めに裁ち違える

重なりの部分(斜線)を綴って1枚の皮にする(口幅15cm,尻幅10.5cm)

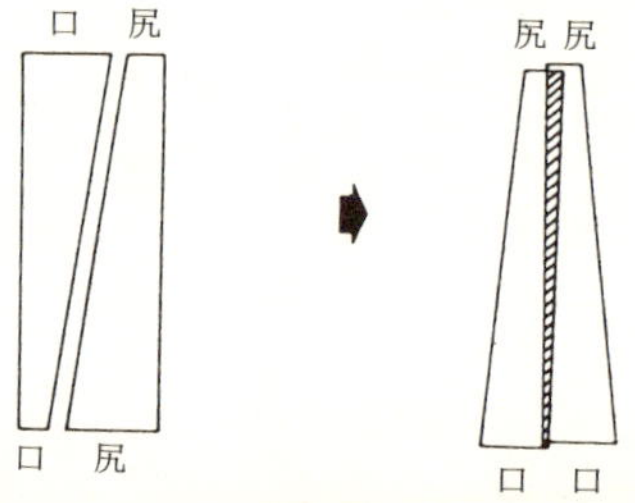

104

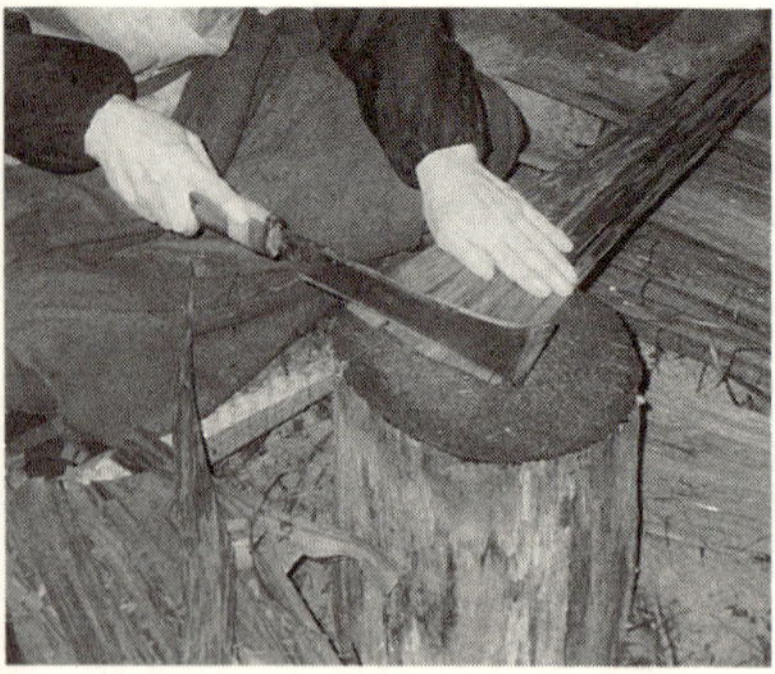

106

図102　檜皮包丁の峰の側を使って口開けする
図103　口開けした檜皮を両手で1尺程度まではがす
図104　檜皮包丁を使って尻先まで分離さす
図105　檜皮包丁で斜めに裁ち違えて，片方の方向を変え，重なりの部分を綴る
図106　檜皮包丁の切っ先を使って，リズミカルに綴っていく
図107　檜皮を横に持ち変えて木口部分を一直線に切る

109

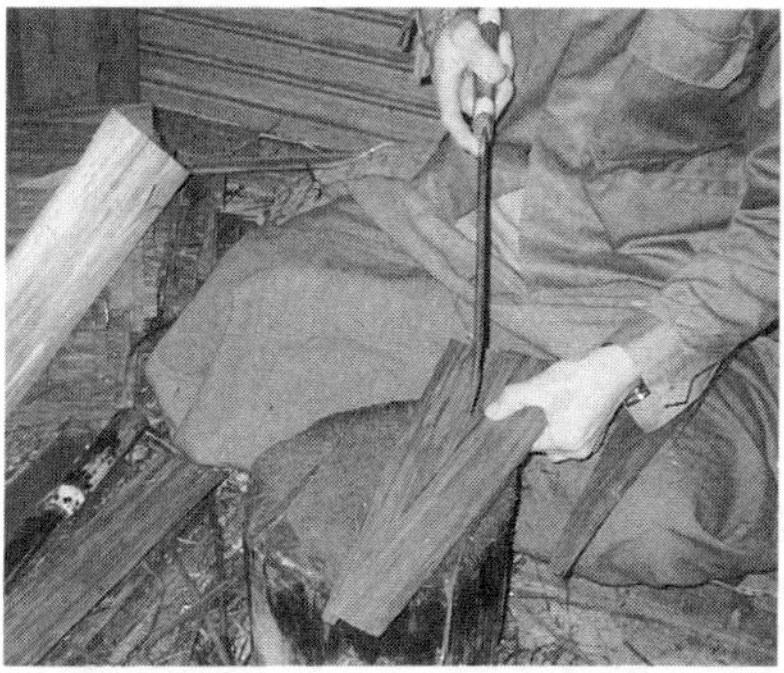

111

113

図108　拵えた平皮を15枚ずつ背中合わせにする
図109　割れ気のない皮をあらかじめ選んでおき，まん中で2分割する
図110　口幅や尻幅を考慮に入れて裁ち違える
図111　それぞれの弧形に応じて，檜皮包丁を使って綴っていく
図112　廻し包丁（生包丁）を使って木口を切り揃える
図113　道具皮には大小があり，木口の曲線も多様である．小さなものは「ギリ」と呼ぶ

道具皮はあらかじめ選別しておいた割れ気の少ない檜皮を、平皮同様、厚みや幅を一定にするために檜皮包丁を用いて洗い出す。生皮で長生用《ながなま》（二尺五寸＝七五センチ）と呼ばれる種類は、現代では特殊な仕様であり、普通は二つ切り（一尺二寸＝四五センチ）に裁断する。

口幅・尻幅とも一定にするため、原皮を裁ち違えたりして、ある程度洗皮を貯めるようにする。ここまでの工程は平皮の生産とほぼ同じである。

次は綴皮であるが、平皮と違うのは尻幅や檜皮の長さは箕甲の深さによっても異なるため、実際に屋根に葺いた時に、尻先に隙間が開かないように気を配る。

ある程度、綴皮が貯まった時点で、廻し包丁（生包丁）を用いて、檜皮の木口を緩い半月形に木口切りする。弧形の廻し程度は、箕甲の深さに比例するので、慎重を期するためにあらかじめ口裁ちした皮を数枚並べて、箕甲の深さを勘案しながら廻し包丁で口裁ちする個所を決める。

廻し包丁のサイズは長さ、曲線の弧の大小によって何種類もあり、箕甲の大きい屋根は弧も大きく、小さいものは弧も小さいので、それぞれにあった廻し包丁を何本も用意し、それぞれにあった包丁を選ぶ必要がある。一般に棟際近くには弧の角度はきつく、したがって木口の曲線は急角度で曲がっている包丁を使わなければならない。

檜皮葺や杮葺にとって、仕事場での下拵えは屋根の上での作業能率を上げるための準備である。そのためには片時たりとも気を緩めることはできない真剣勝負の場である。

かつて、建築史家の鈴木嘉吉氏（元・奈良国立文化財研究所長）は、「一見して乱雑であるが、よく見れば一物の放恣も許さぬ空間」と看破された。まさに言いえて妙であろう。

檜皮生産の技術

っていることによる。

①原皮《もとかわ》（丸皮、図30）

檜皮採取によって集められた原皮は、丸皮として結束され流通していることは先にも述べたが、これらは尺貫法による一丸八貫（約三〇キロ）、一駄四〇貫（約一五〇キロ）が、現在でも業者間の取引単位になっていることによる。

一丸は標準的には長さ二尺五寸（七五センチ）に結束された原皮を言うのであり、現代においてはこのサイズがスタンダードになっている。他に丸皮には三尺（九一センチ）物や四尺（一二一センチ）物などがあるが、これらは出雲大社など特殊なケースを除いて、あまり生産されていない。三尺丸皮の一丸当たりの重さは、二尺五寸と同様三〇キロと決められており、長さが長い分、丸皮の直径は小さくなる。四尺丸皮の場合は、昔、高野山で採取された一丸三七・五キロの大型のもので、特例として四丸で一駄と計算する。四尺丸皮はこの長さのまま使用することはなく、三つ切りまたは四つ切りとして使用したが、現在では汎用性のないサイズなので、特別注文以外ほとんど生産されていない。

各種の原皮とも、長さや太さは違っても、いずれも一駄（一五〇キロ）を生産単位としているが、自家生産・自家消費の場合は持ち運びしやすいように二〇キロ程度の矩形に括っている例もあるようだ。

②平皮（図114・115）

長さ二尺五寸（七五センチ）、口幅五寸（一五センチ）、尻幅三寸五分（一〇・五センチ）で厚みは五〜六厘（一・五～一・八ミリ）が標準サイズで、檜皮の中ではもっとも多く用いられる。

これらは原皮の節《ふし》やヤニなどを取り除いたり、厚手の皮は何枚かに剝いで洗い出し、所定のサイズに綴り合わせて拵えていく。この綴り合わせの部分がもっとも熟練を要する。

平皮の尻幅は、代表的なものとして「三割落」と「半落」があるが、これらは通称「長皮《ながかわ》」と呼ばれている。それぞれあらかじめ定められた口幅（五寸）に対して、尻幅が何割狭くてもいいか、というところから呼ばれるようになった名称である。たとえば三割落ならば、口幅の五寸に対して尻幅は三割方狭くてもいいことになり、五寸×七〇％＝三寸五分の尻幅になる。

通常、丸皮一束から三割落平皮なら約二・二束、五割落すなわち半落平皮なら約二・七束は生産できるはずである。また先にも述べたように、平皮一束は一〇間（一八メートル）束であるから、この積算数量を理解していれば、何百坪の大屋根であろうと必要な檜皮の束数は簡単にはじき出すことができる。

ちなみに檜皮を屋根に葺く際は、すべてを水に充分浸してから使用するが、これは竹釘を打つまでの滑り止めとして、一種の水糊のような役目を果たすとともに、竹釘を打つ際に檜皮の締まりをよくするためでもある。檜皮一束の重さは、半落一束が約四・五キロ、三割落が約五・二キロ程度であり、水を含ませれば一五％ほど重くなる。この計算でいくと、施工後の檜皮一平方メートルの重さは約二二キロということになる。この割合でいけば、一〇〇平方メートルの屋根ならば、二トン余りの重量ということになり、それは本瓦葺の六トン（土も入れると一二トン）と比べかなり軽い葺材といえる。

平皮には半落や三割落といった代表的なもののほか、「箱皮《はこがわ》」、「一割落《おち》」また「蜻蛉皮《とんぼがわ》」などがある。

平皮の中でも箱皮は、文字どおり口幅と尻幅が五寸ずつと長い長方形をしており、裁ち皮をしていないため、ずいぶんと贅沢な原皮の使い方をしている。昔は箱皮を指定した工事仕様もあったと聞くが、現在では望むべくもない。二割落の平皮も、箱皮と三割落の中間種であり、これも上等の部類に属するが、特殊な仕様の屋根以外に需要は少ない。

逆に、通称蜻蛉皮と呼ばれる種類の平皮は、口幅こそなんとか五寸はあるものの、全体に細身で尻幅も二寸五分以下である。戦後まもない頃を中心として使用された粗悪品の俗称であり、文字どおりトンボのようにあまり身のない細い皮を指して言ったもののようだ。

平皮の長さには、定尺の二尺五寸のほか、長い方は稀だが四尺、三尺があり、短い方では一尺五寸（通称シャクゴ）や一尺二寸（通称フタツギリあるいはハンカワ）、一尺、八寸、六寸などがあり、用途に応じて使い分ける。いずれも拵えの要領は同じであるが、檜皮の長さが短くなるほど綴りをしっかりしないと、実際に屋根に葺く際にバラバラになったりして、かえって手間がかかってしまう恐れがある。

振り返れば昭和三〇年代前半までは、工事仕様書に「現場仕立て」の一項が入っており、原皮を工事現場に納入して、職人が現場に寝泊りしながら檜皮拵えをしていた時代もあった。早朝五時過ぎから職人が次々と起き出し、自炊の朝食を掻き込むと六時頃には七、八人の職人が現場の工作小屋に勢揃いして、阿《あ》彌《み》陀《だ》籤《くじ》で自分の潰《つぶ》す丸皮を決めたという。

当時の職人は出稼ぎ組も多く、大半が出来高払いだったので、勢い平皮が一束でも多く生み出せるような良質の原皮は人気が高かったようだ。同じ丸皮といっても、そこは自然の産物であり、剝いだ檜の性質や原皮師の技量によっても、多少のバラツキはある。経験豊富な職人たちが、自分の仕事がしやすいように丸皮を選り好みしたのも仕方がないことだった。しかし、この制度も時代とともになくなり、完成品での搬入一本になってきた。

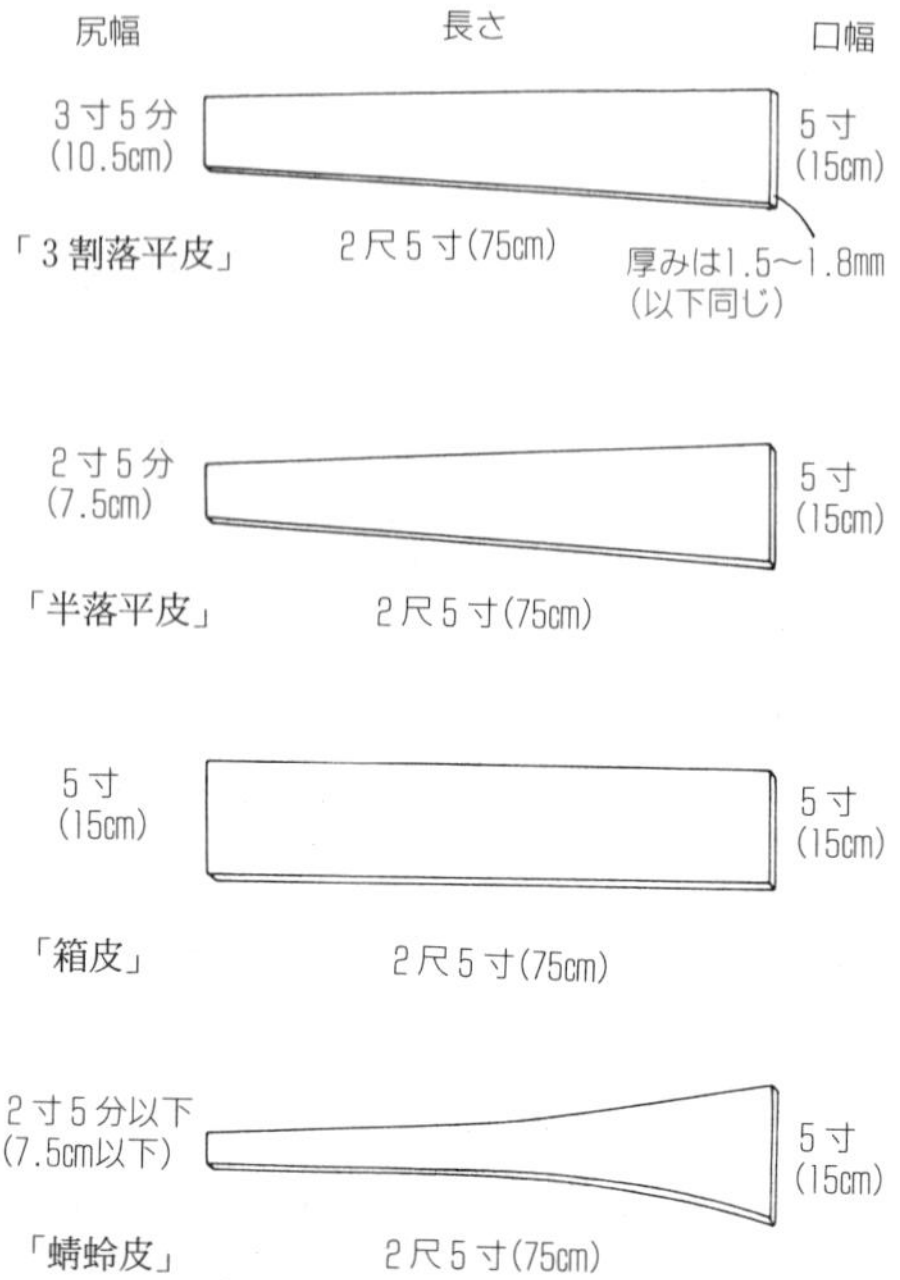

図114　平皮の概念図

図115　平皮を使用した葺きの作業

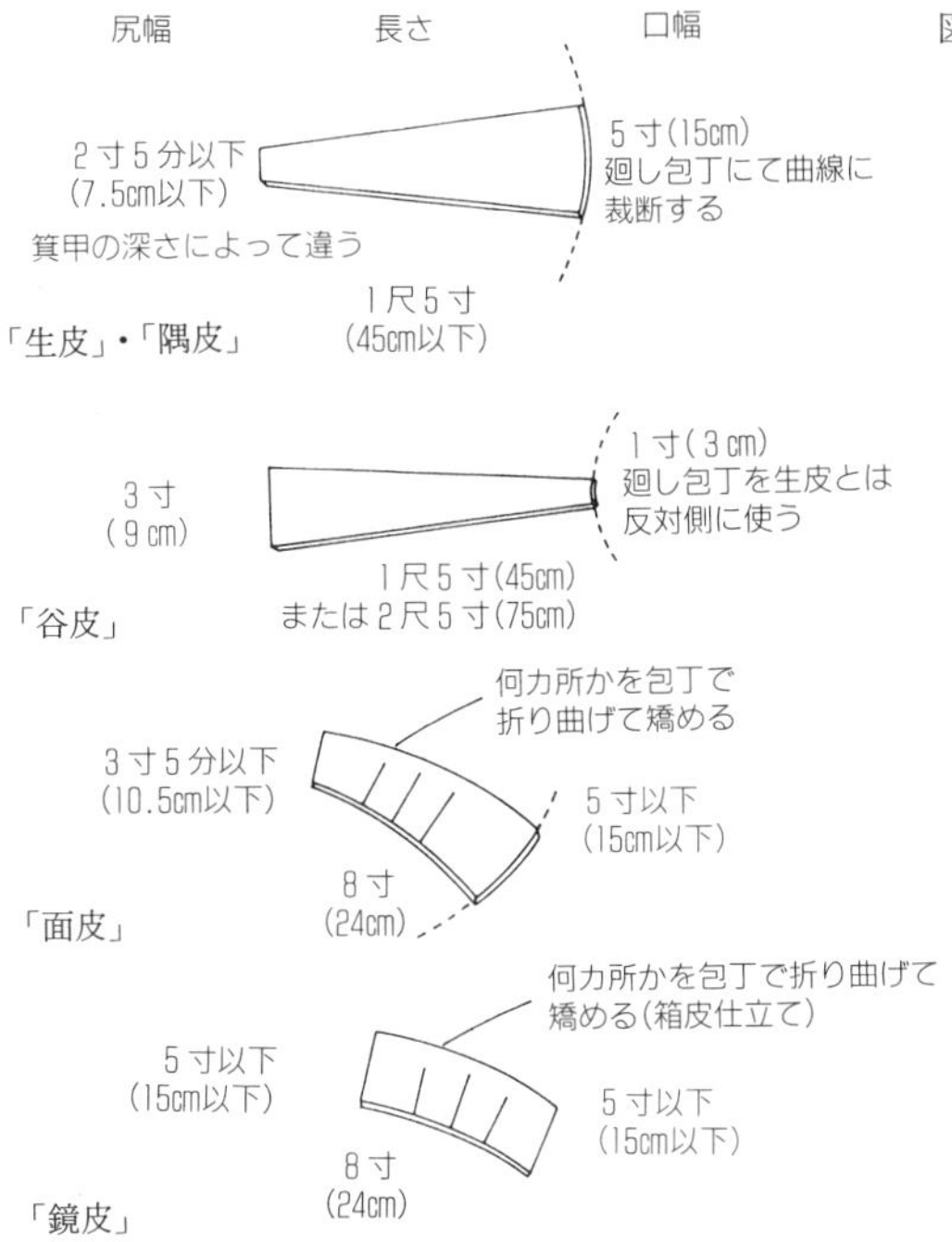

図116　道具皮の概念図

図118　長上目（左）と軒皮2束（右）

図117　隅皮を使用した葺きの作業

③道具皮（図116～118）

通称「役物《やくもの》」と呼ばれる特殊な用途の檜皮製品の総称で、平葺や軒付以外の箕甲や隅、唐破風《からはふ》、千鳥破《ちどりは》風《ふ》などに主に用いられる。形状や厚みもさまざまだが、洗皮の工程の中で割れ気が少なく良質と思われる檜皮を、道具皮用に選別しておき、のちに各道具皮の用途に応じて整形するのが一般的なようだ。

また、檜皮採取からの一貫作業が可能な場合は、立木から剝いだ時点で檜皮の良し悪しはわかるので、別途に結束しておくと洗皮・綴皮の際に助かる。葺の作業ではこれらの道具皮を使う所を「役所《やくどころ》」という主にベテラン職人が担当することが多いが、これらの道具皮を自由自在に使いこなすようになれば、一人前の葺師といってもいいのだろう。

道具皮の中では、洗皮と綴皮の項でも述べたように生皮を一番よく使う。生皮は箕甲皮あるいは単に破風皮ともいい、箕甲部分の登り専用に使う。上質であることが条件であり、長さ二尺五寸の長生《ながなま》は建物が大きく箕甲が深いものに用いる。昨今は原皮を二つに切ったものが主力のようであるが、尻幅の落とし加減は、建物の大小や箕甲の深さによって調整することになる。一般にこの工程は「生挽《なまひ》き」と呼ばれている。

隅皮《すみかわ》は屋根の平面部分どうしが寄棟の形になる所に発生する平葺の取り合い部分を、隅の背に沿って隙間を取り次ぐ形で埋めていく。隅葺は一間（一・八メートル）葺くのに七～八束は用いることになるが、図117で見られるように、隅の背に跨がるように踏ん張って、檜皮を取り次ぐのはこれでかなり疲れる作業ではある。

面皮《つらかわ》は唐破風の見付の部分に使われる。時に良質で色艶がよく、割れ気のない厚み八厘（二・四ミリ）程度を選抜する。屋根面積三〇坪程度の建物で、片流れ二間（三・六メートル）ほどの唐破風を標準と考えると、長さ八寸、幅三寸以上の檜皮が必要になる。

檜皮の尻先をわずかに裁ち削ぎ落としたうえ、檜皮包丁で左右の裁ち角を切り落とす。木口は弧形に廻し包丁で切り、さらにそれを包丁の刃で何カ所か、折れ目をつけて矯《た》める。これは唐破風に葺いた際に、檜皮どうしが互いに密着し、隙間を作らないためである。

普通は一束は五〇枚ずつ背中合わせに括った一〇〇枚束であり、包丁などで矯めて形作った面皮の反りが崩れないように、藁や檜皮の裁ち屑などを「アンコ」形に間に詰めて、両端を堅く縛る必要がある。

また、鏡皮《かがみがわ》も唐破風に使い、左右から葺き上がった面皮を正面中央部で取り合わせるために使用する道具皮の一種である。通称「一二三《いちにさん》」と呼ばれる厚皮を段葺きにしたあと、わずかに尻手を削いだ箱皮仕立ての皮を、面皮と同様に檜皮包丁を用いて矯めて使う。使用量としてはわずかであるが、唐破風正面のよく見える所なので、良質の檜皮を用いる。

道具皮の最後は谷皮《たにかわ》である。

流造《ながれづくり》や入母屋造《いりもやづくり》の屋根には普通「谷」は出現しないが、唐破風や千鳥破風のついた屋根や双堂《ならびどう》形式の屋根、さらに吉備津造《きびつづくり》や相殿造《あいどのづくり》といった屋根の場合は、周囲から雨水が集まってきて、さながら谷のように水が流れる部分ができることがある。

これらの部分は傷みやすいので、特別に誂えた檜皮で扇形に葺き廻す。長さ二尺五寸（七五センチ）または一尺五寸（四五センチ）の皮を、口幅一寸（三センチ）、尾先三寸（九センチ）くらいとして、口幅は廻し包丁で抉《えぐ》るような形に裁つ。二枚の洗皮を矧《は》ぎ合わせて扇形に綴り、生皮や隅皮とは逆のような形にする。一束は一〇〇枚入りとする。

④上目皮（図120・121）

軒付を積み終えたあと、水切銅板を張った上に平葺部分としては最初に葺く檜皮である。初めは一枚からスタートする平皮の厚みの薄さをカバーし、さらに勾配が緩く傷みやすい軒先部分を保護する役目を持つ。

素材になる原皮は、採取する時や拵えの工程中に厚み一分（三ミリ）くらいの厚手の堅い皮を選んでおいて、長さ二尺五寸（七五センチ）、幅三寸（九センチ）以上、厚み一分（三ミリ）程度の箱皮に仕立てる。

また、図121のように破風用には片方を斜めに切った専用の上目皮を作る。斜めに切った木口を破風の登り軒付側にくるようにして、下から少しずつ皮に重ねしろをとるようにしながら、葺き上げていく。これによって葺厚が安定し、平葺が老朽化した場合でも水がしっかりと取れ、水はけがよくなる。

軒隅用の上目皮には図のような三角形のものを使い、軒先の角度や出具合いによって、木口を包丁で裁って現場合わせで整形しつつ葺いていく。一〇間束と五間束がある。

⑤軒皮（図122）

軒付部分の厚みをつけるために使用する檜皮で、七五センチの原皮を二つ切りにして、そこから直接産出する「挽軒《ひきのき》」（菖蒲軒《しょうぶのき》）と、檜皮拵えの過程で副産物としてできる「出軒《でのき》」とがある。

挽軒は、平皮や道具皮にするには少し細いと思われる幅一寸（三センチ）くらいの原皮を二つに切り、さらに裁ち違えることで、一枚の檜皮から四枚の軒皮がとれる。

出軒の場合は、挽軒のように軒皮を産出するためにわざわざ厚皮を潰すのではなく、平皮を生産する際、裁ち違えた残りが半端なサイズであったり、割れ気があって正規の洗皮としては使えないような二級品の

図121　長上目（2尺5寸のもの）

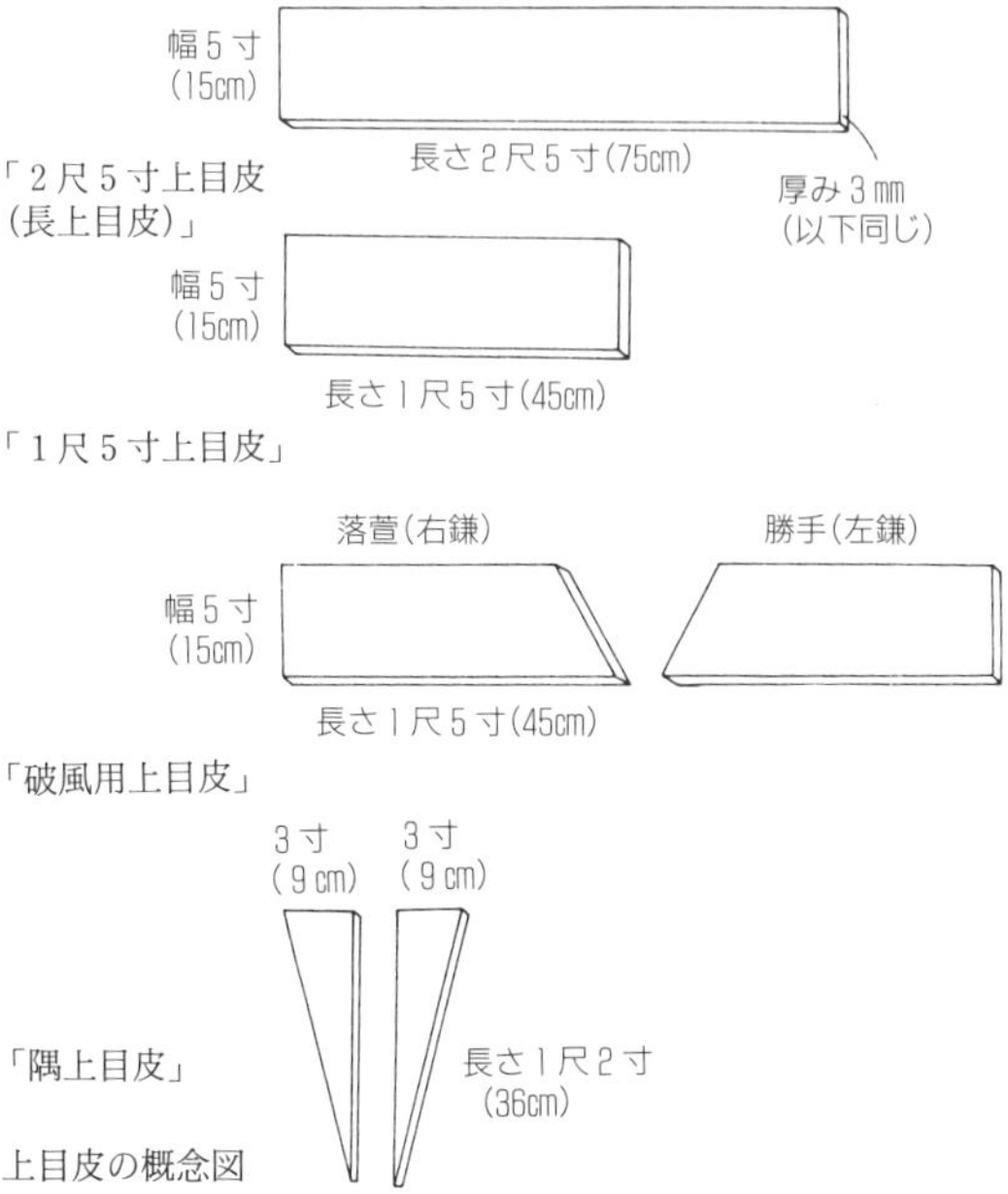

図120　上目皮の概念図

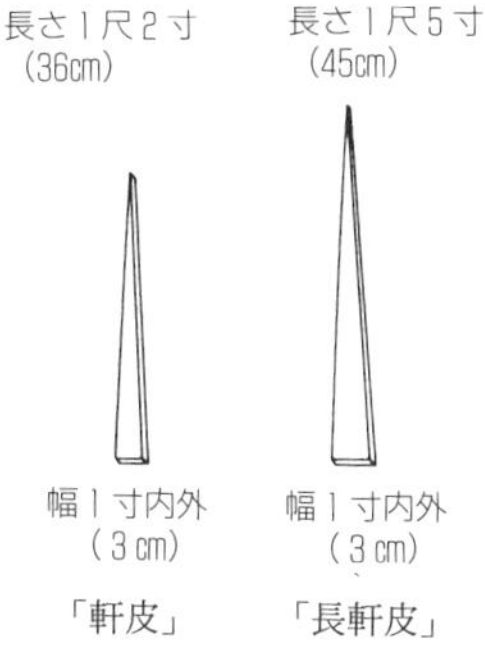

図122　軒皮の概念図

図119　面皮を使って唐破風を葺く　獅子口（瓦）の下の直方体の檜皮製品を絵振台といい，その下が鏡皮，左右には面皮を用いる

檜皮を軒皮として使用する。

洗皮の最中にできた軒皮は、おおよそ直径八寸（二四センチ）から一尺（三〇センチ）程度の丸さに縛っておく。この状態を丸皮《まるのき》といい、軒皮として製品化する際は、この丸皮を桶の水に浸し、五寸（一五センチ）の幅を右から左へ、少しずつの掛羽《かけば》をもって並べ、その一列が終わればUターンして左から右にとって返し、ジグザグとこれを繰り返すことで軒皮を積み上げていく。高さが六寸（一八センチ）余りに達した時点で写真（図118）のように二カ所を括って一束とする。

軒積みは初心者向けの仕事で、慣れれば子供でもできる。筆者なども小学校の高学年になると束数を決めて積んだものだ。一平方メートルの軒付を積むには、この軒皮が三七束は必要になる。

このほか、大きな建物の軒付の最上部に使う「長軒《ながのき》」、野隅で留皮《とめかわ》（後述）との取り合いに使う上質の軒皮で作った「隅軒《すみのき》」、裁ち違いせずブツ切りにした「奴軒《やっこのき》」などがある。なお、「品軒《しなのき》」は瓦棟や箱棟の下の台座部分に使用する軒皮だが、こちらは使用個所こそ違うものの普通の軒皮でいい。

⑥共皮蛇腹

共皮蛇腹《ともかわじゃばら》用の原皮は、割れ目や節穴などのまったくない最高級の檜皮厚皮をもって作られる。この製品は檜皮職人にとっても「幻の材料」といわれるように、一生の間に共皮蛇腹を使う仕事は数えるほどしかないはずだ。厳密に言えば、このような特殊な檜皮材料を普通の檜皮揃えの範疇《はんちゅう》に入れるか否かは迷うところだが、檜皮を使った製品というテーマであり、記録しておく必要があると判断した。

共皮蛇腹は厚手で上質な檜皮を切り揃え、丁寧に削ったうえで脇の一方を裁ち揃える。その後、定規で幅寸法に合わせて、木槌で包丁の背を叩いて裁つ。良質の原皮が手に入りにくくなったことに加え、少なくとも軒付裏甲からの出の寸法の二倍半の長さを必要とし、幅も一寸（三センチ）は必要とする。

仕上げにあたっては、箱型の削り台を用意し、その中に隙間なく共皮蛇腹を詰めて、鉋で削り揃える。材質こそ檜皮であるが、扱いはまるで木の板のようであり、事実、木の板並みの強度と耐久性が要求される。

近年の檜皮不足にともなって、共皮蛇腹用に供することのできる原皮はなかなか見つからなくなった。注文が来るたびに頭の痛い問題だが、稀に檜皮採取の際に出てくる上質の原皮を備蓄しておいて、国宝クラスの注文に備えている。

⑦その他の仕立て皮

●唐破風用絵振台《からはふようえぶりだい》（図119参照）　面皮や鏡皮の項で説明した唐破風において、獅子口《ししぐち》（瓦）の台座として使用する大型の檜皮材料。原皮を所要の長さに切って積み重ね、厚みの部分は台鉋をかける。絵振台の大きさは唐破風自体の大きさや、上に乗る獅子口とのバランスを考え、すべて現場合わせとする。

●留皮《とめかわ》**・耳品皮**《みみじながわ》　軒付の隅や品軒付の端に使用するもので、長さ一尺二寸（三六センチ）ないし一尺五寸（四五センチ）、幅二寸五分（七・五センチ）、厚み一分（三ミリ）程度の厚皮の上に、熨斗《のし》形のやや狭い檜皮を張り付けたもので、軒隅に留皮を何枚か積み上げて鉄釘打ちとする。耳品皮は棟下の台座部分（品軒付）の端を固めるために誂えた厚手の檜皮で、留皮・耳品皮とも軒付との取り合い部分は、すりこみがしやすいように檜皮が剝き取ってある。

いずれも軒付として必要な部分以外は、軒皮切り用の手斧《ちょうな》で切り揃える。

道具と関連職について

工房と工具

職人にとって工房は神聖な場所であるだけでなく、一種の濃密な小宇宙ともいえる。

工房には大小いくつもの刃物類や、研ぎの用途に合わせた砥石などが、一見すると雑然と並んではいるが、数十種類もの道具類がどこにあるかを、職人たちはわざわざ探さなくても頭の中でわかっている。

道具たちも精悍な面構えで、皆が出番を待っている。檜皮葺師や杮葺師が居職の際は、この自己完結したスペースで、材料製作をはじめ、さまざまな工程をこなしていく（図123）。

たとえば、通称「皮切り」と呼ぶ檜皮拵え作業の場合は、職人は筵《むしろ》の上に座布団を敷いて胡坐《あぐら》をかくように座し、その前下に「当《あて》」と呼ばれる檜や松などの丸太を輪切りにした作業用の台座を備えつける。これは平座位の姿勢でとれる作業域をもとにして構成される。

作業域は体の各部を動かした時にできる立体的、あるいは平面的な空間領域をもとに決めるようにする。この作業域を念頭に置かないと、無理な動作や態勢を強いることになり、作業効率の低下や、事故の原因にもなりかねない。通常は上腕を軽く体側につけて、肘を曲げた状態で自由に手が届く範囲を必要空間としている。

その工房の中でも、当は洗皮や綴皮を通して、数十種もの檜皮製品を生み出すための、小さなステージといった役どころである。この上で檜皮包丁を使って切る、剝《は》ぐ、綴る、洗う、矯める、裁つと檜皮拵えのすべてをこなす。材質は冬目の詰まった晩材（秋材）がこれに向く。年輪の色が濃く組織が密に詰まった比較的堅い材がよいとされ、高さ三〇センチ、直径二五センチ程度が扱いやすい。

また木口には絶対に節のないことが求められるため、社寺の柱に使われるような秀材の端材が出たときに、頼んでおいてもらってくることもある。半時間か一時間に一回程度は当を水で濡らしながら仕事をする必要があり、「包丁研ぐより、当濡らせ」の言葉は親方や先輩職人から何度となく聞かされたものだ。やはり当が乾くと、檜皮包丁が跳ね返されるような気がして、切れ味も格段に悪くなる。

これら檜皮葺や杮葺に使う工具をざっとあげてみよう。刃物類は檜皮包丁（図124）や杮包丁（図74）各種をはじめ、檜皮採取の時に使う大切《おおぎり》包丁、手斧各種（図125）、鏟《せん》、鑿《のみ》、鉋《かんな》、鉈《なた》などがあげられる。このほかにも屋根金槌、鋸、鋏、大槌、鏨《たがね》など、詳しく数えたことはないが、おそらく三〇〇丁は越えるはずである。もちろん研ぎの技術も大切で、昔は鋸の目立ても自分でしていた。

以前は、腕のいい職人が道具に凝って稼ぎの大半を注ぎ込み、女房にも愛想を尽かされて今や素寒貧だとか、誰それは道具狂いで、能書きだけは立派だが肝腎の道具が使いこなせていない、といった噂話には事欠かなかった。

主力の檜皮包丁などについては、詳しくは後述するとして、ここでは切ったり削ったりといった檜皮葺・杮葺に関連した道具各種の流れについて考えてみたい。

時代を古代にまで遡ると、当時は木の皮を剝いだだけの、太鼓落としのような丸太材ばかりが使われて

図123　工房で檜皮を綴る筆者と「当」

図124　檜皮包丁
左から1番，2番，3番

表10　檜皮生産用道具の概要

名称	刃渡	幅（先幅／元幅）	厚み
檜皮包丁（片刃）　1番	8寸5分	3寸4分／1寸7分5厘	3分5厘
同　2番	8寸	3寸2分／1寸6分5厘	3分
同　3番	7寸5分	3寸　／1寸5分5厘	2分8厘
廻し包丁（生打包丁）	7寸	1寸4分	1分5厘～2分

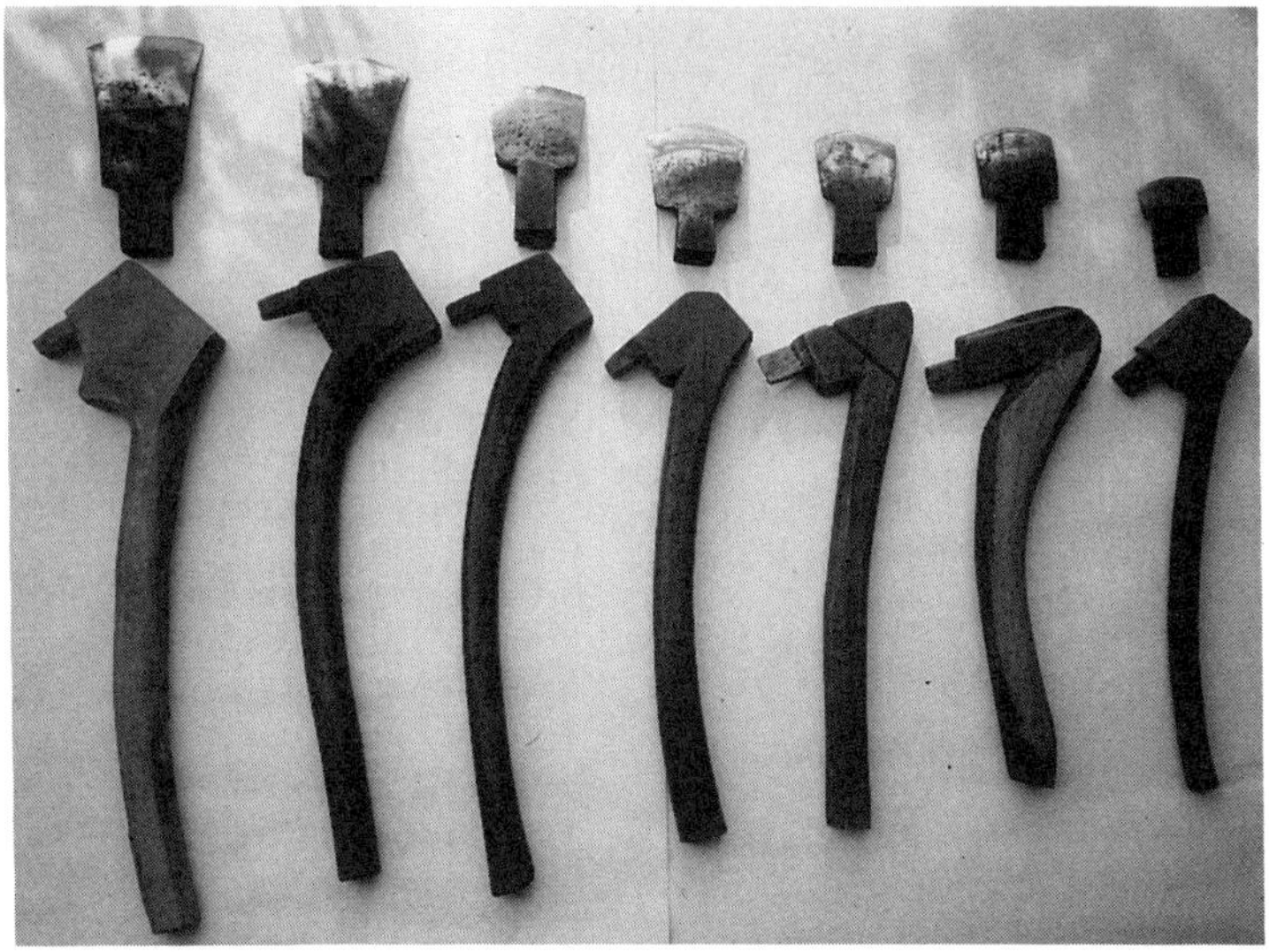

図125　手斧各種　柄はすべて手作りで，軒切り用のため大工用とは少し形が異なる

いた。その頃に最初の削り道具として斧が考案されたようだ。その後もう少しきれいに仕上げるために手斧が使われるようになった。そして最後に真打ちとして槍鉋《やりがんな》が登場する。時代は弥生時代末期頃と思われるが、鎌倉時代には一旦消えたようだ。やはり便利な台鉋の出現で、使い勝手が悪くなったのだろう。これらは宮大工の西岡常一氏らが復原する。

台鉋は確かに便利で効率のいい道具であるが、木の目に関係なく削ったり、木の繊維を切断するという意味においては、自然の摂理に反しているといわざるをえない。大きい木を木の目に沿って割る仕事は私たち杮葺師の独擅場となってしまった。

かつて木材は楔《くさび》（箭《や》）などを使って打ち割りされてきた。割った材は手斧《ちょうな》で荒仕上げされ、槍鉋によって外形を整えられたものと思われる。槍鉋の刃先に加わる力には当然、人力による限界があるので、木目の層を傷つけることなく、繊維の層に沿って削られていった。結果として、多少の凹凸はあるものの、耐水性に優れ雨水もはじくことができた。

中世になると木材の平面をさらに平滑にしようということで、台鉋《だいがんな》が出現する。その時期は一五世紀頃ともいわれ、『真如堂縁起絵巻』（大永四＝一五二四年）や、『職人尽絵』（文禄五＝一五九六年～元和元＝一六一五年）などの絵画資料、厳島《いつくしま》神社（広島県佐伯郡宮島町）廻廊棟札などの解体修復から得られた知見により、ほぼ上記の時期が特定されている。

台鉋のバリエーションも豊富で、たとえば平鉋だけをとっても何種類かある。大別すると、荒削りから仕上げまでに鬼荒仕工《おにあらしこ》鉋、荒仕工《あらしこ》鉋、斑《むら》取り鉋、中仕工《なかしこ》鉋、上仕工《じょうしこ》鉋、仕上げ鉋の六種に分類できる。普通は荒仕工鉋と中仕工鉋、それに上仕工鉋または仕上げ鉋の三丁使いが多い。なかでも、最後の工程で木に艶や味を出す仕上げ鉋は「一毛（〇・〇三ミリ）ひと削り」といわれるほど、薄い鉋屑を削り出すことができる。

考えてみると、電動工具に主役の座を奪われた現在、手道具だけを使う職人も少なくなった。それでも私たちなりの思いやプライドがあるわけで、切れる道具など徹底的に酷使する。檜皮包丁など鋼《はがね》すれすれまで研ぎに研いで、原形すらわからなくなったものもあるが、異形《いぎょう》の道具には一種独特の凄絶な気品がある。

これらの道具は職人にとって手の延長のようなものであるが、道具と職人には他からはうかがい知れない主従の関係が存在する。身近なところでは、他人の車はなんとなく運転しにくいようなもので、他人の道具は自動車云々の比ではない。特に刃物類は職人の個性が出やすく、余人には扱い切れない頑固な特徴にもなっている。

砥石と研ぎの技術

筆者のところでは、研ぎの作業には昔から井戸水を使っているので、冬などは水道水よりむしろ暖かく感じる。根性を入れて二〇分も研いでいると、力を入れた両手からはうっすらと湯気が立ち上ってくる（図126）。

「道具は得心がいくまで研げ」という先代の教えに従って、昔から研ぎは重視してきた。どんな刃物でも切れなくなると、どうしてもその分を力でカバーしようとする。ただでさえ切れ味の悪くなった刃物を、力まかせに使うのだからたまらない。

檜皮包丁などはきちんと研げば剃刀以上に切れるようになる。筆者が幼かったころには、寄宿する職人が檜皮包丁を剃刀替わりに使って、髭を当たっているのを目にしたことがある。実際、髪の毛を吹き付けただけで二つに切れるところまで研げ、などと言われたものである。

研ぎ上がった刃物の切れ味は目でみて、指の腹で軽く刃先を撫でるだけでおおよそのことはわかる。切れるところは指紋に引っ掛かるように感じるからだ。よく研がれた刃物というのは、いつでも最高の力を発揮できるようにスタンバイしているのである。

ところで、正しい研ぎ方というのはあるのだろうか。刃物の種類や形に加えて、その材質にもいろいろあるし、使う方の職人の癖も千差万別であるから、なかなか自分の道具と相性のいい砥石を見つけるのは難しい。職人は他人の道具を使うことはまずないし、たとえば刃先の勾配をきつくする人もいれば緩くする人もいる。皆、自分の技量や使い勝手に合わせて刃物を研いでいるわけで、道具はその持ち主に殉ずるといわれる所以でもある。

それでは研ぎ方の概略を少し述べてみる。まずは研ぎにはなくてはならない砥石についてである。

砥石には人工砥と天然砥の二種類がある。人工砥は主に炭化珪素の粉末を電気炉で焼き固めたものである。粒度という砥石の肌理《きめ》細かさを測る尺度では、表11のように天然砥と比べると少し劣るものの、均質で値も安いことから一般に普及している。

一方、天然砥は粘板岩や砂岩などでできており、一般的にいって粗い粒でできているのは荒砥用、細かい砂が固まった砥石は仕上げ用といわれる。そうはいっても、天然の素材だから天然砥というわけで、それこそ砥石ひとつひとつの性質が違う一品物である。

砥石には用途別に荒砥、中砥、仕上げ砥と粒度別に「番」が決まっており、これは人工砥でも天然砥でも同じであるが、やはり使う側の実感としては、値段のことを別にすればやはり人工砥は天然砥にはかなわない（図127）。

さて、研ぎ方だが、まず表刃を下にして、指は裏刃に軽く添える。刃がピタッと安定して砥石に密着しているのを確認したら、砥石と刃物に水をたっぷりかけて、平均的な力で前後に動かす。前に押す時、砥石の水が刃の上にすくい上げられたかたちになれば、刃と砥石が密着している証拠である。

檜皮包丁や手斧などの大型の刃物で、砥石と刃の接触面積の広い場合は、少しの誤った傾きが後々の切れ刃全体の変形につながる。修正も荒砥からやり直さなくてはならないので、注意が肝要である。刃の欠け直しや重度の角度修正などの場合は、専門の研師に委す場合もあるが、普段使いなら中砥・仕上げ砥の二丁で十分である。

そして作業を続けて一度研げたと思ったら、刃先を見て「返り《かえ》」が出ているかを確認する。目で見てわからなければ、裏刃側を平《ひら》から刃先にかけて静かに撫でてみる。返り刃を指先に感じるはずである。荒砥作業では刃先（鋼）は銀白色に光り、他の大部分（軟鉄）は磨きガラス状に見えるようになる。これらのことで返りが確認できなければ、表刃の研ぎが十分でないわけだ。

荒砥作業を終えたら、同様な手順で中砥作業・仕上げ砥作業を進める。最後には、仕上げ砥を使い裏刃を下ろす。仕上げ砥で研ぎ上がると、中砥の荒い研ぎ目が消え鋼の部分は鏡面に近く、地金の部分は白く曇って霞がかかったように見えるはずだ。この時の仕上げ砥は完全な平面であることが要求される。砥石の凹凸や傾きなどのクセは、面直し砥と呼ばれる粒度一〇〇〇番くらいの人工改正砥《かいせいと》か、それがなければ凹凸になった砥石同士を擦って、余分なところを削り落とさなければならない。

ここで天然砥に話を戻すと、これを取り巻く状況は非常に厳しい。人工砥の普及や砥石そのものが不要な使い棄ての刃物などに押されて、生産は著しく細って風前の灯である。

天然砥は粘板岩や砂岩の地層から取り出され、均質な部分を砥石として利用する。近世には全国で千カ所もの産地があったというが、現在では八カ所ほどに激減した（図128）。天然の仕上げ砥は京都産が上質とされ、これらは産地や砥石層の名で呼ばれる。京都梅ケ畑地区の奥殿、中山、菖蒲谷、向ノ地などが知られ、砥石層でも上から内曇、八枚、千枚、戸前、アイサ、ナミト、巣板と分かれている。

よく職人仲間では自慢気に「本山《ほんやま》の戸前が手に入った」とか、「中山のコッパ（定寸角以下の品）でも四万円もした」といった話を聞くが、砥石は同等の品なら面積や厚みによって指数関数的に高くなり、ちなみに砥石の厚みが一寸増すと値段は五倍近くになる。

筆者などが見るのは、産出場所、採掘礦山名、砥石層、外観（色艶）、大きさ（面積、厚さ、規格寸法＝

定寸があるか)、「切《きり》(きちんとした直方体)か抜《ぬけ》(角が欠けている)か」、京都の合わせ砥なら斜めにかざして、砥面にセリサイト(絹雲母)が光るか、である。

京都の梅ケ畑、鳴滝、高雄の合わせ砥は粒子が細かく品質も秀れているが、普段使いには「虎砥」と呼ばれる天草砥を使う。これは虎模様が細かく白っぽいほどいい。備水砥は同じ天草産で高級品だが、こちらは虎砥と違って当たりはずれが多い。丹波亀岡の青砥も上質で軟らかいものが減っているし、人気があった赤門前砥はもう採掘していない。

天然砥について性質からみると、水性岩質のものが多いようで、これは生成過程で小砂利や粘土粒などが水中で堆積して固まったため、岩石粒の間に水を含みやすい。そこで使用時以外でも水に浸けておいた方がいいともいう。また、人工砥に比べてやわらかいので研ぐのも楽であり、砥石の表面角度や凹凸の修正なども容易という利点がある。

しかし、現在では天然砥石を掘る人も極端に減ってしまった。かつては地上に露出した砥石の層を頼りに掘り進んで、礦山師たちが「つる」と呼ぶ主鉱脈に当たったたわけだが、今ではそんな悠長なことをする人も少なくなった。道路工事などによって鉱脈がたまに見つかることはあっても、いちいち掘り出すことはないので供給はますます細っていく。

先般も性懲りもなく彼の地を訪れて、これと思う仕上げ砥を余分に買ってしまった。買い付けにきた東京の刀匠と張り合う愚はわかっていながら、「今、買っておかねば」という強迫観念に似た感覚と、仕上げはやはり京都の砥石という気持ちもあって、ついつい手を出す。病膏肓《やまいこうこう》に入るとはこのことだろう。

定寸の立派なものが難しくても、コッパのような規格外品なら、比較的安くても質が劣ることはあまりない。こうして少々ストックしておいた天然砥を現在大事に使っている始末である。

図129　正月飾り「方円，方員能わず」 左から指金，墨指，手斧と下の墨壺を組んで「水」の字を作る

図127　左から①「丹波青砥」(京都府亀岡市産)，②戦前・戦後を通じて最高級品と呼ばれた「㋕本山」の流れを汲む「中山砥」(京都市梅ケ畑向ノ地産)，③人工砥の「緑色荒砥」，④人工砥の「赤色中砥」

図126(上)　檜皮包丁を研ぐ
図128(下)　日本の天然砥の産地

表11　天然砥と人工砥の比較

	天然砥	人工砥	人工砥の粒度
荒砥	240番以下	200番	200～100μm
中砥	3000～5000番	400～1000番	75～20μm
仕上げ砥	5000番以上	3000番以上	10μm

砥粒の大きさを測る単位を粒度と呼び，「番」あるいは「#」で表わす．数字が大きいほど砥粒が小さい．人工砥は８番から8000番まであるが，天然砥には20000番近いものまである．

考えてみれば、奈良時代の『正倉院文書』にも法華寺や東大寺、興福寺などの造営資料が残されており、そこには大量の砥石が購入された記録が残っている。下って『延喜式』などにも、下用される資材には砥石の項が見つかる。砥石の歴史は相当古いのである。

「砥は王城五里を離れず、帝都随いて産す云々」という諺もある。寛政一一年（一七九九）に出された『日本山海名産図会』に記されているのだが、砥石の産地は常に時の権力者の近くに存在してきたようである。特に鎌倉時代からは刀剣研磨用に需要が増して、以降近代まで砥石は盛んに掘り出された。

それだけに、千年続いた天然砥の採掘がここ三〇年ほどで、ほとんど消滅してしまったことは、まことに残念というほかはない。それでも苦労して揃えた天然砥と、自分の道具との相性が合った時のあのピタッとくる感覚がたまらない。砥石の磨滅した「砥《と》クソ（カス）」と、刃物から下りた鉄分が適当に混じって研磨材の役目を果たし、檜皮包丁などを肌理《きめ》細かく仕上げていく。砥石が硬いと刃物が上滑りするし、軟らかすぎると砥石ばかりが磨り減ってくる。仕事が不調の時は、頭も手足も休ませずに一心に打ち込むと、刃物を扱っているという心地よい緊張感もあって、どんな方法よりも気分を晴れやかにしたものだ。

昔から毎年年末になると職人総出で刃物研ぎをするのが筆者のところの恒例である。工房は前日から掃き清められ、全体に冷気の中で凛とした感じが漂う。まだまっ暗な早朝から研ぎ用の大桶に冷たい井戸水を汲み出し、檜皮包丁をはじめ、鑿《のみ》一本、小出刃《こでば》一丁に至るまで、荒砥・中砥・仕上げ砥の順に一年の道具への感謝を込めて研いでいく。その他の道具類も手入れしたあと、椿油をつけた布で防錆処理も兼ねて一丁ずつ拭うようにする。

最後は神棚と同様、正月飾りを施すと忘年会に移り、遅くまで御神酒をいただくことにしている（図129）。

柿渋を使う

柿葺《こけらぶき》、木賊葺《とくさぶき》、栩葺《とちぶき》といった木質系の屋根を葺く時に、屋根材の間に一定間隔をおいて帯状の銅板を葺き込むと、板材の腐朽を防ぐのに効果があることは、関係者の間では、わりと知られている。

たしかに陽当たりの悪い、つまり年中日陰で湿っているような部分には、この銅板の葺き込みは驚異的な効果をもたらす。何年たっても板材に腐朽や損耗はみられないし、苔すらも生えない。これは檜皮葺にも共通することで、たとえば入母屋造の屋根などの場合でも、破風の水切銅板だけでも、妻の雨水の流れる方向に沿って帯状に腐食していない。

筆者などもかつてはひとつ覚えのように板葺には銅板を挾んでいた時期があった。考えてみればたいした根拠もなく、銅板の灰《あく》（緑青《ろくしょう》＝銅に生ずる青緑色の錆）が雨水によって柿板などの上に流れ、それが板の腐るのを防ぐらしい、といった程度の知識であった。

ところが、その後の経験と研究によって、銅板の挾み込みが板葺屋根の耐久力に必ずしもプラスであるとばかりはいえない事例が多くあることがわかってきた。陽当たりのいい南側の斜面は、いくら銅板を葺き込んでも、一足（一寸）は損耗して正体もない。これはおそらく、陽当たりのいい南面では緑青効果より先に、銅板が日照により熱せられるだけである。葺き込んだ銅板が剥き出しの赤茶けた醜態を晒していて高温となり、銅板の上に葺かれた柿板などを蒸し焼き状態にするものと考えられる。

では、この陽当たり部分の板材の劣化はどうすればいいのだろうか。いろいろな試行錯誤を経て到達したのは、昔ながらの柿渋を塗布する方法であった。こういうのを灯台下暗しというのであろう。戦前は柿渋は入手しやすく、また自家生産も比較的容易だったので、耐水性・防腐性に優れた塗装用液剤として、台所や風呂場・便所・庇などに使われていたものだ。屋根用としても板葺屋根の上に塗ることがあったが、戦後は石油化学が作り出したクレオソートなどの化成品などに押されて、柿渋は衰退の一途を辿った。

たしかに人工素材のもつ特性や低コストはわずかの間に、あらゆる分野を席巻し、それなりに快適な生活環境に寄与したことは事実であるが、同時にそれまでの人々の生活を支えてきた自然素材を駆逐してしまった。ところが化成品の場合は色合いが悪かったり、塗布中に有毒ガスが発生して息苦しくなることもたびたびだった。

戦後しばらくはわが家でも柿渋を作っていた。現代のように化学的な防腐・防水剤のない時代には、漆のような生産加工に専門性が必要で高価であったものに比べ、柿渋は原材料も身近にあって、生産も容易であったため重宝がられていた。

ところで柿渋といっても、どれほどの人が知っているだろうか。古くは木材や魚網の防腐防水用や、身近なところでは、番傘《ばんがさ》や渋団扇《しぶうちわ》といった懐しいものから、現代でも漆の下地塗りや和装小物の素朴で美しい茶色の色合いにも使われ、注目を集めている。また食物系の天然素材ということから、神経痛や打撲などの湿布薬としても使われた。このように時代の変化もあって、環境や健康面にやさしい自然素材のひとつとして、再認識されるに至っている。

柿渋の歴史は古く、滋賀県八日市市の郷土文書によれば、平安時代に「柿御園保之内荘」（現・八日市市大森・御園地区）の柿渋を使って「檜物荘」という漆器作りの荘園で、下地用に使っていた記録がある。

柿の産地はもともと滋賀、三重、奈良などの山間部に多く、現代では京都府相楽郡南山城村に約一〇軒が存在しているが、そのほとんどは茶葉の生産農家との兼業である。

柿渋を作るのは、例年陰暦でいう仲秋の頃に行なわれた。年少の頃で記憶もさだかではないが、確か豆柿といわれるカキノキ科の落葉喬木の実を潰して瓶に入れた。三〇～四〇日もすると熟成されたドロドロの液体ができた。これを濾過すると濃い茶色の原液となり、これが一番搾りの「生渋《きしぶ》」である。

図130は四半世紀ほど前、鹿児島大学の松尾友明氏らの研究で、カキタンニンの推定化学構造式が発表されたものだが、一万数千の分子量を持つ高分子化合物であり、門外漢の素人にも不思議なものであることがなんとなくわかる。

柿渋作りは時間との闘いであり、一日の生産量をあらかじめ決めて、潰しから精製までの工程を要領よくこなさなくてはならない。ただ、これは手間暇もかかる一級品のうえ、京都あたりの問屋がありがたく持っていったようだ。これらはなんでも漆器の下塗り用として用いられ、主として高足膳や椀などの製作に使われたという。漆器の外側の黒塗りの部分には松煙《まつぼこり》や松煤《まつすす》といっしょに使われ、内側の赤い部分は弁柄《べんがら》を溶いて使ったという。

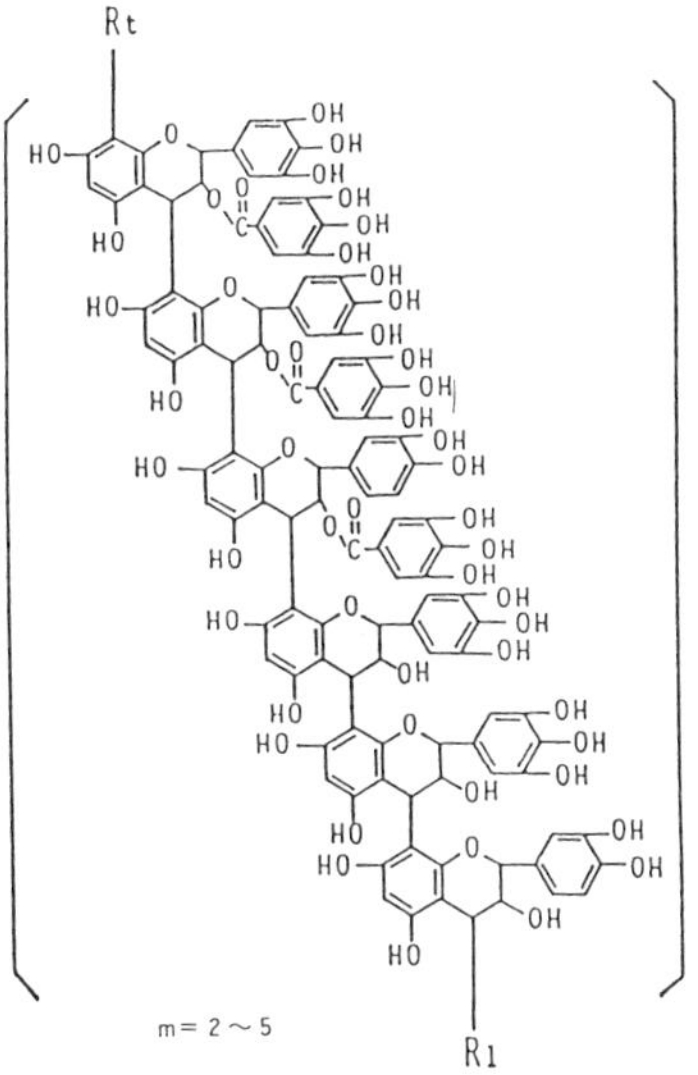

図130　カキタンニンの推定化学構造式
（鹿児島大学・松尾友明氏）

筆者のところで屋根に使ったのは、生渋の搾りかすに水を加えた「二番渋」や「三番渋」以下の、コーヒーの出がらしのようなものだったが、それでも柿渋のタンニン成分は十分にあり、うっかり腕や顔につくとこわばってヒリヒリした。渋柿を食べるとカキタンニンの作用で口腔が麻痺して、渋さを感じるのと同じ理屈である。

ただ、この柿渋を板葺に塗布するといっても、まず色が問題になる。柿は熟すとカルボン酸といういわゆる「シブオール（石炭酸）」が醸成されなくなり、色が極端に薄くなってしまう。これでは防腐・防水の効果はあったとしても、塗布部分以外の自然変色についていけなくなってしまう。

屋根にはこれらの薄まった柿渋を塗って乾かし、その後にソーダ灰の上澄み液を媒染剤として塗ると色が定着する。ただ柿渋は時間の経過によって色が濃くなるため、何年か後の色合いも考えて薄い目に仕上げておく方が無難である。

この要領で陽当たりのいい南側には柿渋を塗布し、日陰になる北側には銅板を挟む。その他の中間部分は板材の一部を柾目板から、用い方によっては反りに強い板目板に変えるなど工夫を凝らすことによって、板葺の寿命もまだ何割方かは伸びるはずである。

古代包丁の試作

何年か前に旧知の出雲の鍛冶屋さんで、素材、鍛錬、成形と古代の様式そのままで、古代の檜皮包丁の再現を試みたことがある。

島根県飯石《いいし》郡吉田村は、出雲からバスでさらに中国山地に向かって一時間余り分け入った所にあり、交通の便はいいとはいえない。吉田村はかつて和鋼生産の行なわれた施設として、全国で唯一現存する「菅《すが》谷高殿《やのたかどの》」で有名な村である（図131）。
もともとは元和元年（一六一五）に開設されたが、その後何度か火災に遭い、現在の施設は江戸中期頃のもので、中心に製鉄炉をもつ姿で残っている。大正一〇年（一九二一）までは「たたら製鉄」が行なわれていた。「たたら」とは日本古来の砂鉄製錬炉のことで、不純物の少ない真砂《まさご》砂鉄が産出したため、この地で発達した。

昭和四〇年になると、数少ない地元の専門技術者と大学などの研究者によって、和鋼生産施設として実動できるように復元され、地下には巨大な炉床を築き、実験的に玉鋼《たまはがね》を生産した。これに触発された地元も、たたら製鉄の伝統と誇りを村起こし運動の中核と位置づけ、現在振興を図っている。

吉田村に限らず、広島県境の方に近い奥出雲の町や村は、いずこも「鉄」や「たたら」一色である。博物館や伝承館・記念館といった施設が目につく。町起こし村起こしも、鉄と一蓮托生なのだろうか。ただ、玉鋼はあくまでも原料生産の再現である。その玉鋼から道具を作ることによって、たたら製鉄の製作工程を首尾一貫できないか、と考えたのが地元の雨川正二さんらである。

里山の麓にある雨川さんの家を訪ねると、息子さんと二人で作業中であった。お二人とも身長は一八〇センチ近くはあろう、堂々たる偉丈夫である。作業着の袖口からのぞく逞《たくま》しい腕は、飛び散る火花のためであろうか、斑《まだら》色に変色し幾重にも重なった火傷の跡が無数に刻まれている。

従来、鉋や鑿などの木工工具は炭素含有量〇・六〜一・五％で、不純物、特に燐《りん》・硫黄《いおう》などを極度に制限したものが用いられてきた。これらは白鋼（炭素工具鋼）と呼ばれ、スウェーデン鋼やオーストラリア鋼を主体としていた。現在の檜皮包丁などでは、ＹＳＳ海綿鉄を主原料にした安来《やすぎ》鋼を主体に、青鋼と呼ばれるタングステン、モリブデンなどの合金元素を含んだものを、一定の割合で混ぜるなどの工夫をしている。

摂氏八五〇度から水焼き入れをしたあと、一五〇度で焼き戻したものを使用し、軟鉄が鋼を挟む形で張り合わせてある。この方法だと深部にまで焼きが入らず粘《ねば》る状態が残るという。それでも西洋のように焼き入れ油を使う方法に比べると、堅いが刃こぼれしやすい原因にもなる。

ところで、古代の製鉄がどのような形ではじまったのかは定かではない。最初は鉄そのものを作るというより、大陸から鉄鋳塊を受け入れ国内で加工して使ったと考えた方が自然であろう。紀元前三世紀、つまり弥生時代前期頃と推定されている。

粘土で作ったたたら炉を用い、砂鉄を原料とし、木炭を燃料として鋼(鉄製品加工上もっとも必要とされたのが玉鋼である)を熔出させる。また、明確な起原となると難しい面もあるが、たたらは古代から全国各地で行なわれた製鉄法であり、戦国時代からは山陰地方がその中心となっていた。

八岐大蛇《やまたのおろち》伝説もある島根県斐伊《ひい》川上流の山間部が、上質の鋼を産出するということで次第に知られていったという。その鋼は中海《なかうみ》の安来港から全国に船で供給され、日本刀をはじめ種々の生活用刃物の原料としても重用されてきた。

日本固有の刃物といえば、すぐに思い浮かぶのが飛鳥時代の槍鉋である。四〜五世紀とも推定される古墳時代の遺構からもその原形が出土するし、形は小さいが奈良の正倉院にも一二〇〇年前という伝世品がある。いずれも不純物の少ない砂鉄が使われている。

檜皮包丁も槍鉋と同様に、日本刀などと比べて実用本位の刃物である。それゆえ、質実で機能性に徹した凄絶な美しさがある。日本刀はいかに名品といえども、現代においては実際に使うことがなく、いわゆる「美術品」の地位にある。職人が使う刃物は今でも現役であり、職人は打刃物師に厳しい注文を付け、一方、鍛える方もこれに応えていた。こういった互いの切磋琢磨によって古代の道具は生き延びてきたのである。

では、古代の技法に則って檜皮包丁を作ってもらうと、どういうことになるのだろう。

火の神が祀られた工房の四隅には浄めの塩が盛られ、摂氏四〇度を越す鍛冶場には松、櫟《くぬぎ》、栗などを原料とした炭が大中小の三種類ほどに分けて積み上げてある。これらを準備するのは、弟子である息子さんの仕事である。

檜皮包丁の鍛錬法は、基本的には日本刀の場合と同じであり、工程は「鍛錬」と「成形」に分けることができる。

①鍛錬

玉鋼の鍛錬には「折り返し鍛錬法」という手法がとられる。含有する不純物を叩き出して、より上質な鋼にする工程で、檜皮包丁の出来不出来を左右する。「大沸《おおわ》かし」から「下鍛え」や「上鍛え」の作業を経る。

まず大沸かしの作業である。ここでは「小割《こわ》れ鋼《こう》」を使用するが、これは厳選された砂鉄で熔出された玉鋼を再び加熱し、それを砕いてできた破片を指す。小割れ鋼は材質や加熱具合が微妙に異なっているので、硬度や粘度にばらつきがある。硬いのは「皮鉄《かわてつ》用」、やわらかいのは「心鉄《しんてつ》用」とあらかじめ鋼の種類を選り分けておく。

目的に応じた小割れ鋼が準備できたら、「てこ鉄」(柄の付いたやわらかい鉄)の上に形よく積み上げる。

次に、和紙二枚で巻いて水に浸し、引き上げた後に藁灰を全体にまんべんなくまぶす。黒く炭化してい

図131　島根県飯石郡吉田村

図133　江戸時代の十文字鍛練
(『和国諸職絵尽』)

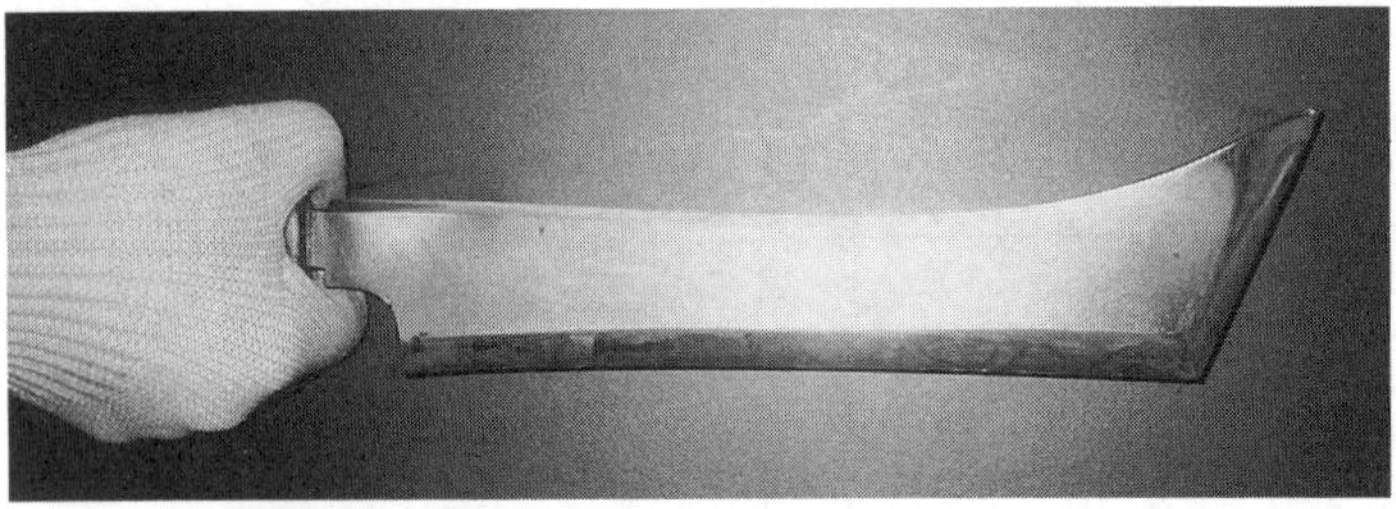

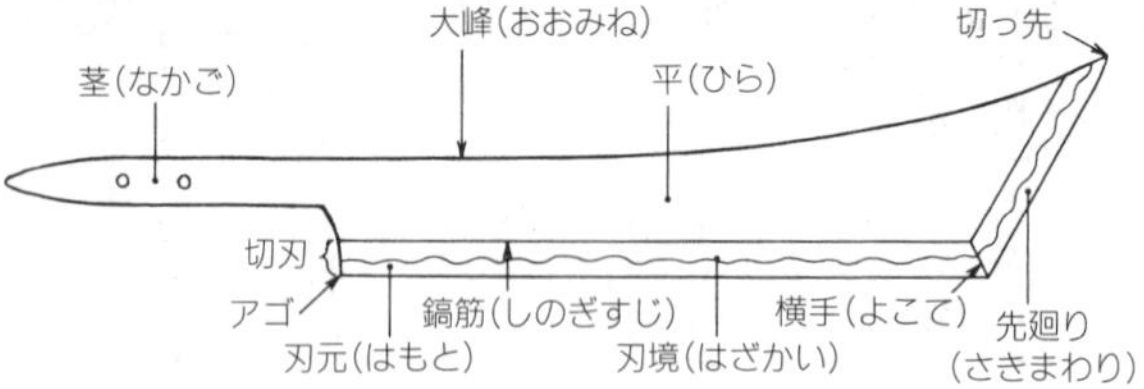

図134(上)　完成した古代檜皮包丁
図132(下)　檜皮包丁の各部名称

る状態の藁灰を付けるのは、その中の珪酸《けいさん》が鋼の表面を熔かす役目を果たすからである。鋼の表面と内部において温度が異なることで鍛錬作業の効率化を促すという、古代からの技法のようだ。

藁灰まぶしの作業を終えたら、さらにこの上から粘土水をかける。鋼が酸素に直接触れて熔け出さないようにと、いわゆる被膜の役目を果たす。この作業を三〜四回繰り返した後、火床《ほど》に入れて加熱つまり「大沸かし」の作業に移る。

大沸かしの工程においては、藁灰や粘土水がとれてしまわないように、慎重に作業が進められる。炭がまっ赤に焼けている火床についていては、最初の段階では松炭が使われるという。砕けにくく空気が通りやすいという利点があるからだ。ただ、松炭ではあまり温度が上昇しないから、その後で櫟炭や栗炭などを投入する。これらの炭は硬くて密度が濃いため、火床の温度上昇を助長させる。鋼の融点は約一二〇〇度なので、フイゴで火床内の温度を調整する。火床の温度は炎の色で見分ける。

大沸かし作業が終わったら次の「鍛え」の作業に入る。玉鋼から鍛えられた地金を作るのが目的である。加熱した鋼を「十文字鍛錬」、つまり縦横交互に折り返して叩き、その後二つ折りにする。この鍛錬を都合六回繰り返す。「鉄を熱いうちに打つ」作業である（図133）。

赤というより黄色に近い色で焼けた鋼を金床《かなどこ》に置き、「横座《よこざ》」として鋼を保持させながら小槌をもつ雨川さんと、「先手《さきて》」として金槌をもつ息子さんとで交互に叩く「むこう打ち」という方法だ。

古代に行なわれたであろう鍛錬法に忠実に、ということでこの形をとってもらったが、現代はスプリングハンマーと呼ばれる電動槌が取って代わっており、すべてを人力でこなすのは久しぶりとのこと。

先手と横座が交互に鋼を叩くと火花が激しく飛び交い、鍛冶場らしい光景になる。表面の金肌《かなはだ》と呼ばれる酸化鉄の部分を振るい落とすための作業である。次いで、共柄鏨《ともえたがね》と呼ばれる鉄鏨で鋼のまん中あたりを深く刻んでおいて、金槌で二つ折りにする。折り畳んだ鋼をさらに金槌で叩いて鍛えていく。見る見るうちに、二つに折れて重なった鋼が、また一つにくっついて一体化していく。その様はまるで粘土細工のように軟らかだ。鋼の色も次第に冷めて、高温の黄色が橙色に変わり、赤色を経て最後には赤銅色になる。この「焼きなまし」は鋼を落ち着かせる。鋼もまた息づいているのである。

冷えた鋼はまた火床に入れられ、叩きが繰り返される。狭くて暗い鍛冶場は灼熱地獄であり、全身に汗が滴り、滴った汗が目に入る。

このようにして下鍛えが終わったら、次は上鍛え作業に入る。硬度をさらに増すため、地金に「卸《おろ》し鉄《がね》」という性質のまったく異なる鋼を加えて、さらに鍛え上げていくのである。

卸し鉄には種々の古鉄が用いられるが、上古の時代にはこうした混ぜものがなかった可能性もある。今回は相談の上、古い和釘や折れ刀、土蔵の金具、座金などを原料とした卸し鉄を元の鋼の三分の一を上限に加えることにした。

ここで卸し鉄の製造過程をみると、現代ではその多くが内径で八寸（約二四センチ）、奥の高さが一尺三寸（約四〇センチ）程度の枡型や筒状の炉を使っている。炉の下部から四寸（約一二センチ）程度の所に羽口を設けた卸し専用の炉が主流のようだが、今回は古式に従って鍛錬に使用している火床の羽口の付近に粉炭を積み上げて、卸し鉄に使う部分を筒状にしたものを使用する。

炭は吸炭を促進する意味からも、切ったり砕いたりして五分（約一・五センチ）角くらいに整えたものを使う。卸し鉄が細かい場合は、浸炭融解が早いので軟らかい炭を用い、「のろ」（鉱滓《こうさい》＝スラグ）が多い場合は、脱炭を進めるため堅めの炭を使うという。

卸し鉄の原料でもある古鉄はできるだけ細かく裁断しておき、融解の際に火床の中で「ママ（むら）」

にならないように気を配る必要がある。

実際の作業は火床の羽口から二寸（約六センチ）くらい下まで、Uの字型に粉炭を入れて固め、次に卸し鉄用に準備した松炭を詰める。準備ができたら火種用に赤くなった炭を挿入して、さらに追加の炭を入れる。あとは中の様子をうかがいながらフイゴを使って少しずつ送風をはじめる。

最後に卸し鉄の原料である古鉄を入れるが、ここから先は永年の勘によるとのこと。炭を追加するタイミングや、フイゴによる風の送り方、また火床に水を打ったりと、筆者のような門外漢にはわからないことも多い。吸炭が進むと古鉄は銑鉄になってしまうし、脱炭が過ぎるとスラグの多い鉄塊にしかならない。

昔は鉄は限られた貴重な資源としてみられ、何度もリサイクルして使われたようだ。

②成形

鋼を鍛錬した後、檜皮包丁の刃をつくり込む工程に入る。「成形」には大きく分けて「打ち延ばし」、「土置《つちお》きと焼き入れ」、そして仕上げとしての「研磨（荒研ぎ）」の三段階の作業がある。

「打ち延ばし」は別名「火づくり」ともいい、やわらかい心鉄と硬い皮鉄を組み合わせて、檜皮包丁の刃渡りの長さにまで叩いて延ばす工程である。金槌で丁寧に叩くと金肌が表面から剝げ落ち、みるみる鋼は長く薄くなっていく。

鋼を所定の長さに打ち延ばしたら、まず刃の基部にあたる「塩首《しおくび》」をつくり出す。塩首は「茎《なかご》」と呼ばれる柄の中に隠れてしまう部分だが、強い鋼でしっかりつくらないと刃全体が歪《いびつ》になったり、最悪の場合は曲がったり折れたりする。

塩首ができたら刃と峰の中間で角立った部分、すなわち「鎬《しのぎ》」を立てる作業に入る。檜皮包丁の鎬は日本刀のような両鎬とは違い、片鎬で角度もより鋭角になる。そのため、つくり出しも独特である。作業台すなわち「当て」としては溝が切ってある巣床《すどこ》を使う。この溝に鎬の面を入れ、加熱しながら金槌で打っていく。さらに表面の「黒皮《くろかわ》」と呼ばれる酸化鉄被膜を鏟《せん》や砥石で削り取り、裏面をならし台に置いて、小槌で浅いへこみを付ける。

次いで「土置きと焼入れ」である。刃に焼刃土《やいばつち》を塗ってから加熱し、水で急冷却して硬度を高める作業である。まず、灰のアクを刃の全面に塗って、土が載りやすいように油分を落とす。この状態でヘラを使って土置きを刃全体にまんべんなく施す。粘土、炭粉、荒砥の粉などを混ぜ、これを水で練った焼刃土が使われる。この土が焼きの温度や急冷の効果を平均化させるのに役立つ。余分な土は丁寧に拭って、泥パック状に薄く延ばした焼刃土はしばらく放置して乾燥させる。

その後、七〇〇度くらいの低温状態にしてある火床へ、刃を慎重に入れて加熱する。この時には土置きが崩れないように粉砕した細かい炭を使う。

刃が加熱されたら火床から取り出して、水で急冷させる。これが「焼き入れ」である。水を溜めた縦に長い桶を用意して、垂直状態で一気に刃先を漬ける。水は一五～一七度くらいの井戸水がよい。急冷すると刃はどうしても脆くなるが、今回は古代技術を再現するという大前提からも、試作品は切れ味にこだわり、湯や油を使った緩慢な焼き入れはあえて行なわなかった。

焼き入れが終わると、仕上げとして荒研ぎ作業に入る。昔から「樵《きこり》の一升飯、研ぎやも一升飯」といわれたほどの力仕事である。檜皮包丁の研ぎは日本刀の場合と同じで、荒砥・中砥・仕上げ砥の順に研いでいく。

荒砥の上を刃物が滑るときはシャシャシャシャという小気味よいリズムが刻まれ、中砥に向かう時は無音の真剣勝負である。仕上げ砥を使った化粧磨きまではまだ何工程かあるが、これはプロの研師が手掛ける仕事である。

刃匠が直接扱うのは、この工程までとした。今回の古代檜皮包丁は刀匠として、玉鋼を扱った経験の豊富な鍛冶と、その子息で伝統的な鉄の鍛え方をするには不可欠の「先手」がいた。今やこの分野も機械化され、叩きの技術も三人力のスプリングハンマーが稼働している時代である。それを昔ながらの技法で再現してやろうという心意気の鍛冶職人がいてはじめてできた仕事であり、今後は人も材料も技術も先細りするなか、このような贅沢な試みは一層難しくなるに違いない（図134）。

研師のはなし

われわれ檜皮葺や柿葺に携わる者も、日頃は多くの職人仲間に助けられて仕事をしているわけだが、特に研師と呼ばれる人たちには世話になっている。

たしかに、自分たちも含め職人の中には拗《す》ね者とか曲者とかいわれる人もいるが、むしろ昨今の職人を取り巻く状況を見ていると、むしろこの言葉にもなにやら畏怖めいた憧景すら覚える。

もちろん、日常の研ぎの作業や道具類の手入れといったことは、職人自身がするわけだが、鍛冶からあがってきたばかりの刃物類は微調整が必要だし、「大直《おおなお》し」といって日頃使っている刃物類も、何年かに一度は角度修正や欠け直しなどで、研師のもとにドック入りする。

研ぎの親方はもっぱら「先生」と呼んでいるが、そもそも研師には「家研ぎ」と「町研ぎ」の二種類がある。

家研ぎは刀剣の研磨や鑑定を業とし、その宗家である本阿彌《ほんあみ》家は、その昔、足利尊氏に仕えたといわれ、以降、江戸時代末期まで続いた研ぎの名家である。この家で編み出された研磨法を「家研ぎ」と称する。現代でも刀剣界の門閥はしっかりしており、作刀する際のハードルも高い。

一方、町研ぎの方は、「木屋」とか「竹屋」といった屋号が今でもあるように、本阿彌家以外の大半の研師は長く町研ぎとして扱われた。町研ぎは大工の鉋刃《かんなば》、仏師の鑿《のみ》、また気が向けば菜っ切り包丁でも研いでくれるオールラウンド・プレーヤーでもある。彼らはまず鋼を見る。砥石にかければ、手に伝わる感触や震動でおおよそのことはわかるという。

ただ、現代においては世の中にある刃物の九九%は、専門家による研ぎなど初めから不要の代物である。プロの板前の包丁は研がれることはあっても、家庭用の万能包丁などはむしろ使い捨てに近い感覚で使われているのではないか。今や百円ショップで包丁が買える時代である。

大工職人が使っている道具にしても、ご多分に漏れず、この手の話は多い。鋸なども今や使い捨ての替刃を装着するタイプが主流であり、今どき鋸を目立てに出している人もさぞかし少なかろう。そしてこの使い捨てタイプはあらゆるところにはびこっている。

たとえば最近の台鉋は、鉋刃の四方にそれぞれ刃がついている。それが鉋台にネジで留めてあり、切れなくなったらネジをはずして九〇度角度を変えて切れる刃を出すわけである。これを繰り返して四方とも使い切ったら、新しい鉋刃と取り替えるのだから、研師の出番はまったくない。

私たちが使う檜皮包丁などは、あえていえば家研ぎが扱う日本刀と、町研ぎが扱う工匠の道具との中間的な存在である。前述したように、その鍛錬や成形は日本刀のそれと近い特注品であるが、片刃であることや使用目的からすれば、純粋な工匠の道具といえよう。そこで筆者のところでは、研ぎの用は永年町研ぎとしての経験を積み、若い頃は家研ぎの修業をしたというベテランの研師にお願いしている。

よく研ぐとは、その道具が最高の力を発揮できる状態にしておくことを意味する。道具を生かすも殺すも研ぎ次第といったところか。そうはいうものの、昨今は研ぎの苦手な職人も増えている。たとえば、鉋刃の裏にあるへこみ部分と刃先の間には細い空間がある。いい鉋の刃は、この幅が糸一本の細さになっている。これを「糸裏《いとうら》」というが、近頃の職人はこの部分がきっちりと砥石で研ぎ切れない。そのため研師に「〇分の裏」といって、自分が研ぎやすいように注文を出している人もあるという。

研ぎの修業は「水汲み三年」といわれるくらいで、研ぎの基本を教えてもらうまでが大変だったようである。朝早く起き出して、師や兄弟子のために研ぎ桶一杯の水を張っておくことから一日がはじまったという。前夜、師匠の仕事の進捗状況をちゃんと見ておいて、翌朝、座ると同時に仕事に取りかかれるように、目配り気配りをする必要があったという。こうして見習いの間に生活態度や礼儀といったことから、研ぎの基本、刃物の見方、砥石の種類や用途を憶えていった。

ちなみに檜皮包丁などの切っ先を鋩子《ぼうし》というのだが、この部分には大峰《おおみね》、先廻《さきまわり》、鎬筋《しのぎすじ》などが集まっており、この部分がしっかりと研ぎ切れるようになるには数年はかかるといわれる。

檜皮包丁は中国の青竜刀にも似た特異な形をしており、本来なら直刃でなければならない部分が盛り上がったような形になったり、我流で研げばどんどん肉厚が薄くなり格好がつかない。気心が知れて腕のいい研師が少なくなったのが、目下の悩みの種である。

第Ⅳ章

屋根を葺くということ

実用と造形美

屋根は遠くから見るもの

昔よく、先々代の親方だった祖父が、「屋根は遠くから見るものだ」と、話していたのを思い出す。私なりにそれは、「あまり細部にこだわるより、少し引いた目で屋根全体に美しい曲線を形作る」というふうに理解していた。

もちろん、それはそれで当たっているわけで、必要以上に重箱の隅をつついている間に、肝腎の大屋根のバランスや曲線が崩れたりすれば、取り返しがつかない。だが、この言葉にもうひとつの意味が込められているのに気づいたのは、かなり後年になってからであった。この項ではそのことに少し触れてみたい。

近年は社寺や数寄屋、書院などの古建築を巡る善男善女が後を断たず、静かだが根強いブームを保っている。特に筆者などが得意場としている近畿各地は、飛鳥時代以降のそれぞれの文化の香り高い歴史的建造物が目白押しで、参詣する人が引きもきらない。

たしかに、奈良などの古い伽藍を訪れると、その伽藍配置は実によく考えられていると、感心させられるものがある。南都七大寺のうち法隆寺では、日本独自の配置として中門に連なる回廊内の東側に金堂が

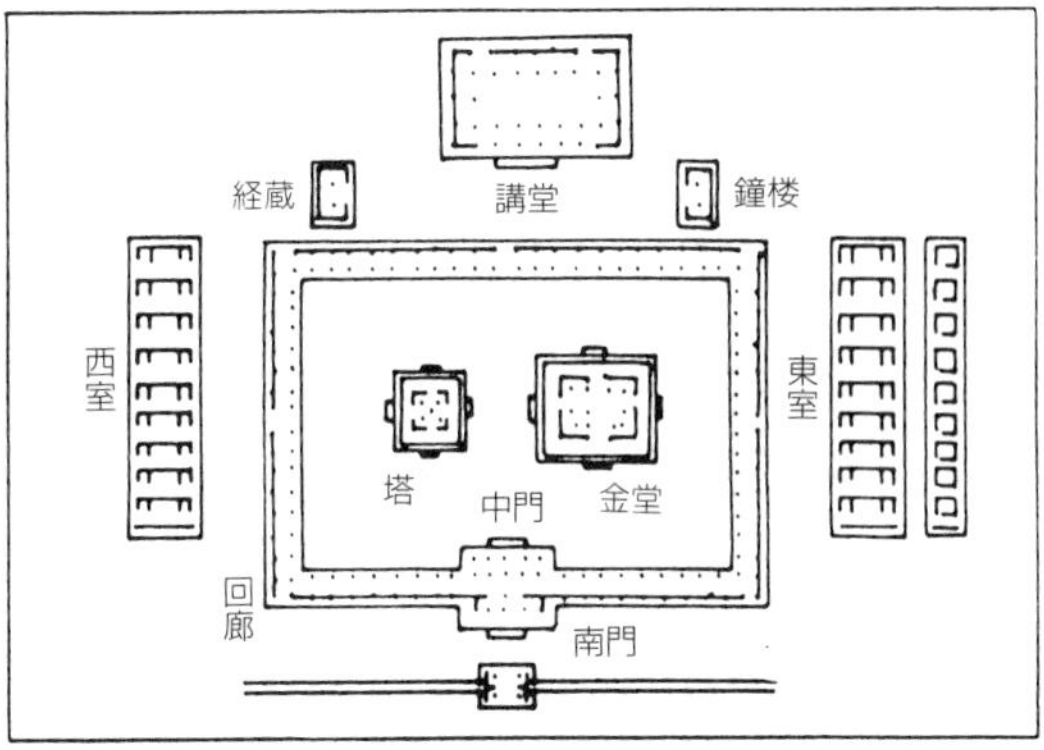

図135　法隆寺伽藍配置復原図

あり、西側に五重塔が立っている。昔は大講堂や経蔵・鐘楼などは回廊の外側にあったが、再建後は繋がるようになったようだ（図135）。

また、薬師寺の伽藍は金堂の前に東西の塔を並立させ、中門、回廊、講堂が一連のつらなりをもつ。さらに興福寺などでは、最初、中金堂、北円堂を建設し、続いて東金堂や塔、西金堂を建てている。

伽藍の配置は時とともに変わっていくが、総門（南門）から入って、壮観な建造物群にアプローチしていく時のあの高揚感はどうして生まれるのだろう。

とくに屋根は、人間の体に譬えるならば、人々の眼に一番に飛び込む「顔」のようなものであり、そのことはわれわれのように、年中屋根の上で仕事をしている者には、逆の意味でよくわかる。国宝の大本堂の棟際から境内を俯瞰するのは、高所恐怖症の人は別にして、ちょっとした快感である。

下の方からは多くの参拝客が、こちらの方に盛んにカメラを向けている。「ああ、多分、この屋根はあの人たちには、こう写っているのだろうな」と考えながら周囲を見わたすと、別に自分が偉くなったわけでもないのに、晴れ晴れとして天下でもとったような不思議な気分になる。

また、一参拝者として見る側に回った場合でも、知らず知らずのうちに周囲の観光客とは、まったく別の視点で眺め入っていることに気づき、改めてその性《さが》に愕然とすることがある。このことはすなわち、日本建築が見る者の視線を、二つの意味で多分に意識した建て方をしていることと関係があるのだろう。

この典型的な例を京都の桂離宮に見ることができる。「二つの意味」とは、ひとつは「建物から見る視線」であり、今ひとつは「建物を見る視線」である。前者は、桂離宮の敷地内の重要な建物や、回遊式庭園内の主要な「舞台装置」を点と線で結ぶと、ある種の意図らしきものが見えてくる。

仏堂や茶亭の位置をはじめ、門、舟小屋、舟付き場、橋、灯籠といった人工物、さらに延べ段や飛び石の位置、手水鉢といった庭園内の配置、さらには築山や池、滝といった景観までが非常にうまく配されている。

これらの位置関係は、桂離宮の古書院（中心となる書院）に付属している「月見台」から見る仲秋の名月の方向、さらに言えば、その月の出の方位へ引いた軸線を基に構成されていることがわかる。この時代の観月の夕べは、貴族の間では一大行事であり、その中でも十五夜の月の出端《では》は、月明かりの下で庭の夜景を楽しむ行事のスタートとして重んじられた。

桂の御殿のある敷地には、以前、藤原道長（九六六－一〇二七）の観月の楼閣があったといわれるほどの月の名所だったが、少しでも早く月の出を望みたいことから、建物にも観月のための工夫がなされていた。高床にして月を見やすくしたのをはじめ、書院群の屋根はいずれも軒を短く切られている。たとえば、古書院の造立当初の軒付の出は内藤昌氏の著書（『新桂離宮論』鹿島出版会、一九六七年）によると、二尺八寸一分（八五・一センチ）であり、本割りの六尺五寸（一九七・〇センチ）の半分以下と、かなり無理をした詰めた構造になっている。

桂離宮の場合は少し特別だが、一般の社寺などでも屋内から軒付の見付けが見える建物はないし、そのため内部空間が外部空間と一体化しているように見えたり、軒の線が柱の線など縦方向の線とともに、外の景観の不用な部分を切り落とす役目を担っている。これを「額縁効果」という。

後者については、雁行する御殿群は実にうまく構成され、屋根は杮葺のむくり屋根で統一されている。古書院は入母屋屋根の妻側を東に向けているのに対して、中書院と新御殿は南に妻側を向けており、間に建つ楽器の間の屋根は小ぶりで、南に妻を見せない形にして屋根全体の連なりに変化をもたせている。

このように同じ材料や木割の共通性を持ちながら、統一感のない構成がかえって引き締まった緊張感を与えて、多分に見る者の視覚的立場を意識した配置であることがわかる。

社寺や数寄屋、書院などの日本の空間は、参道や露地などの歩ける幅や範囲と、建物の中でも動線が限られることによって、この空間を特定の位置から見ることを「軟らかく強制して」いる。それがこの国の空間のしつらえ方であり、見方・見せ方でもある。

わが国の古建築は「屋根が美しい」といわれるが、先にも述べたように屋根は人々の眼に一番に映る顔のようなもので、離れた位置から見る時には、まず屋根（野屋根）が見える。少しずつ建物に近づいていくと、ある時点で屋根が視界から消え、しばらく軒付だけが見えたあと、今度は斗栱《ときょう》（組物）や化粧垂木など化粧屋根が見えてくる。それはちょうど屋根の引き通しの湾曲線（屋垂《やだる》み）の延長線を越えたあたりからである。

この延長線より内側は、建物本来の影響下に取り込まれていくわけで、多くの人々はその時はじめて斗栱や化粧垂木、さらには柱や壁といったディテールに視線を移すわけである（図136）。

重層の屋根の場合は、その層の数だけ視線の移り替わりを繰り返すわけで、たとえば五重塔ならば無意

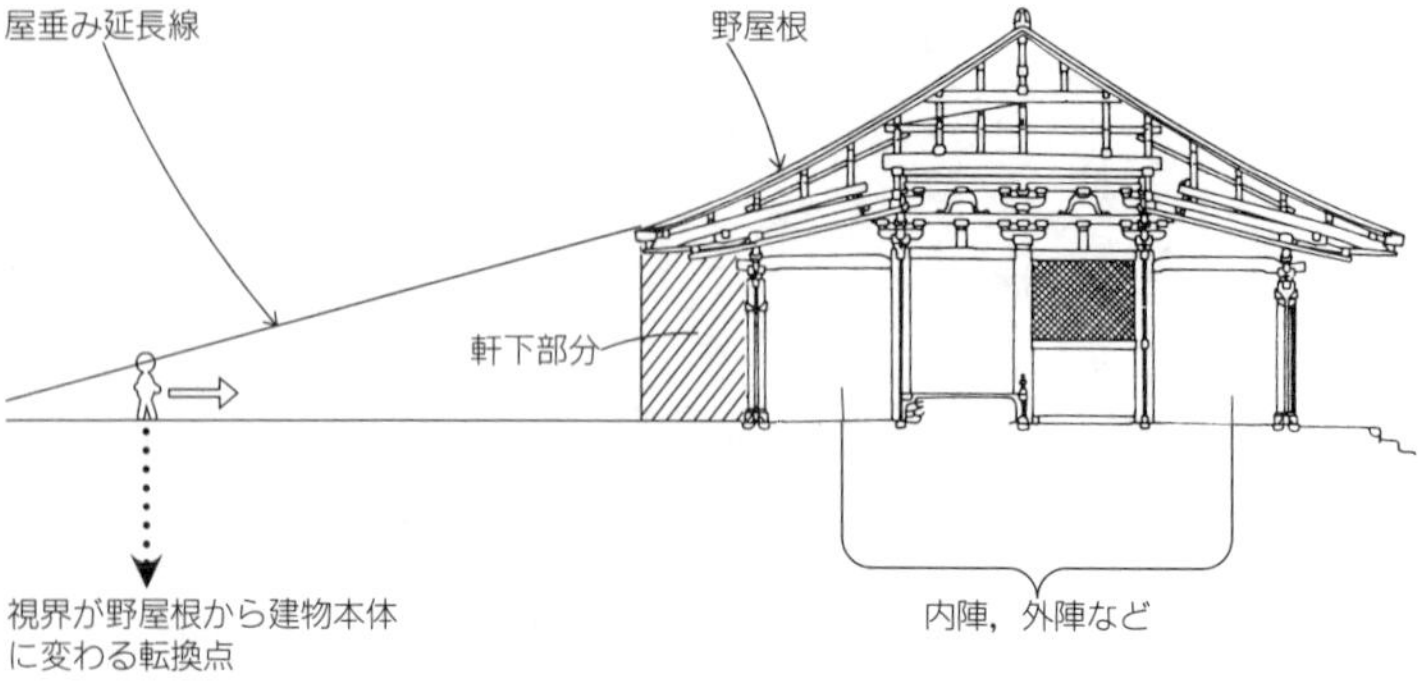

図136　屋垂み延長線からの視界の変化

識のうちに五回はこういうことを繰り返しているのである。ただ、屋根自体に照《て》りむくりがある場合などはこの限りではない。

つまり参拝者などは建物全体を常に見ているのではなく、移動していくうちに屋垂みの延長線が視界を遮蔽する空間に入ると、まったく違った視線に引き寄せられていくのである。参拝者の視線の高さによっても多少の差はあるが、写真や図面を見て頭の中ではわかったつもりの古建築も、大きさやその肌触り、光や風の方向、そして視線といったものは、実際にその場に行って見なければ本当のところはわからない。

これらには一種のトリックもあって、隣合った建物や重層の建物の屋根角度をわざと変えてみたり、屋根が見えていたと思ったら、突然軒下に至るなどという意外性も、見え隠れの技術や樹木（あしらい樹）を使えば可能となる。まあ、これも高度な一種の遊び心である。

日本の古建築の屋根の特徴は、その先端に軒付がつくことである。野屋根は屋垂みの線を伸ばしていくように、軸組から離れて化粧屋根と一体化して突き出ている。その突き出た部分を支えて、なおかつ美しく見せるために、日本の屋根構造は無理と工夫を重ねてきた。

おそらく日本の古建築における「内部」のイメージは、屋根によって規定された内陣・外陣や、軒下（雨かからず）ばかりでなく、屋垂み延長線の内側領域をも含めたもっと許容量の大きいものであったに違いない。

そして、軒を支える組物や垂木は見え掛りの構成要素であり、彫塑的な建物の表現形態や見え方として働いている。古社寺などは実用性はもちろんだが、権威性とか象徴性も重んじられたため、誰もが軒下まで近づけたわけではなかった。多くの人々は遠く離れたところから、野屋根が構成する美しい屋根を拝むだけであった。

法隆寺などでも、明治初期までは管長ですら、金堂の遙か手前にある礼拝石から毎日拝んでいたというから、今日のように参拝者が御本尊の近くまで進めるようになったのは隔世の感がある。遠くから見られることを意識した建物、それが日本の古建築の特徴のひとつであったといえよう。

屋根のかたち――その多様性

屋根のかたちをよく知るには、まず実測と、それからスケッチであろう。写真はよくない。屋根などを写真に収めると、実物がなんとなく理解できたような錯覚に陥ることがある。結果として、屋根の本質についての記憶が、案外抜け落ちてしまう。

それに単なる写真の虚しさは、嫌というほど味わっているから、懐疑的にならざるをえない。小ぶりだが精緻に見えた建物が、現場に行ってみると単に貧弱なだけであったり、壮観に見えたものが、ただ大きいだけで間が抜けていたりするのは茶飯事である。

実測やスケッチは、探ることであり考えることである。その屋根を形として整合させている寸法や、それを組み上げている方法を考えるための手段である。職人が描くスケッチは、単なる心象風景の記憶だけであってはならず、それゆえ必ず実測を伴わせる。

屋根のかたちは、それが古ければ古いほど机上の計算通りにはいかない。体を使い、手を動かすことによって具体的な寸法やスケールを知り、現寸を押さえた者のみがその多様性に気づく。名建築といわれるものの大部分は、「建築学」や「建築史学」が誕生するはるか以前の産物である。

私たち職人にとっては現場こそが唯一の教科書だが、昨今の一部の若い建築家や技術者にとってはそうでもないようで、現場から離れたところで、肥大化した観念と空虚な数字の羅列によって、なにかを組み立てようとしているらしい。彼らの話がどこか空しく、説得力がないのも、そのせいなのかも知れない。

閑話休題。日本建築における屋根のかたちを捉えるにあたっては、「社寺建築」や「城郭建築」、「数寄屋造」、「書院造」といったものから、町家や農家といった「民家」に至るまで多彩であるが、檜皮葺や柿葺の職人の立場から、一番日本的な特徴をよくあらわしていると思われる社寺建築を通して、その変遷を遡ってみたい。

寺院と神社は、日本人の精神生活の上で欠くことのできないものであった。生活上の節目や冠婚葬祭に関してだけではなく、喜怒哀楽のすべてが敬虔な信仰として社寺に向かった。

寺院建築は六世紀後半に大陸から伝わったものであるが、それ以前のわが国の在来工法がどうであったのかを知る手がかりは少ない。この分野の研究は、近年めざましく進んでいるものの、特に屋根などの構法は推定も含め常識的に考えられる範囲にとどまっている。

屋根における構造手法という、具体的な問題を取り扱おうとすれば、現在までに残されている遺構を中心に考えざるをえないが、現在残された建物の多くは、やはり寺院建築と神社建築である。古代の寺院などの発掘調査なども間接的な補完資料にはなりえるが、結局は現存する社寺建築との関係を中心に考えざるをえない。

ところで、屋根の変遷を考察するにあたっては、「様式」と「形式」の両側面からのアプローチが必要になる。様式とは特定の時代の建造物が持つ、社会的な影響を受けた独特の表現形態であり、形式とは建築構造が持つ本来的な特質であるといえよう。

分類にあたっては、その建造物の建てられた年代が問題となってくる。特に棟札や古文書などの明確な資料がない場合は、その構造や外観から判断することになるが、このため建築史学の観点から、建築様式による建立年代の特定の研究が不可欠となる。

建築史の研究においては、文献調査などとともに修復工事の際に建立年代が判明するような新知見が見つかる場合も多く、遺構の調査は年代特定のために必要な、指標探しの場ともなっている。

多くの場合、歴史的建造物では屋根部分も後世の修理や改造によって、建築当時の技法や意匠が変わっていることがある。このため建立当初の部材の痕跡を調べたり、類例との比較から本来の姿を解明する努力が重ねられてきた。この結果、建築の様式や形式、技術の変遷などが明らかになり、建築史学では遺構から見た屋根の時代的変化を概観できるようになった。

神社建築より、一般に歴史が古いといわれる寺院建築については、第一章の「檜皮葺と杮葺の歴史」の項でも詳しく述べたので、繰り返すことはしないが、ここでは日本独自の神社建築について考えてみたい。

寺院建築と神社建築の歴史の中で、そのせめぎ合いや融和は常に存在してきた。中世以降の伊勢神宮内宮正殿の妻飾りは、法隆寺金堂のそれと類似して仏教からの影響を窺《うかが》わせるし、私たちが日常仕事をしている神社社殿の中にも、仏教建築や住宅建築から、明らかに影響を受けたと思われるものも多い。

一方、神社建築の側も、仏教伝来以前の上古の時代に遡ることによって、独自のアイデンティティに基づく、独自の建築様式を志向してきたようだ。

神社においては、その発生の起源を遡っていくと、巨木や巨岩を神籬《ひもろぎ》や磐座《いわくら》として、祭りのたびごとに神を憑《よ》りつかせ常住する住まいを捧げたとか、山などの崇拝する対象を遙拝する施設であったとか、また神器を納める上代のクラから発生したなどといったさまざまな説がある。

ただ、現実的にはなんらかの分類をしなくてはならないので、もっともわかりやすい屋根の形態を用いて、「神明造《しんめいづくり》」、「大社造《たいしゃづくり》」、「住吉造《すみよしづくり》」、「大鳥造《おおとりづくり》」などと呼んでいる（図137）。仏教建築の刺激が、神殿の成立を促したと考えられる伊勢神宮や、出雲大社も、後世の手法がいくばくか混入しているとはいえ、神明造や大社造は最も古い社殿形式で、上古に遡れる貴重なものである。両社とも古式に則った屋根工事の記録なども比較的よく残っている。

神明造は伊勢神宮の内宮や外宮の正殿（茅葺）に代表されるもので、大棟側に入口のある平入《ひらいり》で、両妻ともに棟持柱が立っているのが特徴である。特に伊勢神宮の正殿は「唯一《ゆいつ》神明造」と呼ばれ、神明造の中でも基本といわれる。なお、神明造として現存最古のものは、長野県の仁科《にしな》神明宮（寛永一三＝一六三六年）である。

大社造は出雲大社本殿に代表され、妻側に入口のある妻入《つまいり》の建物である。正面の片側に入口を寄せた構造になっている。

住吉造は住吉大社などに見られ、妻入で入口が正面中央にある。棟は箱棟で破風は直線型である。

大鳥造は住吉造の簡略形ともされるが、大社造より直接発達したとの説もある。大阪府堺市の大鳥神社

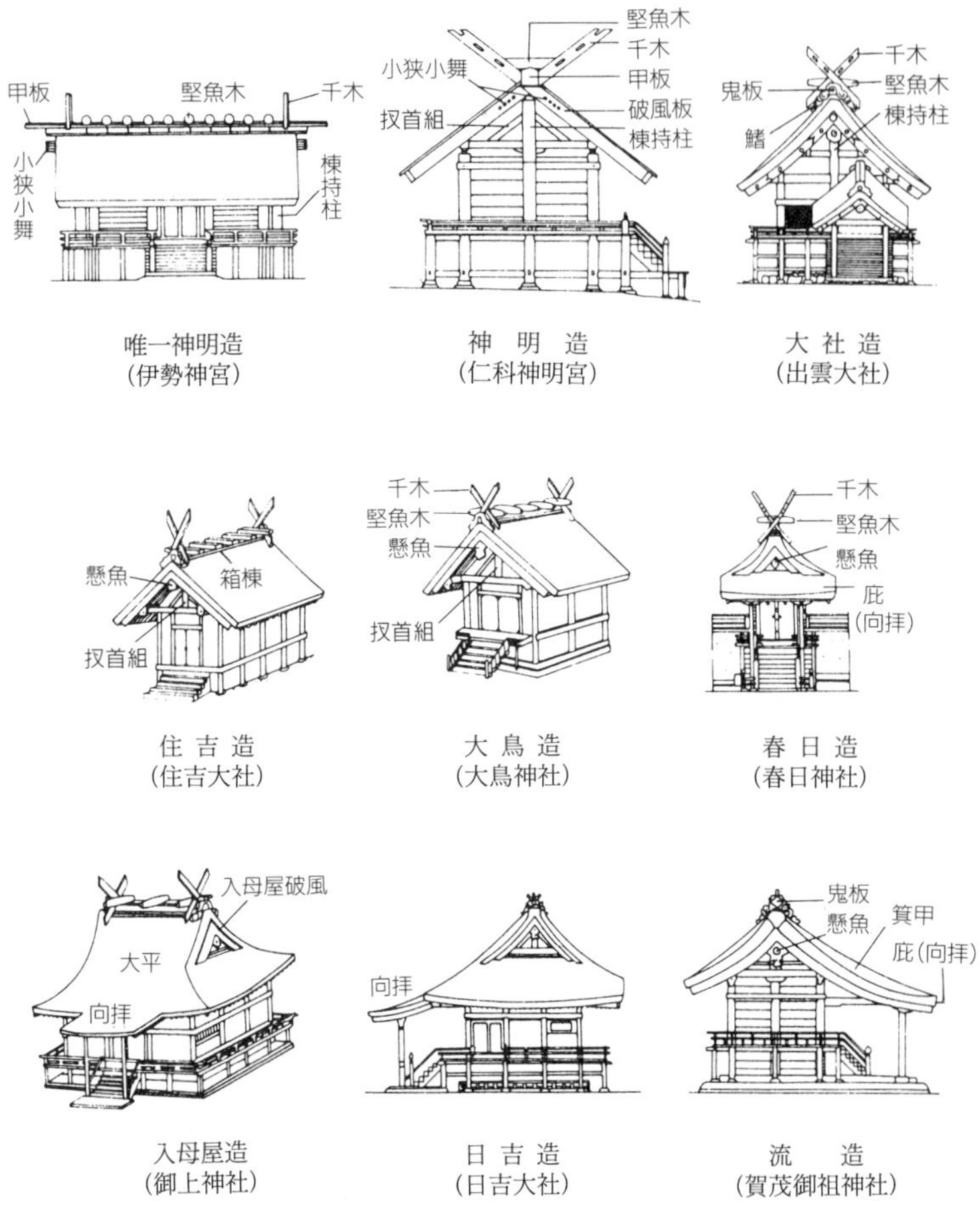

図137　神社建築の様式

が唯一の社殿である。

以上は古代から伝わる社殿様式であるが、神社建築において一番多いのは、切妻造平入の「流造《ながれ》」である。神明造から発展し、寺院建築の影響で照《て》り屋根となり、前流れが長く伸びて向拝《ごはい》となった。「春日《かすが》造」は切妻造妻入で、左右に反り上がる照り屋根と、社殿の前面の庇を特徴とする。春日大社をはじめ奈良県に多く、朱塗り彩色など仏教形式が強く出ている。「両流造《りょうながれ》」は流造の発達した形態ともいわれ、背面の方へも葺き下ろした形となっている。広島県の厳島《いつくしま》神社、福岡県の宗像《むなかた》神社、京都府の松尾大社などに見られる。

また、入母屋造の屋根もあり、滋賀県の御上《みかみ》神社は最古の例ともいわれ、神仏の様式の入り交った不思議な形をしている。筆者も大学の先生方や、海外の研究者を連れて何度も案内したことがあるが、要するに玄人好みの神社なのであろう（図138）。

形は寄棟《よせむね》造の上に切妻造を重ねた格好だが、本来は切妻造の身舎《もや》の四周に庇をつけたものと考える。もともと仏寺などに見られた様式を、平安時代中期から鎌倉時代初期にかけて、神社本殿に転化したといわれている。

その他の入母屋系の特殊な屋根としては、「日吉造《ひえ》」、「祇園造《ぎおん》」、「香椎造《かしい》」、「浅間造《せんげん》」などがあるが、特に「日吉造」は滋賀県の日吉《ひよし》大社だけに見られ、切妻造平入の国宝本殿の内陣を中心に正面と両側面に庇をつけて外陣としている。また、背面には珍しい縋破風《すがるはふ》を見せており、筆者も施工に難航したことは記憶に新しい（図139）。

これらの屋根様式が組み合わさったものを複合社殿というが、二棟の切妻造平入の建物が前後に接続した「八幡《はちまん》造」は石清水八幡宮（京都）、宇佐八幡宮（大分）などが知られる。また、仏寺の開山堂を起源と

図139　国宝・日吉大社
西本宮本殿（背面側）

図138　国宝・御上神社本殿

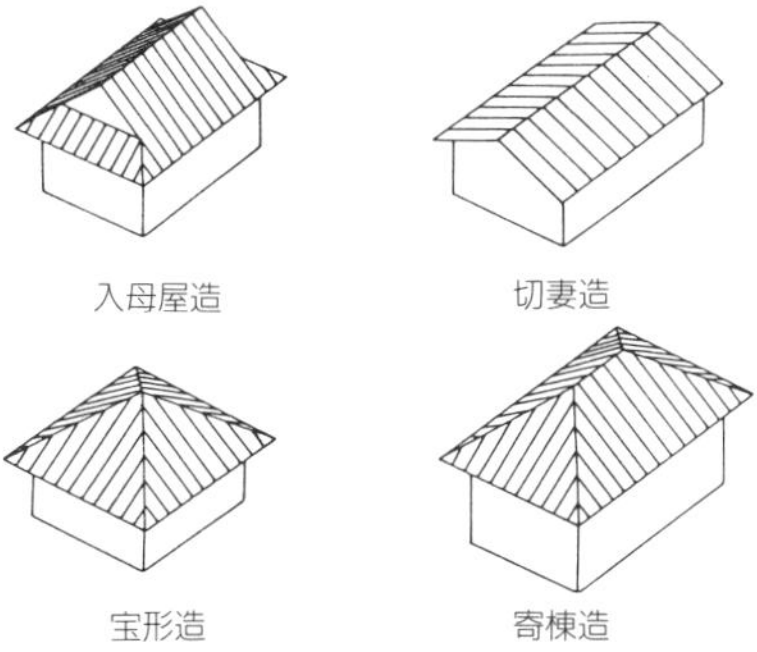

図140　屋根の基本形式

図141　特殊な屋根の形式

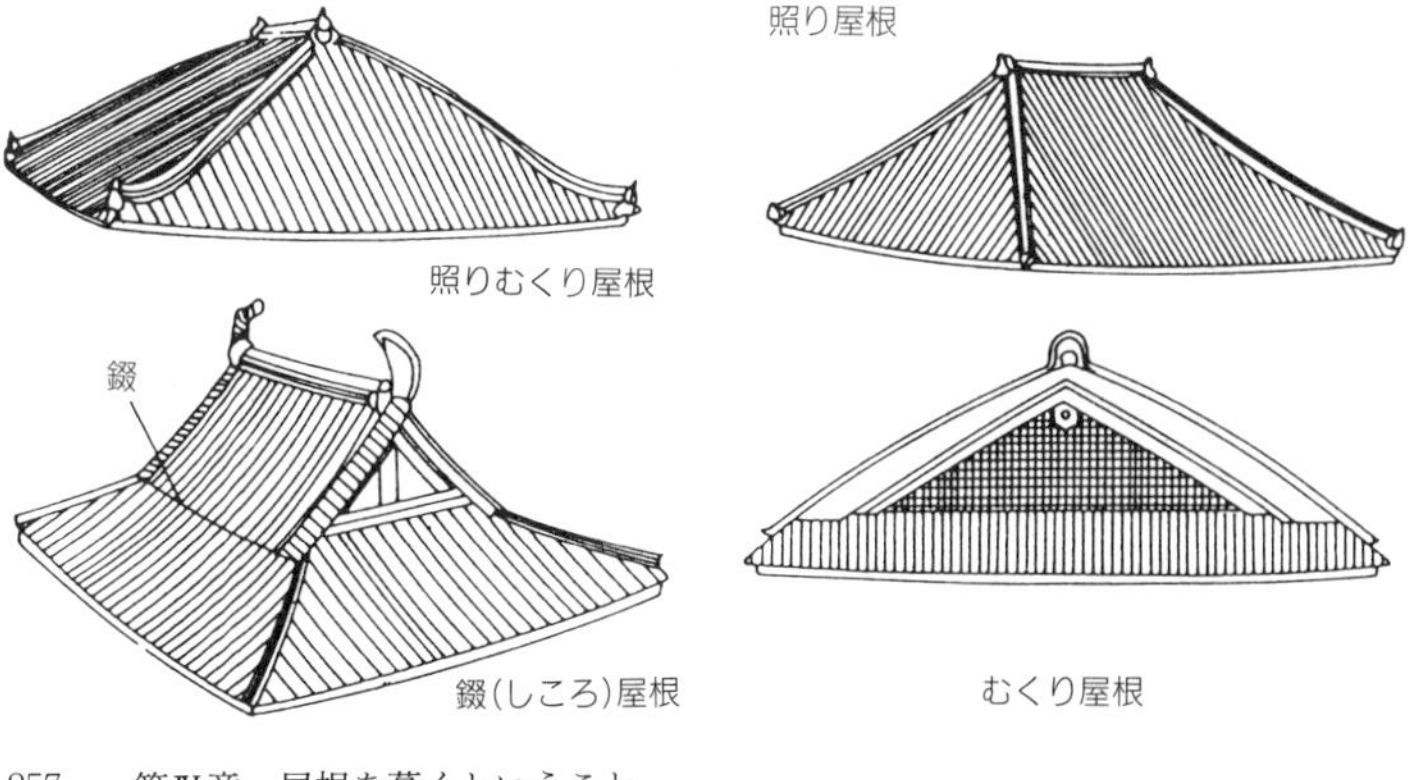

するのが「権現造《ごんげん》」で、本殿と拝殿の間に相《あい》の間《ま》を設けて「工」の字型とする。北野天満宮（京都）や日光東照宮（栃木）が代表的なものといわれている。

一方、社寺建築をその基本形式によって分けると、「切妻造《きりづま》」、「寄棟造《よせむね》」、「入母屋造《いりもや》」、「宝形造《ほうぎょう》」といった屋根そのものの形と、「樹皮葺」、「板葺」、「瓦葺」といった使用する葺材によっても分けることができる（図140）。

切妻造は両下《りょうさげ》で大棟を境に二つの斜面に葺きおろした形であり、寄棟造は四柱《しちゅう》造とも呼ばれ、大棟から四方に葺きおろした形で、梯形（台形）の大平《おおひら》と、三角形の妻部分の組み合わせとなる。入母屋造は先にも述べたように寄棟造と切妻造の合体形式である。宝形造は正方形の四方の隅棟が頂上に集まる形式で、頂点は、宝珠《ほうじゅ》、伏《ふせ》（覆）鉢《ばち》、露盤《ろばん》などを載せる場合が多い。他に六注造、八注造などのバリエーションがある。

特殊な屋根の構造としては、屋根が曲面で下向きに反った「照《て》り屋根」、上向きに反った「むくり屋根」、あるいはその両方を取り入れた「照《て》りむくり屋根」などがある（図141）。

また葺材による分類としては、樹皮葺（檜皮葺、杉皮葺など）、板葺（大和《やまと》葺、栩《とち》葺、木賊《とくさ》葺、柿《こけら》葺など）、草葺（茅《かや》葺、藁《わら》葺、麦藁《むぎわら》葺、葦《よし》葺など）、瓦葺（本瓦葺、桟瓦《さんがわら》葺、行基《ぎょうき》葺など）、そのほか銅板葺、銅瓦葺、鉛瓦葺、石葺などがある。

屋根裏からの発想

建造物の小屋組の形は、外観に大きく影響する。檜皮葺や柿葺はもちろん、瓦など他の葺材であっても、建物の骨格が不細工であったり、歪《ゆが》んでいればてきめんに外観に現われる。

外からは直接見えない野物材は、節もなくきれいに鉋がけされた化粧材とは違って、荒木や太鼓落としにした丸太がそのまま作われていることも多い。とはいっても、もちろん規矩《きく》的に正しく納まっていることは当然求められる。

中世以降は化粧屋根と野屋根は分化を果たし、小屋組は棟木《むなぎ》、母屋束《もやづか》、母屋《もや》、桁《けた》、桔木《はねぎ》、野垂木《のだるき》などの順に取り付けられるが、あの流造などにみられる緩やかな曲線は、母屋や棟木などの大物を除き、有無をいわせず強制的に曲げるのである。野垂木などはどうしても曲がらなければ、その一部を二枚におろしたり、種々の方法によって撓《たわ》ましたうえで、母屋に釘留めする。

野物材は化粧材とは違って、緊張した美しい曲線を作るためには、容赦なく締め上げる。呼出垂木《よびだしだるき》、箕甲力垂木《みのこうちから》、櫛形垂木《くしがた》といった野物はすべてといっていいほど、お互いに引っぱり引っぱられの関係で、隙があれば反発しようとする。

各種の垂木なども母屋に打ちつけられて、上方へ復元しようとする力を、束によって押しとどめられている。これは一見、逆のようだが、束は屋根の重み（圧縮力）にただ耐えているだけではなく、内側からの垂木の撓みに伴う反発力も抑えているわけである。

このように日本建築の小屋組（和小屋）は、使用する木材どうしの癖や、それら自身の過重を巧みに利用し、お互いに引き合い押さえつけ、箍《たが》を嵌《は》め合ったように牽制しあう形で、美しい曲線を形成しているのである。

ところで、木造建築で繰り返し修理が必要な部分は、屋根、壁、出入口、水回りと昔から決まっている。とくに軒回りの屋根は、それ自体が傷みやすいにもかかわらず、建物全体を護る役目を負わされている。そのため、風雨に晒される屋根部分はなかなか古いものが残らない。そこで少しでも長持ちさせるために、匠の先達が工夫を重ねたうえで、現在見られるような軒の形に収斂させてきた。

その点、屋根にすっぽりと覆われた小屋組構造は、雨漏りなどがしない限り腐ることもない。なんらかの理由によって、途中修理した以外は建築当初の技術の水準や工法、意匠から、建築そのものに対する基本的な考え方までが、集約的に現われている部分といえる。だからこそ、私たち職人だけでなく、大学の先生や設計監理の技術者などの専門家も、この小屋組が剝き出しになった僅かの機会をとらえ、皆、天井裏（小屋裏）にもぐりたがるのである。

わが国の木造建築を構成しているのは、普通は軸組と小屋組によってである。軸組は建物の骨格として、垂直に立ち上げた柱群と、それらを繫ぐ桁や梁、さらには長押《なげし》や貫《ぬき》といった水平材で形作られている。小屋組はその軸組の上に乗る三角形の構造物で、棟木から桁や梁をめがけて肋骨のように垂木を渡すことで構成され、その上に檜皮や柿などの屋根が葺かれる。

とくに社寺建築などにおいては、梁上に立てた束で棟木を支える本格的な構造になっている。それに対し日本の民家などは、もっと簡単に梁や桁の上から複数の斜材を立ち上げ、合掌に組んだ扠首《さす》組を用いることの方が多い。

これらは日本の建築に独特の屋根の反り、軒の反りといった美しい曲線を作り出すためには、欠かせない構造である。母屋や隅木の反りも、まず中央の屋垂《やだる》み（湾曲線）を決めて、これを軒先の反り上がりとともに隅に平行に移せば、母屋と野隅木の反りを決めることができる。隅木は真隅のほかに、平と妻（棟と直角の方向）の屋根勾配を変えて、振れ隅とすることも可能である。

また、入母屋造では妻飾りをより大きく見せるために、妻の屋根勾配をことさら緩くし、このため隅木を平の方向に振らすこともある。さらに寄棟造では大棟を長くするために、逆に妻側の勾配を強め、隅木を妻の方に振らすことも可能である。ただ、振れ隅木では左右の屋根勾配が違うことなどから、背峰《せみね》（山形の断面）や反りを決める時も、その点を考慮すべきである。

ここで、小屋組を建築構造全体から位置づけてみると、多少荒っぽい表現かも知れないが、上古から平安時代後期にかけての建築様式は、そのほとんどが身舎《もや》と庇《ひさし》だけで成立していたといってもいい。柱と梁と桁でできた比較的シンプルな構造体を身舎といい、その上に屋根が築かれてその骨格を形づくっていた（図142）。

この構造で建物を広く使うためには、庇を周囲に巡らし、さらに庇自体も伸ばす必要があった。内部を仕切るためには柱を立てればいいが、中を広くするためには桁よりも太い梁をかけ渡す必要があった。

しかし、柱間の距離を広くとろうとすれば、より太い梁が必要となり、構造上のバランスも崩れる。梁の上に束を立てて、その上に桁と平行に梁を渡す。その上に野垂木が並べられて、桁から外へ出た部分が軒となる。妻側も棟や梁を出すようにして、そこにも垂木がかけられて螻羽《けらば》となる。そこに破風板がついたのが切妻造の原型であろう。

ところが、この構造の欠点は、奥行の深い建物が作れないことにあった。庇を伸ばすこと自体にも限度があるし、軒先も雨仕舞いのために当然ながら外向けに勾配があるから、軒先は伸ばすほどにどんどん下

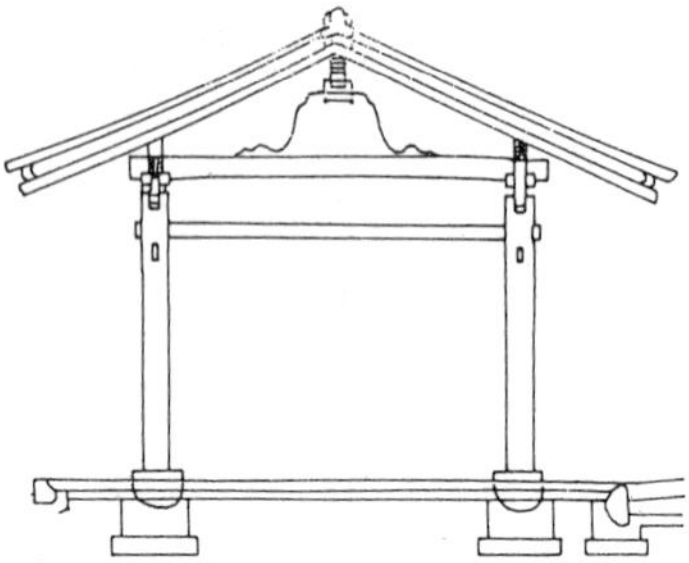

図142　身舎と庇だけの構造例

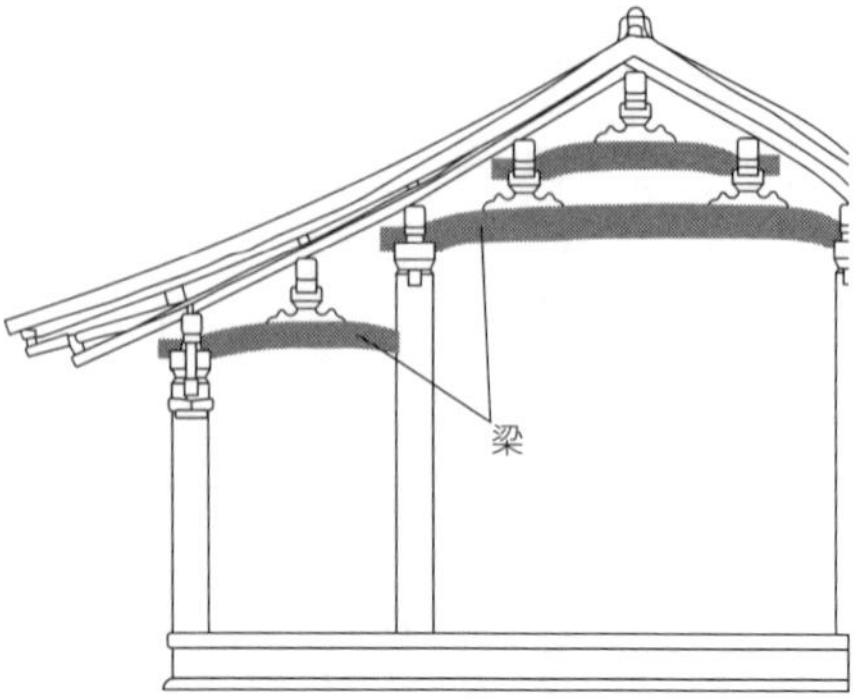

図143　長い繋梁が渡された構造例

がってくる。

そうなると身舎の柱を高くして、その回りに庇を巡らすことを考えたことは想像できるが、これも建物の中に身舎の柱が残ることになり、目障りなことだっただろう。とくにこの時代は、仏教の興隆によって規模が拡大した法会《ほうえ》（仏教儀式）が頻繁に行なわれるようになっており、それにも差しつかえたはずだ。柱そのものが屋根構造に直結していたため、その位置が自由にならず、内部は柱によって分断されていた。

この問題を解決したのが長い梁の登場によってであった。建物の梁行全体に長い繋梁《つなぎばり》が渡されると、まず懸案の柱の位置が自由になってきた。どこに柱があっても繋梁さえ支えることができればいいわけである（図143）。

庇柱もその上を桁で繋ぎ、さらに庇を安定させるために身舎柱と庇柱の間にも繋梁を渡す。こうしてできた庇は、身舎の屋根傾斜より少し緩くして、軒付の下がりを多少とも減じると、軒先のうっとうしさを少なくすることが可能となった。

その後、これらの構造様式は平安時代末まで踏襲されるが、鎌倉時代に入ると野屋根などの使用や、新たな桔木《はねぎ》構造の普及とも相まって、屋根構造上のさまざまな制約から小屋組を解き放ち、その意匠を自由に決定しうるようになってきた。

桔木は跳木とも書き、図15（三四頁）の屋根の断面図を参照してもらえばわかりやすいが、野垂木と化粧垂木（飛檐《ひえん》垂木、地《じ》垂木）との間の「懐《ふところ》」と呼ばれる三角形の隙間に、桁行方向に長くて太い材が組込まれている。これが桔木である。

発生当初の桔木はおそらく茅負《かやおい》の先までは伸びておらず、野垂木を跳ね上げる構造であったと想像される。その後、改良を加えられて、枘《ほぞ》を使って直接茅負と繫ぐことができるようになった。桔木の先端は軒先に達して茅負と繫がって軒先を支え、根元は棟と桁のまん中にまで至るようになったわけである。

さらにいえば、桔木は天秤の理屈であって、桁の位置を支点として、軒先と棟の両側に跨った状態にある。こうして屋根の重量で押し下げられた桔木は、てこの原理で桔木枕《はねぎまくら》（桔木の中間を支持する材）から先を逆に跳ね上げる。その結果、軒先は力に満ちた曲線を保つことができるようになり、ひいては深い軒構造が可能となった。

桔木を使った手法は、寛喜二年（一二三〇）の法隆寺夢殿（八角仏殿）の改修の際に、はじめて用いられたといわれているが、その後は「出《だ》し梁《ばり》」や「力《ちから》垂木」、「丸桁桔《がぎょうばね》」といった桔木を補完するような手法も次々と開発されていく。

日本建築の小屋組は「和小屋」と呼ばれ、古来から比較的勾配の緩やかな檜皮葺・杮葺の建物にも多く用いられてきた。小屋裏には梁や束をはじめ、前述したような多くの後世の補強が用いられたが、トラスの原理で作られた「洋小屋」と比べて、水平からの力に弱いのが欠点だった。

ちなみに近年、といっても明治三一年（一八九八）のことだが、唐招提寺金堂の修復工事の際に上屋部分をキングポストトラス（真束小屋組）という洋小屋に変えている例があるが、これは当時いくら洋小屋に価値が認められていたとしても、勇み足というほかはない。

たしかに本瓦葺などの場合は荷重が大きく、小屋組も強固にする必要があるが、檜皮葺の場合は瓦の三分の一、柿葺だと七分の一ですむ。軽いという特徴を生かして、軒の出を深くすることができる。また建物を優雅に見せ、なおかつ建物自体を雨や雪から守るという長所も大きかった。

たとえば社寺などを参拝して、建物の軒先を見上げると化粧垂木や化粧裏板が見える。だが、それらは檜皮葺や柿葺の軒付と同じく、意匠的な役割が主の材であって、構造材としての機能はほとんどない。

化粧材を使った軒先の美しい反りは、垂木の取り付けにはじまる。化粧垂木の隙間を埋めるように化粧裏板を打ちつけ、その上に茅負と呼ばれる化粧材と構造材を兼ねたものを配する。最後に裏甲《うらごう》という厚い板状の化粧材兼構造材を置く。

本格的な建造物の場合、化粧垂木は軒先側に飛檐《ひえん》垂木、奥に地垂木の重厚な二段構えとなるし、簡単な堂宮《どうみや》の場合は、裏甲を省いて茅負にこの役割を兼用させるやり方もある。

宮大工が破風や組物とともに一番神経を使うのが、このあたりの造作である。特に社寺建築では、軸部構造に比して屋根のバランスが大きく、人の目を引きやすい。下から見上げれば、この線が軒付の美しい曲線を決定するのだから、時間をかけた入念な仕事が要求される。

歴史的建造物の場合、多くは数百年を経ており、解体修理などでときどきは全体の箍《たが》を締め直すとしても、使用材の老朽化や、木の癖・歪《ゆが》み・拗《ねじ》れ・割れなどによって、小屋組全体が暴れているケースも多い。修復計画や工事予算との関係で、すべての補修にまでは手がまわらないこともあるが、そのような場合でも、「小屋組が曲がっていましたので、屋根も曲がりました」ではすまないわけで、表面にはでない陰の苦労も多い。

このようにして、軸組の上に構成される小屋組構造には、古代からの理にかなった英知がちりばめられていることを、今一度現代の人々に考えてもらえれば、と思う。

軒付の仕組み

軒付は厚化粧か

社寺などの伝統的な木造建築は、構造も複雑であり、柱の上に組物を載せて軒を深く出す例が多い。そのため屋根回りの軒や隅を構成する部材にも、反りのつくものがあって納め方も独特である。この項ではそのあたりに絞って、木部構造の成り立ちと檜皮葺軒付の役割の両面から考えてみたい（図144）。

まず木部構造であるが、これは古代や中世の軒構造は、現代におけるものとは少し違うようだ。隅の柱をまん中より少し高くして、隅延びをつけると桁も反り上がってくる。これによって木負や茅負も桁心から内方まで反らせようというのだ。軒全体に反らせる場合は、とくに「真反り《しんぞ》」という。

軒反りの線は、奈良時代以前は水平が主流で、隅反りも僅かであった。中華文化圏や東南アジアの建物は、軒先を極端に弧形にまで反らせたものが多いが、日本の軒は独自な発達をしてきたといえる。

軒先というのは不思議なもので、屋根全体が照《て》り屋根であったりすると、実際は水平の軒が見た目の錯覚で逆にむくって見えることがある。それを防ぐためにわざと隅のみを反らしたり、総反りや真反りの場合にも、この点を多分に意識して造作に及んでいるといえる。

法隆寺五重塔などでは、隅木や茅負により出桁は直材をまん中で弛ませている。隅木も軒の反りに従い、奥の方に桁を深く切り込む形で使うなど、茅負の反りを十二分に考慮に入れており、なかなか精緻なものである。

しかし、古代の建物は建立後に戦乱で焼かれて再建されたり、移築されて構造が変わるもの以外にも、再三にわたる修復の手が入っているので原形をとどめるものは意外に少ないのが現状である。古代の軒構造を知る方法としては、厨子や小塔などのひな形のようなものが格好の対象となる。

たとえば法隆寺蔵の国宝玉虫厨子は高さ二・三三メートルの文字どおりかわいいお厨子なのだが、この宮殿風の建て方は飛鳥建築を偲ばせ、須弥座《しゅみざ》のまわりの透彫の飾り金具の下には、総計二五六三枚の体長三〇〜四〇ミリくらいのタマムシの羽が伏せてある（図145）。

正面から見ると、正背面の軒の出は側面より大きく見えるが、茅負の反りも強く、隅木は振れ隅となっている。茅負は真反りで隅ではかなり勾配を絞っているのか、強い曲線になっている。おもしろい特徴は垂木の勾配がまん中と隅で平行になっていないこと。いわゆる「拗《ねじ》れ軒《のき》」で、要所ではしっかりまとめながら美しい軒線を形作るなど、華麗で謎に満ちた厨子である。

これらのことは、元興寺極楽坊五重小塔、海竜王寺五重小塔など、この時期の国宝小塔にも共通する構法なのだが、おおむね化粧垂木でも地軒の出に比べ、飛檐軒の出が短いため木負の反りも強く、垂木の成《せい》も大きい。当然、端の方の垂木は曲げずに反りに従って取り付けるため、垂木の勾配は急になっている。

このように屋根各部の比例や、見た目の調和といった意味で、すでに古代における試行錯誤の時代と、

図144(上右)　複雑で重厚な軒付　上層は檜皮軒付，下層は柿軒付
図145(上左)　国宝・法隆寺玉虫厨子

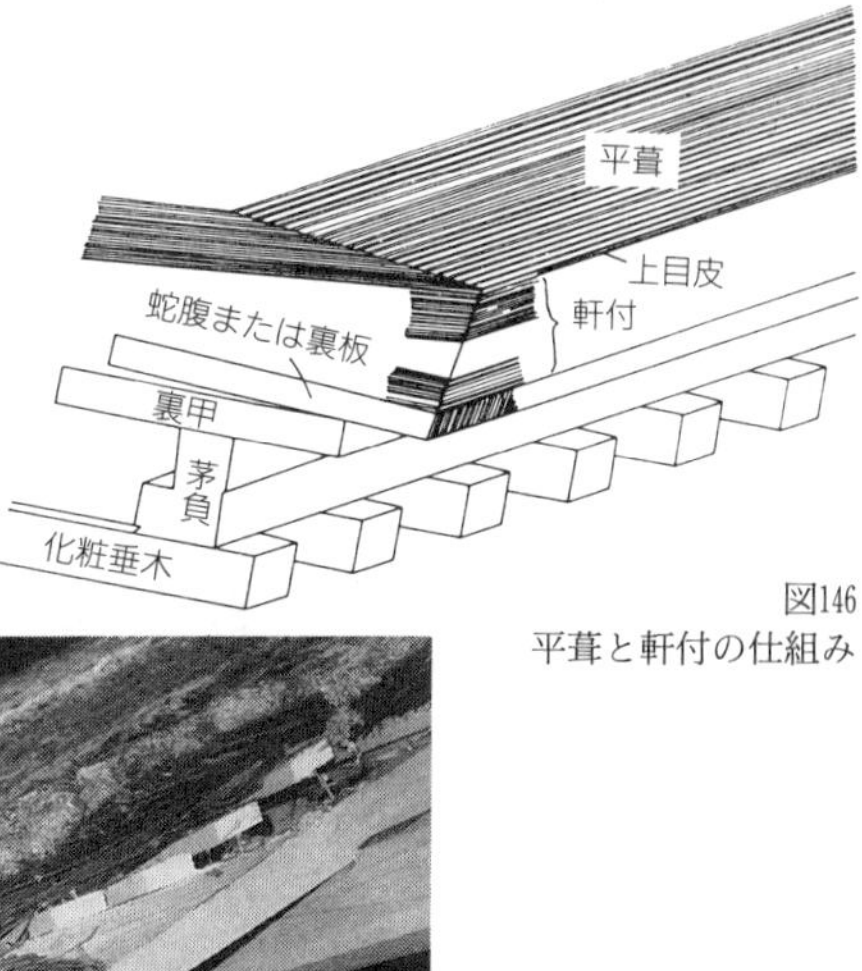

図146
平葺と軒付の仕組み

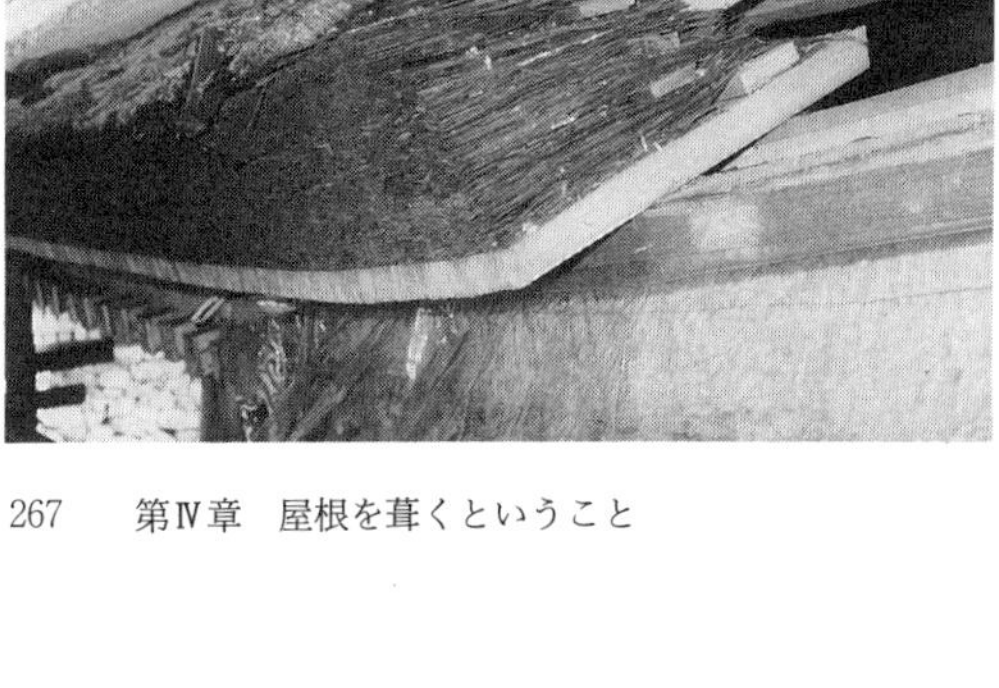

図147　解体中の檜皮葺屋根の断面　軒付の厚さに比べ，平部分が薄いのがわかる

卓越した一回性の感性からは脱却しつつあった。長い経験の蓄積と継続性が求められ、それは中世以降の軒構造の基調となっていった。

下って中世の軒構造の多くも拗れ軒であったが、これも古代からの納め方のシッポを引きずっていたのだろう。もちろん中世に入ると建築技術は正確になり、鎌倉時代末から室町時代に入ると規矩的な納まりも発展する。この時代の軒構造の特徴は茅負中央の折れであるが、これもまん中を水平にしてしまうと、かえって中央部がむくっているように見えるので、わざと左右の茅負を折線上に架けて、中央に折れ目をもってきたのではなかろうか。

このようにして中世の加工精度の向上と、各部比例による調和は、そのまま構造と意匠の共存であり、同時に、全体としての伝統と、多様化・自立化する部分との拮抗ともいえた。

ところで、次にこれらの軒構造に、どのようにして檜皮軒付が組み込まれていったかということである。これは前述したように、平安時代中期の「野屋根」の開発や、鎌倉時代初期ともいわれる桔木の発明によって、普通、軒の下から見上げることができる化粧屋根と、実際に雨水を受ける野屋根の分化が行なわれたことにはじまる。この二種類の屋根の空間に桔木が挿入され、さらに両方の屋根の間の軒先を閉じる形で、檜皮軒付や柿軒付が積み上げられたものと考えられる。

檜皮葺や柿葺の屋根の仕組は、平葺と軒付に大別される（図146）。平葺は実用を主に、軒付はほとんど造形美的な要素で占められている。平葺は雨や雪から建造物本体を護る屋根本来の任務をもっているが、軒付は社寺建築などに欠くことのできない荘厳さや優美さを出すための軒回りのお化粧役をつとめている。

檜皮葺や柿葺の屋根を葺き替えのために解体していると、見に来た人のほとんどが、軒廻りの厚みがそのまま屋根全体の平地部分にまであるものと思うらしい。ところが実際は軒回りは厚いが、まん中は薄いので驚くようである（図147）。別にごまかして、まん中を薄くしたのではなく、平葺は実用的で薄いのが当然。軒回りだけ厚くするのは、造形美のために昔の葺師の知恵がなせる業なのである。

ところで、現代では一つの棟を葺き替えるにあたり、建築の様式によっても多少異なるが、工費は平均して平葺に六割、軒付に四割というところか。屋根のお化粧代は単位あたりの面積に換算するとずいぶんと高価である。

ちなみに、平葺の葺上がりの檜皮の厚みは一〇センチ程度、杮では四センチというところである。それより厚くなると竹釘の締まりが悪くなり、かえって屋根の寿命は短くなる。何でも厚ければ厚いほどいい、というものでもない。

軒付の詳しい施工工程については次項で述べるが、これはかなりの綿密さを要求される技術である。

軒付は軒回りの全周に、平葺に関係なく厚みを作るもので、一重軒付、二重軒付に区別される。二重軒付は一重軒付に比べ、軒の出を深く優雅に見せることができる。また修理の際にも風雨による傷みを上軒にとどめ、下軒を助けて再利用させることもできる方法で、江戸時代から盛んに用いられるようになった。檜皮葺や杮葺でも、化粧垂木の上に茅負や裏甲が積み重ねられているのは、瓦葺と同じである。

軒付の厚さは建造物自体の柱の直径に比例するのが適当とされている。建造物としての規模が大きくても、全体の木割りの細かいものは軒付が薄く、小さくても木割りの太いものは厚くする。柱の細い華奢《きゃしゃ》な建物に厚い軒付を施したり、柱の太い豪壮なものに軒付が薄くては、建物のバランスが崩れることになる。

檜皮葺師や杮葺師の技術と工夫が凝縮したこれらの屋根葺工法は、あらゆる視点から見ても完成された技術である。私たち屋根葺師の世界においては、修復のために古建築を解体したあとはひたすら忠実なる復原に専念することが求められている。

その点では、よかれと思って手を入れることももちろん、厳禁である。それではオリジナルな部分と、後世に付加された部分が混在することになり、建築の構造・意匠・技法などを歴史の変化の中で捉えようとする際には、その点が大きな妨げになる恐れがある。

むしろ、遺構から見て歴史的変化にそぐわないような後世の補修などについては、注意深く分離除去することすら必要になる。

近年は、若い職人たちに「創意工夫をするな」などと、一見、無理な要求もする。国宝や重要文化財といった評価の確立した建造物の保存修復においては未熟な創意工夫も自分勝手な解釈も、邪魔以外の何物でもないからだ。

筆者などが主に担当している国宝や重要文化財などの修復工事は、ある意味で一発勝負である。準備している間は前述したようなすべての事柄を咀嚼《そしゃく》しながら、あれこれと修復方法を考えてはいるが、本番、ましてや国宝相手では、失敗は許されない一本の道を通るだけである。職人としての足腰が本当に鍛えられるのは、いつでも本番に向かえるように備えている時なのである。

軒付の技術

①蛇腹台

まず、檜皮や杮の軒付の取り付け作業に先立って、軒付のまわり全周に蛇腹台《じゃばらだい》と称する仮設の台座を巡らすことからはじめる。

これは化粧材最上部に位置する裏甲《うらごう》から、さらに何寸か出る蛇腹を、裏甲の緩やかな反りに応じて、支持していくためである。蛇腹台は足場の上に蛇腹の出よりも一尺（三〇センチ）くらい下の位置で、二寸（六センチ）ほど内側にしつらえた横木《よこぎ》の大台（軒足場の一部を代用することもある）に、一〜二尺（三〇から六〇センチ）の間隔をあけて立《た》て桟《さん》で繋がれて、裏甲と同じカーブを描く。

図148のように裏甲の上角をAとし、裏甲尻手に打つ水垂《みずた》れ小舞《こまい》の上角をB、木口の通りを決める仮定規の角をCとして、この三カ所を結ぶ線上に出入りの固定仮定規を打つ。この時の勾配は平の部分で一〇分の三センチ、破風で一〇分の二センチ以内になるようにBの位置を決める。

その際に、三点に隙ができないように、必要があれば低い所では支い物《かいもの》、高い所などは鉋などで削って調整する。蛇腹台は下の仮の大台と結ぶ仮りどめとしての立て桟と、裏甲下端に直接止める振れ止めの木端を用いて固定するが、いずれにしろ裏甲や茅負の曲線をよく写したものでなくてはならない。

②蛇腹と裏板

蛇腹という名称は、軒付に用いる短冊状に木取りした平柾目取りの椹赤身材を、木口に傾斜をつけて取り付けた様子に由来する。短冊状に割った「割り蛇腹」と、鋸で挽いて作る「挽き蛇腹」がある。裏板との違いは格好が優れていることもさることながら、浸み込んだ雨が重ね目を伝わって、垂直に流れ落ちるため、裏板の木口からも浸潤せず保存上からも効果が大きい（図149）。

そもそも蛇腹板は、現在でこそ椹材の木蛇腹が主流になっているが、かつては前述したように、最上質の厚い檜皮を幅一寸（三センチ）程度の短冊状にした共皮蛇腹《ともかわじゃばら》が用いられた。現代では木蛇腹もさらに簡略化され、長一尺（三〇センチ）、厚六〜七分（一・八〜二・一センチ）程度の裏板が使用されており、この場合は蛇腹台のような支持台は省略していいと思われる。

取り付けにあたっては、裏甲の上端に幅二寸（六センチ）、厚三分（一センチ）程度の杉赤身挽立材の水垂れ小舞を、裏甲角より二〜三寸（六〜九センチ）控えた所に長二寸（六センチ）の鉄釘で打ち締める。なお水垂れ小舞の控えは、木蛇腹および裏板の長さによって加減することになる。

③取り付け

次に蛇腹や裏板を実際に取り付けていくわけであるが、施工の順序からすると、隅に跨がる留甲《とめごう》（駒《こま》形《がた》）、留甲の両脇を固める隅脇板《すみわきいた》、そして通常部分の蛇腹や裏板の順となる。専門的で少々わかりづらいかも知れないが、この技術は蛇腹でも裏板でも同じなので、お付き合いを願いたい。

まずは留甲（駒形）である。

留甲は蛇腹板や裏板と同材質のもので作るが、軒付の厚みにより大小さまざまである。図150は二重軒付を軒下から見上げたものであるが、上軒は裏板仕立て、下軒は木蛇腹仕立てである。下軒のまん中にひときわ大きい台形の材がある。これが留甲である。留甲の長さは裏甲の出よりは二〜三倍は必要で、高さも蛇腹の二〜三倍程度とする。幅は留甲の背の高さに対し、下幅八割、上幅四割くらいがバランスもよく、きれいに納まる。

図151は留甲の納め方および投げの取り方であるが、本隅《ほんすみ》といって隅の両勾配が同じである場合、まず裏甲の中心に留甲の真を合わせてのせ、振り下げで留甲の真を垂直にする。裏甲と留甲の木端角との隙を測って、その隙の分だけ留甲の下端をへの字型に削って、裏甲の上に跨り合わせる。木口の投げ勾配は、た

とえば軒付の勾配が四寸（一〇分の四）の場合なら、留甲の高さは三寸（九センチ）とするので、その四割、すなわち一寸二分（三・六センチ）を指金の裏目でとって勾配とする。

この時、留甲自体の勾配が五分（一・五センチ）あれば、この分は指金の表目で一寸二分（三・六センチ）から引くのである。なお蛇腹留甲の場合は、跨り個所に雁木《がんぎ》型の構（甍《いらか》という）を作ったあとに取り付ける。

図152のように平隅《ひらすみ》といって、本隅に対し隅の一方が平、他方が破風になっているような場合は、当然、留甲を破風寄りに傾ける必要がある。留甲を破風の方へ傾けて真を立て、平の方の裏甲との隙を測って、その隙の半分を破風の方で取るのである。

木口の投げ勾配は、平が四割（四寸）、破風が三割（三寸）の場合、留甲の高さは三寸（九センチ）となるので、平の一寸二分（三・六センチ）と隅の九分（二・七センチ）の合計二寸一分（六・三センチ）の二分の一である一寸五厘（三・二センチ）を指金の裏目でとるのである。

また、隅脇板は留甲のすぐ脇にくる。

長さ・幅・高さとも通常の蛇腹板より厚く、留甲と蛇腹板をスムーズに連結する役目をもつ。長さは普通の蛇腹の二倍あり、幅は二割増とする。一枚の厚さは三〜四分（〇・九〜一・二センチ）のものが多く、軒の厚みや建物全体のバランスも考慮しなければならない。一枚ずつについて尻手を八割前後削り落とす。なお、平と二方の傍《かたわら》が見付となるので、鉋削りが必要となる。

裏板張りの際の隅脇板の場合も、平の突きつけながら、通常より二〜三割厚い板を用意しておいて、留甲と平裏板の高さ加減を調節しつつ、間を埋めていくように取り付ける必要がある。

さらに木蛇腹の取り付けは、軒回りの施工量としては全体の九割ほどを占め、材料も一番多く使うスタンダードなものである。

図153のように木蛇腹は、裏甲角より三寸（九センチ）ほど出たところに固定する。蛇腹板自体の長さは、裏甲の出からの二～三倍は必要であり、一枚の厚さも隅脇板と同じにする。

ところで、木蛇腹には「割り」と「挽き」の二種類があり、割り蛇腹は柿板の生産と同様、椹材などをミカン割りにし、白太を除いた赤身の平柾取りとする。当然ながら割った順番を乱さないことが肝要で、順番を間違えると隙だらけの蛇腹になってしまう。挽き蛇腹は平柾になるように製材し、乾燥させたのち三方を鉋削りとする。ちなみに、これは順番は関係ない（図154）。

蛇腹板は二枚ずつ持ち、鉋削りした方を下側に向けて見付とし、三〇度ほどの傾斜になるように取り付けていく。これを「転《ころ》び」という。一寸四分（四・二センチ）程度の鉄釘で、木口より二寸（六センチ）くらいのところと、尻手は裏甲の上の、水垂れ小舞の上あたりに斜めに打ち締める。先ほどの脇板が裏甲に直角になったところから、平蛇腹を使いはじめるが、この時も隅増し付けとし、通りがなめらかになるようにする。

蛇腹の上に甍を刻む場合は、そのまま蛇腹の高低を揃える場合と、一旦、鉋で削りならしてから、改めて小刀で一山一山、甍を削りたてていく方法とがある。これを何百回と続けると、職人の分厚い手も水膨れやマメだらけになってくる。また、地方によっては甍をつけない所もあり、この場合は丁寧に鉋でならす。

共皮蛇腹の場合は、垂直に木羽立てにして、蛇腹台に隙のないように叩き並べてから、鉄釘打ちとする。口釘は木口より二寸（六センチ）あまりのところで逢釘《あいくぎ》とし、尻手は水垂れ小舞に斜めに二～三カ所打つ。上部は鉋で削って通りよくならす。尻手は杉胴縁を四寸程度の大釘で打ち締め、木口には軒切りのための出墨を打つ。

蛇腹木口は軒切りの際に、同時に手斧で横方向に切り揃えていく。蛇腹台をはずしたあとは、裏端を鉋削りで仕上げる。

一方、裏板の場合は裏甲上に前述した水垂れ小舞を打ち、裏甲より三寸出のところに裏板を取り付けていく。裏板は椹赤身柾目取りの無節材が条件で、長一尺（三〇センチ）、厚六分（一・八センチ）程度が標準である。

裏板はそれぞれ竹合釘を前後二カ所に入れて固定する（図155）。

平軒用は、三枚程度の裏板にあらかじめ合釘を入れたものを用意し、しつらえた裏板どうしに少し掛羽を作って、重なった部分を一旦持ち上げて三角形のようにし、体重をかけて一気に張り込んでいく。これによって裏板間に隙間ができず、一枚の長い板のようになって緩い曲線にもなんなく対応できるのである。

さらに、尻手の二、三カ所を二寸五分（七・五センチ）の鉄釘を用いて固定する。通りよく墨付をして、鋸で木口を挽き揃えたうえ、鉋削りを行なう（図156）。最後に尻手を杉赤身の押縁で押えて、軒付の下地が完成する。

④軒付積み

軒皮は皮長一寸二尺（三六センチ）、厚五厘（一・五ミリ）、幅一寸（三センチ）程度の筋違皮《すじちがいがわ》が標準である。蛇腹仕立ての場合も、裏板仕立ての場合も同様に、軒付皮は隙間の生じないように傍《かたわら》をよく擦り合わせて積む。この擦り込みが初心の頃はうまくできず、隙間が散見されることが多いので、基本中の基本として十分にマスターすることが望まれる。

図149　蛇腹板各種

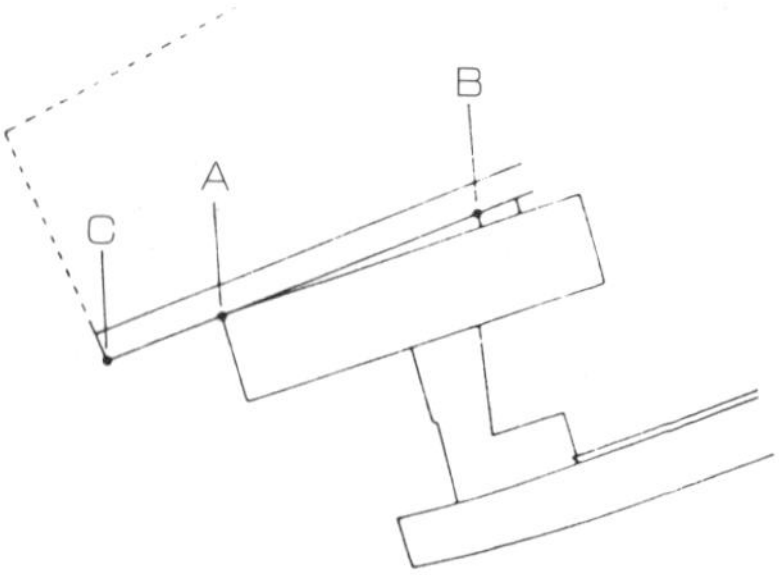

図148　蛇腹の取付勾配
A：裏甲の上角
B：水垂れ小舞の上角
C：蛇腹台仮定規の角

図150　軒下から見上げた檜皮の二重軒付
上層が裏板，下層が木蛇腹

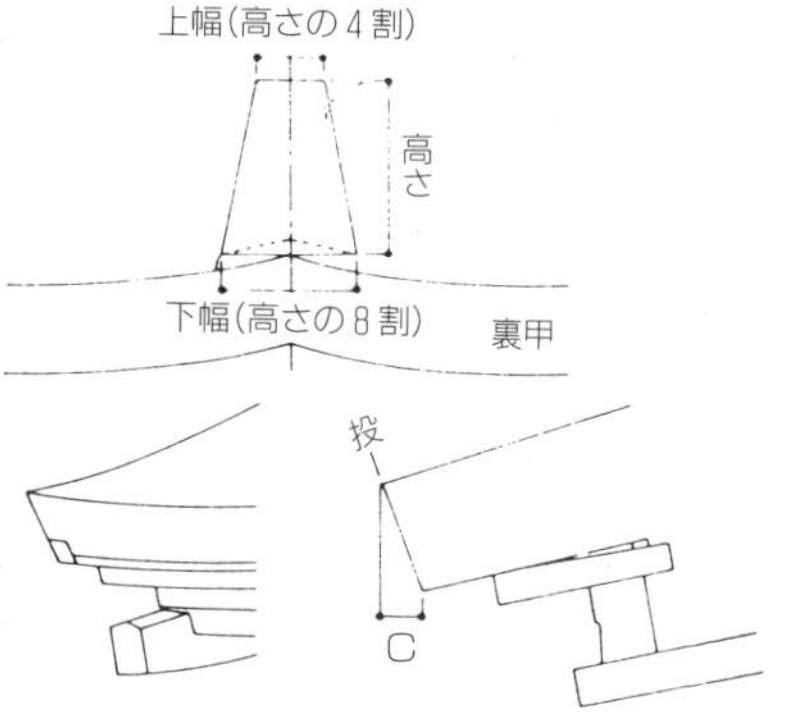

図151　留甲の納まり

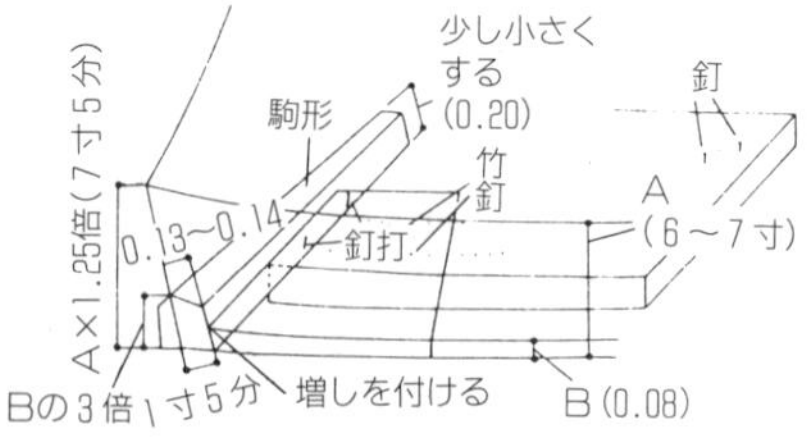

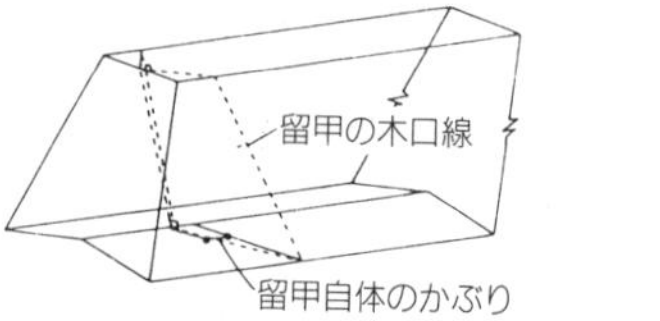

図152　平隅における留甲の構造と作り方
駒形の長さは軒付板長さの2倍とする

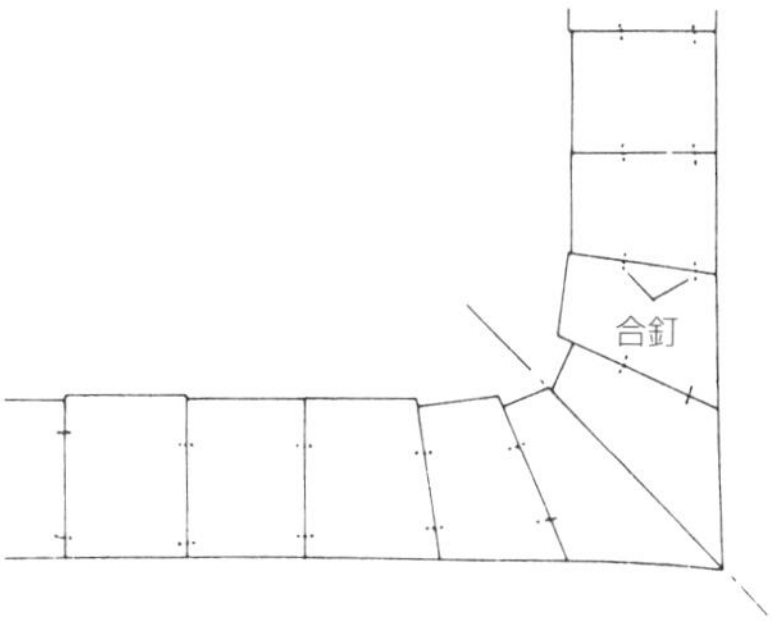

図155　合釘による裏板の取り付け方

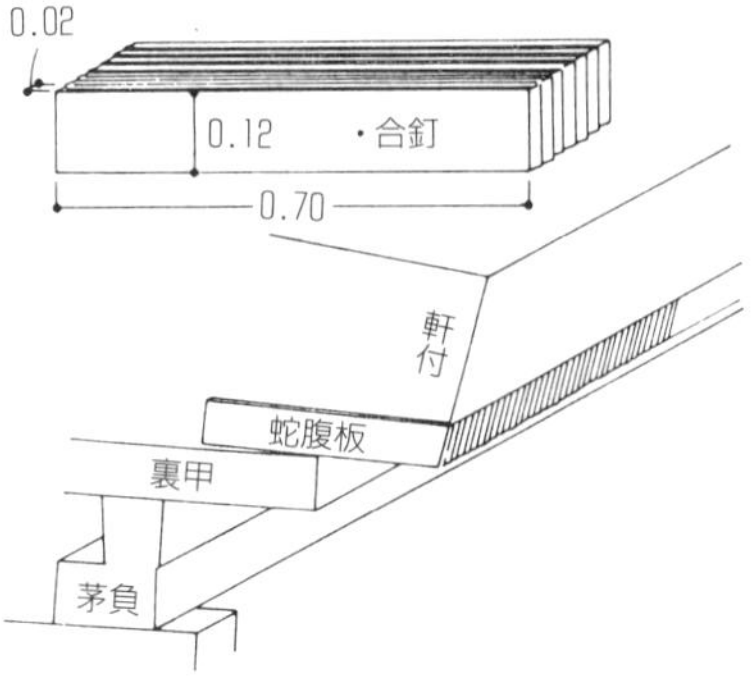

図153　軒付蛇腹の取り付け方（単位:尺）30度ほどの転び（傾斜）をつけて，鉄釘で2カ所留めとする

図154(右上)　木蛇腹の取り付け
図156(右下)　裏板の木口を鋸で挽き揃え，鉋で削って整える
図157(左)　軒付施行　裏板仕立ての上に檜皮隅軒をつける

一手《ひとて》、八分（二・四センチ）程度に軒をつけて、竹釘で横歩み六分（二センチ）ごとに前後二通り打ち締める（図157・158）。二手積むごとに押縁を入れ、鉄釘で打ち締める。最上段の押縁は鼻母屋に野垂木一本おきに釣木で引きつける。積み上げる軒付の厚みは旧来にならい、各隅々に所定の反り増しをつける。軒付上端は拾い皮のうえ、隅増曲線をよく均す（図159）。

見付の軒付を水でたっぷり湿らせたあと、所定の投げ勾配（軒のうつむき）に合うように、端から斜め階段状に手斧（図160）を使って、余分な軒付檜皮を切り落とす。その際も切りすぎたり、また切り足らなかったりするので、あらかじめ木口削《はつ》りの角度を水準器（レベル）などを用いて、確認してから行なう。切り落とした後は、最後に軒付の蛇腹や裏板を再度鉋がけして、全体を整える（図161）。

一方、柿による軒付の場合は、長一尺（三〇センチ）、幅五寸（一五センチ）、厚八分（二・四センチ）程度の椹材の裏板を使用する。裏板の尻手に水垂れ木舞を打って、勾配に合わせて通りよく取りつける。

次に裏板の上に積み上げる小軒板は、長五寸（一五センチ）以上、厚四分（一・二センチ）程度の椹赤身板を使用し、一枚ごとに竹釘を七〜八分（二・一〜二・四センチ）間隔に前後に通り留める（図162）。小軒板の間には、尻手に胴縁を適宜入れて、葺厚と投げ（軒付の傾斜）を調節する。

二枚目ごとに小軒板の中央より前に、一寸（三センチ）の胴釘を横歩みに打ち締める。隅の軒付は突き付けとせずに、一枚ずつ隅小軒板の先端を斜めに削っておく。一枚ごとに交差組（挿刃《さしば》）とすることにより、軒隅の界割《かいわ》れや剝離を防ぐことができる（図163）。

木口は鉋削りとし、隅反り格好よく所定の増しを入れて積み上げる。軒付勾配は常に平軒勾配と破風勾配の角度差によって、平隅の増し角度や「かぶり」が微妙に違うわけだから、水準器や指金を何度もあてがうことによって、木口線の増しを再三確認・修正することが必要になる（図164）。

破風軒は旧来の厚みまで積み上げたあとは、櫛形垂木《くしがたたるき》と呼ばれる一枚板の半円形の部材で、箕甲曲線を平地にまで接続する。

⑤水切銅板と上目皮

軒付の木口が整えられると、定木《じょうぎ》で落込を測り、呼出垂木といわれる下地桟を取り付ける。その上に片刃になった呼び出し板を重ねると軒先の野地が完成する。

水切銅板は、軒先の耐久性を増すために、主に戦後に用いられるようになったもので、雨水を軒先で一旦切ることで、軒付の表面に雨水が回らないための苦肉の策である。古式に則った方法からは逸脱しているということで、異を唱えるむきもあるが、屋根の寿命を伸ばすためには、これも時代の流れで仕方がない（図165）。

水切銅板は厚〇・三五〜〇・四ミリのＪＩＳ規格品の定尺銅板を、平三つ切り、破風四つ切り程度に切ったもので、上下に水切り折返しをつけ、軒付位置から四分（一・二センチ）程度前に出して、銅釘と吊子《つりこ》で一尺（三〇センチ）間隔くらいに、軒反りにあわせて通りよくとめる。

上目皮は長さ二尺五寸（七五センチ）の箱皮仕立ての厚皮を三枚ないし四枚重ねとし、水切銅板より一分五厘（五ミリ）出に置き、竹釘で三通りを横歩み六分から一寸（二〜三センチ）間隔に打ちつける。箕甲も専用に誂えた上目皮で平部分に準じて施工する（図166）。

総じていうと、軒付は檜皮であれ柿であれ、人の眼に近く、屋根の反りや照りなど気を使う個所も多い。社寺などの屋根には直線という構図は少なく、まっすぐに見えても常に緩いカーブを描いている（図167）。

軒付の深さは建物を優雅に見せて、雨風から建物を護る役目をもっている。また、日本的で植物的なま

図158　軒付施行　板蛇腹仕立ての上に檜皮平軒を積む

図159　軒付積み上げ後

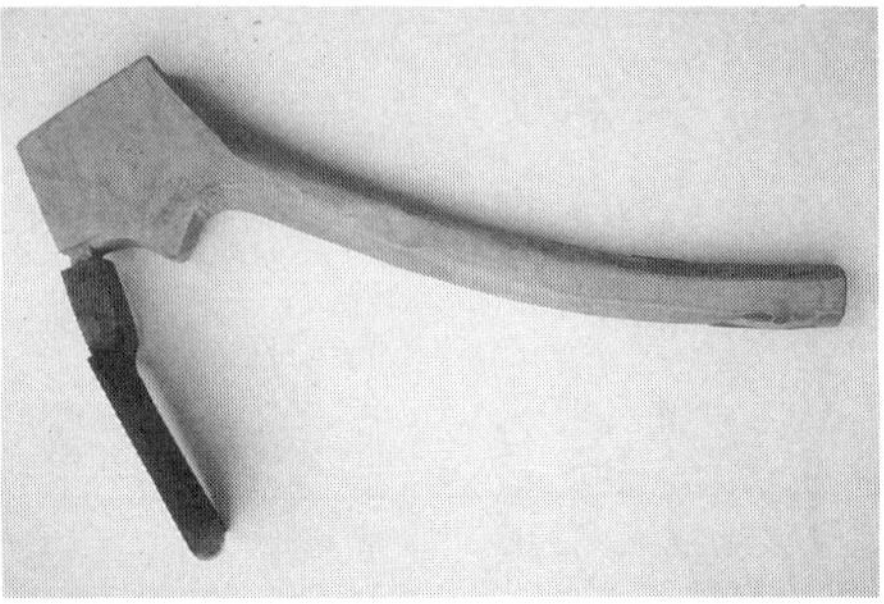

図160　手斧

図161　檜皮軒付の不用部分を手斧で切り落とす

図162　裏板上の小軒板を積む

164

図163　交差組にした柿軒付
図164　櫛形垂木を施行した箕甲
図165　水切銅板を敷設する
図166　上目皮（2尺5寸）を葺く
図167　檜皮軒付（上軒）と柿軒付（下軒）

166

16

16

16

ろやかな曲線は、歴史的建造物にもよく調和することから、広く用いられるようになったのだろう。

平葺の仕組み

「かたち」と「おさまり」

古建築はそれぞれが「一品物《いっぴんもの》」なので、同じものはどれひとつとしてない。修復にあたって、様式や形式の類例は参考になるが、「一品物」に対応する方法はそれこそ千差万別である。毎日、ああでもないこうでもないと悩み、毎晩夢の中に出てくる手順さえ違う。それでも不思議なもので、夢でこれだと思う手順が見つかり、翌朝そのとおりにしてみたら、うまくいったということもあった。

古建築の修復は、新築とは違って四苦八苦することも多いが、逆に考えれば先達の技術をつぶさに見ることのできる数少ないチャンスでもある。タイムカプセルをそっと開いて、創建時の様子や後世の修復の仕方、また技術の閃きまでをはっきりと見ることができる機会ともいえる。

未知の世界は、昔の人々の存在や営みを形として伝えており、私たち職人はこれらの生きた歴史的情報に、直接触れることができる立場にあるわけだ。

ところで、その古建築ワールドの中はというと、縦・横・斜めに木材が錯綜して、さながら木のジャングルジムといった体である（図168）。小さな建物はいいが、大きな建物は屋根裏の中にもぐり込むのも一苦労である。野地の木舞の一部を取りはずし、ライトで照らしながら梁や桁に足をかけて、はるか下に見える内陣をめがけて降りていく。永年の埃で滑りやすいし、どこから入ったのか鳥や小動物の骨、蛇の抜け殻などが散乱していることもある。

驚くのは、棟の近くに大鯰や大鯉のミイラ化したものが安置してあり、どうやら魚を火魔避けの呪《まじな》いとして飾ったものらしいが、あまり気持ちのいいものではない。

また、私たちが屋根裏に興味をもつのは、棟札や墨書《ぼくしょ》類の発見が期待できること、さらには主要部材の年代別残存状況や、使用個所から見た材種、後世修理による取替率と他用途への転用など、木材そのものに関心があるからだ。

前者は創建時や修復時、屋根の葺替時の棟札など公式なもの以外に、職人たちの落書きの類があってもしろい。当時の請負金額や手間賃、仕事の反省、当時の世情から、施主や自分のところの親方の悪口に至るまで、いろいろと書いてある。こうなると単なる落書きというより、ある種の資料的価値があるともいえる。

蛇足だが、筆者などは大学の先生や建築家などとともに、こうした歴史的建造物の落書きを調査研究（?）する「落書研究会」を作っており、不定期刊ながらタブロイド版の『落書通信』も発行している。とはいっても、要するにこうした落書きをネタに冗談を言ったり、一杯飲むために、「落書きを科学する」とか言って、「落書学」を僭称しているだけである。

後者は、昔は多くの古材が再利用、再々利用されているため、社寺の縁起などと合わせ、建立以来の何回かにわたる改造を知るには十分な情報である。

まずどこが傷んだのか、なぜその材が再用されたのか、火災や台風など突発的な出来事があったのか、それとも単に日常の手入れが悪かったのか、などである。また、建物構造自体に無理があったケースや、もともと檜皮葺や杮葺用の建物に途中から瓦を載せたために、小屋組がその荷重に耐えられなくなったといったことも、古材を見ればわかるのである。

では、美しい屋根のかたちはどのようにして構成されていくのであろうか。

平葺が実用的であることは前述したが、これも変化して実用と造形美を兼ね備えたものとなった。屋根の厚さは徐々に薄くなり、葺足も狭くなって、重なりの枚数は次第に増していったものと考えられる。

それまでは、少しくらい鬼皮がついていても、少々の節穴があっても、また厚みに斑《むら》が生じても、檜皮はそのまま葺かれていたものが、厚みを一・五ミリ程度に均一に整え、表裏ともよくこそげて葺足を小さく、足並みも揃えて美しく仕上げるようになってきた。

一方、杮葺も大雑把に割ったものを、木のクセなどによる少々の曲がりがあっても、そのまま葺かれていたものが、素性のよい木を選び、厚みを一定に揃えて葺くというように、工法の改善がなされたのである。

また、雨水の流れる方向に従って足並みに変化を作り、優雅にカーブを描く個所も出てきた。軒付であれ平葺であれ、最も要求されるのは線の美しさである。軒の反り、破風の反り、棟の反り、隅の背の反りと、直線と曲線の交差が美しい屋根のかたちを作るのである。

筆者などは永年の経験から、屋根の美しい曲線を決めるのには、鎖を垂れ下がらせながら張る時にできる曲線、難しく言うと「懸垂曲線《かけだれきょくせん》」を利用することが多く、この曲線はひもや縄の両端を持って垂れ下

図168　小屋組の解体状況　大蛇のような自然の曲がり木が巧みに使われている（桑実寺本堂）

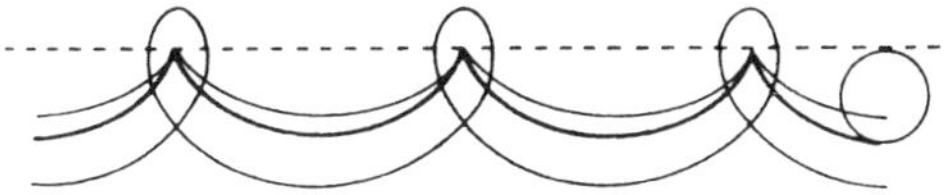

図170　サイクロイド曲線

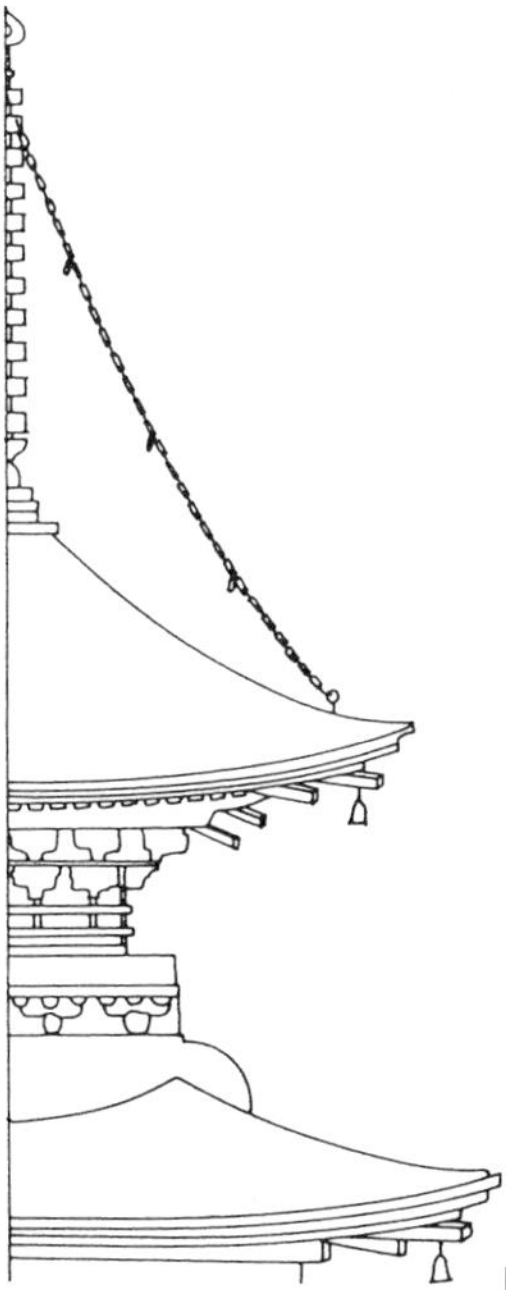

図169　多宝塔の屋根や鎖が描く懸垂曲線

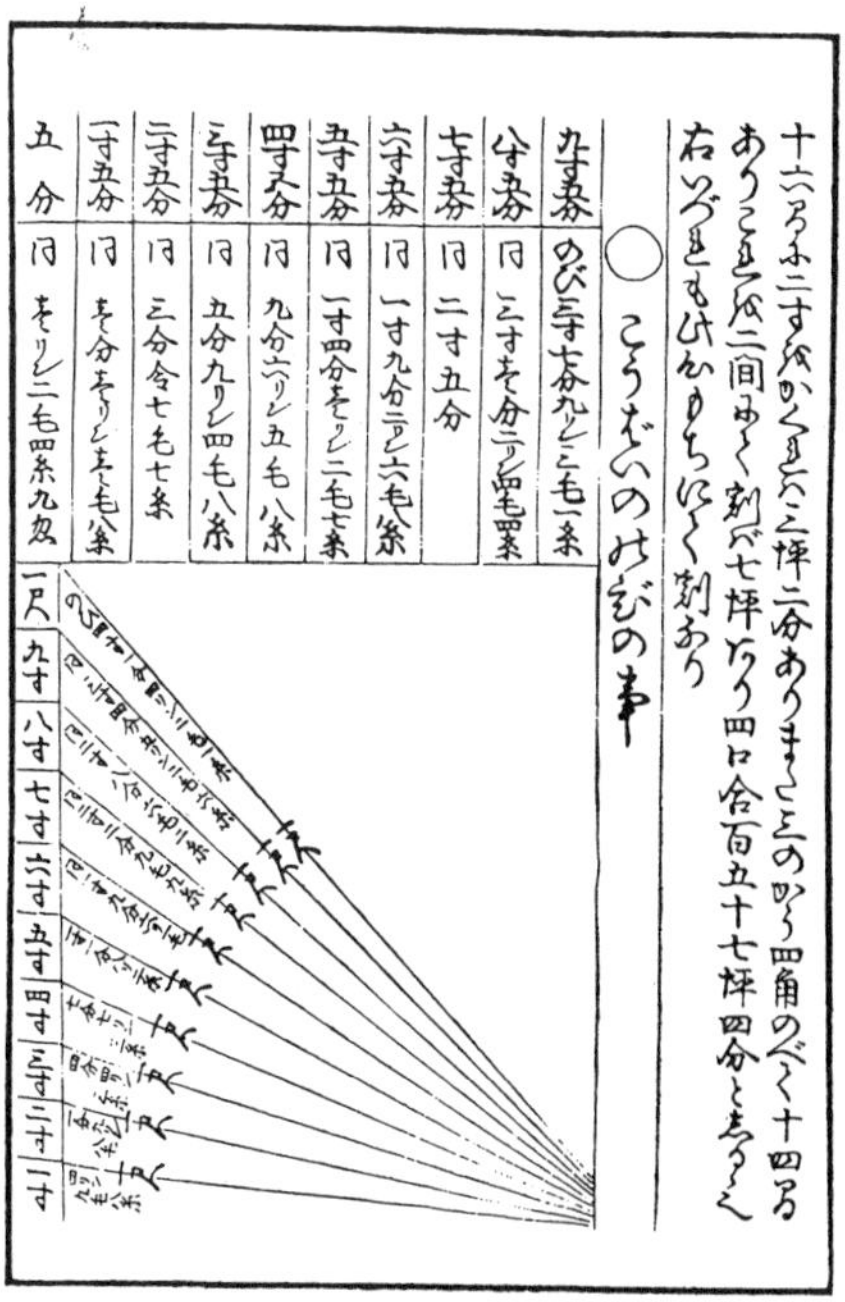

図171　江戸時代の勾配表（享和３年）　日本建築では勾配を水平方向１尺に対して垂直方向に何寸かで表わす（杉本惣兵衛氏蔵）

がらせるときなどに、ごく自然に現われるものである（図169）。仏像や僧侶がゆったりと着ている袈裟衣《けさごろも》のたるみ方や、数珠《じゅず》の垂れ下がり方にも見ることができる。

ただ、建築家によると、屋根の水はけをよくして、なおかつ美しいかたちを保つには、懸垂曲線よりサイクロイドという曲線の方がいいと言われる（図170）。難しいことはわかりかねるが、サイクロイドという曲線はなんでも直線上の道を自転車でサイクリングする時に、タイヤの一部につけた印の描く曲線だそうで、朝顔のつるのような曲線（つるまき線）に似たものだ。わが国でも弥生時代頃の銅鏡である花紋鏡や直弧紋鏡にも見られ、身近なところでは、家紋や正月のしめ縄などにも多く見られる日本的な曲線だそうである。

経験重視の立場からにわかに賛同はできないが、今後の課題のひとつと考えている。

ところで、実際に檜皮葺師や杮葺師が美しい曲線を決める時に用いるのが原寸図である。原寸図は宮大工の世界などでは昔から使われており、「原寸引きつけ」といって、木質合板など厚めの板に、文字どおり原寸大に正確に建物や屋根の構造が描かれている。

何分の一かに縮尺された図面とは違い、細かい部分や微妙で独特のかたちがあますところなく描かれており、現物大の大きさや木の質感も手伝ってなかなかの迫力である。

この中から必要な部分をベニヤ板のような薄い板に写し取り、それをジグソー鋸などで切り抜く。宮大工などはこれを当てがいながら、原寸に忠実に正確な部材を削り出していく。特に鬼板や懸魚《げぎょ》のように左右対称や対になっているものを複数作るには、この原寸を洋服の型紙のように当てつつ、寸分違わぬものを作っていくのである。

屋根葺師の場合も、たとえば入母屋造なら四本の隅があるわけで、これらの反りの曲線がまちまちでは格好がつかない。そこで屋根のかたちをよく写した原寸大の曲線定木をあらかじめ作っておく。原始的ながら確実な方法であり、これを実際に隅に葺き上げていく際に、要所にたびたび当てがいながら曲線の有様を微妙に修正し、どの方向から見てもバランスのよい美しいかたちを作り上げていくのである。

一方、姿かたちを美しくするだけでは、屋根本来の役目は果たせない。檜皮葺なら三〇～三五年、柿葺なら二五年程度の耐久力が葺師の腕にかかっている。しかし、姿かたちと耐久力は必ずしも比例してくれない。社寺建築などでは棟際の勾配はきつく、軒先はゆるやかなのが普通であるが、この軒先の緩やかさが屋根の寿命には大敵で、特に鎌倉時代から室町時代初期のものについて顕著といえよう。

そもそも屋根のおさまりの勾配曲線は、建造物の構造や、葺材の種類、建てられた時代などによってかなり異なる。構造的に見ると日本の建築は、寄棟造と切妻造を中心に一見複雑に見えても、このどちらかの変形かあるいは組み合わさって複合化したものである。勾配は構造上からも、一般的に切妻系のものが寄棟系のものより急なことが多い。

また時代による勾配曲線の差は、たとえば同じ植物性屋根材でも、一般に板葺、それも長枌板《ながそぎいた》を使ったものの勾配は緩く、民家などに多く見られる茅葺屋根では、勾配はほとんど直線に近く、角度も四五度ときつい。檜皮葺や柿葺・木賊葺《とくさぶき》・栩葺《とちぶき》などはその中間といったところか。

さらに時代による屋根勾配のおさまりの変遷については、例外は常にあるものの、葺材に関係なくおおむね奈良時代の勾配は四寸五分程度である。その後、時代を経るごとに勾配は急になり、江戸時代には一般的に六寸前後にまで達している（図171）。

京都御所などでいえば、檜皮葺・柿葺・木賊葺・瓦葺・銅板葺などさまざまな葺材が使用されており、江戸時代における建物の性格や構造、葺材の使い分け、平均的な寿命が一カ所で集中して見ることができる。

図172・表12は京都御所における平成の改修計画であるが、平成元年から平成二四年までの二四年間をかけて、一万六八一〇平方メートルの屋根を葺き替える予定である。これ以外にも関連の建物があるので、その寿命も考慮に入れると、最後の屋根が葺き終わるころには、最初の屋根の次の葺替が迫ってくるということで、ほとんどエンドレスでの修復が続く。

ちなみに、檜皮葺屋根の面積一万五七八一平方メートルのうち、建物の形態や構造をはじめ、その他諸々の条件を加味したうえでの葺替周期が短かったのが、前回葺替時の建礼門の二五年、長い方が前々回葺替の参内殿の四七年ということになっている。

この屋根の寿命の差という問題については、現場の職人としては判断が大変難しい問題であり、ここでは前回の平均的な葺替が三五・四年、前々回の平均的な葺替が三三・七年であったという一般的な指標を掲げておくことにしたい。

これらの建物を先の勾配によって分類すると、檜皮葺では内裏の紫宸殿では勾配は六寸八分、小御所や御学問所が六寸六分、御常御殿・新御車寄が六寸五分である。柿葺は聴雪や延宝度本院御所南対屋の六寸四分をはじめ、五寸八分から五寸五分の間に勾配のおさまりが集中している。木賊葺は仙洞《せんとう》御所の六寸五分勾配が一番急で、緩い方は持仏堂の五寸八分とほぼ一定している。瓦葺や銅瓦葺の建物もあるが、これらは六寸～六寸五分程度の勾配と考えられる。

このように見てくると、一般に建物の規模が大きいほど勾配も急なことがわかる。屋根面積が大きくなれば葺材の種類にあまり関係なく、当然雨量が多くなるので、その分、水はけをよくしなければならない。また、大陸からの影響による勾配の違いもあり、前述した奈良時代の藤原豊成の板殿は四寸勾配、法隆寺金堂の裳階も四寸二分程度と推察され、現在見られるものとは比較にならないほど緩い。瓦葺などではとくに顕著で、同じ奈良時代の薬師寺東塔の初層は二寸七分弱であり、平安時代初期の醍醐寺五重塔の第四層の勾配に至っては二寸しかない。有名な法隆寺夢殿（八角仏殿）でも三寸八分と緩かったが、同じ本瓦葺でも宝永六年（一七〇九）の東大寺大仏殿の再建の際は、大屋根勾配が八寸もあり、その勾配の違いには驚くものがある。

職人の立場からすると、初期の二〜三寸の勾配で雨水が取れたとは考えにくいが、これも大陸の建築様式を直輸入したため、温暖多雨なわが国では屋根構造が合わないまま、用いられたことに原因があるようだ。その後、雨仕舞の観点や、新たな屋根構造の開発によって、勾配も急になっていったと考えられる。また、軒先の勾配は同じであっても、規模の大きな建物は棟際が高くなるので、屋根の引き通しの湾曲線（屋垂み）も、棟の高さに引きずられるかたちで、引き通しの勾配が急になっていくのは自然の成り行きともいえる。

昔はこの軒先の緩やかな部分のみを次の葺き替えまでの中間で修理したものと聞くが、現在ではそのような余裕はないので、先達には申し訳ないが、少々の美は犠牲にしても、この部分の野地を改造して軒先の耐久が得られるように努めている。かくのごとく、かたち（造形美）とおさまり（実用）の調和はなかなか難しい。

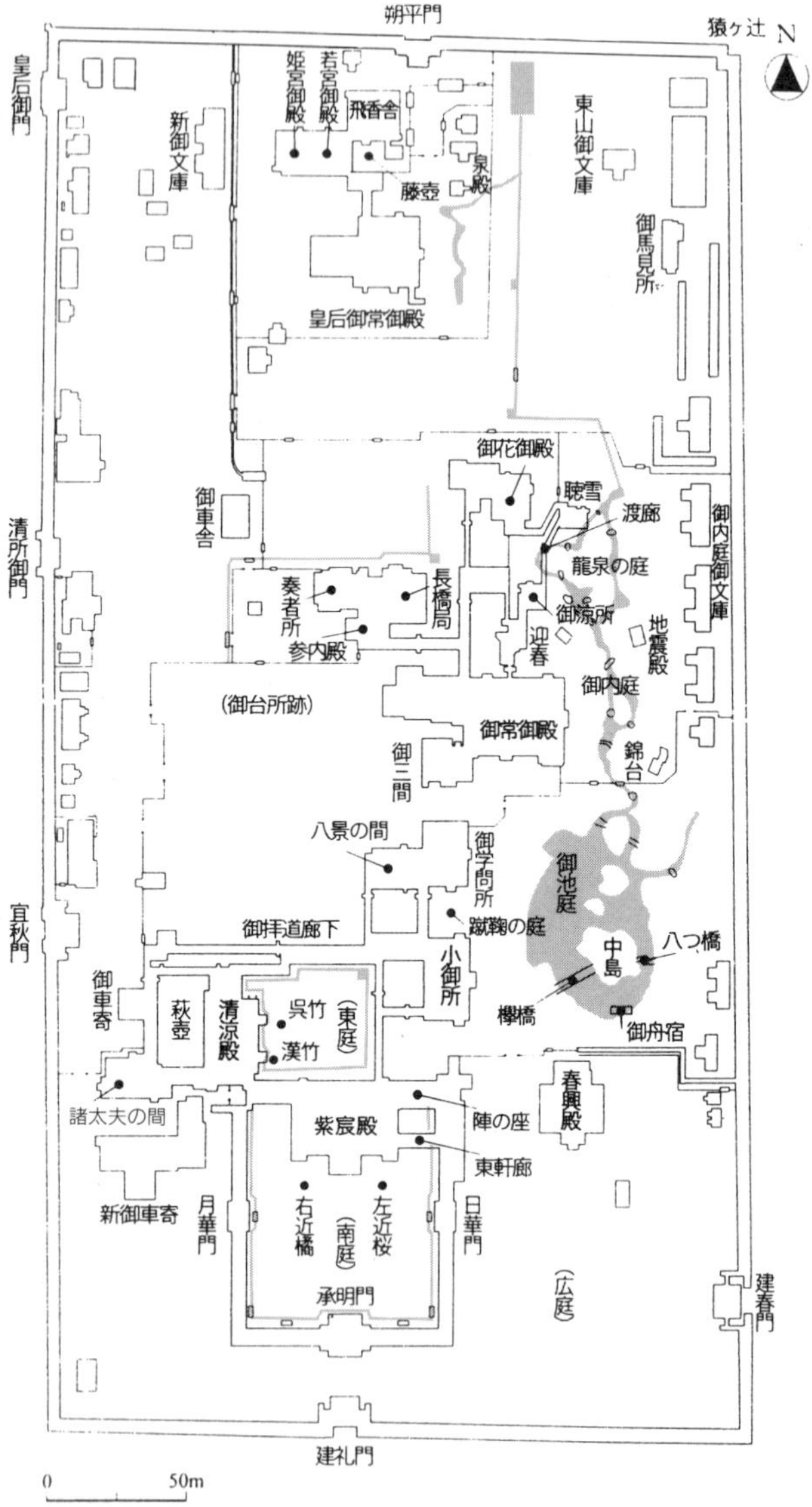

朔平門
猿ヶ辻
N
皇后御門
新御文庫
姫宮御殿
若宮御殿
飛香舎
藤壺
泉殿
東山御文庫
御馬見所
皇后御常御殿
御花御殿
聴雪
渡廊
御車舎
龍泉の庭
御内庭御文庫
清所御門
奏者所
長橋局
御涼所
地震殿
迎春
参内殿
御内庭
(御台所跡)
御常御殿
錦台
御三間
八景の間
御学問所
御池庭
宜秋門
蹴鞠の庭
御拝道廊下
中島
八つ橋
小御所
御車寄
萩壺
清涼殿
呉竹
(東庭)
漢竹
欅橋
御舟宿
諸太夫の間
春興殿
陣の座
紫宸殿
東軒廊
新御車寄
月華門
右近橘
(南庭)
左近桜
日華門
承明門
(広庭)
建春門
建礼門
0
50m

図172　京都御所

表12　京都御所における平成改修計画

区分	建物名	改修計画年	檜皮葺替面積（㎡）			前回葺替		前々回葺替	
			檜皮葺	その他	計	年度	年数	年度	年数
第I期工事	清涼殿	平1－2	1,027		1,027	昭32	32	大2	44
	紫宸殿	平1－3	1,765		1,765	昭34	30	昭2	32
	※小御所	平3－4	989		989	昭32	34	大14	32
	花御所	平4－5	479		479	昭36	34	昭7	26
	小計	平1－5	4,260		4,260				
第II期工事	建礼門	平5	158		158	昭43	25	昭7	36
	皇后御殿	平6－7	874	柿葺　8	822	昭37	32	大15	36
	※					一部復元		一部葺替	
	二筋廊下仏間			柿葺204	204	昭48	21	昭20	30
	御常御殿	平7－10	1,932		1,932	昭36	34	昭6	30
	小計	平5－10	2,964	212	3,176				
第III期工事	御学問所	平10－12	798		798	昭35	38	昭4	31
	八景の間		317		317	昭44	29	復元	
	聴雪	平10－11		柿葺131	131	昭55	18	昭32	
	参内殿	平12－14		柿葺　19	388	昭38	37	大5	47
	御涼所のほか		662	柿葺　20	682	昭38	37	昭7	31
	諸太夫の間	平14－15	453		453	昭40	37	昭8	32
	御車寄		583		583	昭40	37	昭10	30
	小計	平10－15	3,182	170	3,352				
第IV期工事	飛香舎	平15－16	640	37	677	昭41	37	昭7	34
	春興殿	平16－17		銅版610	610	（新設）		大3	90
	若宮姫宮御殿	平17－18	640		640	昭42	38	昭7	35
	※渡廊	平18－19	180		180	昭43	38		
	朔平門ほか		440		440	昭42	39	昭7	36
	小計	平15－19	1,900	647	2,547				
第V期工事	新御車寄	平19－21	1,150		1,150	昭46	36	昭15	31
	※御参拝廊下	平21－22	950		950	昭44	40		
	※通鐘木廊下	平22－23	625		625	昭45	40		
	※対屋廊下他	平23－24	750		750	昭47	39		
	小計	平19－24	3,475		3,475				
		平1～24	15,781	柿葺419 銅版610	16,810	葺替年数平均	35.4		33.7

※：復元建物　大：大正，昭：昭和，平：平成

平葺の技法

①葺き出しから落ち込みまで

軒先の構造は前節でも説明したように、野垂木の上に木舞《こまい》という横桟を間をあけて飛び打ちにしたものが、現代では主に用いられている。江戸時代などでは野垂木の上に野地板をベタ張りで張った例もあったが、これでは通気性や防黴性に問題があり、また押縁などを鉄釘で打ち締める際も、葺下地が板張りでは堅固に留めるのは難しい。

軒付の上には呼出垂木が取り付けられ、その上に片刃にした呼出板（落込み板）を張る。水切銅板と上目皮を取り付けたあとは、葺き出しは一からのスタートとなるので当然葺厚も薄い。それをカバーするために、この部分は「混《こ》み足《あし》」といって、とくに細かい葺足でスタートする（図173）。

通常は二分（六ミリ）を二足、三分（九ミリ）を三足の計五足程度を混み足にあてる。このあとは標準の四分足（一・二センチ）として、最後の葺き仕舞まで葺き登る。檜皮の左右の掛羽を二分（六ミリ）ずつとって、左重ねで五足ごとに六〜七分（一・八〜二・一センチ）間隔で竹釘で留めていく。

隅は特に精選した色艶よく割れ目の少ない隅専用の道具皮で、流れに沿って扇形に葺き回していく（図174）。四足ごとに竹釘を二通り打ち、適当に差し皮を入れて地斑《ぢむら》、界割《かいわ》れなどが生じないように気を配る。この部分は勾配が緩く、雨水の滞留などでとくに傷みが見られがちな所なので、入念な施工が要求される。屋根を葺くためには、頭が立方体になっている屋根金槌を使う。

平葺は軒先の落ち込み部分を乗り越えたあたりから、本格的に葺き上がる。「落ち込み」とは、軒先から上目長さの二尺五寸（七五センチ）奥の野地を葺厚の関係で他より低くしたもので、屋根勾配も二〜三寸と緩い。

この部分は屋根の中でも、雨漏れの原因となりかねないような一番危険な場所である。一見、何の変哲もない簡単な平葺のように見えるが、これが曲者で「皮勾配」の逆転には十分注意をする必要がある。

皮勾配（図175）の逆転に毛細管現象が加わって、雨水を引き込む危険性があることはすでに述べたとおりであるが、この部分を越えるには細かく支《か》い物をしなくてはならない。もういいだろうと思って支い物をするのを止めれば、そこから雨漏りをする恐れがある。逆に、際限なく支い物を続ければ、これも切りがない。最も勾配が緩い部分を、職人言葉で「落ち込み頂上」などというが、出来上がった屋根を見て、この部分に明らかに深い折れ目がついているような場合は、まことに格好の悪いものである。

この危ない部分を無事に乗り越えたあとは、一尺五寸（四五センチ）ほど葺き上がるごとに、杉赤身の押縁《おしぶち》（幅一寸、厚二・五分）を、鉄釘で木舞《こまい》に留めるようにする（図176）。屋根というのは本来、一坪ずつくらいの面として仕上げていく。左から右へ移動し、一定の線まで葺き詰めたら一段上へと進む。この繰り返しで棟際までブロックごとに何度もわけて、葺き上げていくのである。

②箕甲葺と平葺

箕甲《みのこう》を葺くには、道具皮の項でも述べた木口を弧形にした生皮を使用し、平葺と同様に振袖形に連れ葺きで登る。箕甲取り合いは平葺の葺足との兼ね合いが大切で、葺足が箕甲部分に移って極端に狭くなったり、反対に平葺の葺足に無理についていこうとして、必要以上の大きな葺足が出ることも多いので注意が肝要である（図177）。

箕甲を葺く時は普通は連れ葺といって、二人以上の職人が共同で作業する場合が多い。ひとりは箕甲部分の下の足場から手を伸ばして体をひねるようにして屋根と取り付く。一方、平葺を受け持つ職人も大変である。檜皮や柿の屋根の形を頭に描いてもらうとわかりやすいが、平地の大半は単純な傾斜面であるのに対し、破風に近い部分は急に落ち込んで軒付に至っている。この部分を箕甲といい、人間でいうと肩の部分に当たる（図178）。

この前後の傾斜に加え、横にも大きく傾いた屋根面で、体のバランスをとりながら作業をするのである。とくに箕甲と平の取り合い部分の作業は「甲取《こうと》り」といって、並んで葺くお互いが助け合って葺き進めなくてはならない。

ある程度の熟練が必要な箕甲葺に比べ、平葺は技術的には比較的容易であり、新人の職人などが最初に葺かせてもらえるのもこのあたりからである。といっても野地曲線が湾曲していることも多いので、たえず立桟や押縁などを用意して、こまめに野地を修正しながら仕事を進める必要がある（図179）。また、幾足かごとに墨を打って、葺足が波打ったりしないよう確認しながら作業を進める。

檜皮葺でも柿葺でも、葺き方は常に左から右に進む。つまり時計回りに葺いていくのである。こればかりは昔からそうであったし、右ききも左ききも関係ない。また、平葺の施工時には「中入れ」と称する屋根専用の三角形の椅子を用いて作業を進めていく。

私たち屋根職人には地味だが、コンスタントな連携こそが必要であり、たしかに天才肌の職人もいるが、この仕事にはスタンドプレーは必要ない。お互いの立場を思いやって淡々と葺き次いでいって、葺足を出す方は一寸でも多く出し、取る方も一寸でも多く取ることを心掛ける必要がある。こうして美しい緻密な屋根が葺かれていく。

大平葺きも棟際が近くなってくると、今度は棟からの距離に気を配る必要がある（図180）。厳密に言うと左右の野地の流れが若干違う場合もあり、同じ調子で葺いていって、一方は葺き仕舞いの線まで達しているのに、他方はまだ幾足か足らないということもおきかねないからだ。

また、建物の形態によっては、たとえば、五重塔や三重塔のように上層からの雨水が下層の同じ所に落ちて、その部分に穴の開きやすい構造のものもある。いわゆる「点滴石をも穿《うが》つ」という例である。防御策としては、穴が開いてから慌てて亜鉛鉄版などを応急的に葺き込んだり、瓦などを並べているようだが、あまり格好のいいものではない。心配ならその部分にはあらかじめ、杉皮や棕梠《しゅろ》皮などを養生用として事前に葺き込んだ方がいい。

平葺の葺き終わりは、檜皮の長さも二尺五寸、尺五寸、尺二寸、尺、八寸……と徐々に短い皮で葺いて、棟下の品軒の位置に皮尻が納まるまで葺き詰めるのである。

③品軒付

品軒付といっても基本は平軒付と同じであるが、品軒付の場合は箱棟や瓦棟のすぐ下にくる台座部分を指す。この部分に軒皮を積み上げるのに先立ち、品軒を積む個所の平葺部分に、高低差や斑がないようにあらかじめよく地ならしをしてから取りかかる。品軒付の両端部分を、厚皮で誂えた耳品皮《みみじながわ》と呼ばれる道具皮によって固めてから、品軒を積み始める（図181）。

二手ないし三手程度積み上げたところで押縁を入れる。規定の高さまで品軒が積み上がったところで、上目皮を二〜三枚重ねて雨仕舞用の棟折《むなお》れ皮とする。品軒の切り代を投げ勾配などを参考にして決定したのち、手斧によって余分な檜皮を切り落とす作業をする（図182）。

174

173

177

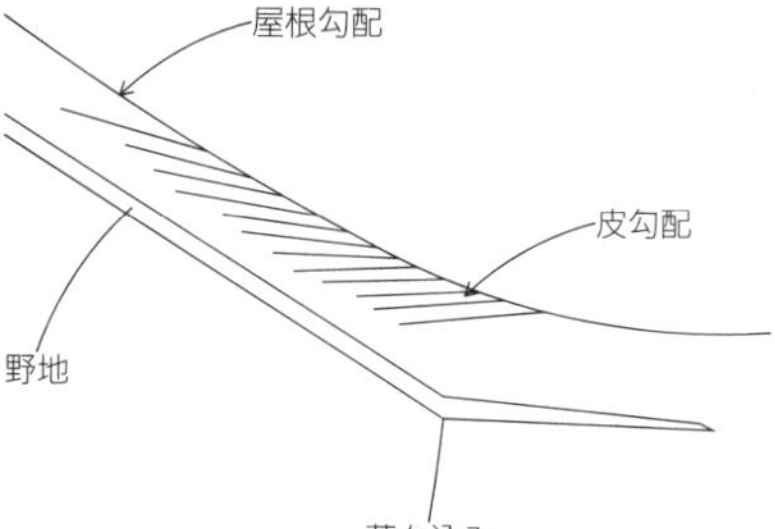

175

176

図173　混み足
図174　隅の葺き出し
図175　屋根勾配と皮勾配の違いの概念図
図176　落ち込みを越えて葺き上がる（長い板は押縁である）
図177　箕甲葺

178

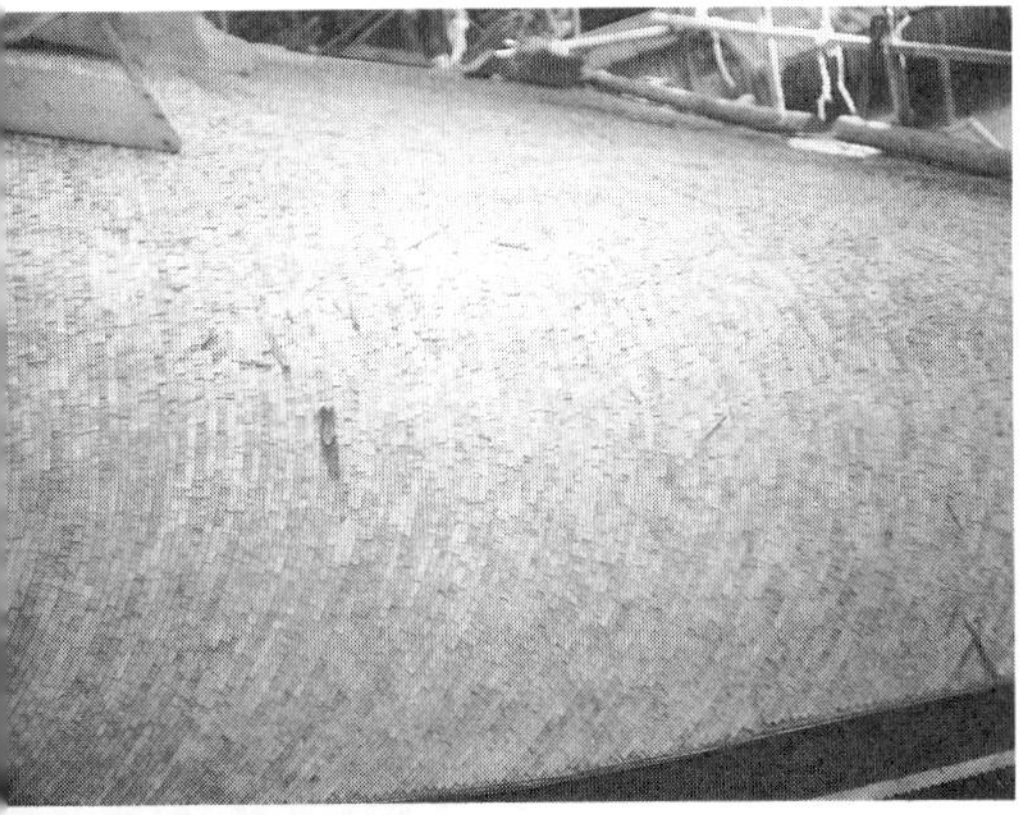

180

179

181

182

図178　仕上がった箕甲
図179　平葺
図180　棟際近くの平葺
図181　品軒付
図182　手斧による品軒付の切り揃え

④柿葺・木賊葺・栩葺

柿葺や木賊《とくさ》葺、栩《とち》葺といった板葺系の屋根の場合も、葺下地の施工は基本的には同じであり、軒付施工後に幅三寸（九センチ）の銅板を一回あだ折りをし、下端に三寸（九センチ）の水切り折りを施す。屋根の大きさや形により一概にはいえないが、軒付木口より三～四分（〇・九～一・二センチ）出して、銅釘の吊子《つりこ》留めとする。上目葺は水切り銅板取付後、上目板（長三〇センチ、幅九センチ、厚〇・六センチの椹赤身材の手割板）を二枚重ねとし、竹釘で六～七分（一・八～二・一センチ）間隔で二通り打ち締め、奥は野地に鉄釘留めとする。

平葺は軒口より登り一尺（三〇センチ）までは葺六分（二センチ）とし、以後、葺足は一寸（三センチ）として葺き上がる（図183）。各一段ごとに朱墨《しゅぼく》を打ち回し、目板押えに二枚重ねごとに竹釘を二通り打ち締める。箕甲や隅の背は撥《ばち》形に整形した板を用いて平葺と葺足を合わせて回し葺とする。図180～187はこの部分を図示したものだが、図187のように上方から俯瞰すると、美しい幾何学模様を見ることができる。駒額《こまびたい》は投げがでるので、正背面ともバランスを考えながら、頂甲《ちょうこう》部分に飛びつく。その際、檜皮葺のように葺足を差し入れたり、消したりすることは板材の構造上難しい。葺きの最終段階では、頂甲の飛びつきまでの距離と、葺数の割り振りを慎重に行なう。と同時に平方向の取り合いにも気を配りながら、巻き足の勢いも殺さないように葺き上げる（図188）。

栩葺や木賊葺についても、基本的には柿葺と同様であるが、生産の過程で板が厚い分、包丁だけでは割ることができず、鉄製や樫《かし》製の「箭《や》」と呼ばれる楔《くさび》を割れ目に打ちこんで、木槌で叩いて割っていく。薄くなってくると箭は使わず、二本の柿包丁を拗じるように使って、さらに薄く小割りして製品の形を整えていく。割板を鏟《せん》がけをして葺き尻を薄くし、木口は鉋で削って化粧仕上げとする。

『日本建築辞彙《じい》』（中村達太郎著、昭和一四年版）によると、栩《とち》板とは「屋根ヲ葺クタメノ厚キ板。厚〇・九乃至一・五cmニシテ、柿板及ビ木賊ヨリハ厚キ屋根板ナリ。往時ハ之ヲ以テ、能舞台及ビ堂社ノ屋根ヲ葺キタリ」とあり、材料の樹種は椹や栗材が多かった。板が厚い分、竹釘に加えて鉄釘も併用し、柿葺と同様に腐朽を防ぐために銅板の帯を挾み込む。箕甲は撥形の板で葺き回し、平葺となじみよく葺き登るのは柿葺と同様である（図189〜192）。

屋根構造を読み解く

造形美の背景

国宝や重要文化財などの文化財建造物の修復のサイクルは、台風や地震などの突発的な災害を除けば、普通は数十年周期でやってくる。この時の修理は屋根の葺き替えが主で、木部の部分修理や塗装替えをともなうこともある。これが「維持修理」と呼ばれる最短のサイクルである。

中長期的な修理は、建物の状態によって柱や梁など軸部はそのままに、小屋組までを解体修復する「半解体修理」と、解体手術のように建物を一度バラバラにして、患部を丹念に検査し修復しつつ旧に復して

184

183

186

図183　柿葺の平葺
図184　柿葺の隅葺に腐食防止のための銅板を挟む
図185　箕甲部分には撥形に整形した柿板を使う
図186　柿葺には上下二通りに竹釘を打つ
図187　隅の背を上方から俯瞰したところ

185

187

188

189

190

192

191

図188　箕甲の様子と駒額の巻き上げ
図189　栩葺による平の葺き出し
図190　栩葺による隅の葺き出し
図191　栩葺の平葺
図192　栩葺の隅の納まり

いく「解体修理」に分けることができる。これらは総じて「根本修理」といわれ、百年単位で巡ってくる。社寺などの深い軒を支えている組物が、どのようにして台風などの衝撃を緩和したか、また五重塔などの高い構造物が、いかにして地震による揺れを吸収してきたか、など今もってわからないことは多い。

日本の歴史的建造物の多くは木造であり、大工や職人の長い経験と技術の厚い蓄積によって作られてきた。木造建築は軸組小屋組から構成され、とくに社寺などの宗教建築は、斗《ます》と肘木《ひじき》で構成された組物が柱上にあって、張り出した深い軒を支えてきた。

そして、檜皮葺や柿葺もその上に乗るかたちで、ある時は直接に風雨を受ける野屋根として、またある時は見付の化粧屋根としての役割を果たしてきた。内部は複雑で構造上もかなり無理をしているのだが、表面上はそのようなことは噯気《おくび》にも見せず、端正にまとめることが求められた。

それらのことに関して、具体的にあげてみる。たとえば、図193のような向拝つきの社寺建造物の場合は、向拝から大平に移る部分（矢印）を「縋《すがる》」といい、文字どおり大平方向に縋《すが》りつくことから、そう呼ばれている。

この部分は建築構造上もかなり無理をして、向拝から大平に飛びついているため、接続部に捩《ねじ》れや歪《ゆが》み、段差が発生している。しかし、それをそのまま軒付などの外見に出すわけにもいかないので、内側の見えない部分にさまざまな工夫がなされている。

少々専門的になるが、裏板などでも通常の数倍の厚みや長さのものを用意して、外から見ることのできる裏板の厚み（図193の斜線の部分）は一定の幅を保ちながら、見付の曲線に合う奥の形を削り出していく。普通、外部から見える面は、木口（斜線部分）とその下の裏側にあたる面だけである。

裏板を取り付ける板尻部分の裏甲が大きく変形しているのに、木口の裏板の線は前後の裏板と違和感な

図194　日吉大社西本宮本殿背面に見る縋破風

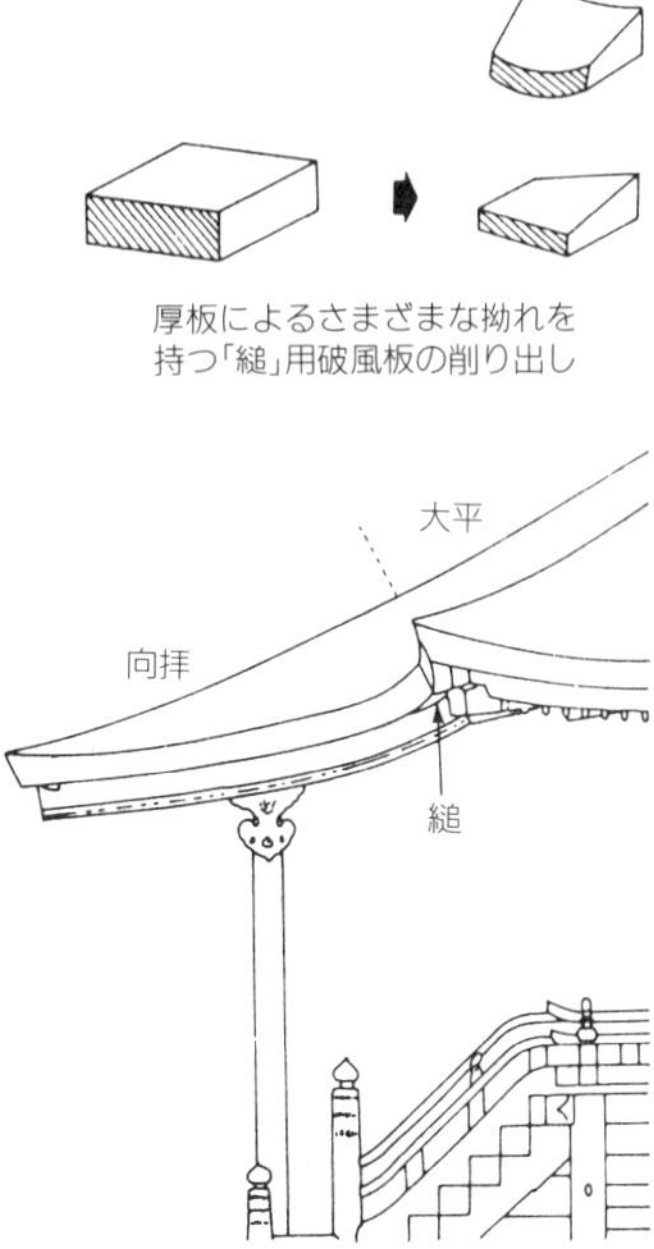

図193　縋の位置と専用破風板の削り出し

図195・196　桑実寺本堂背面の縋破風における柿軒付（１段目）と檜皮軒付（２段目）

図197　檜皮葺による堰萱（手前の軒付部分）

く、美しい曲線に仕上がっていなくてはならない。ここでは屋根のトリックがいかんなく発揮され、人間の視覚的な錯覚も十二分に利用した上で形作っていく。

裏甲段階の大きく歪んだ線を、一尺（三〇センチ）以内のわずかな裏板の長さの間に、持てる技術を駆使して徹底的に修正して、裏板の木口の線に至る時には何事もなかったかのような美しい連続線を取り戻すための閃きを、ひたすら待つのである。

裏板の削り出しの中には、複雑なプロペラ状の捩れを伴うものまであり、軒付の技術の中ではかなり高度な技術が要求される部分である。ＣＡＤのソフトに「ベジェ曲線」という自由曲線や曲面を描く方法があるが、あれよりもっと精密なことを、勘と経験を頼りにはるか昔から行なってきたのである。

次に、この縋の構造が破風の特定の部分に現われている構造を「縋破風《すがるはふ》」という。おそらく、檜皮葺や柿葺の技術では最難度のひとつであろう。

たとえば図194は国宝日吉《ひよし》大社西本宮本殿（滋賀）の背面部分であるが、左右の両妻近くに大きく杓《しゃく》り上げた構造が見える。これが縋破風である。このような珍しい屋根の形は、入母屋造の比較的大きな社寺の屋根にときどき見ることができるが、どうしてこのような形に作ったのか、と毎回考え込んでしまう不思議な形をしている。

日吉大社西本宮本殿の場合は、木蛇腹の上に檜皮軒付を施したもので、厚八寸（二四センチ）の一重軒付であるが、図195・196に見られる重要文化財桑実寺《くわのみでら》本堂（滋賀）の背面の縋破風は二重軒付で、上軒は厚四・八寸（一四・四センチ）の檜皮軒付、下軒は厚五・五寸（一六・五センチ）の柿軒付であり、総体としては厚い。

正側面三面は二軒繁垂木《ふたのきしげだるき》だが、背面のみ一軒の形式となっている。飛檐垂木を使うことによって、軒先が上がるばかりではなく、垂木そのものに反りをつけることで、軒先を軽快に見せようとしている。
茅負には独特の反りをもつ「眉決《まゆき》まり」を付け、軒付の両端は大きく波打ったような縋破風になっている。茅負の上の裏甲も、通常なら長い通しの延《の》べ裏甲《うらごう》で十分なのだが、これだけ杓《しゃく》りがきついと切裏甲《きりうらごう》とせざるをえない。

縋破風については、柿軒付が所定の勾配になるように水返桟《みずがえしさん》を打つ。裏板も合端《あいはし》なじみよく傍《かたわら》竹合釘《たけあいくぎ》を用いて通りをよくし、上面は中央を削り、下面は両端を削って調整する。

小軒板（軒付板）も合端なじみよく、芋目地《いもめじ》にならないよう、杓《しゃく》っている部分には幅の狭い小軒板を用い、流暢に葺き回すことが肝要である。一枚ごとに竹釘を用い、一寸（三センチ）間隔で一通り打ちとし、二〜三枚ごとには押縁を入れて鉄釘で留め、湾曲部における木の反発力を削いでいく。こうしておいて、最後には木口通りよく鉋削りとするのである。

なお、桑実寺の場合は、一軒目の一部に江戸期寛永年間、享保年間の軒付が現存しており、一部にこれを再利用する形で施工をした。使用する竹釘も古式を尊重して、「ウグイ釘」とよばれる長三寸、幅三分の皮付きの特大竹釘を使用したが、これも一本ずつ筆者が手作りした。

このほか、檜皮葺の特殊な仕様としては、「堰萱《せきがや》」（関茅・積萱）があり、これは図197のように切妻の部分に葺かれるもので、妻側から見ると檜皮の厚みがそのまま現われているように見える。これは数寄屋造や茶席などに主に用いられる工法であり、平の軒付を積んだあと、「堅《かた》め出《だ》し」という破風に見え掛かりの楔状の葺足を作って、専用に拵えた厚皮を積み上げる。また、「巻萱《まきがや》」と呼ばれる数寄屋造独特の工法もあり、桂離宮や修学院離宮のほかに京都御所、仙洞御所、大宮御所などにも用いられている。

杮葺の極致——桂離宮の屋根

桂離宮の建築をテーマとした本は、今回調べただけでも、大部な専門書から畑違いのライター作の軽い読物まで一〇〇冊近く出版されている。しかし残念ながら、杮葺屋根の極致ともいわれる御殿のむくり屋根を、詳しく解説したものはほとんどなかった（図198）。

回遊式庭園や桂棚《かつらだな》（新御殿「一の間」上段に設けられている違い棚で、日本三名棚のひとつといわれている）などは定番であり、ほとんどすべての書に見られるが、杮葺の屋根構造に関しては記述はないに等しい。あったとしても、二、三行の簡単な説明で軽く流しているものが大半である。書き手があまり興味を持たないというより、そもそも杮葺の複雑な屋根構造と、それを形作るための永年にわたる職人の工夫なども、「誰も知らない」というのが本当のところだろう。

すでに述べたように、江戸時代の初め頃、いわゆる「草庵風茶室」が発生するとともに、書院造もその影響を受け、桂離宮に代表されるような「数寄屋風書院」の構造が完成している。書院や民家にみられる一つの架構で表現された屋根に対し、数寄屋風建築の屋根は、軽く、低く、めだたぬように作られた。この建築には雁行型といわれる、二面採光をすべての部屋に取り入れられるような構成がなされて、機能的にも大きな屋根を架けることは不合理だった。

屋根の形は切妻が基本であるが、屋根の端には庇がつく場合が多く、雁行形の主屋根とも相まって、幾層にも重なった屋根のバランスが多様な表現を見せる（図199）。

棟も可能な限り低いことが求められ、屋根勾配もできるだけ緩くする。これで屋根自体にむくりをもたせておとなしい感じを出そうというのだから、格好はいいが雨対策は大変である。また、数寄屋独特のディテールとして軒付の厚みも薄いほどいいといわれた。

素材の選択と的確な寸法が数寄屋風書院の命であり、屋根そのものも、その意匠や手法を取り入れたものになる。柿葺の屋根は常に庭園との関係で、軽快なリズム感をもってボリュームを変えながら雁行する姿が、高い評価を受けてきた。屋根職人としてもそのあたりを十分に心得て取りかかる必要がある。

ここでは、その桂離宮の中でも最も古く、かつ規模の大きな古書院を例にとって、具体的な柿葺の技法と作業の進め方を検証してみたい。

桂離宮の建物は明治一四年（一八八一）、桂宮家第一四代淑子《すみこ》内親王薨去によって、同一六年（一八八三）宮内省に移管されたが、幕末から明治初期にかけての御殿の荒れようはすさまじかったようで、すぐに大改修の計画が立てられた。

まず、全体の工事に先立ち、明治二一年（一八八八）に臣下控所と御来所を改築し、後方に張り出していた台所をなくしている。いずれも荒れ放題のひどい状態だったようで、小さな建物は改築というより新築に近かったようだ。続いて明治二六〜二七年に古書院、明治二七〜二九年に中書院と楽器の間、明治三一年に旧役所、明治三二年に新御殿と、次々に修復に着手している。

ところで明治の大修理は、根本修理ではあるが、いわゆる半解体修理である。たとえば古書院では、主要な柱三八本のうち一六本を取り替えたり、筋違《すじかい》や内法貫《うちのりぬき》といった従来なかった工法を積極的に取り入れている反面、軒の垂木なども多くは江戸期のものを再利用している。

数寄屋風書院の場合は、特に意匠面の配慮から、どうしても化粧材・野物材とも華奢なものが多い。そのため一般には見えない部分として、床下などとともに屋根についても、この時期に思い切ったてこ入れがなされている。母屋桁はそれまでの一間（一・八メートル）間隔から、中間に母屋桁を一本ずつ増やし、半間（〇・九メートル）間隔に補強している（図200）。

また、北側面の柿軒付を支えるために、新たに桔木構造を組み込むこともしている。これはたとえば、西の「膳組の間」は現在天井が張られているが、明治の大修理までは化粧屋根裏であった。これらの部分においては化粧垂木は側桁と入側桁の上端に乗り、軒は垂木で支える構造となっている。これに対し北側部分では入側桁より内側で化粧屋根裏となるところはなく、化粧垂木は軒先だけに留まり、側桁より内側には延びていない。そのため軒は垂木で支えられなかったので、仕方がなく桔木を入れたようである。

その結果、桔木は南側に五本、東側に七本に対し、北側は一五本と増強され、計二七本となった。江戸期の軒先の桔木は、三寸三分角の松や栗の角材が数本あっただけで、他は檜や杉の丸太材が多かった。

主要な野物材としては、小屋束《こやづか》、小屋貫《こやぬき》、母屋《もや》、棟木《むなぎ》といったものが次々と組み立てられ、母屋の上には野垂木が配されて野地が取り付けられる。野垂木は一間四つ割りに配されている。当初材も八割程度現存していたようで、中書院増築時と思われる材も、中書院との取り合い部分で見つかっている。

野地は四分板のベタ張りであるが、これも当初の残された釘穴などから、幅一尺三寸程度の木舞野地が五寸～五寸二分間隔に張られていたことがわかっている。このため、のちの「昭和大修理」では、当初のように幅一寸二分（三・六センチ）～一寸三分（三・九センチ）、厚さ六分（一・八センチ）の飛び打ちに復原され、さらに補強のために旧寸法の間に木舞が一本ずつ打たれることになった。なお、ベタ張りの旧木舞野地は、南東隅近くの陽当たりのいい所に集められ、当時の形に復原されている。

野地ができると、次は屋根の妻の破風板を取り付ける。合掌に組んだ拝《おが》みの頂点の裏側は、特殊な栓仕《せんし》口《ぐち》で拝みが開かないようにして、拝みの下には見付が六角形になった切懸魚《きりげぎょ》という板がつく。この中心に

図198　桂離宮古書院

は簡素な御殿には珍しい金箔を押した六葉《ろくよう》や菊座《きくざ》がつく。

軒回りはまず化粧隅木を架けて、化粧垂木を桁に留める。化粧隅木は南東、北東、北西の三カ所にある。次いで、化粧垂木の鼻近くに広木舞を回し、母屋から桁沿いに降ろした化粧木舞に取り付けたものと思われる。

もともと、雁行を示す屋根の小屋組は複雑であり、さらに増改築を重ねた結果、屋根の架構に明快なルールはなくなった。すべては意匠を最優先した結果である。

こうしてでき上がった御殿の野地を見ると、まん中あたりが明らかに盛り上がっているが、これがむくり屋根といわれる屋根構造で、屋根面が曲面で上向きに反った特殊な屋根造りである。むくり屋根は屋根を小さく見せ、めだたぬおとなしい感じに仕上げることができることから、茶室や別荘のような小規模な建築に用いられた。

反対に権威の欲しい宮殿や社寺をはじめ、元は柿葺であった二条城二の丸御殿のような書院造でさえ、屋根の曲面が下向きに反って、屋根自体が大きく見える照《て》り屋根が用いられている。

こうした控え目な屋根構造にも、歴史に翻弄《ほんろう》され、のち

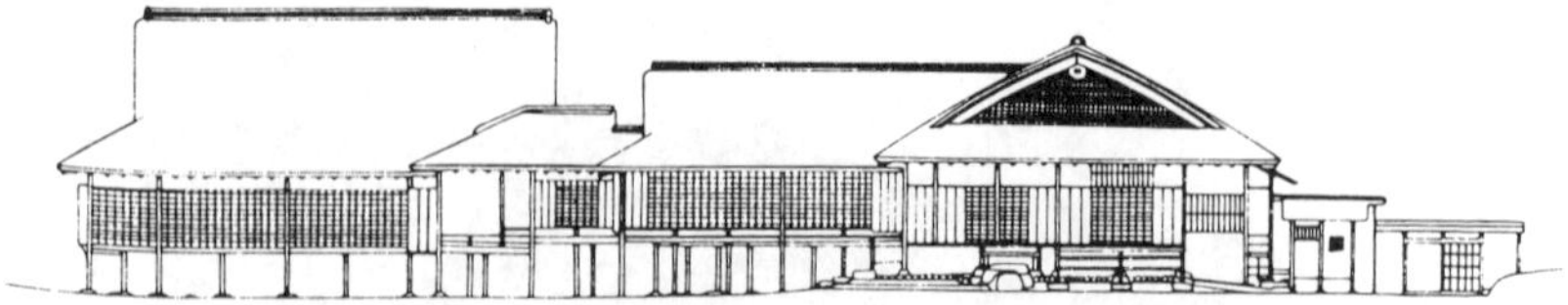

図199　桂離宮御殿東立面図

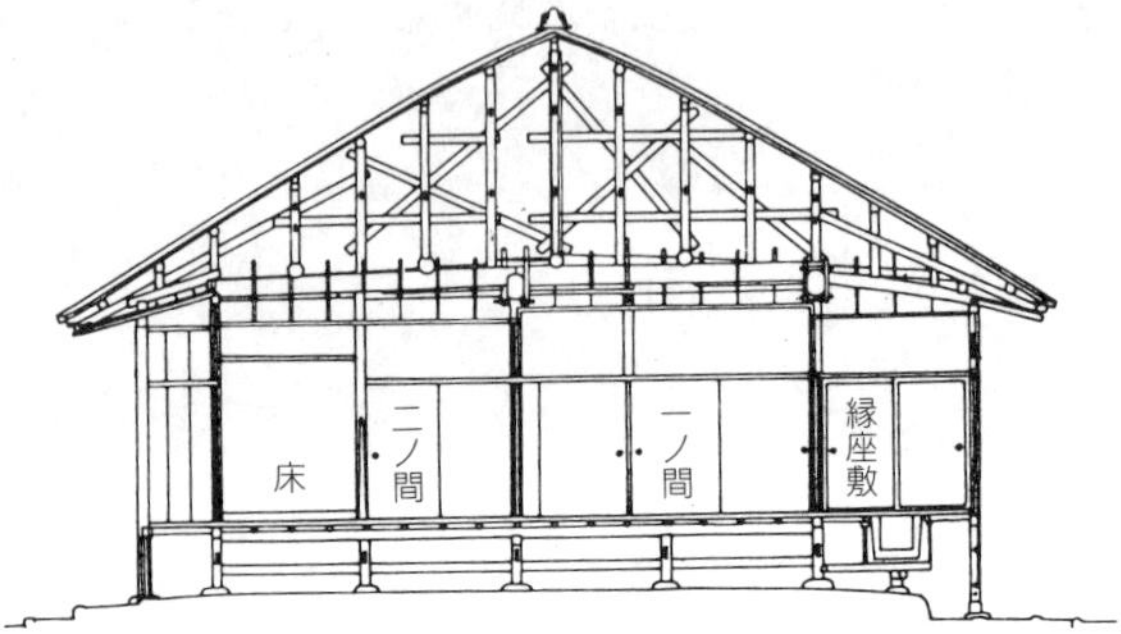

図200　古書院南北断面図

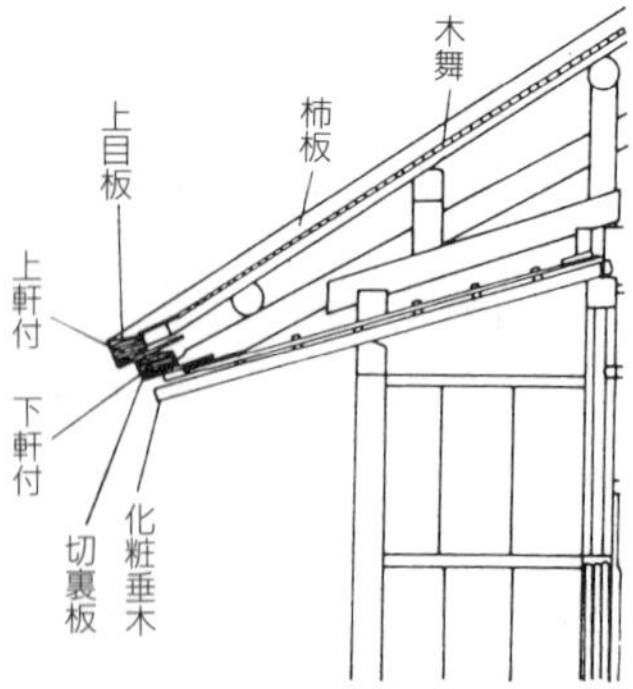

図202　現在の古書院
軒先の南北断面図

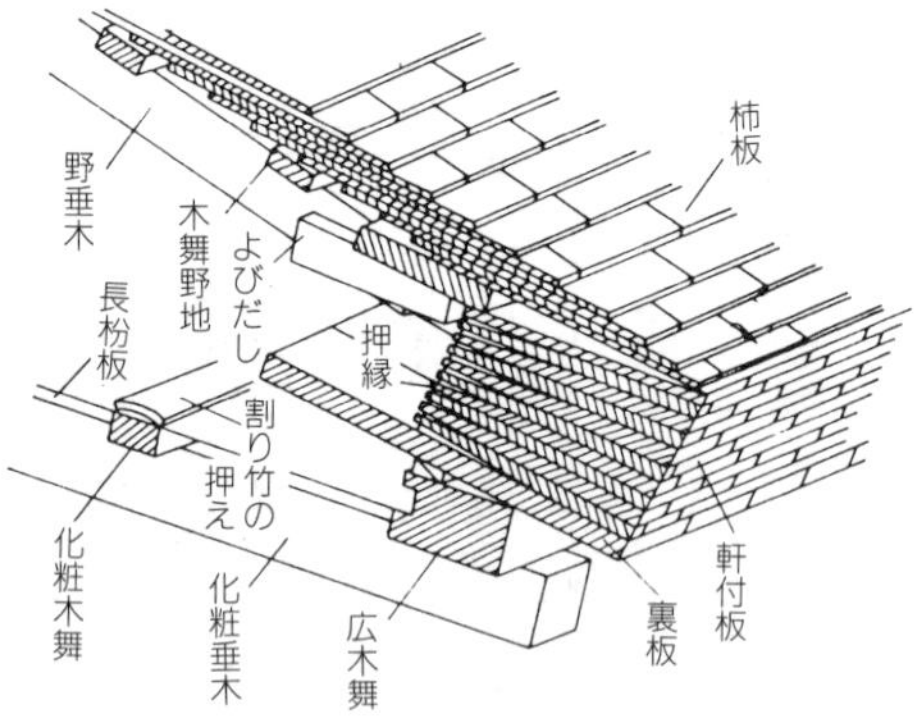

図201　江戸時代の古書院柿軒付図

に文化人として生きた八条宮の意向がよく出ている。ただ柿葺師にとっては、柿葺の入母屋造でむくり屋根の構造は全国にも類例がなく、峯の収まりなどは宮廷や幕府の御用職人の時代から、葺師泣かせの屋根であったことは想像に難くない。

一七世紀後半といわれる御殿群の造立年代の中でも、もっとも古いといわれるのが古書院で、規模も御殿の中では柿葺屋根面積（廂《かわや》を含む）が七〇・八三坪（二三三・七五平方メートル）と一番大きい。何度かの改修があったが、現在でも桁行八・六六間（一五・七五メートル）、梁間五・九七間（一〇・八六メートル）、軒高四・一〇間（七・四六メートル）である。西側面に一部桟瓦葺のところがあり、北面に柿葺の廂が付属している。

柿葺は一般的に大別すると、軒付と平葺に分けることができるので、柿葺軒付の構造について、この古書院を例に考えよう。そもそも数寄屋風書院の縁回りには、雨や雪を防ぐために深い軒がつきものである。軒は夏は強い日差しを避け、冬は低くやわらかい日光を受け止めるという、一見相反する目的を巧みに解決しながらも、外部に対しては開放的であろうとする志向がみえる。前述したように「軒下」は、建物内部と外部との中間に位置する独特の曖昧さを持った空間として生まれた。

数寄屋風書院の特色でもある、外へ開いていこうとする意識は、座敷と庭などの中間に「半外部的空間」を挟むことで、場の性格をいくつかに区切り、建物と自然の間のクッションとした。

軒付および軒下の性格が、このように中間的存在であったため、本来なら化粧仕上げの材が使われるところにも、より自然に近い形の素材が使われ、「瓜畑のかろき茶屋」と呼ばれるのにふさわしい簡素なものであった。

軒桁や軒柱にも杉の面皮材や丸太がそのまま使われたり、切裏板《きりうらいた》、軒付板、柿板（平葺板、上目板、堰《せき》萱板《がやいた》、道具板）も尾州産椹赤身柾の手割板が使用材として指定されている。

ところで、古書院では明治の修理以前には、四寸七分（一四センチ）厚程度の柿軒積の一重軒付（図201）であったことが、昭和大修理の新知見として宮内庁から発表されている（『桂離宮御殿整備工事概報』昭和五七年三月）。明治の修理以降、現在に至るまでの柿軒付は、上軒と下軒の二重軒付に改修され、屋根全体の高さも以前より九センチ高くなっている。

二重軒付とは頭重《ずおも》い感じで見付の部分が大きい一重軒付に比べ、上段の軒付を下段より何寸かせり出させることによって、軒付に変化を持たせる意味合いがある。また現実的な問題として、軒の出が深くなると修理の際に風雨で傷みやすい上軒のみの取り替えですむというメリットがある。

なお、古書院の造立当初の軒付の出は、内藤昌氏の前掲『新桂離宮論』によると、二尺八寸一分（八五・一センチ）であり、木割りの六尺五寸（一九七・〇センチ）の半分以下と、当時の建物としてはかなり短いといえる。ちなみに現在の古書院の軒の出は、南側二尺八寸、東側二尺八寸四分、北側二尺八寸、西側三尺五寸三分となっている。全体として当初のプロポーションがよく保存されているなかで、西側の軒の出が長いのは後世の改造によるものと思われる。なお、化粧垂木の勾配はいずれも二寸六分〜二寸八分である。

軒付のベースになる広木舞の奥には、杉赤身材の水垂れ木舞が打たれ、勾配を調整したうえで竹合釘を入れた、長さ一尺（三〇・三センチ）、厚み五分（一・五センチ）の椹材切裏板を突き付けで取り付ける。さらに軒積板とも呼ばれる長さ四寸（一二センチ）、厚み三分（〇・九センチ）の小軒板を一枚ごとに、一寸二分（三・六センチ）の竹釘で二センチ程度の間隔で前後二通り打ち締めていく。これを二枚重ねるごとに、一寸二分の鉄釘で中一通りを打っていく。

軒積用の板はあらかじめ尻厚が木口より薄くとってあり、その部分に胴縁《どうぶち》と呼ばれる薄くて細い材を挟んでいく。こうすることによって小軒の間の隙間がぴったりとくっつき、雨が吹きつけても毛細管現象などで柿軒付の内側に入り込むこともないので、軒付が腐ることもない。このような工程を繰り返し、裏板の上に軒積板を八枚積み上げて、厚さが二寸九分（八・八センチ）になったところで、木口を台鉋で削る。これが下軒付である（図202）。

一方、上軒付は下軒付の見付から三寸強せり出した所に設定するのだが、これがちょっと難しい。古書院の場合は、屋根の引き通し勾配が五・六寸と、御殿同士の緩衝地帯というか、取り合いが目的の楽器の間の四・六寸勾配を除けば一番緩い。勾配が緩いということは、古書院のようなむくり屋根では、軒付の天場《てんば》（一番上）の位置を決める際に、尻手勾配に準じて押さえ込むことが必要となる。

一般に建物の造立年代が新しいほど、勾配が急であることは以前にも書いたが、桂の御殿の場合はどちらかというと意匠を優先したため、このような勾配になったと思われる。

上軒付も下軒付と同様の方法で、長さ一尺（三〇・三センチ）で厚みは下軒付より少し厚い六分（一・八センチ）の切裏板を取り付ける。軒積板も長さ四寸（一二センチ）、厚さ四分（一・二センチ）とこちらも下軒付よりは若干厚めである。

軒積板を八枚積み重ねて厚さ三寸八分（一一・五センチ）にしたあと、木口を鉋で削るのは下軒付と同様である。柿軒付全体としても隅反り増しが少なく、おとなしい形である。なお神輿寄《みこしよせ》と厠の庇は疎垂木《まばらだるき》の柿軒付一重となっている。

平葺に移ると、呼出垂木と呼ばれる野物材で木舞野地と連結したあと、その上に上目板と呼ばれる手割板（長一尺、厚二分）を、軒積板上角より二分（六ミリ）控えて打ち締める。竹釘を五分（一・五センチ）

間隔で前後二通り打ちとし、特に奥釘をきかせて平地の方に馴染みよく葺くことが肝要である。

上目板は普通は軒積板上端に二枚重ねで葺くのが一般的である。過去、桂離宮や修学院離宮などでは、平葺板厚が一分（三ミリ）なら、上目板は一分二厘（三・六ミリ）から一分五厘（四・五ミリ）、一分二厘なら上目板は一分五厘から二分（六ミリ）のものが使われている。

ところが、昭和大修理の工事仕様をみると、上目板は「長さ三〇・三cm、厚さ四・八cmを八枚割りの六mm、幅は九cm以上」だが、平葺板は「古書院及び中書院用は長さ三〇・三cm、厚さは三・〇cmを八枚割りの三・八mm、幅九cm以上、新御殿その他用は長さ二四cm、厚さ三・六mm、幅九cm以上」と指定がある。

これは専門的に見ると異例なことである。私たち職人には現場に入る前の下仕事として、木取りや割りの工程がある。普通なら寸法定規をかけて、木取りをしたあとは、八分の木取り板なら八枚に割るのが通例であるが、工事仕様に従えば、一寸の木取り板を八枚に割るわけで、一枚の厚みが通常より二五％厚くなる。なお、江戸時代の古書院では、さらに厚く二分（六ミリ）の平葺板が使われていたことが調査からわかっている。

前項でも触れたように、昭和大修理の野地木舞は檜皮葺などと同様、間をあけた飛び打ちに復しており、この方が小屋組内部も蒸れることもなく、木材が腐ったり害虫が発生することも防げる。また瓦などとは違い、植物性屋根材はそれ自体が呼吸しているといわれるように、通気性もよく熱も放出できた。

平葺の葺き登りにあたっては、軒積板上角より二分（六ミリ）控えた位置に打った上目板に続き、平葺板を施工する。平葺の最初の葺足は四分（一・二センチ）、次は六分（一・六センチ）と、檜皮葺と同じ「混《こ》み足《あし》」といわれる軒先専用の細かい葺足でスタートする。上目板はあるものの、軒先は一枚から葺いていくわけで、葺地は屋根全体で一番薄い所である。

三足以降は八分（一・四センチ）で葺き上げると、上目板から数えて一一枚目でやっと一人前の葺厚となり、全体の厚みは一寸四分五厘となる。ただでさえ葺地が薄いところに屋根勾配も普通もっとも緩く、雨水の水はけも悪いことから、施工にあたっては特別の注意が必要な所である。そしてこの平葺足の八分というのも異例なことで、通常の一寸（三センチ）足から比べると二割方狭い仕様になっている。

以上のことを整理してみると、周到に考えられた「むくり屋根専用シフト」が見えてくる。まず通常二枚の上目板を一枚にして、軒先の厚みを少しでも押さえ、混み足を入れたあと通常より厚い平葺板で、通常より葺足を詰めて葺く。これは単に板の厚みや、重ねの細かさで耐久力を増すだけでなく、別の意図が考えられる。

桂離宮の杮葺屋根の特徴ともいえるむくり屋根の場合は、特に軒先のスタートから何尺かで、その屋根が美しく仕上がるか否かの勝負がつく。スタートが悪いと照り屋根のように、支《か》い物《もの》（葺き厚や美しい曲線を作るために調整用に使用する細木や木端）が使えないだけに逃げ場がなく、途中で屋根全体の収まりがつかなくなる怖れがある。「雀と屋根職人は、軒と隅で泣く」というやつである。

平葺は一段を二足ずつとして朱墨を打ち回して葺足を整え、歩みを調整しながら葺き進める。むくり屋根対策には、あらかじめ杮板生産の段階から各種用途をしっかりと把握して、矯めが入る部分には最上質の杮板を用いる。

桂離宮などの数寄屋風書院には、昔から「地ごすり」とよばれる方法が用いられていた。これは保存よりも格好に重きを置いた工法で、むくり屋根独特の上方に向かって曲面のように反っているのにあわせて、木口に隙間を作らないように、上方の板を下方の板に擦りつけるように密着させて葺く。その際、竹釘の頭も平板とともに鉋で一気に横に削る。

まあ、言葉で表現するとこういうことになるが、これが現実問題としてなかなかうまくいかない。矯め過ぎると厚み三ミリほどの柿板はすぐ折れてしまう。特に峯の収まりの角度と矯めはきつく、薄い割板をギリギリまで撓《たわ》まして、登りの行き通りを殺さないよう、しかも平葺との取り合いにも気を配りながら、妥協点をみつけてむりやり収めることになる。

入母屋造特有の隅の背は、撥《ばち》形に拵えた柿板を用いて、平葺と足並みを合わせて馴染みよく葺き回さなければならない。また箕甲葺《みのこうぶき》や駒額《こまびたい》葺、谷《たに》葺、巻萱《まきがや》などには、それぞれ専用に誂えた役物《やくもの》で板どうしに隙ができないように葺くのである。これらのものは雨水に逆らわないように、すみやかに水が流れ、切れるように仕向けるのが、もっぱらの役目といえる。

こうして桂離宮のような数寄屋風書院の屋根は、柿葺の中でもとくに洗練された芸術性が必要で、柿葺師の技量の見せどころと言われてきた。たしかに葺かれた柿の表面はなめらかで、職人言葉でいうところの「小跳《こば》ねの立たない屋根」ではあるが、反面、柿の割板特有の自然の隙間がなくなり、その分、風通しなどは明らかに減殺されるので、耐久力などの面でも疑問が残る。技術面でわかっていることはすべて書いたつもりだが、この点では後日の研究を待ちたいと思う。

ブルーノ・タウトの着眼

風の強い地方、たとえば山地や海岸地方では、急勾配の藁葺屋根が少なくなり、その代りに押石を載せた緩勾配の柿葺《こけらぶき》屋根が現われる。こういう柿葺屋根が、見事な藁屋根のすぐそばにあると、い

図203　ブルーノ・タウト

かにも見すぼらしい印象を与える。ところがこの柿葺から、とりわけ見事な檜皮葺《ひわだぶき》が発展した、その葺き方は、檜皮を時には十枚も重ねて厚い層にし、これをスレート葺の要領で屋根葺下地（野地）に釘止めにするのである。こうして檜の肌皮を何枚も重ねて葺いてあるにも拘らず、非常に堅牢で、また観る人の眼にも極めて効果的である。日本家屋の優雅な趣は、檜皮葺屋根にいたって初めて全きを得ると言ってよい、ところが都市では火災の危険を慮って禁止されているし、またこういう巧緻な効果に対する趣味も今日ではもう失われてしまった。柿葺をする屋根屋は、大小さまざまな柿板を驚くべき速さでさっさと釘止めしていく。一枚毎に日本の釘を打ちつけるのであるが、口いっぱいに含んでいる釘を、金槌を握っている手でつぎつぎに取り出す素速さは、目にも止まらないくらいである。

（ブルーノ・タウト『日本の家屋と生活』篠田英雄訳、岩波書店、一九六六年）

今から何十年も前に、ドイツ人建築家ブルーノ・タウト（図203、一八八〇－一九三八年）が、いかにジャポニズム（日本趣味）に興味を持っていた人物だったとはいえ、日本固有の伝統技術である檜皮葺や柿葺について、これだけの認識があったことには、端倪《たんげい》すべからざるものがある。

この点では先にも述べたように、「庭」や「棚の造作」には一章を割く本が、「柿葺屋根」については二～三行で素通りするのは、私たち施工側のアッピール不足も含め、関係者の怠慢と言われても仕方のないものがある。

タウトは一九三三年三月に、ナチスの迫害を逃れてドイツを出奔。スイス、フランス、ギリシアなどを経てシベリア鉄道で極東のウラジオストックへ。五月三日には船で敦賀港へ到着している。

彼は一九三六年に再び日本を離れ、トルコのイスタンブール芸術大学の教授に就任するまでの三年七カ月の間に、全国を回って日本の建築文化について多くの「発見」をし、それを元にした著作を何冊も著している。

タウトと恋人のエリカ・ヴィッティの訪日は表向きは日本の建築家団体の招聘という形ではあったが、実質的には新たな永住の地を日本に求めたようなものであった。彼の『日記』（『日本―タウトの日記―一九三三年』篠田英雄訳、岩波書店、一九七五年）によると、早くも上陸当日には滞日中の実質的なパトロンのひとりであった大丸百貨店社長の下村正太郎や、滋賀県近江八幡在住の米国人建築家でキリスト教社会事業家のウイリアム・M・ヴォーリズ（一八八〇―一九六四年）らと会っている。ヴォーリズは下村邸（大丸ビラ）や大丸百貨店の大阪心斎橋、神戸旧居留地、京都烏丸各店の設計をしていた。

そして、来日二日目の翌五月四日には、はやくも運命的な出合いともなった桂離宮を訪れることになった。タウトの桂離宮の印象は『日記』によると次のようなものであった。

桂離宮の清楚な竹垣、詰所の前房で来意を告げる。一匹の足痿えた蜥蜴。御殿の清純真率な建築。深く心を打つ小児の如き無邪。今までの憧憬は剰すところなく充たされた

そして、建物についても、

御門（中門）からの道、生籬、曲折した敷石道は方形の前庭を斜めに玄関（御輿寄）へ向っている。竹の竪樋と軒樋。御殿の軸、この軸は植込のなかの石灯籠の傍をよぎっている。玄関の間（小さい玄関の間と鑓の間）、これにつづく古書院控えの間（二の間）、広縁、そこから張出された月見台の竹縁、御庭！　泣きたくなるほど美しい印象だ。御庭のたたずまい、月見台の前方には斜めに設けられた舟附場。右方には紅《くれない》の花をつけた躑躅の植込、――心を和ます親しさである

と続けている。

後年、この「泣きたくなるほど美しい」という言葉が、桂離宮を賛美したフレーズとしてひとり歩きしはじめた。

後年、タウトの弟子だった水原徳原は「彼は鴨長明の『方丈記』を読み、芭蕉の草庵をしのび、池大雅の十便図を是としていた」と述べているが、タウトの建築理念の中での桂離宮との出合いは、衝撃的であったとともに、かねてより秘めていた憧憬の現実化だったのだろう。「泣きたくなるほど美しい印象だ」という言葉も、単なる異国情緒の感傷だけではなかったと思われる。そのことを強く感じるのは、その日の印象が、

すべてのものは絶えず変化しながらしかも落着きを失わず、また控え目である。眼を悦ばす美しさ、――眼は精神的なものへの変圧器だ。日本は眼に美しい国である。

という言葉で結ばれていることでもわかる。

下桂の地にあった桂離宮は、冬は底冷えのする京都にあって、南に向かって開けた比較的陽差しのある平地にあった。当時としてもけっして一流の土地ではなかったが、京の公家たちにとっては、川(池)遊びなどの遊興や行楽には便利な土地柄だったようだ。庭などを見ても桂川での舟遊びなども当然行なわれたであろうが、その構成としては、一度それらと断ち切った形で独自の趣向を見いだしている。

桂離宮の雁行する御殿群は実にうまく構成され、屋根は柿葺のむくり屋根で統一されている。もちろん、最初からすべての建物をこのような形に作ったのではない。たび重なる増築や改築のつどにも、全体のバランスや庭との関係、比例の捉え方が正確であったため、四つの屋根が喰い違いつつ、重なりあっていくさまは、大変美しくできている。

当然のことながら、軒高や棟の方向、屋根の形も違う。御殿を俯瞰すればよくわかるのだが、屋根の出隅の杮が庭に向かって大きくせり出す部分と、反対に入隅に深く切れ込んだ庭とのコントラストがすばらしい。

この点はタウトも、その著書『ニッポン』(平井均訳および森儁郎改訳、明治書房、一九三四年)の中で、桂離宮では寸法の基準が極めて厳密であるにも拘わらず、釣合は決して型にはまった規矩に従っていない。のちにコルビュジェにも影響を与えたベルラーへの理論を信奉する現代建築家たちが、桂離宮の講堂の平面図に対角線を引こうとしても絶望するばかりであろう。このような建築物は、究極の美しさが合理的に理解せられえないからこそ古典的なのである。その美はまったく精神的なものであると看破している。

このように複雑な雁行を示す屋根は、もともと明快な架構というものは考えられない。増改築を重ねた屋根の小屋組というのは非常に複雑で、中を覗けばお世辞にも美しいといえるような代物ではなかった。すべては美しい屋根を形作るための裏方であり、御殿の足元が塗壁や竹の目隠しで塞がれているのも同じ創意からきているのであろう。

とにかく、桂離宮では化粧材にしろ野物材にしろ、構造材に何かを語らせしめるといった発想はまったくなかった。これも意匠をすべてに優先した桂離宮の構成の大きな特色といえよう。

桂離宮が、彼の眼の悦びを精神的な思考へと導き、高めたことは疑いの余地がない。このことは彼の日本における初の著作となった『ニッポン』の中で、桂離宮を「装飾過剰」の日光東照宮と対比させる形で、桂離宮を「現代建築の中の古典」と位置づけるに至ったのである。

タウトみずから「主観的」とことわっているこの見方が、桂離宮対日光東照宮の評価を逆転させ、わが国の建築史の空白から、突然、桂離宮を浮き上がらせることになったことは、当時の天皇趣味と将軍趣味というアンチテーゼにこだわりすぎて受けとめられたことを差し引いても、画期的なことであった（実際、タウトの『ニッポン』は文部省選定図書になっている）。

ただ、タウトのめざしたものは、日光のアンチテーゼとしての桂の絶対化ではなく、そこに建築家として未来に向けての普遍的原理を見いだしたということである。タウトの言葉によく「機能の建築」や「目的の建築」という表現が出てくるが、ここでの「機能」は実用的な意味だけでなく、もっと精神的な意味での機能を意味し、「釣合」という言葉に置き替えてもいい。

彼の論考は屋根についても及んでいる。前述の『日本の家屋と生活』によると、世俗的な権力と精神的な威力との対比について、ひとしきり述べたあと、次のように続けている。

上述の歴史的事実をまったく知らない人でも、寺院建築の線や、贅物にすぎない装飾或は著しく浮華な性格のうちに、このような事情を感知するに違いない。しかし本来の日本精神は強靭であった。それだから例えばシナ建築では軒先の線が怪奇な反りを示していても、日本ではそれから優雅な、のびのびした線を創り出した。奈良の古い寺のなかには、もと富者の邸宅であったものがいくつかある、こういう寺院の柱や白壁は、まだ巧緻典雅な趣をとどめているし、また屋根の線も非常に優雅である。とはいえこのような建築ですら、屋根下の複雑な組物には、早くも遊玩的な傾向が現れ始めている。これらの細部も元来は構造的要素であったが、かかる傾向に禍いされて屋根の構造も次第に自然的な単純さを失うようになった。大工が、建築は装飾的でなければならないという要求に否応なく従わざるを得ない立場に追い込まれると、けっきょく彼自身の実際的理性に頼ることができなくなり、従ってまた建築全体も本来の構造的意義を失うのである。

とはいえ私たちは、タウトのいわば自己発展の中で形作られたこのような日本建築観を、手前勝手に解釈するわけにはいかない。

これはあくまで当時の西欧的な既成建築の概念から、建築そのものを解放し、それを人間の側に取り戻したい、という彼の志向と合致したからにすぎないのである。

彼の日本観に我が意を得たりと、手放しで喜ぶ前に、母国などにおいて一万戸以上の建築を手がけた現役バリバリの建築家であったことを思い起こすべきである。

タウトは桂離宮を過去の遺構として、後向きに評価しているのではない。現に「侘《わ》び」や「寂《さ》び」といった日本人好みの感覚にはどちらかといえば否定的であり、将来の都市計画や自分のプランとの関係で遥かな目標としていたようだ。

桂離宮には歴史に翻弄され、数奇な運命を辿った八条宮智仁親王の思いがこもっているといわれる。故国を追われる形で流浪の旅を続けていたブルーノ・タウトには、シンプルでいて十二分に計算しつくされた桂離宮に、そこはかとなく無情感を感じていたのかも知れない。

参考文献一覧

ア

浅野清『法隆寺の建築』中央公論美術出版、一九八四
——「奈良時代に於ける屋根構造の復原的研究」、『建築学会大会論文集』第二九号
網野善彦『日本中世の百姓と職能民』平凡社、一九九八
石田潤一郎『屋根のはなし』物語・ものの建築史、鹿島出版会、一九九〇
石田穣二訳『新版枕草子』角川書店、一九八〇
伊藤ていじ『日本の屋根』叢文社、一九八二
稲岡耕二編『萬葉集全注』巻第一、有斐閣、一九八五
乾宏巳『江戸の職人』吉川弘文館、一九九六
宇治谷孟編『日本書紀上全現代語訳』講談社学術文庫、一九八八
——『続日本紀上全現代語訳』講談社学術文庫、一九九二
遠藤元男『ヴィジュアル史料日本職人史』全四巻、雄山閣出版、一九九一
大岡実『日本の建築』中央公論美術出版、一九六七
大河直躬『番匠』ものと人間の文化史5、法政大学出版局、一九七一
太田博太郎「唐破風に就いて」、『建築雑誌』昭和一二年七月号、一九三七

――『日本建築史序説』彰国社、一九六二
――『日本建築の特質』岩波書店、一九八三
大野敏『民家村の旅』ＩＮＡＸ、一九九三

カ

川上貢『滅びゆく民家』主婦と生活社、一九七三
川島宙次「間面記法の崩壊」、『日本建築学会論文報告集』第六四号
元興寺文化財研究所『比良山系における山岳宗教の研究』元興寺文化財研究所、一九八〇
木村勉『近代建築解体新書』中央公論美術出版、一九九四
京都市文化財保護課『洛北の民家』京都市文化財保護課、一九八九
工藤圭章『平安建築』至文堂、一九八二
倉野憲司校注『古事記』岩波文庫、一九九八
建築思潮研究所編『木造屋根廻り詳細』建築史料研究社、一九八一
後藤治「東大寺南大門の化粧棟木と軒桁」、『普請研究』第二八号、一九八九
小林梅次『日本の草屋根』相模書房、一九八四
近藤豊『古建築の細部意匠』大河出版、一九八四

サ

斎藤英俊『名宝・日本の美術21　桂離宮』小学館、一九八二
佐藤理『昭和・平成の大修理全記録桂離宮の建築』木耳社、一九九九
清水真一『校倉』至文堂、二〇〇一
杉本尚次編『日本のすまいの源流』文化出版局、一九八四

杉山信三『日本朝鮮比較建築史』大八州出版、一九四六
鈴木嘉吉『上代の寺院建築』日本の美術65、至文堂、一九七一
——「中世の寺院建築（大仏様、和様）」、『文化財講座・日本の建築3』第一法規出版、一九七七
清少納言『新版枕草子』（石田穣二訳）、角川書店、一九八〇
関美穂子『古建築の技ねほりはほり』理工学社、二〇〇〇
関口欣也『日本建築史基礎資料集成7・仏堂Ⅳ』中央公論美術出版、一九七五
関野克「在信楽藤原豊成殿板殿復原考」、『建築学会論文集』第三号
瀬田勝哉『木の語る中世』朝日新聞社、二〇〇〇

タ

竹島卓一『造営方式の研究』1〜3、中央公論美術出版、一九七〇
武田佑吉校訂『拾遺和歌集』岩波文庫、一九三八
田邊泰「江戸幕府大棟梁甲良氏に就いて」、『建築雑誌』昭和一一年二月号、一九三六
谷直樹「中井家大工支配の初期形態について」、『日本建築学会論文報告集』二七七号、一九七九
谷上伊三郎『檜皮葺の技法』私家版、一九八〇
——『杮葺の技法』私家版、一九八二
千葉徳爾注解説『日本山海名産図絵』社会思想社、一九七〇
坪井清足『飛鳥の寺と国分寺』古代日本を発掘する2、岩波書店、一九八五
坪井利弘『古建築の瓦屋根』理工学社、一九八一
寺島良安・和漢三才図絵刊行委員会『和漢三才圖會』上・下、東京美術、一九七九
東京大学農学部附属演習林『演習林概要』芳文社、一九九七
戸田芳実「摂関家領の杣山について」、『初期中世社会史の研究』東京大学出版会、一九九一

ナ

内藤昌『新桂離宮論』SD選書、鹿島出版会、一九六七
直木孝次郎「森と社と宮——神観念の変遷と社殿の形式」、『難波宮址の研究』研究予察報告第2所収、一九五八
永井規男「13世紀後半における南部興津とその建築活動」、『仏教美術68』毎日新聞社、一九六八
中村昌生『茶匠と建築』SD選書、鹿島出版会、一九七一
中村雄三『図説日本木工具史』新生社、一九六七
南都北嶺編「比叡山大智房檜皮葺語」、山田忠雄校注『日本古典文学大系25　今昔物語集五』岩波書店、一九六二
西岡常一・小原二郎『法隆寺を支えた木』日本放送出版協会、一九七八
西沢文隆『日本名建築の美』講談社、一九九〇
日塔和彦「屋根葺き（茅葺を中心として）」、『講座・日本技術の社会史7建築』日本評論社、一九八三
二本松孝蔵「柿葺の研究」、『東洋建築』第二巻第一号

ハ

原田多加司『近世屋根職の研究』文化財匠会、一九九六
——「檜皮葺・柿葺」、『文建協通信』第四五号、㈶文化財建造物保存技術協会、一九九八
——「日本の伝統美を守る」、『文化庁月報』第三六一号、ぎょうせい、一九九八
——『檜皮葺と柿葺』学芸出版社、一九九九
——『檜皮葺職人せんとや生まれけん』理工学社、二〇〇二
肥後和男『滋賀県史蹟調査報告2』滋賀県保勝会、一九三三
——『大津京阯の研究』文泉堂書店、一九四〇
平井聖『屋根の歴史』東洋経済新報社、一九七三

――「禁中御位御所様御上棟指図」、『日本建築学会大会学術講演梗概集』一九七八
広瀬鎌二「土葺竪穴住居の研究（その1）」、『日本建築学会大会学術講演梗概集』一九八八
伏見宮貞成親王『看聞御記』続群書類従完成会、一九三〇
藤井恵介・玉井哲雄『建築の歴史』中央公論社、一九九五
藤島亥治郎『韓の建築文化』芸艸堂出版、一九七六
藤原義一『古建築』桑名文星堂、一九四三
普請帳研究会『普請研究』一〜四号、普請帳研究会、一九八二〜一九八三
ブルーノ・タウト『ニッポン』（平井均訳および森儁郎改訳）、明治書房、一九三四
――『日本美の再発見』（篠田英雄訳）岩波書店、一九三九
――『日本の建築』（篠田英雄訳）、春秋社、一九五一
――『日本の家屋と生活』（篠田英雄訳）、岩波書店、一九六六
――『日本―タウトの日記―一九三三年』（篠田英雄訳）、岩波書店、一九七五

マ

宮澤智士『日本列島民家史』住まいの図書館出版局、一九八九
宮本長二郎「古代住居と集落」、『講座・日本技術の社会史7建築』日本評論社、一九八三
村田治郎『中国建築史』建築学大系4、彰国社、一九五七
村松貞次郎『道具と手仕事』岩波書店、一九九七
室井綽『竹』ものと人間の文化史10、法政大学出版局、一九七三
木造建築研究フォラム『図説木造建築事典・基礎編』学芸出版社、一九九五
森郁夫『瓦と古代寺院』臨川書店、一九九三

ヤ

安原盛彦『日本の建築空間』新風書房、一九九六
柳田国男「屋根の話」、『定本柳田國男集2』筑摩書房、一九六八
山岸常人『中世寺院社会と仏堂』塙書房、一九九〇
山田幸一『図解日本建築の構成』彰国社、一九八六
大和智『城と御殿』日本の美術2、至文堂、二〇〇〇
横山正「屋根の造形」、建築思潮研究所編『木造屋根廻り詳細』所収、建築資料研究社、一九八一

ワ

渡辺勝彦「慶長度内裏女御御殿（元和）造営の大工について」、『日本建築学会大会学術講演梗概集』一九七八

※他に、各府県教育委員会、㈶文化財建造物保存技術協会などが発行する国宝・重要文化財建造物修理工事報告書等を参考にした。

あとがき

「学はもって已《や》むべからず。青はこれを藍より取りて、藍より青し。氷は水よりこれをなして、水より寒し」（荀子『勧学』）

学問は途中でやめてはいけない。青色は藍という植物からとるが、藍よりももっと青い。氷は水からできているが、水よりもっと冷たい。学問を続けていれば、より優れたもの、より純化されたものすらできてくる、という意味であろう。この「学問」というところを「修業」という言葉に置き換えてみても、十分に通用する話である。

また、その成語からさらに「出藍《しゅつらん》の誉《ほま》れ」なる言葉もできた。ここまでくると、世間一般にいわれている「教えた師よりも優れた弟子」を褒める意味合いが強くなるが、最近の若い弟子っ子たちの修業ぶりを見ていると、「青は藍より出でて、藍より危うし」といった例が多くなったと思うのは私だけだろうか。

教える側にしても、心血を注ぎ、持てる技術や知識を授け尽くした弟子が、己の伎倆《ぎりょう》を凌駕《りょうが》していくさまは寂しくもあるが、やはりうれしさが勝るものである。

昔のような眦《まなじり》を決しての修業は無理だとしても、私たち檜皮葺師や柿葺師には、先達の偉業という目標がある以上、少しでもその域に迫ろうとする努力が求められている。

もう一歩のところで及ばず、その怠慢が責められることも多いが、そのような時にこそ「職人としての力量が試されている」という思いに胸が熱くなる。「夜明け前の闇がもっとも暗い」というが、自分なりに努力して暗黒の胸突き八丁を手探りで越えたところで、遥かな微光が見え、それが見る見る東天紅に変わっていく瞬間がある。職人仕事だからこそ実感できることだ。

一方、職人仕事が大きく変質してしまったことも事実である。そもそも過去の歴史を振り返れば、職人の仕事は伝統建築に限らず、まず、みずからの作り上げる「もの」の全体を構想し、肉体の鍛錬を通じて仕事を成し遂げ、生活の糧を得ることで成り立ってきたはずだ。

ところが、現代ではどの分野に限らず、機械化された仕事が幅をきかせ、また、それらが生み出すものは可も不可もない代物だが、一応かたちにはなっている。それに対し、「手作り」とか「職人技」といえば、それだけで何か別の付加価値がつくように思っている人も多いのではないか。

ここに職人の奢りや甘えはないか。「職人技」とか「伝統」の名において、骨惜しみをせず働いた機械以下の仕事しかしなかったということは無かったかを、自問自答する必要がある。「伝統の職人技」も商業主義の前には、簡単に堕落する恐れがある。

逆に昨今、目につくのは、伝統の復権を標榜するあまりに、必要以上に細部に凝ったもの、すなわち手がかけられすぎたり、工夫がされすぎていて、結果としてコストが異常に高いものだ。たしかに、非の打ちどころのない素材と、たっぷりと時間をかけた仕事は、見ていて惚れ惚れするが、これでは職人の仕事というより、芸術家の作品である。

職人としての普通の仕事のありようは、芸術家のそれでもなく、偏屈な名匠のスタンドプレーでもない。手仕事によってしかものが作れなかった時代から大切だったのは、実用品として質がよく、ある意味で効率よく生産され、コスト的にも常識的範囲に収まることが必要条件だったはずである。

現代のような職人仕事の変質の延長線上には、かつて経済性と機能性が、象徴性や装飾性と強い緊張関係を保つことによって、たくまずして生み出された「かたち」の美しさや、無名の匠が作り出した「用の美」は求むべくもなくなりつつある。

職人としていかに生きるか、などという大層なお題目は考えたこともないが、伝統技術に携わる職人の矜持や、仕事上の自省を抱えた意気込みだけは、職人になってから今日まで常に持ち続けてきた。ただ、それは苦塩《にがり》の足りない豆腐のように、固まらないまま胸の中を浮きつ沈みつしているだけで、形にしようとしてもなかなか思うようにまとまってくれないのが歯痒かった。

そんな時に法政大学出版局の松永辰郎氏から、「屋根」という途方もない大きなテーマをいただいた。あまりにも大きく漠然としたテーマだが、その分、どのようにでも「料理」ができるような気がした。

「日本の建築史の中でも、壁や瓦と並んで屋根はきわめて重要なテーマと思われますが、屋根の技術的系統を本格的に取り上げた本はいまだに書かれていないのではないかと思っています……」と言われれば、身を乗りださざるをえない。

以前から、大いなる好奇心と少しの使命感をもって、いつかは生業である檜皮葺や柿葺のことを集成してみたいとの思いは強くあったが、今回こういう形でまとめさせていただけたのは職人冥利に尽きる。

残念ながら今の時代は、「親方」といっても、もっぱらマネジメントが中心であり、実際に現場で屋根を葺いている人は少ない。それだけに、今回は現役の職人でなければ書けないことを中心に著述を進めてきた。ために、「詳細なる学術的専門性」を期待された方には、少々物足りなかったかも知れない。この面ではより適任な学究の徒によって、専門的な一書が著されることを期待したい。

最後に、多くの関係者の方々から提供いただいた資料や、頂戴した助言をどれほど本文の中に生かすことができたか、また読むべき文献、着目すべき事柄を看過したことはなかったか、と思うと省みて忸怩たるものはあるが、今となっては謹んで本書を捧げ、深甚より御礼を申し上げたい。

二〇〇二年一二月二日

原田多加司

著者略歴

原田多加司（はらだ たかし）

1951年，滋賀県近江八幡市生まれ．大学卒業後，地方銀行勤務を経て，1982年，家業の檜皮葺師・柿葺師（創業1771年・明和８年）の10代目・原田真光を襲名．国宝・重要文化財など指定建造物多数を手がけ，原皮師も兼ねる．（社）全国社寺等屋根工事技術保存会の理事，常務理事，副会長等を歴任．文化財異業種交流組織「文化財匠会」を主宰．建築修復学会会員．著書に『檜皮葺と柿葺』（学芸出版社），『檜皮葺職人せんとや生まれけん』（理工学社）などがある．

ものと人間の文化史　112・屋根　檜皮葺《ひわだぶき》と柿葺《こけらぶき》

2003年５月30日　　初版第１刷発行

著　者 © 原　田　多　加　司
発行所 財団法人 法政大学出版局
〒102-0073 東京都千代田区九段北3-2-7
電話03(5214)5540／振替00160-6-95814
印刷／平文社　製本／鈴木製本所

ISBN4-588-21121-8

Printed in Japan

ものと人間の文化史

★第9回梓会出版文化賞受賞

文化の基礎をなすと同時に人間のつくり上げたもっとも具体的な「かたち」である個々の「もの」について、その根源から問い直し、「もの」とのかかわりにおいて営々と築かれてきたくらしの具体相を通じて歴史を捉え直す

1 須藤利一編

船

海国日本では古来、漁業・水運・交易はもとより、大陸文化も船によって運ばれた。本書は造船技術、航海の模様の推移を中心に、漂流、船霊信仰、伝説の数々を語る。四六判368頁・'68

2 直良信夫

狩猟

人類の歴史は狩猟から始まった。本書は、わが国の遺跡に出土する獣骨、猟具の実証的考察をおこないながら、狩猟をつうじて発展した人間の知恵と生活の軌跡を辿る。四六判272頁・'68

3 立川昭二

からくり

〈からくり〉は自動機械であり、驚嘆すべき庶民の技術的創意がこめられている。本書は、日本と西洋のからくりを発掘・復元・遍歴し、埋もれた技術の水脈をさぐる。四六判410頁・'69

4 久下司

化粧

美を求める人間の心が生みだした化粧―その手法と道具に語らせた人間の欲望と本性、そして社会関係。歴史を遡り、全国を踏査して書かれた比類ない美と醜の文化史。四六判368頁・'70

5 大河直躬

番匠

番匠はわが国中世の建築工匠。地方・在地を舞台に開花した彼らの造型・装飾・工法等の諸技術、さらに信仰と生活等、職人以前の独自で多彩な工匠的世界を描き出す。四六判288頁・'71

6 額田巌

結び

〈結び〉の発達は人間の叡知の結晶である。本書はその諸形態および技法を作業・装飾・象徴の三つの系譜に辿り、〈結び〉のすべてを民俗学的・人類学的に考察する。四六判264頁・'72

7 平島裕正

塩

人類史に貴重な役割を果たしてきた塩をめぐって、発見から伝承・製造技術の発展過程にいたる総体を歴史的に描き出すとともに、その多彩な効用と味覚の秘密を解く。四六判272頁・'73

8 潮田鉄雄

はきもの

田下駄・かんじき・わらじなど、日本人の生活の礎となってきた伝統的はきものの成り立ちと変遷を、二〇年余の実地調査と細密な観察・描写によって辿る庶民生活史　四六判280頁・2700円　'73

9 井上宗和

城

古代城塞・城柵から近世代名の居城として集大成されるまでの日本の城の変遷を辿り、文化の各領野で果たしてきたその役割を再検討。あわせて世界城郭史に位置づける。四六判310頁・2600円　'73

10 室井綽
竹
食生活、建築、民芸、造園、信仰等々にわたって、竹と人間との交流史は驚くほど深く永い。その多岐にわたる発展の過程を個々に辿り、竹の特異な性格を浮彫にする。四六判324頁・'73

11 宮下章
海藻
古来日本人にとって生活必需品とされてきた海藻をめぐって、その採取・加工法の変遷、商品としての流通史および神事・祭事での役割に至るまでを歴史的に考証する。四六判330頁・'74

12 岩井宏實
絵馬
古くは祭礼における神への献馬にはじまり、民間信仰と絵画のみごとな結晶として民衆の手で描かれ祀り伝えられてきた各地の絵馬を豊富な写真と史料によってたどる。四六判302頁・'74

13 吉田光邦
機械
畜力・水力・風力などの自然のエネルギーを利用し、幾多の改良を経て形成された初期の機械の歩みを検証し、日本文化の形成における科学・技術の役割を再検討する。四六判242頁・'74

14 千葉徳爾
狩猟伝承
狩猟には古来、感謝と慰霊の祭祀がともない、人獣交渉の豊かで意味深い歴史があった。狩猟用具、巻物、儀式具、またけものたちの生態を通して語る狩猟文化の世界。四六判346頁・'75

15 田淵実夫
石垣
採石から運搬、加工、石積みに至るまで、石垣の造成をめぐって積み重ねられてきた石工たちの苦闘の足跡を掘り起こし、その独自な技術の形成過程と伝承を集成する。四六判224頁・'75

16 高嶋雄三郎
松
日本人の精神史に深く根をおろした松の伝承に光を当て、食用、薬用等の実用の松、祭祀・観賞用の松、さらに文学・芸能・美術に表現された松のシンボリズムを説く。四六判342頁・'75

17 直良信夫
釣針
人と魚との出会いから現在に至るまで、釣針がたどった一万有余年の変遷を、世界各地の遺跡出土物を通して実証しつつ、漁撈によって生きた人々の生活と文化を探る。四六判278頁・'76

18 吉川金次
鋸
鋸鍛冶の家に生まれ、鋸の研究を生涯の課題とする著者が、出土遺品や文献・絵画により各時代の鋸を復元・実験し、庶民の手仕事にみられる驚くべき合理性を実証する。四六判360頁・'76

19 飯沼二郎／堀尾尚志
農具
鍬と犂の交代・進化の歩みとして発達したわが国農耕文化の発展経過を世界史的視野において再検討しつつ、無名の農具たちによる驚くべき創意のかずかずを記録する。四六判220頁・'76

20 額田巖
包み
結びとともに文化の起源にかかわる〈包み〉の系譜を人類史的視野において捉え、衣・食・住をはじめ社会・経済史、信仰、祭事などにおけるその実際と役割とを描く。四六判354頁・'77

21 阪本祐二
蓮
仏教における蓮の象徴的位置の成立と深化、美術・文芸等に見る人間とのかかわりを歴史的に考察。また大賀蓮はじめ多様な品種とその来歴を紹介しつつその美を語る。四六判306頁・'77

22 小泉袈裟勝
ものさし
ものをつくる人間にとって最も基本的な道具であり、数千年にわたって社会生活を律してきたその変遷を実証的に追求し、歴史の中で果たしてきた役割を浮彫りにする。四六判314頁・'77

23-Ⅰ 増川宏一
将棋Ⅰ
その起源を古代インドに、我国への伝播の道すじを海のシルクロードに探り、また伝来後一千年におよぶ日本将棋の変化と発展を盤、駒、ルール等にわたって跡づける。四六判280頁・'77

23-Ⅱ 増川宏一
将棋Ⅱ
わが国伝来後の普及と変遷を貴族や武家・豪商の日記等に博捜し、遊戯者の歴史をあとづけると共に、中国伝来説の誤りを正し、将棋宗家の位置と役割を明らかにする。四六判346頁・'85

24 金井典美
湿原祭祀 第2版
古代日本の自然環境に着目し、各地の湿原聖地を稲作社会との関連において捉え直して古代国家成立の背景を浮彫にしつつ、水と植物にまつわる日本人の宇宙観を探る。四六判410頁・'77

25 三輪茂雄
臼
臼が人類の生活文化の中で果たしてきた役割を、各地に遺る貴重な民俗資料・伝承と実地調査にもとづいて解明。失われゆく道具のなかに、未来の生活文化の姿を探る。四六判412頁・'78

26 盛田嘉徳
河原巻物
中世末期以来の被差別部落民が生きる権利を守るために偽作し護り伝えてきた河原巻物を全国にわたって踏査し、そこに秘められた最底辺の人びとの叫びに耳を傾ける。四六判226頁・'78

27 山田憲太郎
香料 日本のにおい
焼香供養の香から趣味としての薫物へ、さらに沈香木を焚く香道へと変遷した日本の「匂い」の歴史を豊富な史料に基づいて辿り、我国風俗史の知られざる側面を描く。四六判370頁・'78

28 景山春樹
神像 神々の心と形
神仏習合によって変貌しつつも、常にその原型＝自然を保持してきた日本の神々の造型を図像学的方法によって捉え直し、その多彩な形象に日本人の精神構造をさぐる。四六判342頁・'78

29 増川宏一
盤上遊戯
祭具・占具としての発生を『死者の書』をはじめとする古代の文献にさぐり、形状・遊戯法を分類しつつその〈進化〉の過程を考察。〈遊戯者たちの歴史〉をも跡づける。四六判326頁・'78

30 田淵実夫
筆
筆の里・熊野に筆づくりの現場を訪ねて、筆匠たちの境涯と製筆の由来を克明に記録しつつ、筆の発生と変遷、種類、製筆法、さらには筆塚、筆供養にまで説きおよぶ。四六判204頁・'78

31 橋本鉄男
ろくろ
日本の山野を漂移しつづけ、高度の技術文化と幾多の伝説とをもたらした特異な旅職集団＝木地屋の生態を、その呼称、地名、伝承、文書等をもとに生き生きと描く。四六判460頁・'79

32 吉野裕子
蛇
日本古代信仰の根幹をなす蛇巫をめぐって、祭事におけるさまざまな蛇の「もどき」や各種の蛇の造型・伝承に鋭い考証を加え、忘れられたその呪性を大胆に暴き出す。四六判250頁・'79

33 岡本誠之
鋏（はさみ）
梃子の原理の発見から鋏の誕生に至る過程を推理し、日本鋏の特異な歴史的位置を明らかにするとともに、刀鍛冶等から転進した鋏職人たちの創意と苦闘の跡をたどる。四六判396頁・'79

34 廣瀬鎮
猿
嫌悪と愛玩、軽蔑と畏敬の交錯する日本人とサルとの関わりあいの歴史を、狩猟伝承や祭祀・風習、美術・工芸や芸能のなかに探り、日本人の動物観を浮彫りにする。四六判292頁・'79

35 矢野憲一
鮫
神話の時代から今日まで、津々浦々につたわるサメの伝承とサメをめぐる海の民俗を集成し、神饌、食用、薬用等に活用されてきたサメと人間のかかわりの変遷を描く。四六判292頁・'79

36 小泉袈裟勝
枡
米の経済の枢要をなす器として千年余にわたり日本人の生活の中に生きてきた枡の変遷をたどり、記録・伝承をもとにこの独特な計量器が果たした役割を再検討する。四六判322頁・'80

37 田中信清
経木
食品の包装材料として近年まで身近に存在した経木の起源を、こけら経や塔婆、木簡、屋根板等に遡って明らかにし、その製造・流通に携った人々の労苦の足跡を辿る。四六判288頁・'80

38 前田雨城
色 染と色彩
わが国古代の染色技術の復元と文献解読をもとに日本色彩史を体系づけ、赤・白・青・黒等におけるわが国独自の色彩感覚を探りつつ日本文化における色の構造を解明。四六判320頁・'80

39　吉野裕子

狐　陰陽五行と稲荷信仰

その伝承と文献を渉猟しつつ、中国古代哲学＝陰陽五行の原理の応用という独自の視点から、謎とされてきた稲荷信仰と狐との密接な結びつきを明快に解き明かす。　四六判２３２頁・'80

40-Ⅰ　増川宏一

賭博Ⅰ

時代、地域、階層を超えて連綿と行なわれてきた賭博。――その起源を古代の神判、スポーツ、遊戯等の中に探り、抑圧と許容の歴史を物語る。全Ⅲ分冊の〈総説篇〉。　四六判２９８頁・'80

40-Ⅱ　増川宏一

賭博Ⅱ

古代インド文学の世界からラスベガスまで、賭博の形態・用具・方法の時代的特質を明らかにし、夥しい禁令に賭博の不滅のエネルギーを見る。全Ⅲ分冊の〈外国篇〉。　四六判４５６頁・'82

40-Ⅲ　増川宏一

賭博Ⅲ

聞香、闘茶、笠附等、わが国独特の賭博を中心にその具体例を網羅し、方法の変遷に賭博の時代性を探りつつ禁令の改廃に時代の賭博観を追う。全Ⅲ分冊の〈日本篇〉。　四六判３８８頁・'83

41-Ⅰ　むしゃこうじ・みのる

地方仏Ⅰ

古代から中世にかけて全国各地で作られた無銘の仏像を訪ね、素朴で多様なノミの跡に民衆の祈りと地域の願望を探る。宗教の伝播、文化の創造を考える異色の紀行。　四六判２５６頁・'80

41-Ⅱ　むしゃこうじ・みのる

地方仏Ⅱ

紀州や飛驒を中心に草の根の仏たちを訪ねて、その相好と像容の魅力を探り、技法を比較考証して仏像彫刻史に位置づけつつ、中世地域社会の形成と信仰の実態に迫る。　四六判２６０頁・'97

42　岡田芳朗

南部絵暦

田山・盛岡地方で「盲暦」として古くから親しまれてきた独得の絵解き暦を詳しく紹介しつつその全体像を復元する。その無類の生活暦は、南部農民の哀歓をつたえる。　四六判２８８頁・'80

43　青葉高

野菜　在来品種の系譜

蕪、大根、茄子等の日本在来野菜をめぐって、その渡来・伝播経路、品種分布と栽培のいきさつを各地の伝承や古記録をもとに辿り、畑作文化の源流とその風土を描く。　四六判３６８頁・'81

44　中沢厚

つぶて

弥生投弾、古代・中世の石戦と印地の様相、投石具の発達を展望しつつ、願かけの小石、正月つぶて、石こづみ等の習俗を辿り、石塊に託した民衆の願いや怒りを探る。　四六判３３８頁・'81

45　山田幸一

壁

弥生時代から明治期に至るわが国の壁の変遷を壁塗＝左官工事の側面から辿り直し、その技術的復元・考証を通じて建築史・文化史における壁の役割を浮き彫りにする。　四六判２９６頁・'81

46 小泉和子
箪笥（たんす）
★第II回江馬賞受賞

近世における箪笥の出現＝箱から抽斗への転換に着目し、以降近現代に至るその変遷を社会・経済・技術の側面からあとづける。著者自身による箪笥製作の記録を付す。四六判378頁・'82

47 松山利夫
木の実

山村の重要な食糧資源であった木の実をめぐる各地の記録・伝承を集成し、その採集・加工における幾多の試みを実地に検証しつつ、稲作農耕以前の食生活文化を復元。四六判384頁・'82

48 小泉袈裟勝
秤（はかり）

秤の起源を東西に探るとともに、わが国律令制下における中国制度の導入、近世商品経済の発展に伴う秤座の出現、明治期近代化政策による洋式秤受容等の経緯を描く。四六判326頁・'82

49 山口健児
鶏（にわとり）

神話・伝説をはじめ遠い歴史の中の鶏を古今東西の伝承・文献に探り、特に我国の信仰・絵画・文学等に遺された鶏の足跡を追って、鶏をめぐる民俗の記憶を蘇らせる。四六判346頁・'83

50 深津正
燈用植物

人類が燈火を得るために用いてきた多種多様な植物との出会いと個個の植物の来歴、特性及びはたらきを詳しく検証しつつ「あかり」の原点を問いなおす異色の植物誌。四六判442頁・'83

51 吉川金次
斧・鑿・鉋（おの・のみ・かんな）

古墳出土品や文献・絵画をもとに、古代から現代までの斧・鑿・鉋を復元・実験し、労働体験によって生まれた民衆の知恵と道具の変遷を蘇らせる異色の日本木工具史。四六判304頁・'84

52 額田巌
垣根

大和・山辺の道に神々と垣との関わりを探り、各地に垣の伝承を訪ねて、寺院の垣、民家の垣、露地の垣など、風土と生活に培われた生垣の独特のはたらきと美を描く。四六判234頁・'84

53-I 四手井綱英
森林I

森林生態学の立場から、森林のなりたちとその生活史を辿りつつ、産業の発展と消費社会の拡大により刻々と変貌する森林の現状を語り、未来への再生のみちをさぐる。四六判306頁・'85

53-II 四手井綱英
森林II

森林と人間との多様なかかわりを包括的に語り、人と自然が共生するための森や里山をいかにして創出するか、森林再生への具体的な方策を提示する21世紀への提言。四六判308頁・'98

53-III 四手井綱英
森林III

地球規模で進行しつつある森林破壊の現状を実地に踏査し、森と人が共存する日本人の伝統的自然観を未来へ伝えるために、いま何が必要なのかを具体的に提言する。四六判304頁・'00

54 酒向昇
海老（えび）
人類との出会いからエビの科学、漁法、さらには調理法を語り、めでたい姿態と色彩にまつわる多彩なエビの民俗を、地名や人名、詩歌・文学、絵画や芸能の中に探る。四六判428頁・'85

55-I 宮崎清
藁（わら）I
稲作農耕とともに二千年余の歴史をもち、日本人の全生活領域に生きてきた藁の文化を日本文化の原型として捉え、風土に根ざしたそのゆたかな遺産を詳細に検討する。四六判400頁・'85

55-II 宮崎清
藁（わら）II
床・畳から壁・屋根にいたる住居における藁の製作・使用のメカニズムを明らかにし、日本人の生活空間における藁の役割を見なおすとともに、藁の文化の復権を説く。四六判400頁・'85

56 松井魁
鮎
清楚な姿態と独特な味覚によって、日本人の目と舌を魅了しつづけてきたアユ——その形態と分布、生態、漁法等を詳述し、古今のアユ料理や文芸にみるアユにおよぶ。四六判296頁・'86

57 額田巌
ひも
物と物、人と物とを結びつける不思議な力を秘めた「ひも」の謎を追って、民俗学的視点から多角的なアプローチを試みる。『結び』、『包み』につづく三部作の完結篇。四六判250頁・'86

58 北垣聰一郎
石垣普請
近世石垣の技術者集団「穴太」の足跡を辿り、各地城郭の石垣遺構の実地調査と資料・文献をもとに石垣普請の歴史的系譜を復元しつつ石工たちの技術伝承を集成する。四六判438頁・'87

59 増川宏一
碁
その起源を古代の盤上遊戯に探ると共に、定着以来二千年の歴史を時代の状況や遊び手の社会環境との関わりにおいて跡づける。逸話や伝説を排して綴る初の囲碁全史。四六判366頁・'87

60 南波松太郎
日和山（ひよりやま）
千石船の時代、航海の安全のために観天望気した日和山——多くは忘れられ、あるいは失われた船舶・航海史の貴重な遺跡を追って、全国津々浦々におよんだ調査紀行。四六判382頁・'88

61 三輪茂雄
篩（ふるい）
臼とともに人類の生産活動に不可欠な道具であった篩、箕（み）、笊（ざる）の多彩な変遷を豊富な図解入りでたどり、現代技術の先端に再生するまでの歩みをえがく。四六判334頁・'89

62 矢野憲一
鮑（あわび）
縄文時代以来、貝肉の美味と貝殻の美しさによって日本人を魅了し続けてきたアワビ——その生態と養殖、神饌としての歴史、漁法、螺鈿の技法からアワビ料理に及ぶ。四六判344頁・'89

63 むしゃこうじ・みのる
絵師
日本古代の渡来画工から江戸前期の菱川師宣まで、時代の代表的絵師の列伝で辿る絵画制作の文化史。前近代社会における絵画の意味や芸術創造の社会的条件を考える。四六判230頁 '90

64 碓井益雄
蛙（かえる）
動物学の立場からその特異な生態を描き出すとともに、和漢洋の文献資料を駆使して故事・習俗・神事・民話・文芸・美術工芸にわたる蛙の多彩な活躍ぶりを活写する。四六判382頁 '89

65-I 竹内淳子
藍（あい）I 風土が生んだ色
全国各地の〈藍の里〉を訪ねて、藍栽培から染色・加工のすべてにわたり、藍とともに生きた人々の伝承を克明に描き、風土と人間が生んだ〈日本の色〉の秘密を探る。四六判416頁 '91

65-II 竹内淳子
藍（あい）II 暮らしが育てた色
日本の風土に生まれ、伝統に育てられた藍が、今なお暮らしの中で生き生きと活躍しているさまを、手わざに生きる人々との出会いを通じて描く。藍の里紀行の続篇。四六判406頁 '99

66 小山田了三
橋
丸木橋・舟橋・吊橋から板橋・アーチ型石橋まで、人々に親しまれてきた各地の橋を訪ねて、その来歴と築橋の技術伝承を辿り、土木文化の伝播・交流の足跡をえがく。四六判312頁 '91

67 宮内悊
箱
★平成三年度日本技術史学会賞受賞
日本の伝統的な箱（櫃）と西欧のチェストを比較文化史の視点から考察し、居住・収納・運搬・装飾の各分野における箱の重要な役割とその多彩な文化を浮彫りにする。四六判390頁 '91

68-I 伊藤智夫
絹 I
養蚕の起源を神話や説話に探り、伝来の時期とルートを跡づけ、記紀・万葉の時代から近世に至るまで、それぞれの時代・社会・階層が生み出した絹の文化を描き出す。四六判304頁 '92

68-II 伊藤智夫
絹 II
生糸と絹織物の生産と輸出が、わが国の近代化にはたした役割を描くと共に、養蚕の道具、信仰や庶民生活にわたる養蚕と絹の民俗、さらには蚕の種類と生態におよぶ。四六判294頁 '92

69 鈴木克美
鯛（たい）
古来「魚の王」とされてきた鯛をめぐって、その生態・味覚から漁法、祭り、工芸、文芸にわたる多彩な伝承文化を語りつつ、鯛と日本人とのかかわりの原点をさぐる。四六判418頁 '92

70 増川宏一
さいころ
古代神話の世界から近現代の博徒の動向まで、さいころの役割を各時代・社会に位置づけ、木の実や貝殻のさいころから投げ棒型や立方体のさいころへの変遷をたどる。四六判374頁 '92

71 樋口清之
木炭
炭の起源から炭焼、流通、経済、文化にわたる木炭の歩みを歴史・考古・民俗の知見を総合して描き出し、独自で多彩な文化を育んできた木炭の尽きせぬ魅力を語る。 四六判296頁・'93

72 朝岡康二
鍋・釜（なべ・かま）
日本をはじめ韓国、中国、インドネシアなど東アジアの各地を歩きながら鍋・釜の製作と使用の現場に立ち会い、調理をめぐる庶民生活の変遷とその交流の足跡を探る。 四六判326頁・'93

73 田辺悟
海女（あま）
その漁の実際と社会組織、風習、信仰、民具などを克明に描くとともに海女の起源・分布・交流を探り、わが国漁撈文化の古層としての海女の生活と文化をあとづける。 四六判294頁・'93

74 刀禰勇太郎
蛸（たこ）
蛸をめぐる信仰や多彩な民間伝承を紹介するとともに、その生態・分布・捕獲法・繁殖と保護・調理法などを集成し、日本人と蛸との知られざるかかわりの歴史を探る。 四六判370頁・'94

75 岩井宏實
曲物（まげもの）
桶・樽出現以前から伝承され、古来最も簡便・重宝な木製容器として愛用された曲物の加工技術と機能・利用形態の変遷をさぐり、手づくりの「木の文化」を見なおす。 四六判318頁・'94

76-I 石井謙治
和船I
★第49回毎日出版文化賞受賞

江戸時代の海運を担った千石船（弁才船）について、その構造と技術、帆走性能を綿密に調査し、通説の誤りを正すとともに、海難と信仰、船絵馬等の考察にもおよぶ。 四六判436頁・'95

76-II 石井謙治
和船II
★第49回毎日出版文化賞受賞

造船史から見た著名な船を紹介し、遣唐使船や遣欧使節船、幕末の洋式船における外国技術の導入について論じつつ、船の名称と船型を海船・川船にわたって解説する。 四六判316頁・'95

77-I 金子功
反射炉I
日本初の佐賀鍋島藩の反射炉と精練方＝理化学研究所、島津藩の反射炉と集成館＝近代工場群を軸に、日本の産業革命の時代における人と技術を現地に訪ねて発掘する。 四六判244頁・'95

77-II 金子功
反射炉II
伊豆韮山の反射炉をはじめ、全国各地の反射炉建設にかかわった有名無名の人々の足跡をたどり、開国か攘夷かに揺れる幕末の政治と社会の悲喜劇をも生き生きと描く。 四六判226頁・'95

78-I 竹内淳子
草木布（そうもくふ）I
風土に育まれた布を求めて全国各地を歩き、木綿普及以前に山野の草木を利用して豊かな衣生活文化を築き上げてきた庶民の知られざる知恵のかずかずを実地にさぐる。 四六判282頁・'95

78-II　竹内淳子
草木布（そうもくふ）II
アサ、クズ、シナ、コウゾ、カラムシ、フジなどの草木の繊維から、どのようにして糸を採り、布を織っていたのか——聞書きをもとに忘れられた技術と文化を発掘する。四六判２８２頁 '95

79-I　増川宏一
すごろくI
古代エジプトのセネト、ヨーロッパのバクギャモン、中近東のナルド、中国の双陸などの系譜に日本の盤雙六を位置づけ、遊戯・賭博としてのその数奇なる運命を辿る。四六判３１２頁 '95

79-II　増川宏一
すごろくII
ヨーロッパの鵞鳥のゲームから日本中世の浄土双六、近世の華麗な絵双六、さらには近現代の少年誌の附録まで、絵双六の変遷を追って時代の社会・文化を読みとる。四六判３９０頁 '95

80　安達巖
パン
古代オリエントに起ったパン食文化が中国・朝鮮を経て弥生時代の日本に伝えられたことを史料と伝承をもとに解明し、わが国パン食文化二〇〇〇年の足跡を描き出す。四六判２６０頁 '96

81　矢野憲一
枕（まくら）
神さまの枕・大嘗祭の枕から枕絵の世界まで、人生の三分の一を共に過す枕をめぐって、その材質の変遷を辿り、伝説と怪談、俗信と民俗、エピソードを興味深く語る。四六判２５２頁 '96

82-I　石村真一
桶・樽（おけ・たる）I
日本、中国、朝鮮、ヨーロッパにわたる厖大な資料を集成してその豊かな文化の系譜を探り、東西の木工技術史を比較しつつ世界史的視野から桶・樽の文化を描き出す。四六判３８８頁 '97

82-II　石村真一
桶・樽（おけ・たる）II
多数の調査資料と絵画・民俗資料をもとにその製作技術を復元し、東西の木工技術を比較考証しつつ、技術文化史の視点から桶・樽製作の実態とその変遷を跡づける。四六判３７２頁 '97

82-III　石村真一
桶・樽（おけ・たる）III
樹木と人間とのかかわり、製作者と消費者とのかかわりを通じて桶樽と生活文化の変遷を考察し、木材資源の有効利用という視点から桶樽の文化史的役割を浮彫にする。四六判３５２頁 '97

83-I　白井祥平
貝I
世界各地の現地調査と文献資料を駆使して、古来至高の財宝とされてきた宝貝のルーツとその変遷を探り、貝と人間とのかかわりの歴史を「貝貨」の文化史として描く。四六判３８６頁 '97

83-II　白井祥平
貝II
サザエ、アワビ、イモガイなど古来人類とかかわりの深い貝をめぐって、その生態・分布・地方名、装身具や貝貨としての利用法などを豊富なエピソードを交えて語る。四六判３２８頁 '97

83-III 白井祥平
貝III
シンジュガイ、ハマグリ、アカガイ、シャコガイなどをめぐって世界各地の民族誌を渉猟し、それらが人類文化に残した足跡を辿る。参考文献一覧／総索引を付す。 四六判392頁・'97

84 有岡利幸
松茸（まつたけ）
秋の味覚として古来珍重されてきた松茸の由来を求めて、稲作文化と里山（松林）の生態系から説きおこし、日本人の伝統的生活文化の中に松茸流行の秘密をさぐる。 四六判296頁・'97

85 朝岡康二
野鍛冶（のかじ）
鉄製農具の製作・修理・再生を担ってきた農鍛冶の歴史的役割を探り、近代化の大波の中で変貌する職人技術の実態をアジア各地のフィールドワークを通して描き出す。 四六判280頁・'98

86 菅 洋
稲 品種改良の系譜
作物としての稲の誕生、稲の渡来と伝播の経緯から説きおこし、明治以降主として庄内地方の民間育種家の手によって飛躍的発展をとげたわが国品種改良の歩みを描く。 四六判332頁・'98

87 吉武利文
橘（たちばな）
永遠のかぐわしい果実として日本の神話・伝説に特別の位置を占めて語り継がれてきた橘をめぐって、その育まれた風土とかずかずの伝承の中に日本文化の特質を探る。 四六判286頁・'98

88 矢野憲一
杖（つえ）
神の依代としての杖や仏教の錫杖に杖と信仰とのかかわりを探り、人類が突きつつ歩んだその歴史と民俗を興味ぶかく語る。多彩な材質と用途を網羅した杖の博物誌。 四六判314頁・'98

89 渡部忠世／深澤小百合
もち（糯・餅）
モチイネの栽培・育種から食品加工、民俗、儀礼にわたってそのルーツと伝承の足跡をたどり、アジア稲作文化という広範な視野からこの特異な食文化の謎を解明する。 四六判330頁・'98

90 坂井健吉
さつまいも
その栽培の起源と伝播経路を跡づけるとともに、わが国伝来後四百年の経緯を詳細にたどり、世界に冠たる育種と栽培・利用法を築いた人々の知られざる足跡をえがく。 四六判328頁・'99

91 鈴木克美
珊瑚（さんご）
海岸の自然保護に重要な役割を果たす岩石サンゴから宝飾品として知られる宝石サンゴまで、人間生活と深くかかわってきたサンゴの多彩な姿を人類文化史として描く。 四六判370頁・'99

92-I 有岡利幸
梅I
万葉集、源氏物語、五山文学などの古典や天神信仰に表れた梅の足跡を克明に辿りつつ日本人の精神史に刻印された梅を浮彫にし、梅と日本人の二〇〇〇年史を描く。 四六判274頁・'99

92-II 有岡利幸
梅II
その植生と栽培、伝承、梅の名所や鑑賞法の変遷から戦前の国定教科書に表れた梅まで、梅と日本人との多彩なかかわりを探り、桜との対比において梅の文化史を描く。四六判338頁・'99

93 福井貞子
木綿口伝（もめんくでん） 第2版
老女たちからの聞書を経糸とし、厖大な遺品・資料を緯糸として、母から娘へと幾代にも伝えられた手づくりの木綿文化を掘り起し、近代の木綿の盛衰を描く。増補版 四六判336頁・'00

94 増川宏一
合せもの
「合せる」には古来、一致させるの他に、競う、闘う、比べる等の意味があった。貝合せや絵合せ等の遊戯・賭博を中心に、広範な人間の営みを「合せる」行為に辿る。四六判300頁・'00

95 福井貞子
野良着（のらぎ）
明治初期から昭和四〇年までの野良着を収集・分類・整理し、それらの用途と年代、形態、材質、重量、呼称などを精査して、働く庶民の創意にみちた生活史を描く。四六判292頁・'00

96 山内昶
食具（しょくぐ）
東西の食文化に関する資料を渉猟し、食法の違いを人間の自然に対するかかわり方の違いとして捉えつつ、食具を人間と自然をつなぐ基本的な媒介物として位置づける。四六判290頁・'00

97 宮下章
鰹節（かつおぶし）
黒潮からの贈り物・カツオの漁法から鰹節の製法や食法、商品としての流通までを歴史的に展望するとともに、沖縄やモルジブ諸島の調査をもとにそのルーツを探る。四六判382頁・'00

98 出口晶子
丸木舟（まるきぶね）
先史時代から現代の高度文明社会まで、もっとも長期にわたり使われてきた刳り舟に焦点を当て、その技術伝承を辿りつつ、森や水辺の文化の広がりと動態をえがく。四六判324頁・'01

99 有岡利幸
梅干（うめぼし）
日本人の食生活に不可欠の自然食品・梅干をつくりだした先人たちの知恵に学ぶとともに、健康増進に驚くべき薬効を発揮する、その知られざるパワーの秘密を探る。四六判300頁・'01

100 森郁夫
瓦（かわら）
仏教文化と共に中国・朝鮮から伝来し、一四〇〇年にわたり日本の建築を飾ってきた瓦をめぐって、発掘資料をもとにその製造技術、形態、文様などの変遷をたどる。四六判320頁・'01

101 長澤武
植物民俗
衣食住から子供の遊びまで、幾世代にも伝承された植物をめぐる暮らしの知恵を克明に記録し、高度経済成長期以前の農山村の豊かな生活文化を愛惜をこめて描き出す。四六判348頁・'01

102 向井由紀子／橋本慶子
箸（はし）
そのルーツを中国、朝鮮半島に探るとともに、日本人の食生活に不可欠の食具となり、日本文化のシンボルとされるまでに洗練された箸の文化の変遷を総合的に描く。　四六判334頁　'01

103 赤羽正春
採集　ブナ林の恵み
縄文時代から今日に至る採集・狩猟民の暮らしを復元し、動物の生態系と採集生活の関連を明らかにしつつ、民俗学と考古学の両面から山に生かされた人々の姿を描く。　四六判298頁　'01

104 秋田裕毅
下駄　神のはきもの
古墳や井戸等から出土する下駄に着目し、下駄が地上と地下の他界を結ぶ聖なるはきものであったという大胆な仮説を提出、日本の神々の忘れられた側面を浮彫にする。　四六判304頁　'02

105 福井貞子
絣（かすり）
膨大な絣遺品を収集・分類し、絣産地を実地に調査して絣の技法と文様の変遷を地域別・時代別に跡づけ、明治・大正・昭和の手づくりの染織文化の盛衰を描き出す。　四六判310頁　'02

106 田辺悟
網（あみ）
漁網を中心に、網に関する基本資料を網羅して網の変遷と網をめぐる民俗を体系的に描き出し、網の文化を集成する。「網に関する小事典」「網のある博物館」を付す。　四六判316頁　'02

107 斎藤慎一郎
蜘蛛（くも）
「土蜘蛛」の呼称で畏怖される一方「クモ合戦」など子供の遊びとしても親しまれてきたクモと人間との長い交渉の歴史をその深層に遡って追究した異色のクモ文化論。　四六判320頁　'02

108 むしゃこうじ・みのる
襖（ふすま）
襖の起源と変遷を建築史・絵画史の中に探りつつその用と美を浮彫にし、衝立・障子・屏風等と共に日本建築の空間構成に不可欠の建具となるまでの経緯を描き出す。　四六判270頁　'02

109 川島秀一
漁撈伝承（ぎょろうでんしょう）
漁師たちからの聞き書きをもとに、寄り物、船霊、大漁旗など、漁撈にまつわる〈もの〉の伝承を集成し、海の道によって運ばれた習俗や信仰の民俗地図を描き出す。　四六判334頁　'03

110 増川宏一
チェス
世界中に数億人の愛好者を持つチェスの起源と文化を、欧米における膨大な研究の蓄積を渉猟しつつ探り、日本への伝来の経緯から美術工芸品としてのチェスにおよぶ。　四六判298頁　'03

111 宮下章
海苔（のり）
海苔の歴史は厳しい自然とのたたかいの歴史だった——採取から養殖、加工、流通、消費に至る先人たちの苦難の歩みを史料と実地調査によって浮彫にする食物文化史。　四六判　頁　'03